做一个理想的法律人
To be a Volljurist

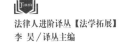

法律人进阶译丛【法学拓展】
李 昊/译丛主编

德国消费者保护法

Verbraucherschutzrecht

［德］克里斯蒂安·亚历山大 /著
（Christian Alexander）

姜龙 /译

北京大学出版社
PEKING UNIVERSITY PRESS

著作权合同登记号　图字：01-2018-3760
图书在版编目（CIP）数据

德国消费者保护法／（德）克里斯蒂安·亚历山大著；姜龙译. —北京：北京大学出版社，2024.4
（法律人进阶译丛）
ISBN 978-7-301-34967-0

Ⅰ. ①德…　Ⅱ. ①克…　②姜…　Ⅲ. ①消费者权益保护法—德国　Ⅳ. ①D951.63

中国国家版本馆 CIP 数据核字（2024）第 068318 号

Verbraucherschutzrecht, 1. Aufl., by Christian Alexander
© Verlag C.H.Beck oHG, München 2015
本书原版由 C. H. 贝克出版社于 2015 年出版。本书简体中文版由原版权方授权翻译出版。

书　　　名	德国消费者保护法 DEGUO XIAOFEIZHE BAOHUFA
著作责任者	〔德〕克里斯蒂安·亚历山大（Christian Alexander）著 姜　龙　译
丛书策划	陆建华
责任编辑	韦赛楠　陆建华
标准书号	ISBN 978-7-301-34967-0
出版发行	北京大学出版社
地　　址	北京市海淀区成府路 205 号　100871
网　　址	http://www.pup.cn　http://www.yandayuanzhao.com
电子邮箱	编辑部 yandayuanzhao@pup.cn　总编室 zpup@pup.cn
新浪微博	@北京大学出版社　@北大出版社燕大元照法律图书
电　　话	邮购部 010-62752015　发行部 010-62750672 编辑部 010-62117788
印　刷　者	北京宏伟双华印刷有限公司
经　销　者	新华书店
	880 毫米×1230 毫米　A5　16.625 印张　417 千字 2024 年 4 月第 1 版　2024 年 4 月第 1 次印刷
定　　价	88.00 元

未经许可，不得以任何方式复制或抄袭本书之部分或全部内容。
版权所有，侵权必究
举报电话：010-62752024　电子邮箱：fd@pup.cn
图书如有印装质量问题，请与出版部联系，电话：010-62756370

"法律人进阶译丛"编委会

主 编

李 昊

编委会

（按姓氏音序排列）

班天可	陈大创	季红明	蒋 毅	李 俊
李世刚	刘 颖	陆建华	马强伟	申柳华
孙新宽	唐波涛	唐志威	吴逸越	夏昊晗
徐文海	叶周侠	查云飞	翟远见	章 程
	张焕然	张 静	张 挺	

做一个理想的法律人(代译丛序)

近代中国的法学启蒙受自日本,而源于欧陆。无论是法律术语的移植、法典编纂的体例,还是法学教科书的撰写,都烙上了西方法学的深刻印记。即使是中华人民共和国成立后曾兴盛过一段时期的苏俄法学,从概念到体系仍无法脱离西方法学的根基。20世纪70年代末以来,借助于我国台湾地区法律书籍的影印及后续的引入,以及诸多西方法学著作的大规模译介,我国重启的法制进程进一步受到西方法学的深刻影响。当代中国的法律体系可谓奠基于西方法学的概念和体系之上。

自20世纪90年代开始的大规模的法律译介,无论是江平先生挂帅的"外国法律文库""美国法律文库",抑或舒国滢先生等领衔的"西方法哲学文库",以及北京大学出版社的"世界法学译丛"、上海人民出版社的"世界法学名著译丛",诸多种种,均注重于西方法哲学思想尤其英美法学的引入,自有启蒙之功效。不过,或许囿于当时西欧小语种法律人才的稀缺,这些译丛相对忽略了以法律概念和体系建构见长的欧陆法学。弥补这一缺憾的重要转变,应当说始自米健教授主持的"当代德国法学名著"丛书和吴越教授主持的"德国法学教科书译丛"。以梅迪库斯教授的《德国民法总论》为开篇,德国法学擅长的体系建构之术和鞭辟入里的教义分析方法进入了中国法学的视野,辅以崇尚德国法学的我国台湾地区法学教科书和专著的引入，德国法学在中国当前的法学教育和法学研究中日益受到尊崇。然而，"当代德国法学名著"丛书虽然遴选了德国当代法学著述中的上乘之作，但囿于撷取名著的局限及外国专家的视角，丛书采用了学科分类的标准，而未区分注重体系层次的基础教科书与偏重思辨分析的学术专著，与戛然而止的"德国法学教科书译丛"一样，在基础教科书书目的选择上尚未能充分体现当代德国法学教育的整体面貌，是为缺憾。

职是之故，自2009年始，我在中国人民大学出版社策划了现今的"外国法学教科书精品译丛"，自2012年出版的德国畅销的布洛克斯和瓦尔克的《德国民法总论（第33版）》始，相继推出了韦斯特曼的《德国民法基本概念（第16版）（增订版）》、罗歇尔德斯的《德国债法总论（第7版）》、多伊奇和阿伦斯的《德国侵权法（第5版）》、慕斯拉克和豪的《德国民法概论（第14版）》，并将继续推出一系列德国主流的教科书，涵盖了德国民商法的大部分领域。该译丛最初计划完整选取德国、法国、意大利、日本诸国的民商法基础教科书，以反映当今世界大陆法系主要国家的民商法教学的全貌，可惜译者人才梯队不足，目前仅纳入"日本侵权行为法"和"日本民法的争点"两个选题。

系统译介民商法之外的体系教科书的愿望在结识季红明、查云飞、蒋毅、陈大创、葛平亮、夏昊晗等诸多留德小友后得以实现，而凝聚之力源自对"法律人共同体"的共同推崇，以及对案例教学的热爱。德国法学教育最值得我国法学教育借鉴之处，当首推其"完全法律人"的培养理念，以及建立在法教义学基础上的以案例研习为主要内容的教学模式。这种法学教育模式将所学用于实践，在民法、公法和刑法三大领域通过模拟的案例分析培养学生体系化的法律思维方式，并体现在德国第一次国家司法考试中，进而借助第二次国家司法考试之前的法律实训，使学生能够贯通理论和实践，形成稳定的

"法律人共同体"。德国国际合作机构(GIZ)和中国国家法官学院合作的《法律适用方法》(涉及刑法、合同法、物权法、侵权法、劳动合同法、公司法、知识产权法等领域,由中国法制出版社出版)即是德国案例分析方法中国化的一种尝试。

基于共同创业的驱动,我们相继组建了中德法教义学 QQ 群,推出了"中德法教义学苑"微信公众号,并在《北航法律评论》2015年第 1 辑策划了"法教义学与法学教育"专题,发表了我们共同的行动纲领:《实践指向的法律人教育与案例分析——比较、反思、行动》(季红明、蒋毅、查云飞执笔)。2015 年暑期,在谢立斌院长的积极推动下,中国政法大学中德法学院与德国国际合作机构法律咨询项目合作,邀请民法、公法和刑法三个领域的德国教授授课,成功地举办了第一届"德国法案例分析暑期班"并延续至今。2016 年暑期,季红明和夏昊晗也积极策划并参与了由西南政法大学黄家镇副教授牵头、民商法学院举办的"请求权基础案例分析法课程暑期培训班"。2017 年暑期,加盟中南财经政法大学法学院的"中德法教义学苑"团队,成功举办了"案例分析暑期培训班",系统地在民法、公法和刑法三个领域以德国的鉴定式模式开展了案例分析教学。

中国法治的昌明端赖高素质法律人才的培养。如中国诸多深耕法学教育的启蒙者所认识的那样,理想的法学教育应当能够实现法科生法律知识的体系化,培养其运用法律技能解决实践问题的能力。基于对德国奠基于法教义学基础上的法学教育模式的赞同,本译丛期望通过德国基础法学教程尤其是案例研习方法的系统引入,循序渐进地从大学阶段培养法科学生的法律思维,训练其法律适用的技能,因此取名"法律人进阶译丛"。

本译丛从法律人培养的阶段划分入手,细分为五个子系列:

——法学启蒙。本子系列主要引介关于法律学习方法的工具书,旨在引导学生有效地进行法学入门学习,成为一名合格的法科生,并对未来的法律职场有一个初步的认识。

——法学基础。本子系列对应于德国法学教育的基础阶段,注重民法、刑法、公法三大部门法基础教程的引入,让学生在三大部门法领域中能够建立起系统的知识体系,同时也注重扩大学生在法理学、法律史和法学方法等基础学科上的知识储备。

——法学拓展。本子系列对应于德国法学教育的重点阶段,旨在让学生能够在三大部门法的基础上对法学的交叉领域和前沿领域,诸如诉讼法、公司法、劳动法、医疗法、网络法、工程法、金融法、欧盟法、比较法等有进一步的知识拓展。

——案例研习。本子系列与法学基础和法学拓展子系列相配套,通过引入德国的鉴定式案例分析方法,引导学生运用基础的法学知识,解决模拟案例,由此养成良好的法律思维模式,为步入法律职场奠定基础。

——经典阅读。本子系列着重遴选法学领域的经典著作和大型教科书(Grosse Lehrbücher),旨在培养学生深入思考法学基本问题及辨法析理之能力。

我们希望本译丛能够为中国未来法学教育的转型提供一种可行的思路,期冀更多法律人共同参与,培养具有严谨法律思维和较强法律适用能力的新一代法律人,建构法律人共同体。

虽然本译丛先期以德国法学教程和著述的择取为代表,但是并不以德国法独尊,而是注重以全球化的视角,实现对主要法治国家法律基础教科书和经典著作的系统引入,包括日本法、意大利法、法国法、荷兰法、英美法等,使之能够在同一舞台上进行自我展示和竞争。这也是引介本译丛的另一个初衷:通过不同法系的比较,取法各家,吸其所长。也希望借助本译丛的出版,展示近二十年来中国留学海外的法学人才梯队的更新,并借助新生力量,在既有译丛积累的丰富经验基础上,逐步实现对外国法专有术语译法的相对统一。

本译丛的开启和推动离不开诸多青年法律人的共同努力,在这个翻译难以纳入学术评价体系的时代,没有诸多富有热情的年轻译者的加入和投入,译丛自然无法顺利完成。在此,要特别感谢积极参与本译丛策划的诸位年轻学友和才俊,他们是:留德的季红明、查云飞、蒋毅、陈大创、黄河、葛平亮、杜如益、王剑一、申柳华、薛启明、曾见、姜龙、朱军、汤葆青、刘志阳、杜志浩、金健、胡强芝、孙文、唐志威,留日的王冷然、张挺、班天可、章程、徐文海、王融擎,留意的翟远见、李俊、肖俊、张晓勇,留法的李世刚、金伏海、刘骏,留荷的张静,等等。还要特别感谢德国奥格斯堡大学法学院的托马斯·M. J. 默勒斯(Thomas M. J. Möllers)教授慨然应允并资助其著作的出版。

本译丛的出版还要感谢北京大学出版社学科副总编辑蒋浩先生和策划编辑陆建华先生,没有他们的大力支持和努力,本译丛众多选题的通过和版权的取得将无法达成。同时,本译丛部分图书得到中南财经政法大学法学院徐涤宇院长大力资助。

回顾日本的法治发展路径,在系统引介西方法律的法典化进程之后,将是一个立足于本土化、将理论与实务相结合的新时代。在这个时代中,中国法律人不仅需要怀抱法治理想,还需要具备专业化的法律实践能力,能够直面本土问题,发挥专业素养,推动中国的法治实践。这也是中国未来的"法律人共同体"面临的历史重任。本译丛能预此大流,当幸甚焉。

李　昊
2018 年 12 月

译者序

一、本书的主要内容和特点

本书从合同法和竞争法的视角入手,详细介绍了德国消费者保护法核心领域的理论知识、实践应用和发展趋势。全书内容丰富,共分为六大部分二十三章,基本涵盖了消费者私法的核心内容。

第一部分阐述消费者保护法的基本问题,主要包括消费者保护法的概念、特征和发展历程,欧盟法对消费者保护法的意义及其构成,消费者与经营者的概念、特征和指导形象等内容。

第二部分对《民法典》中典型的消费者保护工具进行了介绍,包含经营者的信息义务,消费者的撤回权和消费者保护法对私法自治的限制等内容。

第三部分针对一般债法中的消费者保护展开论述,主要涉及未订购的商品和给付,消费者合同,特别的销售形式,相结合与相关联的合同以及债务人迟延等问题。

第四部分则对消费品买卖,分时居住权合同,消费者贷款和类似交易以及中奖承诺等具体债务中的消费者保护法律问题进行了讨论。

第五部分采用竞争法视角,在分析了公平交易法中消费者保护的基本结构之后,在防止侵略性影响、保护知情的商业决定和防止其他的影响等方面阐述了竞争法中的消费者保护,最后研究了消费者保护与卡特尔法的关系。

第六部分从程序法的角度出发,阐述了团体诉讼,民事诉讼,庭外争议解决和跨境合作等消费者权利的行使方式。

就本书而言,具有如下几个特点:

第一,学界理论与司法实践的结合。本书不但介绍和阐释了消费者保护法的基本制度和基础理论,还分析和评论了大量德国和欧盟法院的相关判例,并在每章开篇设置了相关内容的精选文献供读者拓展阅读,体例丰富,内容深入浅出。

第二,德国法与欧盟法的统一。本书虽然主要针对德国的消费者保护法展开论述,但由于德国消费者保护法的主要推动力就是欧盟有关消费者保护的指令与条例,再加上近年来欧盟法采取"完全协调"原则,德国法的规定与欧盟法基本是一致的。因此对于读者来讲,通过阅读本书,在了解德国消费者保护法的同时,也在很大程度上对欧盟消费者保护法有所了解,可谓"一举两得"。

第三,合同法与竞争法的兼顾。与其他消费者保护法教材不同,本书并非只有单一的民法视角,而是兼顾合同法与竞争法,以相互关联的方式从这两个基础领域展开分析和阐述,有利于读者更好地理解不同的消费者保护法律工具的相互配合与消费者保护法律制度的运行机制。

二、本书的作者

本书作者克里斯蒂安·亚历山大(Christian Alexander),是德国耶拿·弗里德里希·席勒大学法学院民法、商法和媒体法的教席教授。2001年于格赖夫斯瓦尔德大学(Universität Greifswald)获得法学博士学位。2003年至2009年担任慕尼黑大学国际法、欧洲和国际经济法赫尔穆特·科勒教授的助理,2009年完成教授资格论文。2011年起担任耶拿大学民法、商法和媒体法教授,2022年起担任耶拿大学法学院教务长。

亚历山大教授的研究领域主要包括在法律欧洲化和数字化背景下的私法、商法和媒体法。在私法领域，其研究兴趣主要集中在债法、合同法中的消费者保护、侵权行为（特别是侵权行为中隐私保护的各个方面）以及损害赔偿法。在商法领域，其研究兴趣主要包括反限制竞争法（反托拉斯法），同时还涉及规范市场法、反不正当竞争法（包括商业秘密保护）以及网络平台活动的多方面法律问题。媒体法与私法和商法有许多交叉点。这一法律领域包括传统大众媒体的法律问题，如新闻（报纸和杂志、书籍、其他印刷媒体）和广播（广播和电视）以及数字媒体法。

三、本书的翻译

本书的德文书名为 Verbraucherschutzrecht（《消费者保护法》），中文版本的书名加上"德国"二字，因此改为《德国消费者保护法》。作此修改的原因主要是考虑到本书主要针对德国消费者保护法展开论述，故加上"德国"二字进行限定更有助于读者明确了解本书的主要内容。

全书的章节安排与原著保持一致。每章开篇的精选文献以及脚注中所引用的文献均保留了德文原文，以便于感兴趣的读者可以查找出处。原著在正文中对部分关键词句进行了加黑字体处理，译文中也相应地以加黑中文字体作了显示，并在其后括号中注明了德语原文，方便读者比较和理解。正文中的教学示例也与原著一样，采用缩进格式和不同字体以示区别。

本书部分德文词语的翻译与传统译文有所不同。比如，涉及一般交易条款的"Inhaltskontrolle"一词，传统译著中多被译为"内容控制"，但译者认为"Kontrolle"一词虽可译为"控制"，但在其与"Inhalt"（内容）一词结合时，结合一般交易条款的规制方法，译为"内容审查"或许更为贴切。相应地，"Einbeziehungskontrolle"一词译为"纳入审查"也比"纳入控制"更为准确。

必须指出的是，本书德文版本出版于2015年，反映了当时德国和欧盟的消费者保护法律状况。为了应对数字化和人工智能等新技术和新业态给消费者保护法带来的挑战，在这九年期间，德国和欧盟在消费者保护领域出台了不少新的法律文件。但这些新规并没有从根本上动摇或改变德国和欧盟消费者保护法的基本理念和主要制度。本书所展现的德国和欧盟消费者保护法律制度的基本框架、核心理念和主要制度等并未"过时"。

译事艰难，确实只有亲身体会才会感悟到。一本并不算厚的简明教科书，从翻译、交付书稿，期间经过多次修改，为使译文更加准确和流畅，拖了又拖，经过漫长的三审三校，方才付梓。感谢丛书主编李昊老师的宽容和理解，感谢北京大学出版社陆建华老师和韦赛楠老师的耐心审读和编校，感谢我的研究生李纳欣、张丽、范兴宇和王悦语等同学的试读和初校。

由于译者水平有限，本书的错误和不足在所难免，欢迎读者将批评和建议发至：jiang.long@outlook.com。

姜龙

2024年2月于北京惠园

中文版前言

消费者保护正越来越成为一个国际问题。不同的法律体系在保护消费者权益方面的规定和工具有时非常相似,有时又非常不同。就消费者保护问题建立国际网络并交换意见,对于法律的实际应用和学术工作都是非常有益和必要的。

因此,我特别高兴和荣幸地看到本书有了中文版本。我希望本书能帮助中国的读者对欧盟和德国的消费者保护私法结构有一个简明的了解。同时,本书或许也能为共同探讨和交流思想做出一点贡献。

我衷心感谢翻译本书并使其得以在中国出版的对外经济贸易大学的姜龙副教授。我还要感谢北京大学出版社将本书纳入出版计划。

欢迎将建议、意见和批评发至:christian.alexander@uni-jena.de。

克里斯蒂安·亚历山大
耶拿,2024 年 1 月

前　言

本书希望以概要的形式将消费者保护法的核心领域向读者简要和清楚地展示出来。重点放在法律适用中的实践问题上,特别关注德国国内和欧盟的判例。希望对相关法律问题进行深入研究的读者,可以在文献提示中找到相关文献的进一步信息。

鉴于有关消费者保护的法律法规数量众多,必须从多个角度对题材加以限制。本书有意将内容局限于私法中的消费者保护。因此,例如通过行政机关行为保护消费者的整个领域被排除在外。本书重点主要放在合同法和竞争法中的消费者保护工具上,包括个人和集体的权利行使。采用这种全面的阐述方式,也是考虑到消费者保护是一个交叉题材。另外,本书也特别考虑了《消费者权利指令》转化的新规定。

本书的目标群体是所有对消费者保护问题感兴趣的,希望快速了解消费者保护的各种要求、法律问题和疑问的读者。此外,本书也明确面向高校中以消费者保护问题为重点研究方向的年轻学者。

感谢罗伯特·恩德勒(Robert Endler)、约瑟芬·菲希特纳(Josephine Fichtner)、埃里克·劳申巴赫(Eric Rauschenbach)、诺温·索尔(Norwin Sauer)、比阿特丽斯·瓦尔特(Beatrice Walther)和加布里埃尔·韦德纳(Gabriele Weidner)在校对中的支持和在"教科书回合"中有益的灵感启迪。

建议和建设性的批评随时欢迎发至：christian.alexander@uni-jena.de。

克里斯蒂安·亚历山大

耶拿，2015 年

目 录

第一部分　基本问题

第一章　引言 …………………………………………… 003
　一、基础 ………………………………………………… 006
　　1. 消费者作为市场参与者 ………………………… 007
　　2. 消费者利益的保护 ……………………………… 008
　　3. 针对特定利益的保护工具 ……………………… 009
　二、消费者利益 ………………………………………… 010
　　1. 消费者政策的目标 ……………………………… 010
　　2. 法律保护的消费者利益 ………………………… 011
　　3. 个体利益和集体利益 …………………………… 015
　三、消费者保护法 ……………………………………… 016
　　1. 概念 ……………………………………………… 016
　　2. 特征 ……………………………………………… 018
　四、发展历程 …………………………………………… 019
　　1.《分期付款法》…………………………………… 019
　　2.《消费者权利宣言》……………………………… 020
　　3. 合同法上的消费者保护 ………………………… 020
　　4. 公平交易法上的消费者保护 …………………… 023

第二章　欧盟法 …… 026
一、欧盟法对消费者保护法的意义 …… 027
二、基本法 …… 028
1. 发展历程 …… 028
2. 《欧盟基本权利宪章》中的消费者保护 …… 029
3. 不存在基本法层面上的消费者保护方案 …… 030

三、次级法 …… 031
1. 消费者保护的重要次级法律文件概览 …… 031
2. 条例 …… 035
3. 指令 …… 035

四、特论：适用法 …… 039
1. 合同之债 …… 039
2. 违反竞争的行为 …… 043

第三章　消费者与经营者 …… 045
一、概述 …… 047
1. 功能和体系归类 …… 047
2. 相对性 …… 049
3. 适用范围 …… 050
4. 与保护目的相关的解释 …… 051
5. 客观的观察 …… 052

二、消费者概念 …… 054
1. 对消费者概念的评价 …… 054
2. 欧盟法的规定 …… 055
3. 特征 …… 056

三、经营者概念 …… 066
1. 欧盟法规定 …… 066

  2. 特征 ··· 067

  3.《反不正当竞争法》第 2 条第 1 款第 6 项中不同的经营者

   概念 ··· 069

四、消费者和经营者指导形象 ··· 070

  1. 消费者指导形象 ··· 071

  2. 经营者指导形象 ··· 076

第二部分　《民法典》中典型的消费者保护工具

第四章　信息义务 ·· 079

一、概述 ··· 079

二、要求 ··· 081

  1. 内容 ··· 081

  2. 形式 ··· 082

  3. 时间 ··· 085

  4. 准确性、可理解性和可访问性 ································· 086

  5. 刚性和灵活的信息义务 ··· 087

三、违反信息义务的法律后果 ··· 087

  1. 个体法律后果 ··· 087

  2. 集体法律后果 ··· 088

第五章　撤回权 ··· 089

一、概述 ··· 090

  1. 保护目的及法律评价 ·· 091

  2. 法律性质 ·· 091

  3. 界定问题 ·· 092

二、行使 ··· 094

  1. 表示 ··· 094

  2. 期限 ··· 095
  3. 行使界限 ··· 096
  4. 特别规定 ··· 097
 三、法律后果 ··· 097
  1. 清算关系 ··· 097
  2. 已受领给付的返还 ··· 098
  3. 履行障碍 ··· 098
  4. 特别规定 ··· 099
 四、消灭 ··· 099

第六章　对私法自治的限制 ·· 101
 一、概述 ··· 102
 二、单向强行法和规避禁止 ··· 104
  1. 不同约定的禁止 ·· 104
  2. 规避禁止 ··· 105
 三、一般交易条款的审查 ·· 106
  1. 一般交易条款审查的基本结构 ··· 106
  2. 解释 ·· 111
  3. 消费者合同的特殊性 ··· 112
  4. 法律后果 ··· 115

第三部分　一般债法中的消费者保护

第七章　未订购的商品和给付 ·· 121
 一、概述 ··· 122
 二、构成要件 ··· 122
  1. 商品或其他给付 ·· 122
  2. 未订购 ··· 123

3. 错误和有瑕疵的交付 ·········· 124
　三、法律后果 ·········· 124
　　1. 合同法 ·········· 124
　　2. 法定请求权 ·········· 125
　　3. 物权法律状况 ·········· 125
　　4. 不作为请求权 ·········· 127

第八章　消费者合同 ·········· 128
　一、概念和前提 ·········· 129
　　1. 合同当事人 ·········· 130
　　2. 合同标的物 ·········· 130
　　3. 经营者的有偿给付合同 ·········· 131
　二、例外与限制 ·········· 132
　　1. 一般例外，《民法典》第 312 条第 2 款 ·········· 132
　　2. 社会服务，《民法典》第 312 条第 3 款 ·········· 133
　　3. 住宅租赁合同，《民法典》第 312 条第 4 款 ·········· 134
　　4. 金融服务，《民法典》第 312 条第 5 款 ·········· 134
　　5. 保险合同，《民法典》第 312 条第 6 款 ·········· 135
　三、消费者合同中的一般义务和原则 ·········· 135
　　1. 透明度和信息提供要求 ·········· 135
　　2. 报酬和额外费用 ·········· 137
　四、其他的保护规定 ·········· 140
　　1. 不同约定的禁止 ·········· 140
　　2. 举证责任 ·········· 140

第九章　特别的销售形式 ·········· 141
　一、在营业场所外订立的合同和远程销售合同 ·········· 142
　　1. 保护目的 ·········· 143

  2. 概念和前提 ·· 143

  3. 信息义务 ·· 147

  4. 副本和确认书 ······································ 149

  5. 撤回权 ··· 151

  6. 继续性债务关系的通知终止 ················· 160

 二、面向消费者的电子商务 ························· 161

  1. 概念和前提 ·· 162

  2. 经营者的一般义务 ······························· 163

  3. 面向消费者的经营者的特别义务 ·········· 163

第十章　相结合与相关联的合同 ···················· 169

 一、相结合的合同 ······································· 169

  1. 概念和前提 ·· 170

  2. 撤回之穿透 ·· 171

  3. 抗辩之穿透 ·· 172

 二、相关联的合同 ······································· 173

第十一章　债务人迟延 ································· 175

 一、概述 ··· 175

  1. 债务人迟延的前提 ······························· 176

  2. 特论：面向消费者的催告 ···················· 176

 二、报酬债权的债务人迟延 ························· 178

  1. 适用范围 ··· 178

  2. 30日后发生迟延 ·································· 179

 三、金钱债务的迟延利息 ····························· 180

 四、有关履行时间和迟延包干的约定 ··········· 180

  1. 关于付款、检查或受领期限及债务人迟延前提

    的约定 ·· 181

2. 迟延包干 ··· 182

第四部分　具体债务关系中的消费者保护

第十二章　消费品买卖 ·· 185
　一、概述 ··· 186
　　1. 发展 ··· 186
　　2. 保护目的 ··· 187
　　3. 概念和前提 ·· 188
　二、履行和后续履行 ·· 190
　　1. 履行时间,《民法典》第 474 条第 3 款 ······························ 190
　　2. 寄送买卖,《民法典》第 474 条第 4 款 ······························ 191
　　3. 后续履行和清算时的价值补偿 ·· 191
　三、不同约定的禁止 ·· 194
　　1. 买受人权利 ·· 194
　　2. 规避行为 ··· 195
　　3. 时效 ··· 195
　　4. 损害赔偿请求权 ·· 196
　四、举证责任倒置 ··· 196
　五、担保 ··· 198
　　1. 概念 ··· 198
　　2. 消费品担保的要求 ··· 199
　六、供应链内的追偿 ·· 200
　　1. 利益状况和适用范围 ·· 200
　　2. 追偿的特别规定 ·· 201

第十三章　分时居住权合同 ·· 204
　一、概述 ··· 204

1. 发展 ········ 204
2. 保护目的 ········ 205
3. 概念和前提 ········ 206

二、信息义务和先合同行为义务 ········ 208

三、合同 ········ 209
1. 形式和语言 ········ 209
2. 合同文档 ········ 210

四、撤回权 ········ 210
1. 撤回期限和撤回权的消灭 ········ 211
2. 撤回的后果 ········ 211

五、其他的保护规定 ········ 212
1. 预付款的禁止 ········ 212
2. 长期度假产品合同的分期付款 ········ 212
3. 不同约定的禁止 ········ 213

第十四章 消费者贷款和类似交易 ········ 214

一、概述 ········ 214
1. 发展 ········ 215
2. 保护目的 ········ 218
3. 概念和前提 ········ 219

二、信息义务 ········ 222
1. 合同订立前的信息义务 ········ 222
2. 合同存续期间的信息义务 ········ 223
3. 评价 ········ 224

三、合同 ········ 224
1. 形式和内容 ········ 224
2. 形式瑕疵 ········ 226

四、撤回权 ································· 226
  1. 撤回期限 ································ 227
  2. 撤回后果 ································ 227
  3. 撤回之穿透 ······························ 227

五、其他保护规定 ···························· 228
  1. 抗辩的放弃,《民法典》第 496 条第 1 款 ········ 228
  2. 汇票和支票的禁止,《民法典》第 496 条第 3 款 ··· 228
  3. 借款人的债务人迟延 ························ 229
  4. 贷款人的通知终止和履行拒绝 ················ 229
  5. 借款人的通知终止权和提前履行 ·············· 230
  6. 不同约定的禁止 ···························· 231

六、融资援助和分期交付合同 ···················· 231
  1. 延期付款和其他融资援助 ···················· 231
  2. 分期支付交易 ······························ 233
  3. 分期交付合同 ······························ 235

七、附录:通过保证或者消费者债务加入的消费者
    贷款担保 ································ 236
  1. 合同关系 ·································· 237
  2. 法律关系和界定问题 ························ 238
  3. 形式 ······································ 240
  4. 违背善良风俗,《民法典》第 138 条第 1 款 ······ 241
  5. 担保人的撤回权 ···························· 243

第十五章 中奖承诺 247

一、概述 ······································ 248
二、构成要件 ·································· 249
  1. 中奖承诺或类似通知 ························ 249

  2. 中奖的印象 ··· 250
 三、法律后果和权利行使 ································· 250
  1. 消费者的个体请求权 ································ 250
  2. 权利行使 ··· 251

第五部分 通过竞争法的消费者保护

第十六章 通过公平交易法的消费者保护的基本结构 ········· 255
 一、消费者保护作为公平交易法保护目的的一部分 ········· 256
  1. 《反不正当竞争法》的"综合"规制方法 ················ 256
  2. 欧盟法不同的规制方法 ···························· 257
  3. 《反不正当竞争法》中消费者保护规定概览 ············ 257
 二、《反不正当竞争法》的规则体系 ······················· 259
  1. 不正当商业行为和不可苛求的骚扰 ··················· 259
  2. 不正当的三步体系 ································ 261
 三、《反不正当竞争法》的适用范围 ······················· 261
  1. 商业行为,《反不正当竞争法》第2条第1款第1项 ··· 261
  2. 广告 ·· 264
 四、显著性和商业相关性 ······························· 264
  1. 前提 ·· 265
  2. 构成要件内在的显著性门槛 ························ 265
 五、《反不正当竞争法》与其他消费者保护法的关系 ········· 267
  1. 与《民法典》的关系 ······························· 267
  2. 与《不作为之诉法》的关系 ························· 268
  3. 与《反限制竞争法》的关系 ························· 269
 六、法律后果 ··· 270
  1. 消费者的个体请求权 ······························· 270

2. 竞争者的个体请求权 …………………………………………… 272
　　3. 团体诉讼 ………………………………………………………… 273
　七、展望:《反不正当竞争法》与《不正当商业行为指令》的进一步
　　协调 …………………………………………………………………… 274

第十七章　防止侵略性影响 ………………………………………………… 276
　一、概述 ………………………………………………………………… 277
　二、"黑名单"的构成要件 ……………………………………………… 278
　　1. 恐吓行为,《反不正当竞争法》附录第 25 项和第
　　　26 项 ……………………………………………………………… 279
　　2. 阻碍或拒绝合同保险给付,《反不正当竞争法》附录
　　　第 27 项 …………………………………………………………… 280
　　3. 对儿童的购买号召,《反不正当竞争法》附录第
　　　28 项 ……………………………………………………………… 280
　　4. 利用对法律的无知,《反不正当竞争法》附录第
　　　29 项 ……………………………………………………………… 282
　　5. 社会性帮助意愿的利用,《反不正当竞争法》附录第
　　　30 项 ……………………………………………………………… 283
　　6. 中奖广告,《反不正当竞争法》附录第 17 项 ………………… 284
　三、决定自由的影响和特别情况的利用 ……………………………… 286
　　1. 决定自由的影响,《反不正当竞争法》第 4 条第 1 项 … 286
　　2. 特别情况的利用,《反不正当竞争法》第 4 条第 2 项 … 296

第十八章　保护知情的商业决定 …………………………………………… 302
　一、概论 ………………………………………………………………… 302
　二、"黑名单"构成要件 ………………………………………………… 304
　　1. 关于商业行为可识别性的欺诈,《反不正当竞争法》附录
　　　第 11、22 和 23 项 ………………………………………………… 304

2. 关于性质或质量预期的欺诈,《反不正当竞争法》附录第 2、4、9、13、16 和 18 项 ·· 307

3. 关于交易情况的欺诈,《反不正当竞争法》附录第 5、7、12、15 和 19 项 ··· 311

4. 与促销措施有关的欺诈,《反不正当竞争法》附录第 20 和 21 项 ·· 313

5. 与合同和给付相关的欺诈,《反不正当竞争法》附录第 6、8、10 和 24 项 ··· 314

6. 有关行为准则的欺诈,《反不正当竞争法》附录第 1 项 和第 3 项 ··· 316

7. 危害财产的销售体系,《反不正当竞争法》附录第 14 项 ··· 317

三、商业行为的可识别性和透明度要求 ··· 317

1. 广告性质的隐瞒,《反不正当竞争法》第 4 条第 3 项 ······ 317

2. 透明度要求,《反不正当竞争法》第 4 条第 4 项和第 5 项 ·· 319

四、欺诈和重要信息的隐瞒 ··· 322

1. 防止欺诈,《反不正当竞争法》第 5 条第 1 款 ··············· 323

2. 重要信息的隐瞒,《反不正当竞争法》第 5a 条第 2 款 至第 4 款 ··· 329

3. 比较广告中的错误信息,《反不正当竞争法》第 6 条 ······ 335

五、累进式客户获取 ··· 339

1. 可刑事处罚的累进式客户获取,《反不正当竞争法》 第 16 条第 2 款 ·· 339

2. 滚雪球或金字塔体系,《反不正当竞争法》附录第 14 项 ··· 340

第十九章　防止其他的影响 ……………………………………… 341
一、违反消费者保护规定的违法行为 ……………………………… 341
　1. 与《不正当商业行为指令》的关系 …………………………… 342
　2. 构成要件 …………………………………………………… 344
　3. 特论：违反保护消费者的信息义务 …………………………… 346
　4. 特论：使用无效的一般交易条款 ……………………………… 348
二、不可苛求的骚扰 ………………………………………………… 350
　1. 概述 ………………………………………………………… 351
　2. 基本构成要件，《反不正当竞争法》第 7 条第 1 款
　　 第 1 句 ……………………………………………………… 355
　3. 明显不受欢迎的广告，《反不正当竞争法》第 7 条第 1 款
　　 第 2 句 ……………………………………………………… 359
　4. 使用远程通信方式进行持续推销，《反不正当竞争法》
　　 第 7 条第 2 款第 1 项 ……………………………………… 360
　5. 电话广告，《反不正当竞争法》第 7 条第 2 款第 2 项 ……… 363
　6. 呼叫机、传真和电子信件，《反不正当竞争法》第 7 条
　　 第 2 款第 3 项 ……………………………………………… 367
　7. 消息，《反不正当竞争法》第 7 条第 2 款第 4 项 …………… 368
　8. 面向消费者的骚扰性电话广告的特别处罚 ………………… 369
三、参与抽奖游戏与产品销售的搭售禁止 ………………………… 369
　1. 概述 ………………………………………………………… 370
　2. 构成要件 …………………………………………………… 372
四、专业注意的违反 ………………………………………………… 376
　1. 消费者一般条款和专业注意 ………………………………… 376
　2. 作为评价标准的专业注意 …………………………………… 377
　3. 概念 ………………………………………………………… 377

第二十章 消费者保护和卡特尔法 ················· 378
　一、概述 ····························· 378
　　1. 消费者保护与卡特尔法的竞争保护的关系 ········· 378
　　2. 欧盟卡特尔法与国内卡特尔法的关系 ············ 381
　　3.《反限制竞争法》的适用范围 ················ 381
　二、卡特尔禁止 ························· 382
　　1. 禁止性构成要件 ······················ 382
　　2. 豁免 ··························· 387
　三、滥用行为的禁止 ······················ 389
　　1.《欧盟运行条约》第 102 条 ················ 390
　　2.《反限制竞争法》第 19 条第 1 款 ············· 392
　四、法律后果 ·························· 396
　　1. 卡特尔机构的制裁 ····················· 396
　　2. 私法制裁 ························· 396

第六部分　权利的行使

第二十一章　团体诉讼 ······················ 403
　一、概述 ····························· 404
　　1. 发展 ··························· 404
　　2. 界定 ··························· 405
　二、有资格的团体 ······················· 406
　　1. 概览 ··························· 406
　　2. 适格的机构 ························ 407
　　3. 经济团体 ························· 409
　　4. 协会 ··························· 412

三、团体的请求权 ································ 412
1. 概览 ······································· 412
2. 不作为请求权 ····························· 413
3. 排除妨害请求权 ··························· 416
4. 收缴不法利益 ····························· 420

四、请求权义务 ··································· 422
1. 违法者 ····································· 422
2. 参与人 ····································· 423
3. 特论：企业负责人 ······················· 423

五、请求权界限 ··································· 425
1. 时效 ······································· 425
2. 权利滥用 ································· 425

六、程序法上的特别规定 ······················· 426
1. 管辖 ······································· 426
2. 事前催告 ································· 427
3. 临时禁令 ································· 428
4. 公开授权 ································· 428
5. 费用调整 ································· 428
6. 《不作为之诉法》的其他特别规定 ····· 429

第二十二章 民事诉讼和庭外争议解决 ········ 430

一、国际管辖 ····································· 430
1. 消费者事务 ······························· 431
2. 管辖 ······································· 432
3. 管辖协议 ································· 433
4. 无异议的应诉 ···························· 433

二、《民事诉讼法》中的消费者保护规定 ······ 434

1. 在营业场所外订立合同之诉的特别管辖,《民事诉讼法》第29c条 ………………………………………………………… 434
2. 通过消费者团体的代理,《民事诉讼法》第79条第2款第1句第3项 …………………………………………………… 436
3. 仲裁协议的形式,《民事诉讼法》第1031条第5款 …… 436

三、替代性争议解决 ……………………………………………… 437
1. 调解 ……………………………………………………… 438
2. 替代性争议解决 ………………………………………… 439
3. 在线争议解决 …………………………………………… 442
4.《消费者争议解决法》草案 …………………………… 444

第二十三章 跨境合作 ……………………………………………… 445

一、《第2006/2004号条例》 …………………………………… 445
1. 欧盟的规制目标 ………………………………………… 445
2.《第2006/2004号条例》的适用范围 ………………… 446
3. 基本内容 ………………………………………………… 446

二、《消费者保护实施法》 ……………………………………… 447
1. 主管机构和中央联络处 ………………………………… 447
2. 权利行使 ………………………………………………… 448
3. 其他规定 ………………………………………………… 449

缩略语表 ……………………………………………………………… 451

缩略文献表 …………………………………………………………… 461

关键词索引 …………………………………………………………… 465

第一部分

基本问题

第一章 引 言

精选文献：*Beater*, Verbraucherschutz und Schutzzweckdenken im Wettbewerbsrecht, 2000; *Benöhr*, Konsumentenschutz vor 80 Jahren, ZHR 138 (1974), 492; *Bydlinski*, System und Prinzipien des Privatrechts, 1996; *Dichtl* (Hrsg.), Verbraucherschutz in der Marktwirtschaft, 1975; *Eichenhofer*, Die sozialpolitische Inpflichtnahme von Privatrecht, JuS 1996, 857; *Gärtner*, Zum Standort des Verbraucherrechts, JZ 1992, 73; *Gilles*, Zur neueren Verbraucherschutzgesetzgebung in ihrem Verhältnis zum klassischen Privatrecht, JA 1980, 1; *Hommelhoff*, Verbraucherschutz im System des deutschen und europäischen Privatrechts, 1996; *Kroeber-Riel/Gröppel-Klein*, Konsumentenverhalten, 10. Aufl. 2013; *Micklitz*, Brauchen Konsumenten und Unternehmen eine neue Architektur des Verbraucherrechts? Gutachten A zum 69. Deutschen Juristentag, 2012; *Pfeiffer*, Verbraucherrecht mit vielen Säulen-Auf der Suche nach funktionsgerechten Konstruktionsprinzipien eines Rechtsgebiets, NJW 2012, 2609; *Reich*, Zivilrechtstheorie, Sozialwissenschaften und Verbraucherschutz, ZRP 1987, 187; *Rittner*, Über das Verhältnis von Vertrag und Wettbewerb, AcP 188 (1988), 101; *von Hippel*, Grundfragen des Verbraucherschutzes, JZ 1972, 417.

1　　许多法律规定的目的在于保护消费者。消费者需要得到保护的原因多种多样,法律制度所提供的保护工具也各不相同。仔细观察消费者保护法律法规,可以发现存在一些共同的结构性元素。这些共同点证明了消费者保护法的合理性。不过,消费者保护法仍然是一个相对**新的法律领域**(junges Rechtsgebiet)。它的轮廓正在逐步清晰化。与之相关的讨论和发展过程也尚未结束。[1] 目前的消费者保护法呈现出**法律问题和疑问多样性**(Vielgestaltigkeit von Rechtsfragen und Rechtsproblemen)的特点,很难根据传统不同法律领域的划分来恰当地把握。为保护消费者,不同的保护机制与不同的法律领域经常会出现相互交错的情况。

2　　不同规定之间的相互作用主要是基于**欧盟法**(Unionsrechts)的规定。欧盟法在消费者保护法的形成和塑造方面起着核心作用。消费者保护是欧盟层面**私法发展**的重要甚至也许是最重要的**驱动力**(Motor der Privatrechtsentwicklung)。统一的消费者保护规定增强了消费者对内部市场的信心,为私法法律的统一提供了重要推动力,并以此促进了跨境商业交易的发展。目前状况和形态下的消费者保护法主要是基于欧盟法的影响。

3　　本书建立在这样的考虑和理念之上,即保护消费者主要依靠民法和竞争法(理解为包括公平交易法和卡特尔法)保护机制的共同作用。因此,有必要并且应当以相互关联的方式介绍这两个领域。民法和竞争法的保护,辅以《不作为之诉法》*的补充,在一定程度上构成了消费者私法保护的两大支柱。两者的规范领域并不一致,在具体情况下的保护方向也不相同。但是,它们也存在较多的交叉领域,并且要求保持**评价的一致性**(Wertungskohärenz)。

---

[1] 关于目前发展趋势的讨论,见 *Micklitz*, Gutachten A zum 69. Deutschen Juristentag, 2012 und *Pfeiffer* NJW 2012, 1609。

* 未经特别注明,本书的规范性法律文件均指德国的规范性法律文件。——译者注评价的一致性意味着，为了保护消费者利益，民法和竞争法上的保护机制不应当相互独立存在，现有的保护工具应当在功能上相互交错，并在必要时相互协调。

示例：（1）当未订购的商品被寄送或服务被提供（Zusenden unbestellter Waren oder Leistungen）时，消费者在民法层面上受《民法典》第241a条的保护。该规定可以使商品的受领人免受寄件人的合同或法定请求权的追索。这种保护通过《反不正当竞争法》第7条第1款和附录第29项被补充和完善，因为这些规定保证了超出个案影响的广泛有效的保护。（2）在**违反信息义务**（Verletzung von Informationspflichten）的情况下，合同法与公平交易法上的保护机制通常也会协同运作。一个缺失、有瑕疵或不完整的信息除了会在合同法层面上产生法律后果以外，也会受到公平交易法广泛有效的约束。因为通常根据《反不正当竞争法》第3条第1款和第4条第11项，对于欧盟法创设的信息义务则根据《反不正当竞争法》第3条第2款第1句和第5a条第4款，违反法定信息义务的行为是不正当行为。

但是，评价的一致性不能掩盖这样一个事实，即民法和竞争法的法律保护机制在构造上是不同的，因为受保护的消费者利益并非在每个角度上都是一致的。民法（Bürgerliche Recht）主要关注**个体关系中的利益平衡**（Interessenausgleich im Individualverhältnis），而竞争法（Wettbewerbsrecht）则旨在**对消费者进行广泛有效的保护**（breitenwirksamen Schutz von Verbrauchern），并且只保护**消费者的集体利益**（Kollektivinteressen der Verbraucher）。在一定程度上位于这两者之间的是《不作为之诉法》，它使得在个案以外对违反消费者保护法的行为进行追究成为可能。

一、基础

6 有法律规定保护消费者利益,在第一眼看来仿佛是理所当然的。消费者保护已成为**共识**(Allgemeingut)。如果有人从根本上否认消费者保护的必要性,那可能会令人惊讶或诧异。[2] 但是,法律制度为什么要保护消费者,这可能是整个消费者保护法中最难回答的问题。争议不仅存在于许多具体情况下消费者保护的支持或反对中,即是否保护以及如何保护,还存在于有关消费者保护在整体上的合法性,以及如何将消费者保护纳入法律制度等方面。

7 自20世纪60至70年代以来,逐步发展的**有关消费者保护的讨论**(Verbraucherschutzdiskussion)非常**复杂且多样**(außerordentlich komplex und vielschichtig)。[3] 多种观点相互交错:第一,涉及消费者保护的依据、本质和位置问题。第二,与该讨论部分重合,又对其进行部分补充的是有关私法自治和合同自由在当前私法法律制度中的意义和重要性的问题。第三,根据先前采取的观点,有必要回答关于消费者保护法的内部结构和设计问题。不同的立场既有综合的面向市场的消费者保护,也有(有时明显受意识形态影响的)在消费者保护讨论的背景下对私法的一般规制方法提出质疑的替代模式。由于消费者保护绝不仅仅是一个法学问题,因此涉及不同领域的讨论变得更加复杂化。关于消费者保护的思考必须顾及**经济学、社会学和行为科学**(ökonomische, soziologische und verhaltenswissenschaftliche Überlegungen)多方面的考虑。如果要有效保护消费者免受侵害,则必须至少对消费者如何处理信息和作出决定有

---

[2] "如果有人反对保护消费者,难道不是很奇怪吗?" *Beater*, Verbraucherschutz und Schutzzweckdenken im Wettbewerbsrecht, 2000, 1。

[3] 最近的概述见 *Bydlinski*, System und Prinzipien des Privatrechts, 1996, 708 ff.; *Drexl* S. 25 ff.; Tamm/Tonner/*Tamm* Kap. 1 Rn. 1 ff.。

一个大概的了解。[4]

相比之下,消费者保护立法的特点是**实用主义**(pragmatischen Vorgehen)。致力于消费者保护的思想虽然在多处得到体现,但是到目前为止,一个整体上连贯一致的立法理念还没有形成。但至少德国立法者表示,消费者保护法不应作为特别法独立于私法核心法典之外,而应被综合纳入其中。《**民法典**》(BGB)和《**反不正当竞争法**》(UWG)(还有部分《反限制竞争法》)所遵循的就是这种**综合的规制模式**(integrierten Regelungsmodell)。在此种模式下,消费者保护构成相应法律体系的组成部分。应当注意的是,在欧洲层面上消费者保护首先是实现欧盟内部市场的一个工具。

以下阐述建立在一个市场经济和面向竞争的消费者保护的理解之上,以下列三个**相互交错的基本观点**(drei ineinandergreifenden Grundannahmen)为出发点:

→消费者被现行法律法规作为市场参与者加以保护;
→消费者保护规定建立在消费者的具体特别利益之上;
→消费者保护——与保护的消费者利益相适应——借助不同的保护机制得以实现。

1. 消费者作为市场参与者

在如今的现实生活中,人们的个人需求只有极少数是通过自我供给来满足的。通常情况下,为满足个人需要,必须要**在市场上进行商品交换**(Güteraustausch auf Märkten)。消费者并非仅仅是市场交换过程的被动受益者,他们也是市场活动的积极参与者。在此过程中,消费者与其他市场参与者进行互动,包括其他消费者、经营者和市场参与者。正是在此处,通过要求特定的市场参与者——经营

---

[4] 见 *Kroeber-Riel/Gröppel-Klein,* Konsumentenverhalten, 2013;关于消费者行为对竞争法的意义,见 *Beater* Rn. 182 ff.。

者和消费者——之间进行特定形式的交易时需满足特别的法律规定的方式,消费者保护开始发挥作用。

2. 消费者利益的保护

11　　纵观如今的消费者保护法律规定,可以很快发现,消费者通常是在某些特定情境下受到保护。这将消费者保护与法律制度中的其他保护机制区分开来。例如,《民法典》第107条以下一般性地对作出意思表示但并未纯获法律上利益的未成年人进行保护,而消费者保护法所提供的保护则往往是点状的(一般是针对特定情境或特定交易)。另一方面,这种点状的保护是基于**特别的利益**(spezifischen Interessen)而存在,而每种特别的利益又触发了**特别的保护需求**(spezifisches Schutzbedürfnis)。

12　　如果要将消费者保护简化为某种单一的利益保护,就不得不采用极为笼统甚至极为含糊的表述。比如,人们可以当然地把消费者保护的特征总结为**对"弱者"的保护**(Schutz des "Schwächeren")。从表面上看来,这一理由具有一定的合理性。但是,它本身不足以作为消费者保护条款的解释或合法性依据。问题在于,确定一个法律主体的"强"或"弱"的标准是什么?它取决于个别或通常的知识或技能,还是经济实力或执行力,抑或上述情况的综合考量?此外,在不少"强""弱"程度不同的人所进行的法律交易中,法律制度并没有特别的规定。另一方面,区分"强""弱"法律主体并给予"弱势"一方特别保护的法律规定,也不一定是为了保护消费者。比如,卡特尔法对中小型企业的特别保护(参见《反限制竞争法》第20条第3款)。因此,有必要说清楚,消费者的"弱"具体体现在什么地方。比如,这种"弱"可能是由于缺少信息或由于消费者在一个非同寻常的情况下面临商业决定而导致的。另外也可能的是,复杂的业务使消费者无所适从,即很难对交易的法律和经济后果进行判断。最后,上述情况也可能同时发生。

特定的消费者利益指的是自然人利益,该利益与发生在经营者与消费者之间的通过**市场交换过程**(marktbezogene Austauschprozesse)来**满足自身需求**(Befriedigung eigener Bedürfnisse)有关。但是,这并不一定是所有消费者的共同利益。例如,消费者的利益不仅仅在于不被市场相对人的错误信息所欺诈。更重要的是,消费者在这种情况下有一种特别的、与其他交换过程不同的保护需求。

3. 针对特定利益的保护工具

与之相对应的是第三个重要观点。如果人们认识到,消费者保护的需求源于消费者的特定利益(而不是仅仅基于一个自然人为私人目的而行事的事实),那么就不可能存在一个普遍适用的消费者保护工具。相反,法律制度必须提供不同的,甚至在一定程度上**量身定制的**(maßgeschneiderte)、满足特定保护需求的**保护工具**(Schutzinstrumente)。例如,如果要有效地保护消费者免受对方突然袭击,所需要的应该是与防止信息缺失或错误不同的保护机制。第一眼看上去,这种说法似乎是理所当然的,但有时这种简单的认识却并未得到足够的注意。消费者保护领域的立法失败有时就是因为没有考虑到这种关系。

这一结论可以以《反不正当竞争法》旧版第 13a 条**为例**来形象地说明。该条款于 1986 年被纳入《反不正当竞争法》[5],它规定了商品或服务的购买者在欺诈情况下解除合同的权利。尽管不正当的欺诈行为经常发生(并且现在仍然继续发生),但这种解除权在实践中几乎没有发挥作用。[6] 2004 年,该条款由于意义不大又被从法律中删除了。[7] 这一条款

---

[5] Gesetz vom 25.7.1986, BGBl. I 1986, 1196.

[6] 详见 *Alexander*, Vertrag und unlauterer Wettbewerb, 2002, 63 ff.。

[7] BGBl. I 2004, 1414.

失败的主要原因有两个:其一,未被充分考虑的是,受欺诈的购买者通常根本不希望因欺诈而解除合同。相反,在通常情况下,他首先想要对方信守承诺,即遵守合同(《民法典》在给付障碍的情况下通过"第二次供应"的途径来保障这种利益)。其二,如果购买者确实不愿再遵守合同,旧法也给他提供了众多途径来摆脱合同的约束(比如,通过撤销、解除或撤回的途径)。简而言之:法律规定忽略了实际需要。

二、消费者利益

15　　现代消费者保护方案的关键是应受保护的消费者利益问题。在这一问题上,由于立场不同,情况也十分复杂。该问题有时并未经过详细的讨论。此外,应当对消费者政策的利益和目标与消费者保护法的特定消费者利益进行区分。

　　1. 消费者政策的目标

16　　在**消费者政策**(Verbraucherpolitisch)方面,联邦政府在关于消费者政策的第二份报告[8]中提到了下列——非常全面的——目标:

　　→通过在所有经济领域保持和促进有效竞争,提升消费者在市场上的地位;

　　→向消费者提供有关基本经济关系、当前市场事件、正确的市场行为以及合理的内务管理的信息和建议;

　　→改善消费者的法律地位,保护消费者免受欺诈、不正当的销售行为以及不合理损害消费者利益的合同条款所带来的损害;

　　→确保以合理的价格在数量和质量上提供最优的粮食供应;

　　→全面保护消费者免受健康风险的影响,使生产过程和产品更环保;

---

[8]　BT-Drs. 7/4181, 5.

→向消费者提供最佳的公共服务;

→考虑优化城市规划条件,确保经济型住房的供应;

→加强和精简消费者政策的利益代表;

→在商品标签和标准化方面保护消费者利益。

在消费者法文献方面,冯·希佩尔(von Hippel)提出了一个**消费者法目标的目录**(verbraucherrechtlichen Zielkatalog),该目录列出了消费者保护法的目标,从中可以看出消费者的基本利益。冯·希佩尔提出要对防止有缺陷的(有瑕疵的和危险的)产品,防止不正当的广告,防止不正当的交易条件,防止过高的价格,以及行使消费者的个人请求权进行区分。[9]该目标目录列出了消费者保护的一些重要方面,但在今天看来,该目标目录仍然存在漏洞,并不完整。

2. 法律保护的消费者利益

对于当前的**消费者保护法**(Verbraucherschutzrecht),可以考虑以公平交易法(Lauterkeitsrecht)和民法不同的保护目的作为出发点。

(1)公平交易法

有关受保护的消费者利益问题,实际上在公平交易法认可消费者保护作为独立的保护目的时,就已经提出来了。1909年《反不正当竞争法》第1条和第3条规定的一般条款还需要一个基于保护目的的解释。[10] 2004年修订后的《反不正当竞争法》第1条则明确提到了保护"消费者(……)免受不正当的商业行为的侵害"。但是,德国法律并未具体规定消费者受保护的利益,而是认为存在这种消费者的特定利益。

①经济利益

目的性和表现力更强的是欧盟法。随着《不正当商业行为指

---

[9] *v. Hippel* S. 23.

[10] 关于发展的详细论述,见 *Beater*, Verbraucherschutz und Schutzzweckdenken im Wettbewerbsrecht, 2000.

令》于2005年6月12日生效,经营者与消费者之间的商业行为适用统一的消费者保护标准,该标准从2007年12月12日开始对成员国具有约束力。《不正当商业行为指令》明确表示其仅考虑"**消费者的经济利益**(wirtschaftlichen Interessen der Verbraucher)"。[11] 这里的经济利益指的是那些"**与影响消费者关于产品的商业决定直接相关**(die in unmittelbarem Zusammenhang mit der Beeinflussung der geschäftlichen Entscheidungen des Verbrauchers in Bezug auf Produkte stehen)"的利益。[12] 根据《不正当商业行为指令》第2条字母k,商业决定指的是消费者关于是否、如何以及在何种条件下进行购买,全部或部分付款,保留或出售产品或行使与该产品有关的合同权利的任何决定,而至于消费者采取的是作为还是不作为的方式,则在所不问。

②知情和自由的决定

21 《不正当商业行为指令》进一步区分了防止"通过欺诈使消费者无法作出一个知情且有效的选择"的行为[13]和防止"严重影响消费者的自由选择"的行为。[14] 但是,《不正当商业行为指令》并不包括"在成员国中差异极大的、涉及公序良俗问题"的消费者保护。[15]

22 简而言之,《不正当商业行为指令》保护的是消费者作为市场参与者作出决定的可能性(商业决定),受保护的既包括其**知情决定的利益**(Interesse an einer informierten Entscheidung),也包括其**自由决定的利益**(Interesse an einer freien Entscheidung)。与这种保护

---

[11] 《不正当商业行为指令》立法理由第6条第1句。
[12] 《不正当商业行为指令》立法理由第7条第1句。
[13] 《不正当商业行为指令》立法理由第14条第1句。
[14] 《不正当商业行为指令》立法理由第16条第1句。
[15] 《不正当商业行为指令》立法理由第7条第3句。

理念相符合的是《不正当商业行为指令》对不正当商业行为的两个主要类别的区分,即欺诈性行为和侵略性行为。但是,欧盟法不保护非经济性质的利益,比如,消费者在公共场所不受广告骚扰的利益。[16]

(2)民法

尽管与公平交易法不同,民法旨在保护个人利益,但公平交易法对受保护的消费者利益的限制同样可以适用于民法。如果将保护作为市场参与者的消费者视为消费者保护的基本理念,那么可以作为特别的消费者利益得到保护的只能是那些与**市场上法律行为的发起、订立和实施**(der Anbahnung, dem Abschluss und der Abwicklung von Rechtsgeschäften),或者——使用公平交易法的术语——与**商业决定的作出**(Treffen von geschäftlichen Entscheidungen)有关的利益。这主要包括所有关于购买(或不购买)产品或服务,保留产品,请求合同相对人给付或提供对待给付等决定。

应当与这种利益区分的是那些一般性的、与具体的法律行为或商业决定无关的利益。这主要包括对无瑕疵和无危险产品的利益,对保持身体完整和健康的一般性利益,对保护隐私或对保护个人信息的利益等。同样应当被排除的是那些一般利益,比如,通过保护环境来保持自然资源的利益。这些无疑是重要的利益,但绝非消费者所特有的利益。

纵观民法中现有的消费者保护法律规定,可以将消费者特有的利益分为以下几种(但这些利益并非区分明确的独立存在,更多的是相互重叠、相辅相成):

①信息的准确和透明

真实准确和客观可验证的信息是消费者自主决定必不可少的

---

[16]《不正当商业行为指令》立法理由第7条第4句。

前提。因此，消费者保护规定的一个主要关注点是对信息的准确和透明利益的保护。这种利益不仅包括**防止通过不真实或足以误导的信息进行欺诈**(Schutz vor Täuschungen durch unwahre oder zur Irreführung geeignete Informationen)，还包括**确保基本信息的存在**(Vorhandensein wesentlicher Informationen)。

27　　与之相联系的是信息透明的利益。相关信息不应该以某种随意的方式，而应以一种**便于消费者获取**(leicht erreichbar)，并且使目标受众**容易理解**(verständlich)的方式提供给消费者。

②决定自由

28　　同样应当受到保护的是消费者**不受重大的外部影响**(ohne wesentliche Beeinträchtigungen von außen)而作出并表达决定的利益。这主要包括不必在(生理或心理)压力下或在利弊衡量以及信息获取和处理有困难或受阻的情况下作出决定的利益。当然，这种对决定自由的保护必须考虑到，在一定的限度内对决定的影响往往是正常的。

③复杂和高风险交易的保护

29　　另一种利益是在进行特别复杂和高风险的交易时的保护。这些通常是具有**复杂法律和经济内容**(komplexen rechtlichen und wirtschaftlichen Inhalten)的交易，其中往往还约定了**长期的合同约束和义务**(langfristige Vertragsbindungen und Verpflichtungen)。此类交易通常是为了保障个人生活的基础(比如，保险或为购买不动产而进行贷款)。典型的应用领域是消费者贷款领域或金融交易领域。

④最低限度法律保护的保证

30　　此外，消费者还存在一个在从事法律行为时获得最低限度的法律保护的利益。消费者保护在这一方面的利益体现在**防止合同条款的滥用**(Schutz vor missbräuchlichen Vertragsklauseln)，以及在买卖交易中存在一定的**合同担保权利的最低标准**(Mindeststandard an vertraglichen Gewährleistungsrechten)等方面。

⑤其他利益

除此以外,由于特别情况而引起的其他利益也可能非常重要。例如,**避免**可能因发送未经订购的商品或提供未经请求的服务而引起的**责任风险**(Vermeidung von Haftungsrisiken)的利益。

3. 个体利益和集体利益

对于消费者保护法至关重要的一点是消费者个体利益和集体利益的区分。个体利益是基于**个体法律关系**(individuellen Rechtsverhältnis)(比如,合同)的利益。这些利益是合同法中消费者法律规定的重点。损害个体利益会导致不利于个体的法律后果。

与之不同的是消费者的集体利益。这一——语言上不太成功的——集体利益的概念源于欧盟法的术语,例如,《第1999/44/EG号指令》立法理由第26条和《第2009/22/EU号指令》立法理由第3条。集体利益与个体利益的不同之处在于其**超个体性**(überindividuellen),即超出个案范围的**特点**(Charakter)。与公共利益(或一般利益)不同的是,集体利益也可以是特定群体的共同利益。有关集体利益的一个生动例子是,当广告针对特定目标群体时,(该群体)具有防止受广告说明欺诈的利益。这种利益不仅仅涉及单个合同关系;相反,所有的广告对象都具有这样一个值得法律保护的免受错误说明欺诈的利益。

为了保障集体利益的实现,法律制度规定了集体权利保护的特别机制,主要是通过**团体诉讼**(Verbandsklagen)的途径。相应的诉讼途径规定在《不作为之诉法》《反不正当竞争法》和《反限制竞争法》中。

消费者个体利益和集体利益的保护往往是**相互交错**(ineinandergreifen)的。合同法规定了在违反消费者保护规定情况下的个体

31

32

33

34

35

性法律后果,比如,在信息缺失的情况下撤回期限的延迟起算(《民法典》第 356 条第 3 款)。作为对个体性法律保护的补充,依据《不作为之诉法》第 2 条第 1 款和第 2 款可以进行团体诉讼。这样,根据《不作为之诉法》第 3 条第 1 款规定,有请求权的机构可以超出个案范围,广泛有效地与违反消费者保护法律法规的行为作斗争。同时,在这种情况下,也可以适用《反不正当竞争法》第 8 条第 1 款和第 3 款。

36　　但是,消费者的个体利益和集体利益不一定在每个违法行为中都相互联系。比如,公平交易法保护消费者的集体利益,但依据通说并不保护其个体利益。[17] 其结果是,在不正当商业行为影响消费者利益的情况下,根据《反不正当竞争法》第 8 条第 3 款只有有请求权的人(竞争者、协会和商会)可以对违法行为采取措施,而相关消费者却不能采取任何措施。原因在于《反不正当竞争法》本身并未规定消费者的个体请求权,《反不正当竞争法》——除《反不正当竞争法》第 16 条以下的刑事责任规定以外[18]——也不是个体消费者的保护性法律,因此,《民法典》第 823 条第 2 款第 1 句也不适用。

三、消费者保护法

1. 概念

37　　尽管消费者保护法的概念[19]现已牢固确立,但要将消费者保护法作为一个法律领域准确定义下来却并不容易。此外,也缺少一部——像《民法典》或《商法典》那样——能在一定程度上构建该

---

[17] Begr. zum RegE, BT- Drs. 15/1487, 22; Köhler/Bornkamm/*Köhler* UWG § 1 Rn. 39; 针对 1909 年《反不正当竞争法》: *BGH* GRUR 1975, 150- *Prüfzeichen*; 不同意见 *Sack* GRUR 2004, 625, 629 f.。

[18] Begr. zum RegE, BT- Drs. 15/1487, 22.

[19] 消费者法与消费者保护法的区别,见 *Tamm* S. 62 ff.。

法律领域框架的消费者保护法典。第一个正式线索由**《不作为之诉法》第 2 条第 2 款**所提供,该条款示例性地列举了德国法律中有关消费者保护的规定。这个庞大的目录已经证明了消费者保护的多样性。此外,《不作为之诉法》第 2 条第 2 款并未考虑整个公平交易法上的消费者保护。

事实证明,单纯地以消费者和经营者概念(《民法典》第 13 条和第 14 条)为形式上的**根据**(Orientierung)也帮助不大。因为即使是一部主要保护消费者的法律,它的规定也并不总是明确地与行为主体的消费者或经营者身份联系在一起。这方面的一个例子是旅游合同法(《民法典》第 651a 条以下),该法自始至终没有提及"消费者",使用的是"旅游者"这一概念。此外,如果将所有可能对消费者有利的规定都列入消费者保护法的范畴,也是不合适的。因为如此一来,实际上法律制度中的很大一部分都要被称作消费者保护法了。

不过,为了对该法律领域进行合适的界定,可以通过以下两个方面将消费者保护法与其他法律领域区分开来:

第一,消费者保护法涵盖的是那些通常以一个为私人目的而行事的自然人与一个专业的商业运营的市场参与者发生相互接触为前提的法律规定。这些"角色"是否被明确称为消费者和经营者,是一个重要的表征,但并不是唯一有意义的标准。

第二,法律规定必须旨在保护特定的消费者利益。这些特定的消费者利益主要来源于自然人在面对专业商人时的特别保护需求。与特定的消费者利益不同的是人们的一般利益,例如,保护身体完整性的利益或保护个人财产的利益。但是,它与消费者保护也可能发生重叠,尤其是在为保护个人利益必须遵守特别规定的情况下,比如,为防止经营者为广告目的而侵犯个人隐私。

2. 特征

40　基于上述考虑,作为独立法律领域的消费者保护法具有特有的结构性要素。

(1) 交叉题材

41　消费者保护法的第一个特点是,在**不同的法律领域**(verschiedenen Rechtsgebieten)中都可以找到消费者保护规定。因此,消费者保护不仅仅局限于民法,在公平交易法和程序法中都存在消费者保护的规定。这是一个跨越多个法律领域的交叉题材(Querschnittsmaterie)。

(2) 市场相关性

42　此外,消费者保护规定的共同点在于,它们在消费者从事**市场活动**(Marktaktivität)时保护其利益,即在其与其他市场参与者互动,特别是在从事法律行为时保护其利益。从时间角度来看,保护的范围从决定的准备到实际的决定过程,再到合同约定的给付的履行,还包括可能必要的权利行使。合同是市场上个人交换过程的法律工具,因此,合同法中以及通过合同法对消费者的保护构成了消费者保护法的核心。

(3) (特别)私法性质

43　尽管可以在各种法律中找到消费者保护规定,但是这些规定主要具有私法性质,因为它们主要规制**私法主体之间的法律关系**(Rechtsverhältnissen zwischen Privatrechtssubjekten)。德国既没有一般性的消费者保护机构,也没有一般性的消费者保护公法。只有在私法保护机制不足的情况下,才存在保护消费者的行政法和刑法规定(比如,《反不正当竞争法》第16条第2款)。

44　消费者保护规定的特别私法性质还体现在,对消费者利益的特别保护是通过**与消费者进行私法交易时的**特别要求(spezielle Anforderungen an den Privatrechtsverkehr mit Verbrauchern)来实现的。

这些特别要求通常体现在赋予消费者特别的权利,适用特别的信息义务和说明的形式要件,或限制私法自治的空间等方面。但是,这种特别私法性质并不意味着应当将消费者保护法系统地从私法法律制度中分离出来或者说从实体中"分割"出去。[20]

(4) 个体及集体利益保护

最后,消费者保护法保护的是消费者的个体和集体利益。这种全面的利益保护特别体现在《**不作为之诉法**》第 1 条、第 2 条第 1 款和**第 4a 条**,以及《**反不正当竞争法**》第 8 条第 1 款和第 3 款第 2 项至第 4 项之中。这些规定使得在消费者保护规定被违反时,消费者可以在个案以外提起团体诉讼,广泛有效地与违反消费者保护法的行为作斗争。

45

四、发展历程

在法律史上,对弱势合同当事人的零星保护很早就开始了。[21]但是,现代意义上的消费者保护是在**贸易和竞争自由**(Gewerbe- und Wettbewerbsfreiheit)、工业化以及与之相关的大规模生产的经济环境中发展起来的。因此,消费者保护法有时被称为西方富裕社会的一种"伴随法"。[22]

46

1.《分期付款法》

在《民法典》的最初版本中,并没有为消费者提供特别保护。但得到公认的是,在特定情况下和特定法律行为中,可能存在更高的消费者保护需求。在某种程度上可以作为当今消费者保护前身

47

---

[20] 反对分裂倾向的 Bydlinski, System und Prinzipien des Privatrechts, 1996, 708 ff.。
[21] 附更多其他引注的概览,见 *Stromer von Reichenbach*, in: Dichtl (Hrsg.), Verbraucherschutz in der Marktwirtschaft, 1975, 97; *Tamm* S. 180。
[22] *Gärtner* JZ 1992, 73.

的是[23],1894 年 5 月 16 日《关于分期付款交易的法律》[《分期付款法》(AbzG)][24]中对分期付款交易中买受人的保护(Schutz des Käufers bei Abzahlungsgeschäften)的相关规定。该法律的目的主要是保护小企业,使其能够借助分期付款购买生产资料(详见第十四章边码 3 以下)。[25]

2.《消费者权利宣言》

48　　1962 年 3 月 15 日,美国总统约翰·肯尼迪发表了《消费者权利宣言》(Verbraucherbotschaft von US-Präsident John F. Kennedy)[26]。尽管它不是消费者保护法诞生的标志,但却是消费者保护法律发展中的一个重要里程碑。这项消费者政策声明强调了消费者保护的重要性,对消费者保护思想在美国以外迅速和广泛地得到关注和接受发挥了决定性的作用。

3. 合同法上的消费者保护

(1) 第一部消费者保护立法

49　　在德国,消费者保护也得到了越来越多的政治关注。发布消费者政策声明(见上文边码 16)之后,德国首次开始了旨在实现消费者保护思想的具体立法活动。但此时并不是为了实现一个独立的整体构想,更多的是为了解决实践中的具体问题和冲突。[27]

50　　消费者保护立法重要的里程碑是 20 世纪 70 年代的三个立法项目:

→1976 年 12 月 9 日发布的关于**一般交易条款法律规定**(gesetzliche Regelung des Rechts der Allgemeinen Geschäftsbedingungen)的

---

[23] Eichenhofer JuS 1996, 857 (859).
[24] 1991 年 1 月 1 日被《消费者贷款法》所取代,BGBl. I 1990, 2840。
[25] Benöhr ZHR 138 (1974), 492 (494 f.); *Drexl*, S. 18.
[26] Abgedruckt bei *v. Hippel* S. 281 ff.
[27] *Gilles* JA 1980, 1.

《一般交易条款法》（AGBG）[28]，于1977年4月1日生效。该法对有关防止不合理合同条款的诸多判例进行了成文化。尽管该法的目的不仅仅是对消费者订立的合同进行规制[29]，但它对于消费者保护法的进一步立法具有开创性作用。

→1977年1月1日生效的《远程课程参与人保护法》（Gesetz zum Schutz der Teilnehmer am Fernunterricht）（FernUSG）[30]虽然并不以消费者这一概念为出发点，但应被视为第一部原生的消费者保护法。该法规包含了后来消费者保护法规的典型保护机制。

→随着1979年10月1日《旅游合同法》（Reisevertragsgesetz）[31]的生效，包价旅游合同被并入《民法典》之中（《民法典》第651a条以下）。该法的主要目的是对包价旅游者进行保护。将这些规定纳入《民法典》是一个特别的做法，因为消费者保护法最初基本都是在《民法典》之外发展的。尽管旅游法形式上已经被纳入《民法典》，但它实质上是（并且至今仍然是）合同法的一个特别领域，该领域与合同法的一般规定（尤其是给付障碍法）是脱节的。

(2) 消费者保护指令的转化

为德国形成真正的消费者保护法提供决定性推动力的是欧洲法，从欧洲经济共同体（EWG）到欧洲共同体（EG）再到如今的欧盟（EU）。德国私法中消费者保护的核心规定是在必须将欧洲指令的规定转化为国内法的过程中产生的。建立在欧洲规定基础上的消费者保护法最初是在《民法典》之外形成的。

以下六个立法项目是这一过程中的重要阶段：

→1986年生效的《家门口交易及类似交易撤回法》（Gesetz über

---

[28] BGBl. I 1976, 3317.
[29] 消费者法角度的一般交易条款审查，见 v. Hippel S. 118。
[30] BGBl. I 1976, 2525.
[31] BGBl. I 1979, 509.

den Widerruf von Haustürgeschäften und ähnlichen Geschäften）（HWiG）[32]将《第85/557/EWG号指令》转化为德国法。

→1991年生效的《消费者贷款法》（Verbraucherkreditgesetz）（VerbrKrG）[33]旨在转化1986年12月22日的《第87/102/EWG号指令》。

→《民法典》第651a条以下需要根据1990年6月13日欧洲理事会《关于包价旅游的第90/314/EWG号指令》进行修改。

→《一般交易条款法》（Gesetz zur Regelung des Rechts der Allgemeinen Geschäftsbedingungen）（AGBG）需要根据1993年4月5日理事会《关于消费者合同中条款滥用的第93/13/EWG号指令》进行修改。

→1996年12月20日的《住宅部分时间使用权转让法》（Gesetz über die Veräußerung von Teilzeitnutzungsrechten an Wohngebäuden）[《分时居住权法》（TzWrG）][34]旨在转化1994年10月26日欧洲议会和理事会《关于在不动产分时使用权转让合同的某些方面保护受让方的第94/47/EG号指令》的规定。

→为实施1997年5月20日欧洲议会和理事会《关于在远程销售合同订立过程中保护消费者的第97/7/EG号指令》，颁布了《远程销售法》（Fernabsatzgesetz）（FernAbsG）。[35]

（3）将消费者保护法纳入《民法典》

合同法领域的消费者保护规定最初基本上都是在《民法典》之外发展的。借助**2002年债法改革**（Schuldrechtsreform 2002）的机会，这些规定被纳入了《民法典》。官方的草案说明中这样写道：现

---

[32] BGBl. I 1976, 122.
[33] BGBl. I 1990, 2840.
[34] BGBl. I 1996, 2154.
[35] BGBl. I 2000, 897.

在是时候对那些在《民法典》之外蔓延的(债法)特别法进行审查并将其永久性地纳入《民法典》了。[36] 这将会使债法法律制度更加明晰,也会增强《民法典》作为核心民事法典的地位。[37] 这种纳入可以利用《民法典》的一体化力量来确保和加强债法的一致性。[38] 2002 年债法改革的欧盟法动因是《第 1999/44/EG 号指令》的限期转化。随着该指令的转化,长期以来对欧盟法律规定的保守态度如今被**积极主动的消费者保护法的整合**(aktive und offensive Integration des Verbraucherschutzrechts)所取代。[39] 具体而言,以下特别法已经被移植到《民法典》之中:《一般交易条款法》(该法其余的"躯干"被转移到《不作为之诉法》之中)《远程销售法》《家门口交易及类似交易撤回法》《分时居住权法》和《消费者贷款法》。

欧盟法层面的诸多变更需要**国内法的不断调整**(Anpassungen des nationalen Rechts)。最近的重大变化是由于《消费者权利指令》的生效。该指令通过《消费者权利指令转化法》和《房屋中介法修改法》被转化为德国法。[40] 相关的变更于 2014 年 6 月 13 日生效。[41]

4. 公平交易法上的消费者保护

在公平交易法方面,消费者保护思想的形成和认可经历了三个阶段。

(1)消费者保护作为 1909 年《反不正当竞争法》的三大保护目的之一

最初,1909 年《反不正当竞争法》——与其前身 1896 年《反不

---

[36] BT- Drs. 14/6040, 79.
[37] BT- Drs. 14/6040, 79.
[38] BT- Drs. 14/6040, 79.
[39] *Drexl*, Wandlungen des Schuldrechts, 2002, 97 (101 ff.).
[40] BGBl. I 2013, 3642.
[41] 详见 *Beck* JURA 2014, 666。

正当竞争法》相同——并未包含保护消费者的特别机制。依照其原本的方案,《反不正当竞争法》的主要目的是保护竞争者。认为该法也保护消费者的观点遭到部分学者的强烈反对。鲍姆巴赫(Baumbach)在《反不正当竞争法》评注的第一版中就认为,公平交易法"也保护公众和消费者"的观点是"无法根除的根本错误"。[42]单个消费者对"战胜单个竞争者没有任何兴趣"。[43]

57 然而,1909年《反不正当竞争法》第1条的"大"一般条款和第3条的"小"一般条款,是与消费者相关的保护目的逐步得到认可的理想法律连接点。在公平交易法判例中,消费者保护的思想得到了越来越多的共鸣。最终,消费者保护成为了包括竞争者、消费者和其他市场参与者保护,以及防止扭曲的竞争保护在内的所谓"三大保护目的(Schutzzwecktrias)"之一。

58 消费者保护理念得到认可的一个重要立法举措是1965年7月21日通过的法律将**消费者保护团体的诉权**(Klagebefugnis für Verbraucherschutzverbände)吸收进《反不正当竞争法》旧版第13条第1a款之中。[44]

(2)消费者保护通过2004年《反不正当竞争法》得到法律认可

59 消费者保护的理念最终得到法律的认可是**2004年的《反不正当竞争法》改革**(UWG-Reform 2004)。改革后的法律将三大保护目的吸收在《反不正当竞争法》第1条的目的规定中。通过《反不正当竞争法》第1条保护目的的描述,立法者明确表示,希望市场参与者,特别是消费者和竞争者,都受到《反不正当竞争法》的同等保护。[45] 同时,《反不正当竞争法》也明确保护公众维持真实有效竞

---

[42] *Baumbach,* Kommentar zum Wettbewerbsrecht, 1929, 128.
[43] *Baumbach,* Kommentar zum Wettbewerbsrecht, 1929, 128.
[44] BGBl. I 1965, 625.
[45] Begr. zum RegE, BT-Drs. 15/1487, 15.

争的利益。[46]

(3)《不正当商业行为指令》的转化

除了一个编辑性的修改以外,《反不正当竞争法》第 1 条关于保护目的的规定没有受到《不正当商业行为指令》转化的影响。尽管如此,《不正当商业行为指令》还是带来了一个**质的变化**(qualitative Veränderung)。由于《不正当商业行为指令》追求的目标是在其事实适用范围内完全协调成员国的公平交易法并"取代成员国中存在的不同的一般条款和法律原则"[47],因此,在面向消费者的商业行为中适用国内法在很大程度上要符合欧盟法的标准。

---

[46] Begr. zum RegE, BT- Drs. 15/1487, 15.
[47] 《不正当商业行为指令》立法理由第 13 条第 1 句。

第二章 欧盟法

精选文献：*Amtenbrink*, Harmonisierungsmaßnahmen im Binnenmarkt im Lichte der Entscheidung des Europäischen Gerichtshofs zur Tabakwerberichtlinie, VuR 2001, 163; *Dauses/Sturm*, Rechtliche Grundlagen des Verbraucherschutzes im EU-Binnenmarkt, ZfRV 1996, 133; *Heiss*, Verbraucherschutz im Binnenmarkt: Art. 129a EGV und die wirtschaftlichen Verbraucherinteressen, ZEuP 1996, 625; *Keßler*, European Consumer Law-zu den dogmatischen Grundlagen des europäischen Verbraucherrechts, VuR 1999, 415; *Köhne/Günther*, Europäische Verbraucherpolitik, VuR 2003, 288; *Micklitz*, Zur Notwendigkeit eines neuen Konzepts des Verbraucherrechts in der EU, VuR 2003, 2; *Möllers*, Europäische Richtlinien zum Bürgerlichen Recht, JZ 2002, 121; *Reich*, Zur Theorie des Europäischen Verbraucherrechts, ZEuP 1994, 381; ders., Verbraucherpolitik und Verbraucherschutz im Vertrag von Amsterdam, VuR 1999, 3; *Reinhard*, Verbraucherschutz durch EU-Richtlinien, The European Legal Forum 2004, 86; *Rösler*, Europäische Integration durch Verbraucherschutz: Entwicklungsursachen und Beschränkungen, VuR 2003, 12; ders., 30 Jahre Verbraucherpolitik in Europa, ZfRV

2005, 134; *H. Roth*, EG- Richtlinien und Bürgerliches Recht, JZ 1999, 529; *W. H. Roth*, Europäischer Verbraucherschutz und BGB, JZ 2001, 475; *Staudenmayer*, Europäisches Verbraucherschutzrecht nach Amsterdam-Stand und Perspektiven, RIW 1999, 733; *Tonner*, Die Rolle des Verbraucherrechts bei der Entwicklung eines europäischen Zivilrechts, JZ 1996, 533; *van Miert*, Verbraucher und Binnenmarkt-Drei - Jahres - Aktionsplan der Kommission, EuZW 1990, 401.

一、欧盟法对消费者保护法的意义

消费者保护立法最重要的推动因素(wichtigste Impulsgeber)应该就是欧盟法。一个由众多次级法律文件(Sekundärrechtsakte)——指令和条例——构成的密集的欧洲消费者保护网络已经形成。

在欧洲层面,消费者保护萌芽于 20 世纪 70 年代初。它体现在**欧洲经济共同体的第一份消费者保护与教育政策计划**(ersten Programm der Europäischen Wirtschaftsgemeinschaft für eine Politik zum Schutz und zur Unterrichtung der Verbraucher)之中。[1] 根据该计划,消费者不应再被视为仅仅是满足个人、家庭或集体需求的商品和服务的购买者或使用者,而应被视为参与到社会生活中直接或间接涉及其消费者身份的各个方面的人。该计划强调了**消费者的五项基本权利**(fünf fundamentale Rechte der Verbraucher),这些权利应在共同体所有领域采取措施予以保障,并被反映在后来的基本法(Primärrecht)之中:

→健康和安全受保护的权利;
→经济利益受保护的权利;

---

[1] ABl. 1975 C 92, 2.

→损失获得补偿的权利;

→获得信息和受教育的权利;

→代表权(发表意见以及个人权利行使的权利)。

二、基本法

1. 发展历程

3   在基本法的范畴中,消费者保护的第一个规范联系是确立**改善生活条件**(Verbesserung der Lebensbedingungen)这一基本目标。除此之外,只有几个零散的法规提及消费者。[2]《**单一欧洲法**》(Einheitlichen Europäischen Akte)的通过是一个重要的里程碑。[3]这部1987年7月1日生效的法令最重要的创新包括纳入《**欧洲经济共同体条约**》第100a条(后来的《欧洲共同体条约》第95条[4]),以及通过《欧洲经济共同体条约》第3条将消费者保护作为共同体的目标。

4   随着1993年11月1日《马斯特里赫特条约》(Vertrag von Maastricht)[5]的生效,消费者保护在《欧洲经济共同体条约》第129a条中拥有了独立的基础。[6]

5   1999年5月1日生效的《阿姆斯特丹条约》(Vertrag von Amsterdam)[7]通过《欧洲共同体条约》第153条又对消费者保护规定进行了修订和补充。[8] 条约明确提出了消费者保护的中心目标。据此,为了促进消费者的利益并确保形成高水平的消费者保护,共

---

[2] *Tamm*, S. 190.
[3] ABl. 1987 L 169.
[4] 这一规定的有效范围见 *Amtenbrink* VuR 2001, 163。
[5] ABl. 1992 C 191.
[6] 详见 *Heiss* ZEuP 1996, 625。
[7] ABl. 1997 C 340.
[8] 详见将《欧洲经济共同体条约》第129a条和《欧洲共同体条约》第153条的规则内容对比的 *Reich* VuR 1999, 3;另见 *Reich* VuR 1999, 3;*Staudenmayer* RIW 1999, 733 (734 ff.)。

同体致力于保护消费者的健康、安全和经济利益，保护他们获取信息、受教育和组成团体以保护自身利益的权利。

随着《**里斯本条约**》(Vertrag von Lissabon)[9]的出台，基本法采取了全新的形式。《欧洲共同体条约》第 95 条成为《**欧盟运行条约**》**第 114 条**，《欧洲共同体条约》第 153 条如今是修订后的《**欧盟运行条约**》**第 169 条**。根据《欧盟运行条约》第 4 条第 2 款字母 f，消费者保护是欧盟和各成员国各负其责的主要领域之一。《欧盟运行条约》第 12 条规定，在确定和实施其他欧盟政策和措施时，应考虑消费者保护的要求。

《欧盟运行条约》第 101 条在基本法中有一定的**特别地位**(Sonderstellung)。该条款包含**卡特尔禁止**(Kartellverbot)，并且在第 3 款有关豁免构成要件中明确提到了消费者，当然这种提及是在特定的卡特尔法意义上。

2.《欧盟基本权利宪章》中的消费者保护

根据《**欧盟基本权利宪章**》**第 38 条**，欧盟的政策是确保形成高水平的消费者保护。但该条款保护的并非消费者个体的基本权利。相反，该条款应被理解为一个**目标规定**(Zielvorgabe)，即确保欧盟采取适当措施保护消费者。[10]《欧盟基本权利宪章》第 38 条没有扩大欧盟的职权，也没有将消费者保护置于欧盟的其他目标之前。[11] 消费者保护是欧盟众多目标之中的一个。[12]

具体到细节方面，这一规定仍有许多问题需要澄清。例如，存在争议的一个问题是，《欧盟基本权利宪章》第 38 条是否为欧盟中

---

[9] ABl. 2007 C 306.
[10] Callies/Ruffert/*Krebber* EU- GRCharta Art. 38 Rn. 5.
[11] Callies/Ruffert/*Krebber* EU- GRCharta Art. 38 Rn. 5.
[12] *EuGH* Slg. 1997, I- 2405 = ECLI:EU:C:1997:231 Rn. 48-*Deutschland/EP u. Rat*.

现存的消费者保护水平提供了一种"持续性担保(Bestandsgarantie)"。[13] 然而,鉴于社会和技术变革对消费者保护不断提出新的挑战,这种"持续性保护"由于其非建设性而应当被拒绝。《欧盟基本权利宪章》第38条也没有对欧盟法律中消费者保护条款的具体设计作出进一步的规定。例如,欧盟立法者没有义务在欧盟法范畴内规定或采纳某一成员国现有的最高级别的保护。[14] 同样,《欧盟基本权利宪章》第38条也并未要求欧盟始终将消费者保护限制在一个最低标准之内。[15]

3. 不存在基本法层面上的消费者保护方案

基本法目前没有规定一个**独立的欧盟消费者保护方案**(kein in sich geschlossenes Verbraucherschutzkonzept)。除了一般的目标设定,基本法也没有对**消费者保护规则的具体设计提出确切的要求**(präzisen Anforderungen hinsichtlich der konkreten Ausgestaltung von Verbraucherschutzregelungen)。但没有争议的是,基本法认为,一个被确定值得保护并需要保护的消费者应当得到欧盟消费者政策的保护。此外,从《欧盟运行条约》第169条第1款之中可以得出对于欧盟法规范的目的性解释非常重要的**评价**(Wertungen)。另外,从基本法中也可以看出,消费者的哪些**特别利益**(spezifischen Interessen des Verbrauchers)应受到欧盟消费者政策的保护。同时也可以得出欧盟消费者保护法的主要目标和最重要的消费者利益:

→健康受保护的利益;

→安全受保护的利益;

→经济利益;

---

[13] 否定观点 Callies/Ruffert/*Krebber*, EU-GRCharta Art. 38 Rn. 6。

[14] Vgl. *EuGH* Slg. 1997, I-2405 = ECLI:EU:C:1997:231 Rn. 48-*Deutschland/EP u. Rat*.

[15] Callies/Ruffert/*Krebber*, EU-GRCharta Art. 38 Rn. 6.

→获取信息和受教育的利益；
→为保护上述利益而成立社团的利益。

三、次级法

与基本法只包含消费者保护的几个基本特征相比，次级法目前拥有数量众多的涉及消费者保护法各个方面的**条例**（Verordnungen）和**指令**（Richtlinien）。[16] 通过规定条例和指令这种次级法的方式，在欧盟层面上已经形成了虽有漏洞，但比较全面的消费者保护法。

1. 消费者保护的重要次级法律文件概览

以下概览包含一份涉及消费者保护内容的重要次级法律文件的不完全目录。实质上可以将包含消费者保护法律目标的次级法划分为三个规范领域：

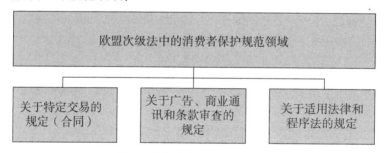

图1 次级法中的消费者保护

（1）关于特定交易的规定（合同）

首先，为数众多的指令载有关于在某些特定交易（合同）中保护消费者的更为详细的规定：

→1985年12月20日理事会《关于在营业场所之外订立的合同

---

[16] 概览见 *Dauses/Sturm* ZfRV 1996, 133 (134 ff.); *Tamm* S. 198。

中保护消费者的第 85/577/EWG 号指令》[17]；

→1986 年 12 月 22 日理事会《关于协调成员国有关消费者贷款的法律和行政规定的第 87/102/EWG 号指令》[18]；

→1990 年 6 月 13 日理事会《关于包价旅游的第 90/314/EWG 号指令》[19]；

→1997 年 5 月 20 日欧洲议会和理事会《关于保护远程合同消费者的第 97/7/EG 号指令》[20]；

→1999 年 5 月 25 日欧洲议会和理事会《关于消费品买卖和消费品担保相关方面的第 1999/44/EG 号指令》[21]；

→2002 年 9 月 23 日欧洲议会和理事会《关于消费者远程金融服务以及修改理事会〈第 90/619/EWG、97/7/EG 和 98/27/EG 号指令〉的第 2002/65/EG 号指令》[22]；

→2007 年 11 月 13 日欧洲议会和理事会《关于内部市场支付服务，修改〈第 97/7/EG、2002/65/EG、2005/60/EG 和 2006/48/EG 号指令〉以及废除〈第 97/5/EG 号指令〉的第 2007/64/EG 号指令》[23]；

→2008 年 4 月 23 日欧洲议会和理事会《关于消费者贷款合同和废除理事会〈第 87/102/EWG 号指令〉的第 2008/48/EG 号指令》[24]；

→2009 年 1 月 14 日欧洲议会和理事会《关于分时使用、长期度假产品以及再出售和互易合同等方面消费者保护的第 2008/122/EG

---

[17] ABl. 1985 L 372, 31.
[18] ABl. 1987 L 42, 48.
[19] ABl. 1990 L 158, 59.
[20] ABl. 1997 L 144, 19.
[21] ABl. 1999 L 171, 12.
[22] ABl. 2002 L 271, 16.
[23] ABl. 2007 L 319, 1.
[24] ABl. 2008 L 133, 66.

号指令》[25];

→2011年10月25日欧洲议会和理事会《关于消费者权利,修改理事会〈第93/13/EWG号指令〉和欧洲议会和理事会〈第1999/44/EG号指令〉以及废除理事会〈第85/577/EWG号指令〉和欧洲议会和理事会〈第97/7/EG号指令〉的**第2011/83/EU号指令**》。[26]

(2) 关于广告、商业通讯和条款审查的规定

此外,次级法中还包含与广告、商业通讯和合同内容审查有关的保护消费者的规定:

→1993年4月5日理事会《关于消费者合同中滥用条款的**第93/13/EWG号指令**》[27];

→1998年2月16日欧洲议会和理事会《关于说明向消费者提供的产品价格以保护消费者的**第98/6/EG号指令**》[28];

→2000年6月8日欧洲议会和理事会《关于内部市场信息服务,特别是电子商务的某些法律方面的**第2000/31/EG号指令**》(《电子商务指令》)[29];

→2005年5月11日欧洲议会和理事会《关于内部市场中消费者与经营者之间的不正当商业行为,修改理事会〈第84/450/EWG号指令〉、欧洲议会和理事会〈第97/7/EG、98/27/EG和2002/65/EG号指令〉以及欧洲议会和理事会〈第2006/2004号条例〉的**第2005/29/EG号指令**》(《不正当商业行为指令》)。[30]

(3) 关于适用法律和程序法的规定

最后,次级法中还包含与适用法律和程序法有关的保护消费者

---

[25] ABl. 2009 L 033, 10.
[26] ABl. 2011 L 304, 64.
[27] ABl. 1993 L 95, 29.
[28] ABl. 1998 L 80, 27.
[29] ABl. 2000 L 178, 1.
[30] ABl. 2005 L 149, 22.

的规定：

→2000 年 12 月 22 日理事会《关于民事和商事判决的管辖、认可和执行的第 44/2001（EG）号条例》（《布鲁塞尔 I 号条例》）[31]；

→2012 年 12 月 12 日欧洲议会和理事会《关于民事和商事判决的管辖、认可和执行的第 1215/2012（EU）号条例》（《布鲁塞尔 Ia 号条例》）[32]；

→2004 年 4 月 21 日欧洲议会和理事会《关于引入无争议债权欧洲执行名义的第 805/2004（EG）号条例》[33]；

→2004 年 10 月 27 日欧洲议会和理事会《关于负责实施消费者法的国家机关之间合作的第 2006/2004（EG）号条例》（《消费者保护合作条例》）[34]；

→2006 年 12 月 12 日欧洲议会和理事会《关于引入欧洲催告程序的第 1896/2006（EG）号条例》[35]；

→2008 年 6 月 17 日欧洲议会和理事会《关于合同债务关系适用法的第 593/2008（EG）号条例》（《罗马 I 号条例》）[36]；

→2009 年 4 月 23 日欧洲议会和理事会《关于消费者利益保护的不作为之诉的第 2009/22/EG 号指令》[37]；

→2013 年 5 月 21 日欧洲议会和理事会《关于消费纠纷的替代性争议解决以及修改〈第 2006/2004（EG）号条例〉和〈第 2009/22/EG 号指令〉的第 2013/11/EU 号指令》（《消费纠纷的替代争议解决指令》）[38]；

---

[31] ABl. 2001 L 12, 1.
[32] ABl. 2012 L 351, 1.
[33] ABl. 2004 L 143, 15.
[34] ABl. 2004 L 364, 1.
[35] ABl. 2006 L 399, 1.
[36] ABl. 2008 L 177, 6.
[37] ABl. 2009 L 110, 30.
[38] ABl. 2011 L 165, 63.

→2013年5月21日欧洲议会和理事会《关于消费纠纷的在线争议解决的第524/2013（EU）号条例》（《消费纠纷的在线争议解决条例》）。[39]

2. 条例

根据《欧盟运行条约》第288条第2款，条例具有普遍的效力。条例的所有部分都具有约束力，可直接适用于所有成员国。因此，它不需要转化为国内法律。必要时，成员国可以为欧盟条例的实施制定相应的法律规定。例如，《消费者保护实施法》（VSchDG）就是为了实施《第2006/2004号条例》而制定的（《消费者保护实施法》第1条第1款）。

3. 指令

（1）效力和转化

相比之下，根据《欧盟运行条约》第288条第3款，欧盟指令最初只是以成员国为对象。指令仅就要实现的目标而言，具有约束力，但把指令转化为国内法律所采取的方式和手段，是留给各成员国的国内机构来决定的。因此，究竟是将指令规定纳入现有法律还是制定新的法律来实现指令的转化，是由成员国来决定。转化为国内法律不一定要逐字逐句进行，但它必须充分考虑该指令的意旨与目的（Sinn und Zweck）。

如果一个指令未能、被错误地或未能及时地被转化为国内法律，那么依据欧洲法院一贯的判例（Ständiger Rechtsprechung），在满足下列三个前提的情况下，**成员国有义务赔偿因此产生的损害**（Verpflichtung des Mitgliedstaates zum Ersatz des hierdurch verursachten Schadens）[40]：

---

[39] ABl. 2013 L 165, 1.
[40] 基础性论述见 *EuGH* Slg. 1991, I-5357 = NJW 1992, 165 = ECLI:EU:C:1991:428 Rn. 39-*Francovich*。

首先,该指令的目标必须是赋予公民以主观权利(Subjective Rechte);

其次,这些权利的内容必须可以在指令的基础上确定;

最后,对国家施加的义务之违反与遭受的损害之间应当存在因果关系。

19 但是,一个私法主体**不能**针对另一私法主体**直接援引欧盟指令**(nicht unmittelbar auf eine EU- Richtlinie berufen),并从中获得主观权利。[41] 如果一项指令规定了与经营者交易的消费者的特别权利,但是该指令并未按照规定转化为国内法律,则单个消费者就不能直接援引该指令并从中获得针对经营者的个人权利。

示例:欧洲法院具有争议的 Faccini Dori 案[42] 产生的背景是,意大利未能将欧洲经济共同体《第 85/577/EWG 号指令》的规定及时转化为国内法。Paola Faccini Dori(原告)与 Recreb Srl(被告)在米兰中央火车站订立了远程学习英语课程的合同。该交易属于该指令的适用范围。原告在合同订立几天后通知被告撤回自己的意思表示。原告援引的是《关于在营业场所外订立的合同指令》所规定的撤回权,尽管意大利当时的国内法律尚未规定这种权利。对该争议具有管辖权的意大利法院向欧洲法院征询解决方案。欧洲法院判定,原告不能直接援引《第 85/577/EWG 号指令》所规定的撤回权。[43] 欧洲法院认为,有关指令赋予公民针对国家机构权利的直接效力的判例[44]不能适用于公民之间的横向关系。如果允许这一判例扩展到公民之间关系的领域,那将意味着——根据欧洲法院的原

---

[41] *EuGH* Slg. 1994, I- 3325 = ECLI:EU:C:1994:292 Rn. 25.-*Faccini Dori*.
[42] *EuGH* Slg. 1994, I- 3325 = ECLI:EU:C:1994:292-*Faccini Dori*.
[43] *EuGH* Slg. 1994, I- 3325 = ECLI:EU:C:1994:292 Rn. 25.-*Faccini Dori*.
[44] *EuGH* Slg. 1986, 723 = ECLI:EU:C:1986:84 Rn. 46 ff.-*Marshall* mwN.

话——认可共同体有权直接规定公民的义务,但实际上它只有在被授权颁布条例时才有权作出相关规定。[45]

欧洲法院认为,即使在将指令实际转化为国内法律之前和正在进行转化的期限内,成员国也不能颁布足以严重危害指令所规定目标的法规。[46] 在这个意义上,相关成员国的所有公权利主体都负有一项不作为义务。[47] 这项义务可以归因于《欧盟条约》第 4 条第 3 款规定的欧盟法上的**忠诚原则**(Loyalitätsgrundsatz)。对于实施法律的法院和机构而言,这意味着自指令生效之日起,他们必须尽可能避免以一种可能会在转化期限届满后严重危及指令所设目标实现的方式去解释其国内法律。[48]

(2)协调方式

对于指令的解释来说,一个至关重要的问题是,欧盟法律在其适用范围内留给成员国多少**制定规则和解释的空间**(Regelungs- und damit Interpretationsspielraum)。原则上,一项指令可以采取最低协调和完全协调两种不同的协调方式。

①最低协调

如果一项指令力求实现**最低协调**(Mindestharmonisierung)的目标,就会确立一套成员国必须遵守的具有约束力的基础规则。这个最低标准不允许被降低。也就是说,无论如何成员国都必须达到指令所规定的最低保护标准,不能比其更低。但是成员国可以超越欧盟法律规定的最低标准,比如,制定更严格的规则来保护消费者。

---

[45] *EuGH* Slg. 1994, I- 3325 = ECLI:EU:C:1994:292 Rn. 24-*Faccini Dori*.
[46] *EuGH* Slg. 2009, I- 2949 = GRUR 2009, 599 = ECLI:EU:C:2009:244 Rn. 38-*VTB-VAB und Galatea*.
[47] *EuGH* Slg. 2009, I- 2949 = GRUR 2009, 599 = ECLI:EU:C:2009:244 Rn. 39-*VTB-VAB und Galatea*.
[48] *EuGH* Slg. 2009, I- 2949 = GRUR 2009, 599 = ECLI:EU:C:2009:244 Rn. 39-*VTB-VAB und Galatea*.

示例：《第 2006/114/EG 号指令》第 8 条第 1 款规定的对欺诈性广告的防止就是此类最低标准。

②完全协调

23　　与之相反,如果一项指令在其适用范围内追求**完全协调**(Vollharmonisierung)的目标,那么成员国的行动空间就会受到严重限制。他们必须严格按照指令规定的内容进行准确转化,不得在规定的范围、密度和质量方面出现"向下"或"向上"的偏离。

示例：《第 2011/83/EU 号指令》第 4 条规定,除非指令本身另有规定,否则成员国不得保留或引入任何与本指令规定不同的国内法律规定。同样不被允许的是,那些为了实现不同的消费者保护水平而制定的更严格或更宽松的法律规定。

24　　但与条例不同的是,即使面对一项采取完全协调方式的指令,成员国也可以自由决定在结构和体系上如何将该规定纳入其国内法。

(3) 符合指令的解释

25　　如果某项与消费者相关的国内法律规定源自欧盟法,则应当进行**符合指令的解释**(richtlinienkonforme Auslegung)。这属于符合欧盟法解释的一种具体适用。一方面,国内法律的适用必须始终"**根据**作为基础的指令规定的**内容和体系**(im Lichte des Inhalts und der Systematik)"[49]进行。另一方面,对指令的解释是**自主的**(autonom)[50],即独立于各国的先前理解,并考虑到指令的不同——但具有同样约束力的[51]——语言版本。如果对指令的解释

---

[49] *EuGH* Slg. 2010, I-217 = GRUR 2010, 244 = ECLI:EU:C:2010:12 Rn. 46-*Plus Warenhandelsgesellschaft*.

[50] *BGH* GRUR 2012, 288 Rn. 10-*Betriebskrankenkasse*.

[51] Vgl. *EuGH* Slg. I 2010, 3068 = NJW 2010, 1941 = ECLI:EU:C:2010:189 Rn. 51-*Heinrich Heine* mwN.

有任何疑问,则必须通过前置判决程序(Vorabentscheidungsverfahrens)由欧洲法院判定(《欧盟运行条约》第267条)。

四、特论:适用法

有效的消费者保护与冲突法上的适用法问题密切相关。如果合同当事人约定适用一个不包含消费者保护特别规定的法律,那么合同法上的消费者保护就明显很容易被规避或架空。因此,对于**合同之债**(vertragliche Schuldverhältnisse)应遵守《**第593/2008号条例**》(《**罗马Ⅰ号条例**》)的规定。对于**非合同之债**(außervertragliche Schuldverhältnisse),适用法应根据《**第864/2007号条例**》(《**罗马Ⅱ号条例**》)的规定来确定。

26

1. 合同之债
(1)法律选择自由原则

《罗马Ⅰ号条例》的目标是在欧盟范围内统一合同之债的国际私法:

27

> 为增加法律纠纷结果的可预测性、法律适用的安全性和司法裁判的自由转移,为了保障内部市场的正常运转,无论在哪个成员国的法院提起诉讼,适用的法律冲突规范都应当指向同一部法律。[52]

根据其第1条第1款,《罗马Ⅰ号条例》的**适用范围**(Anwendungsbereich)包括涉及不同国家法律冲突情形的民商事合同之债。但不包括税收和海关事务,以及《罗马Ⅰ号条例》第1条第2款中所列出的协议。

28

根据第3条,《罗马Ⅰ号条例》奉行**法律自由选择原则**(Grunds-

29

---

[52]《罗马Ⅰ号条例》立法理由第6条。

atz der freien Rechtswahl)。该原则是"合同之债冲突规范体系的基石之一"。[53] 法律的自由选择意味着合同应适用当事人选择的法律(《罗马Ⅰ号条例》第 3 条第 1 款第 1 句)。选择的法律既可以适用于整个合同,也可以只适用于合同的一部分(《罗马Ⅰ号条例》第 3 条第 1 款第 3 句)。此外,无须在订立合同时就作出对法律的选择,当事人也可以在合同关系成立之后再选择法律(《罗马Ⅰ号条例》第 3 条第 2 款)。

(2)消费者合同中对选择自由的限制

但是对于消费者合同,根据《罗马Ⅰ号条例》第 6 条,法律选择自由原则要受到一定程度的限制。《罗马Ⅰ号条例》的立法理由中是这样说明的:

(23)对于在合同中处于弱势地位的一方当事人,应通过适用较一般规则更有利的法律冲突规范予以保护。

(24)尤其在消费者合同中,法律冲突规范应尽可能降低那些标的额通常较低的争议的解决费用,并应顾及远程销售技术的发展。为确保与欧共体《第 44/2001 号条例》保持一致,一方面,作为适用消费者保护规范的前提,应注意所进行的活动的标准;另一方面,欧共体《第 44/2001 号条例》和本条例对本标准的解释应保持一致。在此应注意的是,理事会和委员会在有关欧共体《第 44/2001 号条例》第 15 条的联合声明中指出,"经营者在消费者住所地所在的成员国或者在包括该成员国在内的多个成员国境内开展活动并不足以满足适用第 15 条第 1 款字母 c 的条件,还包含合同必须系在该活动范围内订立"。该声明还指出,"仅仅基于网页的可访问性并不足以成为适用第 15 条的依据;更重要的是,该网页还提供了订立远程合同的可

---

[53] 《罗马Ⅰ号条例》立法理由第 11 条。

能性,并且在事实上也订立了一个远程合同,但采用何种方式在所不论,网页使用何种语言或者何种货币也不重要"。

(25)如果消费者合同的订立是由于经营者在消费者的惯常居所地国开展职业或商业活动所致,那么消费者应受其惯常居所地国家的规则所保护,这是不可以通过协议被排除的。即使该经营者未在消费者的惯常居所地国开展职业或商业活动,但其活动——无论采用什么方式——指向该国或者包括该国在内的多个国家,而且合同的订立也是由此活动所致,那就应确保消费者受到同样的保护。

①适用范围

《罗马Ⅰ号条例》第6条的**人员适用范围**(persönliche Anwendungsbereich)涵盖消费者和经营者之间的交易。消费者和经营者的概念应根据欧盟法进行自主解释,实际上指的是消费者合同。除《罗马Ⅰ号条例》第6条第4款中提及的例外情况外,消费者与经营者之间的所有合同都可以被视为消费者合同。此外,《罗马Ⅰ号条例》第6条第1款并未对合同的类型或标的施加任何的限制。[54]

31

从**情境的角度**(situativer Hinsicht)来看,《罗马Ⅰ号条例》第6条第1款要求经营者在消费者惯常居所地所在国从事职业或商业活动(字母a),或将此类活动以任何一种方式指向该国或者包括该国在内的多个国家(字母b),并且合同属于该活动的范围。如果不满足《罗马Ⅰ号条例》第6条第1款字母a和b所规定的前提,则需要根据《罗马Ⅰ号条例》第3条和第4条来确定消费者和经营者之间的合同所适用的法律。

32

---

〔54〕 MükoBGB/*Martiny* VO (EG) 593/2008 Art. 6 Rn. 13; BeckOK BGB/*Spickhoff* VO (EG) 593/2008 Art. 6 Rn. 9.

②细节

33 根据《罗马Ⅰ号条例》第6条第2款,当事人还可以根据《罗马Ⅰ号条例》第3条选择适用于消费者合同的法律。但是,这种法律选择的结果,不得剥夺未选择法律时根据《罗马Ⅰ号条例》第6条第1款本应适用的法律中不能通过协议排除的规定给消费者提供的保护。根据该规定,在选择法律时应当进行一个**有利程度的比较**(Günstigkeitsvergleich)。所比较的是选择的法律与消费者惯常居住地所在国的非任意性法律。对于有利程度比较来说,起决定性作用的是消费者的具体需求。[55]

34 如果当事人没有选择法律,则应当依据《罗马Ⅰ号条例》第6条第1款适用消费者惯常居住地所在国的法律。

(3)特别冲突规范

35 在《罗马Ⅰ号条例》的规定之外的一些指令中还包含一些不受《罗马Ⅰ号条例》影响的特别冲突规范。这些规定存在于下列指令中:

→《第93/13/EWG号指令》第6条第2款;

→《第1999/44/EG号指令》第7条第2款;

→《第2002/65/EG号指令》第12条第2款;

→《第2008/48/EG号指令》第22条第4款;

→《第2008/122/EG号指令》第12条。

36 这些指令中的规定被德国立法者通过《民法典施行法》第46b条统一进行了转化。《消费者权利指令》在其立法理由中援引了《罗马Ⅰ号条例》的一般规定。[56]

---

[55] MükoBGB/*Martiny* VO(EG)593/2008 Art. 6 Rn. 47; BeckOK BGB/*Spickhoff* VO(EG)593/2008 Art. 6 Rn. 32.

[56] 《消费者权利指令》立法理由第58条。

2. 违反竞争的行为

适用于违反竞争行为的法律是在《罗马Ⅱ号条例》(Rom Ⅱ-VO)的基础上制定的,该条例对非合同之债所适用法律作出了更详细的规定。 37

(1)适用范围

该条例适用于民商事领域中存在不同国家法律冲突的非合同之债,但不适用于税收、海关、行政事务,或者国家因行使主权时的作为和不作为而导致的责任,以及《罗马Ⅱ号条例》第1条第2款中规定的非合同之债。 38

非合同之债的概念(Begriff des außervertraglichen Schuldverhältnisses)应作广义理解,包括侵权行为、不当得利、无因管理和缔约过失的所有后果(《罗马Ⅱ号条例》第2条第1款)。此外,该条例也可以适用于可能产生的非合同之债(《罗马Ⅱ号条例》第2条第2款)。 39

根据《罗马Ⅱ号条例》第6条,应当区分不正当的行为与违反卡特尔法的行为。 40

(2)不正当的竞争行为

根据《罗马Ⅱ号条例》第6条第1款,因不正当竞争行为而产生的非合同之债应适用竞争关系**或消费者的集体利益**(kollektiven Interessen der Verbraucher)已经或者可能受到影响的国家的法律。 41

《罗马Ⅱ号条例》第6条第2款的特别规定仅适用于完全涉及竞争者个体利益的不正当商业行为(例如,工业间谍案件[57])。在这种情况下,外国市场相对人的商业决定并没有受到市场传导的直接影响。[58] 因此,如果消费者利益也受到不合法的商业行为的影 42

---

[57] *Kommission,* Vorschlag für eine Verordnung über das auf außervertragliche Schuldverhältnisse anzuwendende Recht („Rom Ⅱ"), KOM (2003) 427 endg., S. 18.

[58] BGHZ 185, 66 = GRUR 2010, 847 Rn. 19-*Ausschreibung in Bulgarien.*

响,则不适用该规定。

(3)国际卡特尔私法

43　　对于基于违反卡特尔法规定的私法诉讼,根据《罗马Ⅱ号条例》第 6 条第 3 款,取决于哪个或哪些市场的竞争受到该行为的影响。

44　　《罗马Ⅱ号条例》第 6 条第 3 款字母 a 规定了**影响原则**(Auswirkungsprinzip)。据此,因限制竞争行为而产生的非合同之债应适用市场受到或者可能受到影响的国家的法律(lex fori)。

45　　《罗马Ⅱ号条例》第 6 条第 3 款字母 b 包含一项影响不同市场的限制竞争行为的特别规定[所谓的"**多国案件事实**(Multi-State-Sachverhalte)"]。当两个以上国家的市场受到或者可能受到影响时,在被告居住地法院起诉要求损害赔偿的受害方可以将其诉讼请求建立在受案法院所在国的法律之上,但前提是该成员国市场属于受到限制竞争行为直接和重大影响的市场之列,且该行为构成了作为诉讼请求基础的非合同之债。如果原告根据管辖权的适用规则在该法院对多名被告提起诉讼,则只有在作为针对每名被告的诉讼请求基础的限制竞争行为也对该法院所在成员国的市场造成直接和重大影响的情况下,才能将其诉讼请求建立于该法院所在国的法律之上。

(4)规避禁止

46　　根据《罗马Ⅱ号条例》第 6 条第 1 款至第 3 款适用的法律不得通过协议被规避(《罗马Ⅱ号条例》第 6 条第 4 款)。

第三章　消费者与经营者

精选文献：*Böhr,* Verbraucher und Unternehmer in der notariellen Praxis, RNotZ 2003, 277; *Bülow,* Der Verbraucherbegriff des BGB-Missverständnisse zur Vollharmonisierung, WM 2006, 1513; *ders.,* Beweislast für die Verbrauchereigenschaft nach § 13 BGB, WM 2011, 1349; *Dauner-Lieb/Dötsch,* Ein „Kaufmann" als „Verbraucher"? -Zur Verbrauchereigenschaft des Personengesellschafters, DB 2003, 1666; *Dreher,* Der Verbraucher-Das Phantom in den opera des europäischen und deutschen Rechts?, JZ 1997, 167; *Ebers,* Wer ist Verbraucher? -Neuere Entwicklungen in der Rechtsprechung des BGH und EuGH, VuR 2005, 361; *Faber,* Elemente verschiedener Verbraucherbegriffe in EG-Richtlinien, zwischenstaatlichen Übereinkommen und nationalem Zivil-und Kollisionsrecht, ZEuP 1998, 854; *Flume,* Vom Beruf unserer Zeit für Gesetzgebung, ZIP 2000, 1427; *Gregor,* Der Unternehmerbegriff in den Verbraucherschutzrichtlinien und seine deutsche Umsetzung, GPR 2007, 73; *Gottschalk,* Verbraucherbegriff und Dual-use-Verträge, RIW 2006, 576; *Herresthal,* Scheinunternehmer und Scheinverbraucher im BGB, JZ 2006, 695; *Hoffmann,* Der Verbraucherbegriff des BGB nach

Umsetzung der Finanz-Fernabsatzrichtlinie, WM 2006, 560; *Kellermann,* Der deutsche Verbraucherbegriff-eine Würdigung der streitigen Einzelfälle, JA 2005, 546; *Krebs,* Verbraucher, Unternehmer oder Zivilpersonen, DB 2002, 517; *Loacker,* Verbraucherverträge mit gemischter Zwecksetzung-Ist der Scheideweg im Unionsprivatrecht erreicht?, JZ 2013, 234; *Medicus,* Wer ist ein Verbraucher?, FS Kitagawa, 1992, 471; *P. Meier,* Sportler als Unternehmer, Verbraucher und Kaufleute, SpuRt 2012, 229; *ders.,* Der Verbraucherbegriff nach der Umsetzung der Verbraucherrechterichtlinie, JuS 2014, 777; *Mohr,* Der Begriff des Verbrauchers und seine Auswirkungen auf das neugeschaffene Kaufrecht und das Arbeitsrecht, AcP 204 (2004) 660; *Peter,* PowerSeller als Unternehmer. Zur Beweislast hinsichtlich der Unternehmereigenschaft von „PowerSellern" und „Vielverkäufern" bei Internetauktionen, ITRB 2007, 17; *Prasse,* Existenzgründer als Unternehmer oder Verbraucher?, Die neue Rechtsprechung des BGH, MDR 2005, 961; *Purnhagen,* Die Auswirkungen der neuen EU-Richtlinie auf das deutsche Verbraucherrecht, ZRP 2012, 36; *Pützhoven,* Die Verbraucher-Unternehmer-Eigenschaft in der notariellen Verhandlung, NotBZ 2002, 273; *Riesenhuber,* Kein Zweifel für den Verbraucher, JZ 2005, 829; *Roth,* Wer ist im Europäischen Prozessrecht Verbraucher?, FS von Hoffmann, 2011, 715; *K. Schmidt,* „Unternehmer"-„Kaufmann"-„Verbraucher"-Schnittstellen im „Sonderprivatrecht" und Friktionen zwischen §§ 13, 14 BGB und §§ 1 ff. HGB, BB 2005, 837; *ders.,* Verbraucherbegriff und Verbrauchervertrag-Grundlagen des § 13 BGB, JuS 2006, 1; *Schneider, Der Begriff* des Verbrauchers im Recht, BB 1974, 764; *Schünemann/ Blomeyer,* Existenzgründer: Unternehmer oder Verbraucher?, JZ 2010, 1156; *Szczesny/Holthusen,* Zur Unternehmereigenschaft und ihren zivilrechtlichen Folgen im Rahmen von Internetauktionen, K&R 2005, 302; *Struck,* Der Verbraucher-/Unternehmerbegriff im BGB, MittBayNot 2003, 259; *Ullmann,* Der Verbraucher-ein Hermaphrodit, GRUR 1991, 789; *Weyer,* Handelsgeschäfte (§§ 343 ff. HGB) und Unternehmergeschäfte (§ 14 BGB), WM 2005, 490.

消费者和经营者是消费者保护法的**核心概念**(zentralen Begriffe)。《民法典》第13条包含了消费者概念的定义。《民法典》第14条第1款相应地对经营者概念进行了定义。此外,《民法典》第14条第2款对第1款中提到的有权利能力的合伙的概念进行了补充说明。

1

一、概述

1. 功能和体系归类

尽管《民法典》第13条和第14条在《民法典》中居于突出地位,但它们仅仅是**辅助规范**(Hilfsnormen)。它们在法律规定以消费者和(或)经营者的交易为构成要件时适用。但是,《民法典》第13条和第14条并没有说明一个人受法律制度特别保护的原因。一个自然人主要为私人目的行事(《民法典》第13条)这一事实既不能说明为什么这个人需要并值得保护,也不足以证明特别规定存在的必要性。

2

通过消费者和经营者的概念,只是确定了那些不适用于每个人,而只适用于特定法律主体的法律规定**在人员上的适用范围**

3

(personale Anwendungsbereich)。[1] 该适用范围通常是通过消费者和经营者特别的互动,即专业行为人(经营者)和非专业行为人(消费者)的相遇而开启。因此,消费者和经营者这两个概念常常处于一种**互补关系**(komplementären Verhältnis)之中。因此,在具体适用法律时,不能将这两个概念彼此孤立地看待。

4　　通常情况下,法律要求在一个交易情境中应满足消费者概念和经营者概念的要求。

示例:《民法典》第312b条和第312c条要求一个消费者与经营者订立合同。因此,合同双方当事人必须满足《民法典》第13条和第14条规定的前提。

5　　较为少见的一种情况是,某一规定在人员上的适用范围只要求消费者或经营者一方的活动。

示例:(1)《反不正当竞争法》第16条第2款的构成要件仅提及消费者;但除此以外还要求存在一个商业交易中的行为,而这实际上就要求了经营者的存在。(2)相比之下,《民法典》第312i条第1款仅要求存在经营者一方的活动。

6　　涉及消费者或经营者概念在人员上的适用范围可以通过**积极或消极的方式进行界定**(positiv oder negativ abgegrenzt)。通常情况下要求消费者和(或)经营者通过积极作为参与到某一法律行为之中,但有时法律恰恰也会要求消费者不参与到某一法律行为之中。

示例:根据《民法典》第288条第2款,没有消费者参与的法律行为适用高于基准利率9个百分点的迟延利率。

7　　《民法典》第13条和第14条在说明消费者和经营者概念时使

---

[1] *Herresthal* JZ 2006, 695 (696).

用了**统一和相互对应的标准**（einheitliche und miteinander korrespondierende Kriterien）。但这并不意味着这些标准始终具有同样的含义。[2]《民法典》第 13 条和第 14 条中所提到的标准有可能需要根据不同情形进行不同的解释和适用。《民法典》第 13 条和第 14 条所包含的仅仅是德国法**形式上统一**的消费者和经营者概念（formal einheitlichen Verbraucher- und Unternehmerbegriff）。

2. 相对性

《民法典》第 13 条和第 14 条第 1 款本质上是建立在对一个人的可归类为**不同法律领域**（verschiedenen Rechtssphären einer Person）的行为进行划分的基础之上。法律区分经营性的商业（即经营者的）目的和其他（特别是私人的）目的。《民法典》第 13 条采取的是否定性界定（Negativabgrenzung），而第 14 条第 1 款采取的则是对应的肯定性界定（Positivabgrezung）。如果一个人的行为方式至少有一半可以被归类为**私人生活领域**（privaten Lebensbereich einer Person），即可认定其消费者身份。如果一个人或者合伙的主要行为活动涉及经营性的商业领域，则应将其视为经营者。

但是，消费者和经营者的概念所标示出来的并非一个人的一般身份（keinen allgemeinen Status einer Person）。一个人并非本身就是消费者或经营者。[3] 相反，判断一个人究竟是《民法典》第 13 条意义上的消费者还是第 14 条第 1 款意义上的经营者，只有在一个具体的法律情境下才有意义。很有可能出现的情况是，一个人在两次连续的交易中一次作为消费者，而另一次作为经营者出现。因此，消费者和经营者是**相对的概念**（relative Begriffe）。

与这种相对性不同的是法律制度中与身份相关的概念。例

---

〔2〕 不同观点 BeckOK BGB/*Schmidt-Räntsch* § 13 Rn. 1。
〔3〕 *Bülow/Artz* Rn. 54.

如,一个年满7周岁的人被视为未成年人,其行为能力通常会受到限制(《民法典》第106条),这与该未成年人进行何种行为并无关联。而商法则建立在一个人或公司的商人身份之上。商法中的商人概念与身份有关,也就是说如果一个人从事商事营业活动,那么他就是商人(《商法典》第1条)。只有在回答是否存在一个商行为(Handelsgeschäft),以及这些行为是否适用《商法典》第343条以下等问题时,才与具体从事的法律行为相关。

3. 适用范围

11　德国立法者希望通过《民法典》第13条和第14条创造统一的定义规范。根据《民法典》第13条和第14条位于《民法典》总则部分的体系定位可知,该定义在《民法典》内普遍适用。该定义也适用于补充《民法典》的法规,特别是详细规定了有关信息义务的《民法典施行法》(例如,《民法典施行法》第245条至第248条)。对于《民法典信息义务条例》(BGB-InfoV)的补充性规定也同样如此。

12　在《民法典》之外,部分法律规定有时也会明确提及《民法典》第13条和第14条。比如,《反不正当竞争法》第2条第2款就引用了《民法典》第13条的消费者概念。根据这一规定,《民法典》第13条的消费者概念在公平交易法适用范围内"相应地"适用。相应地适用意味着《民法典》第13条的定义只能依据其意义被采用,必要时还需根据公平交易法的特点加以调整。因此,民法与公平交易法中的消费者概念之间可能存在差异。

13　但是,不能从《反不正当竞争法》第2条第2款的引用中得出结论,即《民法典》第13条在《民法典》之外只有明确被提及时才能适用。相反,只要没有不同的定义,并且规则的目的与《民法典》第13条的适用不冲突,就应当适用《民法典》第13条规定的消费者定义。

14　《民法典》第14条的经营者概念原则上也应适用于整个法律制度,除非有单独的定义或者对规定的解释与《民法典》第14条的适用相冲突。比如,在公平交易法中就有不同的规定。《反不正当竞争法》第 2 条第 1 款第 6 项的定义与《民法典》第 14 条第 1 款的定义有轻微的不同。

4. 与保护目的相关的解释

《民法典》第 13 条和第 14 条应当始终与提及消费者和经营者概念的规范一起综合考虑。《民法典》第 13 条和第 14 条需要与以消费者和(或)经营者行为为前提的**基础性规定相结合而全面考量**(Zusammenschau mit der zugrunde liegenden Vorschrift)。消费者和经营者的定义**在形式和概念上的统一**(formal-begriffliche Vereinheitlichung)不应被理解为这两个概念在所有情况下都应当具有实质上相同的内容。相反,基于消费者法规不同的保护目的,消费者概念或经营者概念可能会出现差异。因此,《民法典》第 13 条和第 14 条**并未建立起实质统一的消费者或经营者概念**(keinen materiell einheitlichen Verbraucher-bzw. Unternehmerbegriff)。

15

> **示例**:在法律层面能否将**雇员**(Arbeitnehmers)归类为《民法典》第 13 条意义上的消费者这一问题上,可以看出区分的必要性。在其非独立职业活动范围内订立法律行为的自然人,根据不同的保护规范,在部分情况下被视为消费者,而在部分情况下并不被视为消费者(见边码 50 中的示例)。同样,在《民法典》第 14 条第 1 款中规定的**经营者概念**(Unternehmerbegriff)也可能需要区分。联邦最高法院就明确强调,考虑到可能的获利意图标准(与个人的商业活动有关),该标准无论如何都不应在消费品买卖[4]或消费者贷款[5]交易中发挥作用。因此,可以根据要评价的情况对经营者概念采用不同的标准。

---

[4] *BGH* NJW 2006, 2250 Rn. 16.
[5] BGHZ 155, 240 (246) = NJW 2003, 2742.

16　　与统一的消费者和经营者概念问题不同的是,**对具体的生活案件事实进行统一的法律评价**(einheitliche rechtliche Würdigung eines konkreten Lebenssachverhalts)。如果对同样事实的法律评价取决于不同的消费者保护规定(例如,《民法典》第288条第2款和第476条的适用[6]),那么对于相关规定来讲,参与人的消费者和(或)经营者身份要进行统一评判,除非可以从具体情境中得出相反的结论。[7]

5. 客观的观察

17　　消费者和经营者的身份取决于**客观情况**(objektiven Umstände)。唯一的决定性因素是在具体情况下是否客观上满足了《民法典》第13条和第14条规定的前提。至于当事人是否了解自己的消费者或经营者身份,或他们对对方身份的认识如何,是无关紧要的。一个客观上是消费者但却错误地认为自己是经营者的自然人,不会因为这种误解而失去其消费者身份。反之,一个为商业目的行事的自然人,也不会因为他的合同相对人错误地认为他是消费者而成为消费者。

18　　如果**一个经营者**就其经营者身份**欺骗**(Täuscht)了合同相对人,这并不会改变客观法律状况的决定性。消费者并不会因合同相对人的此种行为而丧失任何权利。相反,消费者在这种情况下可能更加需要得到保护。

　　示例:汽车经销商K为二手车做广告,并使人产生其在进行私人销售的印象,目的是让有兴趣的人认为该买卖很实惠,并排除买卖合同中的瑕疵担保责任。然而,此时的K在客观上仍然是《民法典》第14条第1款意义上的经营者。一个为

---

[6] *OLG Celle* BeckRS 2007, 09426.

[7] *Gregor* VuR 2007, 475 (476).

私人目的行事的合同相对人不会被排除在消费者保护之外。此外，K 的欺诈行为不仅使潜在的买受人有权撤销该合同（《民法典》第 119 条第 2 款和第 123 条第 1 款），而且根据《反不正当竞争法》第 3 条第 1 款、第 4 条第 3 项和第 3 条第 3 款，结合《反不正当竞争法》附录第 23 项，K 同时进行了不正当行为。根据《民法典》第 475 条第 1 款的规定，瑕疵担保责任的排除是无效的。

如果**消费者假装**自己是经营者，那么在客观视角下他仍然是《民法典》第 13 条意义上的消费者。但根据**诚实信用**（Treu und Glauben）**原则**（《民法典》**第 242 条**），其作为消费者受到的法律保护可能会失效。

19

示例：在联邦最高法院判决的一个争议案件中，原告从被告汽车经销商处在排除瑕疵担保责任的情况下购买了一辆二手汽车。原告想以私人目的使用这辆汽车。他知道被告只想将车辆出售给经销商，因为这样他就可以排除瑕疵担保责任。在该案件中，联邦最高法院没有回答的一个问题是，交易目的究竟取决于表示出来的当事人意思——即取决于通过解释确定的合同内容——还是取决于与此不同的实际情况。法院认为，经营者的合同相对人在订立合同时作为经营者出现与事实不符，并使对方产生其具有营业性目的的误解，因此，不应适用《民法典》第 474 条以下保护消费者的规定。[8] 面对一个因为不想对买卖商品承担瑕疵担保而不愿与消费者订立合同的经营者，一个从经营者处购买商品的人不应为了促使经营者订立合同而冒充为商人，并以此方式获取对其有利的消费品买

---

[8] *BGH* NJW 2005, 1045.

卖规定中的保护。[9] 根据诚实信用原则[所谓的"前后矛盾行为"(venire contra factum proprium)],不应允许有该行为的人事后主张自己实际上是消费者。[10]

20　《民法典》第 13 条和第 14 条与具体人的个人能力无关(unabhängig von den individuellen Fähigkeiten)。消费者保护建立在一种典型化的、与单个人的个体保护需求相分离的考量基础上。一个以私人目的行事的具有商业头脑且经验丰富的自然人也仍然是《民法典》第 13 条意义上的消费者。反之,一个人即使缺乏商业经验,也不影响其依据《民法典》第 14 条第 1 款具有经营者身份。

二、消费者概念

21　根据《民法典》第 13 条,消费者是"既非主要以其营业活动为目的,也非主要以其独立的职业活动为目的而订立法律行为的任何自然人"。2014 年 6 月 12 日之前消费者的定义是,"消费者是既非以其营业活动为目的,也非以其独立的职业活动为目的而订立法律行为的任何自然人"。

1. 对消费者概念的评价

22　从日常用语角度来看,消费者这一概念具有一定误导性。第一眼看去,很容易将消费者概念与消费行为("消费")联系起来。但是从法律角度来看,这并不重要。法律意义上的消费者并不仅仅是对商品或服务以加工、食用等方式进行消费的人。只要消费者没有参与到产品的商业销售链之中就足够了。

23　此外,消费者的概念似乎只涵盖对商品或服务的需求,但这样理解就过于狭隘了。尽管作为具有消费者身份的人在实践中经常

---

[9] *BGH* NJW 2005, 1045 (1046).
[10] *BGH* NJW 2005, 1045 (1046).

在市场上以需求者的角色出现，但这并非绝对必需。《民法典》第13条意义上的消费者也可以是商品或服务的提供者。

> **示例**：一个古董商（经营者）给一个自然人打电话，试图说服他向经营者出售一个贵重的橱柜。在这种情况下，被叫方应被视为消费者。

将**保证人**（Bürgen）（或者其他担保人）归类为消费者，也显得很奇怪。[11] 对于一个购买**基金**（Fonds）的人而言，亦是如此。[12]   24

尽管存在这些语言上的困难，但消费者这一概念已被牢固确立，并已被证明是基本可行的。作为替代方案，可以考虑每次独立地描述和说明要保护的人，由此可能可以带来语言上更加清晰的收益，但要付出的代价是术语表述更加繁杂。   25

2. 欧盟法的规定

为数不少的欧盟次级法律文件都规定了消费者的定义。这些定义大部分是相同的，但也并非完全一致。   26

> **示例**：(1)《第 1999/44/EG 号指令》第 1 条第 2 款字母 a 将消费者定义为"在本指令调整的合同范围内，以一个既不能归因于其职业活动，也不能归因于其营业活动的目的而行事的自然人"。(2) 根据《第 2011/83/EU 号指令》第 2 条第 1 项，消费者是"在本指令调整的合同中，以营业、商业、手工业或职业活动之外的目的行事的自然人"。(3)《布鲁塞尔 Ia 号条例》第 17 条第 1 款包含一个与交易相关的针对合同的定义，"(该合同)由一个人，即消费者以一个与其职业活动和营业活动无关的目的而订立"。

---

[11]　BGHZ 171, 180 = NJW 2007, 2106 Rn. 36 ff.
[12]　*Armbrüster* ZIP 2006, 406（408 f.）.

27   基于欧盟法现行有效的**有限单独授权原则**（Prinzips der begrenzten Einzelermächtigung），欧盟层面的消费者概念是以与对象相关的方式定义的,因此只能在各次级法律文件的适用范围内具有法律约束力。[13] 欧盟法的这些不同表述是否会造成不同的消费者定义之间存在实质性的差异,也很难讲。次级法中的消费者概念无论如何都不是彼此无关的,而是具有**典型的共同点**（typische Gemeinsamkeiten）。[14] 考虑到消费者定义数量众多,目前还不能说存在一个统一的欧盟法上的消费者概念。

3. 特征

28   《民法典》第 13 条的消费者概念包括三个要素：

→一个自然人；

→该人订立了一个法律行为；

→该法律行为并非主要出于该人的营业或独立职业活动目的。

（1）自然人

29   《民法典》第 13 条意义上的消费者只能是自然人,即人（Menschen）。这一要件并非是理所当然的。例如,在面对突然袭击和复杂交易时,公益性协会或基金会也完全可能有受保护的需求。但如果法律仍然只关注并保护作为消费者的自然人,那么这应该主要基于这样一种考虑,即消费者保护的合法性至少或恰恰体现在**人的人格**（Persönlichkeit des Menschen）之中。

30   如果多个自然人以与单个自然人相同的方式受到威胁,判例在个别案件中也认可了《民法典》第 13 条对多人的适用（见边码 37 以下）。

①决定性的人

31   一个自然人是否应被视为消费者,原则上取决于该人是否**基于**

---

[13] Vgl. *Roth* JZ 1999, 529 (532).
[14] *Faber* ZEuP 1998, 854.

(已经订立或将要订立的)**法律行为而享受权利并承担义务**(aus dem Rechtsgeschäft berechtigt und verpflichtet)。如果一个人订立了一份合同,要看他是否基于此合同而自己(至少也)享受权利或承担义务。该人必须作为自然人而不能以其他身份(例如,公司的负责人)行事。

法律并未规定消费者身份的归入(keine Zurechnung der Verbrauchereigenschaft)。只有那些最终受到其行为法律效力影响的人才能作为消费者受到保护。即使在配偶或生活伴侣共同负担义务的场合,也应区分**每个个人**(jede Person einzeln),分别确定其消费者身份。因此,在夫妻双方共同订立合同的场合,就有可能出现一人作为消费者,而另一人不作为消费者行事的情况。[15]

32

使用**辅助人**(Hilfsperson)并不影响消费者身份的认定。[16] 使用**传达人**(Boten)时仅仅取决于表意人,而非表示的传达人。[17] 即使表意人以一个经营者作为辅助人,其消费者身份也不会改变。

33

在根据《民法典》第 164 条以下的代理情况中,需要区分不同情况:符合规定的代理**通常应以被代理人**(im Regelfall auf die Person des Vertretenen)[18],而不是代理人为准。根据《民法典》第 164 条第 1 款,意思表示直接对被代理人发生效力,因此代理行为的法律后果仅由被代理人承担。《民法典》第 166 条第 1 款的法律理念既不能直接适用,也不能类推适用。[19] 一个自然人的消费者身份不因**其由一个经营者代理**(durch einen Unternehmer vertreten)而受影

34

---

[15] BeckOK BGB/*Schmidt-Räntsch* § 13 Rn. 8.
[16] *LG Rostock* NZM 2007, 370.
[17] Bülow/Artz/*Artz* Kap. 2 Rn. 50.
[18] Bülow/Artz/*Artz* Kap. 2 Rn. 43; Erman/*Saenger* BGB § 13 Rn. 11.
[19] 不同观点 BGHZ 144, 223 = NJW 2000, 2268 (2269),认为在以前的家门口交易中适用情境化的消费者保护。

响。[20] 这一点也被《民法典》第312h条的评价所印证,这一条正是要保护消费者使其免遭由经营者代理时所面临的特别危险。

35 但如果相关消费者保护规范旨在**为具体行为人提供特定情境下的保护**(situativen Schutz der konkret handelnden Person),则应另行判断。在这种情况下,法律制度旨在保护其意思表示会带来法律义务的人。例如,《民法典》第312b条规定了在营业场所之外订立的合同。在这种情况下的代理要以具体从事其后果归属于被代理人的法律行为的人为准,即**代理人**(Vertreter)。[21]

36 如果**代理人在没有代理权**(Vertreter ohne Vertragsmacht)的情况下行事,则应遵循《民法典》第179条第1款的规定。被代理人可以追认无代理权的行为人在没有代理权的情况下订立的法律行为的效力。在这种情况下,消费者身份的确定与按规定代理时相同。如果被代理人没有行使这一权利,则另一方可以选择向无代理权的行为人请求履行或者赔偿损害。如果被代理人不追认,而另一方坚持要求履行,那么就会出现无权代理人能否主张自己的消费者身份的问题。这里要区分下列三种情形:

情形一:被代理人是消费者,无权代理人也符合《民法典》第13条的前提。在这种情况下,被主张的代理人享有相应的消费者权利,另一方的法律地位不会因此受到影响。

情形二:如果无权代理人不符合《民法典》第13条的前提,那么即使被代理人可以被视为消费者,对无权代理人也不能适用对其有利的消费者保护法规定。在此意义上,被代理人的消费者身份不能被算作无权代理人的,但另一方可能会因此获利。根据《民法典》第179条第1款,在法律行为不被追认的情况下,另一方可能处于

---

[20] Palandt/*Ellenberger* BGB § 13 Rn. 5.
[21] BGHZ 144, 223 = NJW 2000, 2268 (2269).

一个比受到追认时更好的地位。

情形三: 相反,如果被代理人无权享有消费者保护的权利,那么无权代理人也不能主张这种权利,即使他个人符合《民法典》第13条的前提和消费者保护规定所要求的其他前提。否则另一方合同当事人可能会因无权代理人的无权代理行为而处于不利境地。毕竟他在订立合同时相信自己是与一个非消费者订立合同。

②多人

不少时候会有多人共同活动,并在没有特别组织时订立法律行为的情况。在这种情况下,应当**分别确定每个人的消费者身份**(Verbrauchereigenschaft für jede einzelne Person gesondert)。

> **示例:** A、B和C共同从汽车经销商K处购买了一辆车,轮流用于私人旅行。在这种情况下,应当以个人为基础分别确定其消费者身份。如果A和B只想出于私人目的使用该车辆,而C则主要将该车辆用于公务,那么只有A和B是《民法典》第13条意义上的消费者。在这种情况下,K可以对C的瑕疵担保请求权进行限制,但不能对A和B的权利进行限制(《民法典》第475条第1款)。

自然人组成的**法律共同体**(Rechtsgemeinschaften),如按份共有或共同继承,也可能是消费者。但依据《民法典》第13条的明确规定,以**法人**(juristischen Person)形式聚集在一起的多人通常不是消费者。即使该法人(例如,登记的非营利社团)不追求商业目标并且缺乏商业交易经验,也同样如此。

存在疑问的是,在法律交易中对外以**民法上的合伙**[Gesellschaft bürgerlichen Rechts(GbR)]身份出现时的法律状况。

> **示例(变体):** A、B和C成立了一个民法上的合伙,目的是共同购买一辆车并将其用于私人用途。该民法上的合伙从汽

37

38

39

车经销商 K 处购买了车辆。该民法上的合伙能否被看作是《民法典》第 13 条意义上的消费者？

40　　根据联邦最高法院目前确立的判例，只要（外部）民法上的合伙通过参与法律交易设立了自己的权利和义务，它就具有**权利能力**（Rechtsfähigkeit）。[22] 在此，联邦最高法院明确援引了《民法典》第 14 条第 2 款。该条款表明，存在具有权利能力的合伙。[23] 联邦最高法院在有关**消费者贷款法**（Verbraucherkreditrecht）的判决中认定，所有依据合同内容所借款项并非用于一个已经进行的营业或独立的职业活动的自然人都应当受到保护，这也适用于**多个自然人**（mehrere natürliche Personen）共同进行贷款的情况。[24] 即使他们以合伙合同为基础追求一个共同的目标，也不会改变这些借款人受保护的必要性。因此，民法上的合伙在法教义学上的正确归类不会对消费者贷款法律规定的适用产生影响。[25] 否则，在适用消费者保护法律规范时，就必须区分团体及没有权利能力的民法上的内部合伙作为一种情况，和具有权利能力的民法上的外部合伙作为另一种情况，即使这些团体的成员在这些情况下都同等地需要保护。[26] 这一判例应当得到肯定。如果仅仅因为自然人为了追求私人目的而组成合伙，就拒绝适用消费者保护规定，确实是不合理的。因此，只要风险最终由自然人承担，自然人受保护的必要性就不会仅因其联合而被消除。当然在这种情况下需要满足一个前提，即该民法上的合伙完全由自然人组成，并且参与人员不能主要出于营业或独立的职业目的而行事。[27]

---

[22]　BGHZ 146, 341 = NJW 2001, 1056.
[23]　BGHZ 146, 341 = NJW 2001, 1056 (1058).
[24]　BGHZ 149, 80 = NJW 2002, 368.
[25]　BGHZ 149, 80 = NJW 2002, 368.
[26]　BGHZ 149, 80 = NJW 2002, 368 (369).
[27]　Palandt/*Ellenberger* BGB § 13 Rn. 2; BeckOK BGB/*Schmidt-Räntsch* § 13 Rn. 6.

对于**无权利能力的非营利社团**(nicht rechtsfähigen Idealverein),则相应地适用《民法典》第 21 条以下的内容。[28] 由于**其团体的结构**(körperschaftlichen Struktur),《民法典》第 13 条不能适用。[29] 但适用于(外部)民法上合伙的基本原则应当可以适用于**无权利能力的经济社团**(nicht rechtsfähigen wirtschaftlichen Verein)。[30]

(2)法律行为的订立

《民法典》第 13 条将消费者身份关联在一个订立的法律行为之上。应当从**广义**(weit)上理解法律行为的概念,它既包括各种形式的合同,也包括单方法律行为,如广告中消费者的同意表示。

然而,从以下三个方面来看,**与法律行为的关联**(Bezugnahme auf ein Rechtsgeschäft)被证明**并不成功**(unglücklich),而且**过于狭窄**(zu eng):

第一,消费者保护通常在订立法律行为之前很长时间就已发生作用。比如,在合同订立之前,消费者就应当获得大量的信息。在很多情况下,在经营者做广告时就产生了信息义务,而此时还不知道是否会订立合同,甚至尚未开始合同接触(例如,《民法典》第 482 条第 2 款)。

第二,《民法典》第 13 条似乎以法律行为的"成功"订立为前提,但这并不正确。当一个法律行为未订立或无效时,该条款也适用。

第三,在某些情况下,即使与法律行为不存在任何关系,消费者仍应受到法律制度的保护。民法上的应用为《民法典》第 241a 条

---

[28] BGHZ 50, 325 = NJW 1968, 1830 (1831); Palandt/*Ellenberger* BGB § 54 Rn. 1.
[29] Erman/*Saenger* BGB § 13 Rn. 8; BeckOK BGB/*Schmidt-Räntsch* § 13 Rn. 6.
[30] Staudinger/*Kannowsk* BGB § 13 Rn. 37; Erman/*Saenger* BGB § 13 Rn. 8.

(未订购商品的寄送)和《民法典》第661a条(中奖通知)。[31] 在《民法典》第241a条中,法律恰恰要阻止法律行为的订立或使之变得困难;《民法典》第661a条则规定了在缺少相关表示的情况下经营者承担的是一种类似合同履行的责任。在这两种情况下都并不存在法律行为。

(3)非主要出于营业目的或独立的职业目的

44　对于《民法典》第13条以及消费者与经营者的界定来讲,决定性的标准是法律行为的目的。《民法典》第13条规定,待评判的法律行为既不能主要为了自然人的营业目的,也不能主要为了其独立的职业目的。这种否定性的界定一方面表明了举证责任规则,另一方面也避免了对私人和其他非营业目的进行肯定性列举的困难。

45　除了营业和职业活动外,欧盟法有时还着眼于个人的**手工业或商业活动**(handwerkliche oder geschäftliche Tätigkeit),此时就应当对《民法典》第13条进行符合指令的解释,将这些目的归类为营业或独立的职业目的。

①营业目的

46　营业目的是指那些与自然人从事的营业(Gewerbes)有关的目的。不过,德国法上的营业概念有多种含义。特别是要区分商法、工商业管理法和税法上的"营业"。此外,《民法典》第13条中的营业概念源自欧盟法,因此应当以**符合欧盟法**的方式**自主地**进行解释。

47　到目前为止,针对《民法典》第13条和第14条第1款的统一术语尚未产生。联邦最高法院认为,营业活动应要求至少在一段时间

---

[31] 对《民法典》第13条和第14条结合第241a条与《民法典》第661a条相关联的批评,见 *Bülow/Artz* Rn. 631 f.。

内独立且有计划地在市场上提供有偿服务。[32] 这在本质上符合商法上的营业概念(但在细节方面存在争议[33])。[34]

②独立的职业目的

职业目的是不被视为营业的**其他营利性目的**(sonstige erwerbswirtschaftliche Zwecke)。这主要指的是自由职业,比如医生、建筑师、工程师和律师等。

然而,根据法律的措辞,消费者身份仅仅与主要的**独立**(selbstständiger)职业目的相悖。如果法律行为的目的是从事非独立性的职业行为,则从事该行为的自然人可以是消费者。但欧盟法中并没有这样明确地对独立与非独立的行为进行区分。

这种区分在对**雇员**(Arbeitnehmern)进行归类时尤为重要。根据**判例**(Rechtsprechung),针对消费者的保护规定应当根据具体的相关规范进行正确的适用。[35] 原则上,雇员可以被《民法典》第13条的消费者概念所涵盖。但是,如果根据法律规定或出于体系目的方面的原因,某些消费者保护规则不应适用于劳动关系,情况就不同了。[36] 判例通常避免精确的界定,因而不依照《民法典》第13条的消费者概念,而更多的是依照相关规范的保护目的进行个案决定。

示例:(1)在与《民法典》第310条第3款的适用有关的案例中,法院肯定了雇员的消费者身份。联邦宪法法院[37]和联邦劳动法院[38]都肯定了一般交易条款规定在劳动关系中的适

---

[32] *BGH* NJW 2006, 2250 Rn. 14.
[33] 详见 *Canaris* § 2 Rn. 2 ff.。
[34] S. nur BGHZ 63, 32 = NJW 1974, 1462; *BAG* NJW 1988, 222.
[35] *BAG* NJW 2005, 3305 (3309).
[36] *BAG* NJW 2005, 3305 (3309).
[37] *BVerfG* NJW 2007, 286 (287).
[38] *BAG* NJW 2005, 3305 (3309).

用。该规定并不包含任何限制性的构成要件特征。预先制定的合同条款是用于数量众多的合同还是用于一次性使用的合同,这一区分在个体劳动法中(Individualarbeitsrecht)并不像它在一般合同法中那样重要。由于条款的事先拟定而使一方没有对其施加影响的可能,这一决定性标准在劳动合同中也完全可以适用。劳动法的特别规定或者特别之处与之并不冲突。相反,立法者将劳动法从《一般交易条款法》第23条第1款的例外领域中移除,其目的正是依照《民法典》第310条第3款的规定,在劳动关系中扩展一般交易条款的内容审查。立法者希望借此确保劳动合同审查的保护水平与民法相比不落下风。

(2)对于一份雇员与雇主在劳动场所订立的终止协议,联邦劳动法院却否定了《民法典》旧版第312条第1款第1句第1项的适用。[39] 不过,对于在具体情况下是否将雇员视为消费者这一问题,法院并没有作出认定。(3)联邦劳动法院否定了**《民法典》第288条第2款**对雇员在劳动关系或半退休关系(Altersteilzeitverhältnis)中对雇主请求权的适用。[40] 但是,对于在这种情况下是否将雇员视为消费者的问题,法院没有作出认定。即使否认其消费者身份,《民法典》第288条第2款也应被限缩性地解释为,劳动关系或半退休关系中的请求权不在该条款的适用范围内。[41] 立法者希望对《第2000/35/EG号指令》进行转化。因此,较高的利率仅应当适用于该指令第2条规定的商业交易中的法律行为,也就是"在企业之间或在企业与公共机构之间"的商业过程中。这就排除了其在劳动关系或

---

[39] BAGE 109, 22 = NJW 2004, 2401 (2403 ff.).

[40] BAGE 114, 13 = NZA 2005, 694 (697);同样否定的 *LAG Nürnberg* BeckRS 2009, 74511。

[41] BAGE 114, 13 = NZA 2005, 694 (697).

半退休关系中的适用。[42]

(4)特论:"双重目的"案例

不少情况下,一个法律行为无法被明确地单独归类到自然人的私人或商业法律领域,因为它具有多种目的。

示例:(1)专业画家商店的店主购买了一辆越野车,既用于商务行程,又用于私人旅行[43];(2)维护既用于私人活动又用于职业活动的软件;(3)订购的屋顶瓦片,用于覆盖私人和商业使用的农场建筑。[44]

在欧盟法上,这些"双重目的(dual use)"案例的法律状况目前尚不明确。**欧洲的判例**(europäische Rechtsprechung)对此持谨慎态度,只要商业目的并非只是微不足道,就否认其消费者身份。在欧盟司法管辖规则方面,欧洲法院认为,一个以特定标的物为对象,部分出于职业或营业目的、部分出于非职业或营业目的而订立合同的人,不能援引《布鲁塞尔公约》[45]第13条至第15条的消费者管辖特别规定,除非其职业或营业目的微不足道,以至于它在相关交易总体背景下仅起着次要作用。在此,其以非职业或营业目的为主的事实也无关大局。[46] 据此判例,即使法律行为主要是出于私人目的,也不是消费者行为。

在新指令的立法理由(Erwägungsgründen neuerer Richtlinien)中,措辞有了变化。《第2011/83/EU号指令》的立法理由第17项第2句中写道:

---

[42] BAGE 114, 13 = NZA 2005, 694 (697).
[43] Vgl. *AG Herford* SVR 2006, 99.
[44] Vgl. *EuGH* Slg. 2005, I-458 = EuZW 2005, 241 = ECLI:EU:C:2005:32-*Gruber*.
[45] 从2002年3月1日起被《布鲁塞尔I号条例》所取代,该条例又于2015年1月10日被《布鲁塞尔Ia号条例》所替代。
[46] *EuGH* Slg. 2005, I-458 = NJW 2005, 653 = ECLI:EU:C:2005:32 Rn. 33-*Gruber*.

但是,如果合同部分出于营业目的、部分出于非营业目的而订立(双重目的合同),且其营业目的在合同的整体背景下并不占主要地位,则该人也应被视为消费者。

54　　《第 2013/11/EU 号指令》的立法理由第 18 项第 2 句有几乎相同的表述。据此,只要活动的营业目的不占主要地位,就可以认定其消费者身份。对于德国立法者来说,这些表述足以成为将相关规定在《民法典》第 13 条中予以体现的理由。因此,《民法典》第 13 条以订立法律行为的目的为标准,要求既非"**主要**"(überwiegend)出于一个自然人的营业目的,又非"**主要**"出于其独立的职业活动目的。德国立法者希望借此消除"双重目的"案例中法律归类的不确定性。然而,此举是否能够成功尚存疑问。因为德国的规定仅基于两项指令的立法理由,而非基于这些指令正文部分的规定。因此,尽管国内法的表述看起来十分明确,但德国规定是否与欧盟法相一致,仍存在疑问。

三、经营者概念

55　　根据《民法典》第 14 条第 1 款,经营者是指"一个为开展营业活动或独立的职业活动而订立法律行为的自然人、法人或有权利能力的合伙"。根据《民法典》第 14 条第 2 款,有权利能力的合伙是指"有能力取得权利并承担义务的合伙"。

1. 欧盟法规定

56　　《民法典》第 14 条第 1 款的经营者概念是以许多欧盟法规定为基础的。但在许多情况下,欧盟法并未使用经营者这一概念,而是使用了其他术语。与消费者概念不同,欧盟的次级法律文件中使用了**不同的术语**(differenzierte Terminologie),而指令的不同语言版本又加剧了这一点。例如,在对第 85/577/EWG 号、第 97/7/EG 号和第

2011/83/EU 号指令的措辞进行比较后,就会发现它们以非常不同的方式描述了为营业或职业目的行事的人。

表 1 指令中经营者的不同表述

语言版本	《第 85/577/EWG 号指令》	《第 97/7/EG 号指令》	《第 2011/83/EU 号指令》
德语	Gewerbetreibender	Lieferer	Unternehmer
英语	trader	supplier	trader
法语	commerçant	fournisseur	professionnel

使用这些不同概念的原因在于,法律通常不会对从事职业行为的人进行一般化的表述,而是根据规定的案件事实、标的和经济领域对其进行准确地描述。有时也缺少一个与消费者概念相对应的术语,因为一部指令适用于多个不同的对象(比如,《第 2007/64/EG 号指令》),或者该指令追求一种超出经营者与消费者关系以外的特别的规制方法(比如,《第 2000/31/EG 号指令》)。

2. 特征

《民法典》第 14 条第 1 款的经营者概念在某种程度上是作为《民法典》第 13 条的镜像来构建的,由三个元素组成:

→应该是一个自然人、法人或者有权利能力的合伙;

→该人订立了法律行为;

→该法律行为的目的可以被归类为行为人的营业或独立的职业活动。

(1) 自然人或法人

除自然人外,经营者也可以是法人。比如,个体商人就是作为经营者的自然人。《民法典》第 14 条第 1 款的经营者概念将法人包括在内,是基于考虑到在商业领域经常有**团体架构的公司**(körperschaftlich strukturierte Gesellschaften)在活动,例如,股份公司或有限责任公司。

60　　该规定不仅涵盖国内法人,也包含了其他私法法律制度中的法人,特别是欧盟其他成员国的法人。《民法典》第 14 条第 1 款意义上的法人也可以是公益性或被认可为公益性的公司,例如,公益性有限责任公司或合作社。**公法法人**(Juristische Personen des öffentlichen Rechts)(例如,公法团体)同样可以被《民法典》第 14 条第 1 款的经营者概念所涵盖。

61　　经营者身份始于法人**成立**(Gründung)。成立过程如何进行并不重要。法人持续存在,到其最终停止进行业务活动为止。

(2)有权利能力的合伙

62　　除自然人和法人外,有权利能力的合伙也可以成为《民法典》第 14 条第 2 款意义上的经营者。通过将有权利能力的合伙纳入在内,法律确认那些非团体组织形式的合伙也可被经营者概念所涵盖,这包括无限公司(OHG)、两合公司(KG)或合伙。

(3)其他前提

63　　在其他前提方面,《民法典》第 14 条第 1 款的概念界定或者直接基于《民法典》第 13 条(订立法律行为)或者是其镜像(营业或独立的职业目的)(见上文边码 42 以下)。

64　　对于经营者概念而言,无关紧要的是,**营业**(Gewerbe)或者**独立的职业活动**(selbstständige berufliche Tätigkeit)是构成人或公司的主要收入来源,还是该活动只是顺带或是在有限的程度上进行。此外,同样不重要的是,相关的法律行为对于所从事的营业或职业类型来讲是否典型,以及该行为是否属于该营业或职业所属的经济领域。因此,**行业以外的交易**(Branchenfremde Geschäfte)也可以使《民法典》第 14 条第 1 款意义上的经营者身份得到确认。如果要对核心领域和其他业务进行(实践中几乎不可能)界定,将导致严重的法律不确定性,并可能造成消费者保护方面的严重漏洞。

示例：一个主要业务为印刷品生产和销售的有限责任公司出售了一辆二手汽车，判例认定其为经营者行为。[47] 一个并非以发放贷款为业的人，在营业或独立的职业活动中订立了贷款合同，也被视作经营者。[48]

如果一个法律行为不能被明确地归类到一个人的商业或私人领域，而是触及到两个领域("双重目的"情况)，就会出现《民法典》第13条(见上文边码51以下)的此类行为方式的归类问题。根据《民法典》第13条，只要一个自然人的决定性活动主要出于非营业或非独立的职业目的，就可以被认定为消费者行为。与消费者概念不同，对于《民法典》第14条第1款意义上的经营者行为，只要(也)追求商业目的就足够了，无论该目的在具体情况下是否占主导地位。对于经营者概念而言，主要的营业或独立的职业特征并不重要，因为立法者并没有将这一要件规定在《民法典》第14条第1款的经营者定义之中。否则，(通常负有举证责任的)消费者将会面临释明和证明对方的商业特征所占确切比例的困难。此类证明将是一个难以逾越的障碍，可能会严重影响消费者保护法规的有效性。

3.《反不正当竞争法》第2条第1款第6项中不同的经营者概念

公平交易法中规定了不同于《民法典》第14条第1款的**独立的经营者概念**(eigenständiger Unternehmerbegriff)。《反不正当竞争法》第2条第1款第6项将经营者定义为"在营业、手工业或职业活动范围内从事商业行为的自然人或法人，以及以该人名义或受其委托行事的人"。

---

[47] *BGH* NJW 2011, 3435 Rn. 17 ff.
[48] BGHZ 179, 126 = NZG 2009, 273 Rn. 14 ff.

67　除了对手工业活动的特别提及,公平交易法中经营者概念的特别之处主要在于将以他人**名义**(im Namen)或受他人**委托**(im Auftrag)行事的人包括在内。因此,公平交易法中的经营者概念比《民法典》第 14 条第 1 款规定得更为广泛,还包括了为经营者行事的——独立或非独立的——第三人,这可以是企业自己的广告部门或外部的广告代理商。

68　在《民法典》中,这样的扩展并不普遍。但偶尔也有与《反不正当竞争法》第 2 条第 1 款第 6 项类似的规定。

　　示例:《民法典》第 312b 条第 1 款第 2 句规定,在营业场所外订立的合同中,以经营者名义或受其委托行事的人的行为等同于经营者的行为。

四、消费者和经营者指导形象

> 精选文献:*Emmerich,* Wettbewerbsbeschränkungen durch die Rechtsprechung, FS Gernhuber, 1993, 857; *Helm,* Das Verbraucherleitbild des Europäischen Gerichtshofs und des Bundesgerichtshofs im Vergleich, FS Tilmann, 2003, 135; *Knops,* Verbraucherleitbild und situationsbezogene Unterlegenheit, VuR 1998, 363; *Sack,* Das Verbraucherleitbild und das Unternehmerleitbild im europäischen und deutschen Wettbewerbsrecht, WRP 1998, 264; *Schünemann,* Mündigkeit versus Schutzbedürftigkeit. Legitimationsprobleme des Verbraucher-Leitbildes, FS Brandner 1996, 279; *Schweizer,* Die Evolution der Begriffsdefinitionen nach der Pluralität der Wirklichkeit-Das Europäische Verbraucherleitbild: Die halbe Wahrheit, FS Greiner, 2005, 1073; *Tilmann,* Der „verständige Verbraucher", FS Piper, 1996, 481.

应当与消费者和经营者概念加以区分的是相应适用的消费者和经营者指导形象(Verbraucher-und Unternehmerleitbild)的问题。《民法典》第13条和第14条第1款对消费者和经营者进行了定义,而消费者和经营者的指导形象涉及的则是法律适用中的**评价问题**(Wertungsfragen)。

1. 消费者指导形象

如果法律制度希望保护消费者,那么就必须明确作为规则基础和法律适用时必须考虑的利益和评价标准。[49] 这些评价标准和利益是消费者指导形象的对象。

(1)消费者指导形象的功能

消费者指导形象在不同情况下具有明显**不同的功能**(unterschiedliche Funktionen)。比如,在涉及确定信息的准确性时,就应当对其加以考虑。应当基于消费者指导形象来确定评价信息内容的标准;应该从一个成熟老练的消费者出发,还是从一个通常的抑或是一个思维简单的消费者出发? 在对人的决定施加影响时,也会出现类似的问题。比如,应该在消费者指导形象的基础上查明,何时超出了对决定自由造成应禁止影响的界限。此外,消费者指导形象对于消费者保护的方案也十分重要。如果法律制度要通过信息保护消费者,则必须以消费者一定的理性、独立和教养以及根据信息安排自己行为的意愿为前提。

不过,消费者指导形象不能解释的是,为什么消费者在特定情况下或在进行特定交易时需要受到保护。它主要作为"**进行必需的利益衡量时的辅助工具**(Hilfsmittel bei der Durchführung der erforderlichen Interessenabwägung)"在适用消费者保护法律规范时发挥作

---

[49] *Drexl*, S. 414.

用。[50] 因此，它以明确的法规保护目的和受保护的利益为前提。

73 应与消费者指导形象问题区分的是关于消费者如何行为及如何作出商业决定的**经济模型构想**(ökonomische Modellvorstellungen)。例如，严格按理性行事的"**经济人**(homo oeconomicus)"模型就属于这方面。[51] 它是否以及在何种程度上适合成为解决法律问题的参考模型尚存争议。无论如何，就消费者保护而言应当持明确的**谨慎**(Zurückhaltung)态度，因为人的决定行为十分复杂并且不可能总是理性的。

(2)特论：公平交易法中的消费者指导形象

74 由于其广泛有效的保护理念，消费者指导形象在公平交易法中起着特别重要的作用。当商业行为面向数量众多的消费者时，法律制度必须明确评判该行为的标准。

①消费者指导形象的可变性

75 消费者指导形象不是僵化、固定不变的，完全可能发生重大变化。直至20世纪90年代，公平交易法的判例都持一个相对**严格的观点**(strenge Sichtweise)。消费者指导形象倾向于针对特别需要保护的消费者。在许多情况下，如果一个广告语可能使一些"并非完全不起眼"的目标受众上当就足够了。[52] 判断标准建立在一个通常对广告语"仅粗略观看的受众"基础上。[53] **有时法院会对这些要求进行扩张**(überspannt)，这也使判例遭到部分学者的猛烈批评。[54]

76 欧盟法日益增加的影响带来了**转变**(Kehrtwende)。欧洲法院

---

[50] Drexl, S. 427.
[51] 未明确区分这两方面的 Tamm S. 148; Tamm/Tonner/Tamm Kap. 1 Rn. 20 ff.。
[52] BGHZ 13, 244 = GRUR 1955, 37 (40) -Cupresa-Seide.
[53] ZB BGH GRUR 1975, 75 (77) -Wirtschaftsanzeigen.
[54] Schünemann FS Brandner, 1996, 279 (293 ff.).

的大量判决越来越清楚地表明,欧盟法采用的是与德国法不同的判断标准。[55] 尤其是从欧洲法院的判决中可以看出,法院以一个理智[56]且知情(或能够知情[57])的消费者指导形象为基础。[58] 在一贯的判例中,欧洲法院强调,在评判产品说明的欺诈性时,应当以**一个一般知情、专注且理智的通常消费者的理解**(Verständnis eines durchschnittlich informierten, aufmerksamen und verständigen Durchschnittsverbrauchers)为基础。[59]

公平交易法中较新的最高法院判例[60]以一个区分的观点为基础。据此,应当以一个**一般知情和理智的消费者**(durchschnittlich informierten und verständigen Verbraucher)为出发点,**其关注程度取决于具体情况**(Grad der Aufmerksamkeit abhängig ist von der jeweiligen Situation)。[61] 关注程度主要取决于所宣传的商品或服务对目标消费者的重要性。例如,在购买低价日常用品时,关注程度会比较低。[62]

②基于《不正当商业行为指令》的消费者指导形象

在《不正当商业行为指令》的适用范围(Anwendungsbereich der UGP-RL)内的消费者指导形象源于欧洲法院针对《第2006/114/EG

---

[55] 对判例的分析,见 Roth FS Mestmäcker, 1996, 725 (726 ff.)。
[56] Z. B. *EuGH* Slg. 1995, I- 1923 = NJW 1995, 3243 = ECLI:EU:C:1995:224 Rn. 24-*Mars*.
[57] Z. B. *EuGH* Slg. 1982, 3961 = NJW 1983, 507 (508) = ECLI:EU:C:1982:382-*Margarine*.
[58] 当时关于欧洲和德国消费者指导形象的(不)一致性讨论,见 *Helm* FS Tilmann, 2003, 135; *Sack* WRP 1998, 264。
[59] *EuGH* Slg. 2000 I- 2297 = EuZW 2000, 508 = ECLI:EU:C:2000:184 Rn. 20-*Darbo*; *EuGH* Slg. 1999, 513 = EuZW 1999, 281 = ECLI:EU:C:1999:35 Rn. 36-*Sektkellerei Kessler*; *EuGH* Slg. 1998, 4657 = EuZW 1998, 526 = ECLI:EU:C:1998:369 Rn. 31-*Gut Springenheide*.
[60] 基础性论述见 *BGH* GRUR 2000, 619-*Orient- Teppichmuster*。
[61] *BGH* GRUR 2000, 619 (621)-*Orient- Teppichmuster*.
[62] *BGH* GRUR 2000, 619 (621)-*Orient- Teppichmuster*.

号指令》(及其前身《第 84/450/EWG 号指令》)和基本自由的判例。[63] 在这里,具有决定性的是一个**通常的消费者**(Durchschnittsverbrauchers)的指导形象。用该指令的表述来讲,这是"在法院解释时考虑到社会、文化和语言因素,具有相应的知识、合理的专注和严格的通常的消费者"。[64]

79 这是一个并非基于统计基础的**规范标准**(normativen Maßstab)。[65] 它与特定的受骗率等无关。在评判一个通常消费者在既定情况下通常会如何反应这一问题时,在考虑法院判例的基础上,国内法院和行政机关必须依靠自己的判断力。[66]

80 根据商业行为的不同种类,消费者的指导形象可能需要进行区分。例如,广告是面向所有消费者还是面向特定的目标群体,会有所不同。区分的观点体现在《不正当商业行为指令》第 5 条第 3 款中。据此,如果商业行为预计会以一种经营者合理可预见的方式对**一个可明确辨认的消费者群体**(eindeutig identifizierbaren Gruppe von Verbrauchern)的经济行为产生重大影响,而此类消费者由于精神或身体的缺陷、年龄或者轻信,在面对这些行为或以这些行为为基础的产品时需要特别保护,就要从**该群体中的通常成员的角度**(Perspektive eines durchschnittlichen Mitglieds dieser Gruppe)来对该商业行为进行评价。使用夸张的表述或无法按照字面意思理解的主张等正常和合法的广告活动不受影响。

81 在德国法中,这些规定反映在《反不正当竞争法》第 3 条第 2 款

---

[63] *EuGH* Slg. 2000, I- 2297 ff. = EuZW 2000, 508 = ECLI:EU:C:2000:184-*Darbo*; *EuGH* Slg. 2000, I- 117 ff. = ECLI:EU:C:2000:8-*Estée Lauder*, *EuGH* Slg. 1998, I- 4657 ff. = EuZW 1998, 526 = ECLI:EU:C:1998:369-*Gut Springenheide*; *EuGH* Slg. 1992, I- 131 ff. = ECLI:EU:C:1992:17-*Nissan*.

[64] 《不正当商业行为指令》立法理由第 18 条第 2 句。

[65] 《不正当商业行为指令》立法理由第 18 条第 4 句。

[66] 《不正当商业行为指令》立法理由第 18 条第 5 句。

之中。根据《反不正当竞争法》第3条第2款第2句,在对一个商业行为进行评价时,应当以通常消费者为标准,或者在该商业行为面向某一特定的消费者群体时,以该群体中的通常成员为标准。但根据《反不正当竞争法》第3条第2款第3句的规定,如果经营者能够预见其商业行为仅仅面向那些因精神或身体的缺陷、年龄或者轻信而需要特别保护的可以明确识别的消费者群体,则以该消费者群体中的通常成员为标准。

示例:在杜塞尔多夫地方高等法院判决的一个案件[67]中,一个**纸牌占卜师**(Kartenlegerin)为其服务做广告时,通过欺诈性的说明暗示自己有一种特别的"**掌控纸牌的能力**(Macht über die Karten)"。法院认为,根据其内容,该广告内容只面向对纸牌占卜感兴趣的小范围的人群。对于在神秘主义圈子外的人群而言,该广告没有任何经济意义。[68] 因此,在评判广告用语时,杜塞尔多夫地方高等法院认为要从该目标受众的角度进行评价:"对相应交易圈子的想法及其对需求行为的影响,以其实际存在的形式予以接受这一原则,应当也可以适用于所有以非理性为特点的人类活动领域,如占卜领域,或者更广泛的神秘主义领域。通过禁止欺诈而欲实现的对竞争者、消费者及其他市场参与者的保护,以及确保竞争不被欺诈扭曲的一般利益,不允许经济活动在这些领域存在例外。因此,具体到争议案件应当认识到,如果该对占卜感兴趣的人需要的恰恰就是该拥有特别'掌控纸牌的能力'的纸牌占卜师的服务,则他是在指导形象意义上作为一个'知情且理智'的消费者作出的需求

---

[67] OLG Düsseldorf GRUR-RR 2009, 71-*Macht über die Karten.*
[68] OLG Düsseldorf GRUR-RR 2009, 71 (72)-*Macht über die Karten.*

决定。"[69]

2. 经营者指导形象

82 　　作为消费者指导形象的对立面,在某种程度上也存在经营者的指导形象问题。这同样也是一个评价问题,不过此时最重要的是**法律交易中对经营者**(an Unternehmer im Rechtsverkehr)提出的**要求**(Anforderungen)。

83 　　在公平交易法中,经营者指导形象尤其表现在对经营者**职业或专业注意**(berufliche bzw. fachliche Sorgfalt)的法律要求中。《不正当商业行为指令》第 2 条字母 h 规定的职业方面的注意主要是指那些可以被合理期待的、经营者在依照良好的市场惯例和(或)诚实信用的一般原则与消费者进行交易时,在其业务领域中运用的专业知识和注意标准。

84 　　在对该指令进行转化时,德国法在《反不正当竞争法》第 2 条第 1 款第 7 项中将经营者的专业注意描述为那些可以被合理期待的、经营者在面向消费者的业务范围内,依据诚实信用原则和市场惯例所应当遵守的专业知识和注意标准。

---

[69] *OLG Düsseldorf* GRUR-RR 2009, 71 (72)-*Macht über die Karten.*

第二部分
《民法典》中典型的消费者保护工具

第四章　信息义务

> 精选文献: *Busch,* Informationspflichten im Wettbewerbs- und Vertragsrecht, 2008; *Dauses,* Information der Verbraucher in der Rechtsprechung des EuGH, RIW 1998, 750; *Kaestner/Tews,* Informations-und Gestaltungspflichten bei Internet-Auktionen, WRP 2004, 391; *Teichmann,* Aufklärungs-und Schutzpflichten gegenüber Verbrauchern, FS Kraft 1998, 629; *von Hippel,* Verbraucherschutz durch Information? Möglichkeiten und Grenzen, ZfRV 1978, 110.

从《民法典》中消费者保护规定的整体来看,主要有三种典型的消费者保护工具:信息义务、撤回权的赋予(详见第五章)和借助单向强行法与合同内容审查对私人自治的形成自由(privatautonomer Gestaltungsfreiheit)进行限制(详见第六章)。这些工具各有其优缺点。因此,它们通常情况下不会孤立存在,而是相互交错、互为补充。

一、概述

法定信息义务的目的是向消费者提供为了作出知情决定所需要的信息。从经济学的角度来看,信息义务旨在**对信息缺失或信息不对称进行补偿**(Ausgleich von Informationsmängeln oder Informationsasymmetrien)。此类信息缺失可能以不同的形式出现并且具有不同的原因。[1]

3 如今,信息义务已经成为最重要的消费者保护工具之一。它走出了一条真正的成功之路。通过规定法定的信息义务,经营者必须在某一时间点(多数情况是在合同订立之前或之时)向消费者提供信息。具体来说,信息义务会给经营者提出多方面的要求。经营者需要考虑的不仅仅是必须提供的信息及其范围,还包括提供信息的时间和方式。

4 每项法定的信息义务都会导致**信息负担的转移**(Verschiebung der Informationslast)。这就意味着,提供信息所需的经济成本是由经营者来承担的。尽管提供信息通常会给经营者带来额外的负担和费用,但是与其他消费者保护工具相比,法定的信息义务是一种**相对温和的手段**(verhältnismäßig mildes Mittel),具有**较低的干预强度**(geringer Eingriffsintensität)。

5 旨在保护消费者的法定信息义务发挥保护作用的前提是,消费者能够理解和处理信息并愿意针对此信息安排自己的行为。在此背景下,应区分不同情况来评价法定信息义务对消费者保护的**有效性**(Tauglichkeit)。一方面,法定信息义务可以显著改善消费者方面的信息不足问题。另一方面,在对法定信息义务进行评价时,不能忽视人类决定行为的真实情况。在不少情况下,人们在尚未获取、知悉那些与决定相关的信息并对其进行处理时就作出了决定。人们获取和处理信息的能力和意愿不应被高估。此外,过多的信息义务也隐藏着信息泛滥的风险("信息过载"问题)。更多的信息并不会自动形成更好的消费者保护——信息并不是越多越好(viel hilft nicht viel)。在现行法的一些规定中,能够被处理的信息数量的界限

---

[1] 详见 Fritsch, Marktversagen und Wirtschaftspolitik, 9. Aufl. 2014。

很可能已经被超越。

二、要求

1. 内容

法定信息义务的内容在很大程度上取决于信息义务产生的原因、时间和背景。作为法定信息义务典型对象的**信息内容**，主要有**五类核心信息**（fünf zentrale Kategorien von Informationsinhalten）：

（1）有关合同标的物的信息

有关合同标的物的信息主要包括有关消费者购买的商品或服务的基本特征的说明。

> 示例：《民法典》第312a条第2款结合《民法典施行法》第246条第1款第1项；《反不正当竞争法》第5a条第3款第1项。

（2）有关消费者所负担的给付信息

有关消费者所负担的给付信息主要包括有关所负担的对待给付的说明（例如，购买价格或其他报酬）、有关价格计算和价格相关情况的信息（例如，折扣），以及关于其他费用的信息（例如，寄送费用和类似的额外费用）。

> 示例：《民法典》第312a条第2款结合《民法典施行法》第246条第1款第3项；《反不正当竞争法》第5a条第3款第3项。

（3）有关合同内容的信息

除了给付和对待给付的信息以外，法定信息义务还经常要求提供有关合同内容的更多信息。这指的是与合同相关的信息，例如，合同期限、通知终止期限等。

示例:《民法典》第312a条第2款结合《民法典施行法》第246条第1款第6项;《民法典》第493条第2款。

(4)有关(未来)合同相对人的信息

通常情况下,法定信息义务包括有关消费者合同相对人的信息。这主要涉及他们的身份和联系方式。

示例:《民法典》第312a条第2款结合《民法典施行法》第246条第1款第2项;《反不正当竞争法》第5a条第3款第2项。

(5)有关消费者特别权利的信息

最后,法定信息义务应当确保消费者了解其特别权利,例如,撤回权的存在与否,以及基于撤回权的行使而产生的义务(例如,价值补偿的支付)。

示例:《民法典》第312d条第1款结合《民法典施行法》第246a条第2款。

2. 形式

在许多情况下,法定信息义务要求遵守某种特定的形式。这些要求可以确保将重要的信息展示给消费者并供其使用。消费者应该能够随时访问这些信息。针对不同情况,法律规定了不同的形式要求。

(1)文本形式

在某些情况下,法律规定信息应当采取**文本形式**(Textform)。

示例:(1)根据《民法典》第477条第2款,消费者可以要求获得以文本形式提供的有关担保表示的信息。(2)根据《民法典》第482条第1款第1句,在消费者作出订立分时居住权合同、长期度假产品合同、中介合同或者互易系统合同的表示之前,经营者应当按照《民法典施行法》第 242 条之第 1 条的要求,及时地以文本形式向消费者提供先合同信息。

文本形式的要求来自《**民法典**》**第 126b 条**。根据该条,法律规定采用文本形式的,必须在永久性数据载体上作出可读取的表示,并表明表意人。因此,要符合文本形式的要求,须满足三个前提:

→信息的可读性;

→提及表意人;

→固定在永久性数据载体上。

如果一个信息可以被受领人直接觉察和感知到(例如,在纸上的信息),那这个表示就是**可读的**(Lesbar)。此外,如果一个表示可以借助显示程序被读取(比如,一个在 pdf 阅读器上显示的 pdf 文件中的信息),也满足该条件。[2]

可以作为**永久性数据载体**(dauerhafter Datenträger)的是任何媒体,只要

→使受领人可以将一个向他个人发出的表示在数据载体上保管和存储,以便在一段与其目的相适应的时间内可以访问该表示,并且

→足以不加改变的再现该表示。

从这个意义上来讲,永久性数据载体可以是,例如,纸张、数字存储介质(USB 记忆棒、CD 光盘、存储卡以及硬盘驱动器)和电子邮件。[3] 相比之下,如果信息仅可以从经营者的网站进行访问,那是不够的。[4]

---

[2] Begr. zum RegE, BT-Drs. 17/12637, 44.
[3] Begr. zum RegE, BT-Drs. 17/12637, 44.
[4] *EuGH* NJW 2012, 2637 = ECLI:EU:C:2012:419 Rn. 38 ff.-*Content Services Ltd.*

(2) 永久性数据载体

17　对其他法定信息义务而言，只要在永久性数据载体上提供信息就足够了，不需要采用文本形式。

　　示例：(1) 在营业场所外订立合同的情况下，根据《民法典施行法》第 246a 条之第 4 条第 2 款，经营者可以在消费者同意的情况下，在永久性数据载体上提供必要的信息。(2) 对远程销售合同而言，根据《民法典施行法》第 246a 条之第 4 条第 3 款，经营者应当采用一种与所使用的远程通信方式相适应的方式，将信息提供给消费者。该信息可以通过一个永久性数据载体来提供。此外，该信息必须可读取，并且必须表明发出表示的经营者身份。

(3) 纸质形式

18　在某些情况下，法律明确要求信息必须以"**纸质**(auf Papier)"形式提供。

　　示例：在营业场所外订立合同时，通常情况下经营者必须向消费者提供纸质的信息(《民法典施行法》第 246a 条之第 4 条第 2 款)。

(4) 不同形式要件的合理性

19　对法定形式要件作出不同规定的原因部分与相关交易的自身特点有关。例如，如果在一个远程交易中经营者也必须以纸质形式向消费者提供重要信息的话，那么电子商务中远程销售的优势就会被削弱。但是，为什么法律在有些地方要求遵守文本形式，而在其他情况下使用永久性数据载体就足够了，这并不总是容易理解。例如，《民法典施行法》第 246a 条之第 4 条第 3 款的规定就有些奇怪。该规定要求使用可读取的永久性数据载体，并且要求表明发出表示的经营者身份。虽然没有明说,但这实际上就是要求采用文本形式。

3. 时间

与内容和形式一样,法定信息义务在时间方面也有不同的要求。

(1) 商业决定前的信息义务

通常情况下,在消费者作出一个商业决定,例如,决定是否购买某一商品或服务之前,就应当满足信息义务的要求。但是,不同要求的严格程度有所不同。例如,在营业场所外订立合同和远程销售合同的场合,信息必须在**消费者发出订立合同的表示之前**(vor Abgabe der Vertragserklärung durch den Verbraucher)被提供(《民法典施行法》第 246a 条之第 4 条第 1 款)。与此不同的是,在电子商务交易中,相应的信息必须在**消费者即将提交订单之前**(unmittelbar bevor der Verbraucher seine Bestellung abgibt)被提供(《民法典》第 312j 条第 2 款)。

在某些情况下,信息义务被远远前移到**合同订立之前的时段**(Zeitraum vor Abschluss eines Vertrages),在发布广告时就已经适用了。例如,对于分时居住权合同的广告就是如此规定的(《民法典》第 482 条第 2 款)。

此外,法律制度可以将信息义务与一个**情境时点**(situativen Moment)相关联。根据《反不正当竞争法》第 5a 条第 3 款的规定,信息义务的触发时间是在经营者参照商品和服务的特征和价格,将商品和服务以一种与使用的通信手段相适应的、一个通常的消费者能够达成交易的提供之时。这种"购买请求"(Aufforderung zum Kauf)(参见《不正当商业行为指令》第 2 条字母 i)是指一个具体的交易即将达成的情况,因此,从消费者的角度来看,该时间存在一个更高的信息需求。

(2) 合同关系中的信息义务

24 但是,法定信息义务也可能在合同订立之后产生或继续存在。相应的信息需求尤其会在长期的继续性债务关系中产生,例如,在(通常持续数年的)消费者贷款合同履行期内产生。因此,《民法典》第 493 条针对贷款法律关系规定了**合同存续期间内**(während des bestehenden Vertrages)的大量信息义务。

4. 准确性、可理解性和可访问性

25 信息只有在准确、能够使消费者理解并且易于访问时,才能够起到保护消费者的作用。这涉及有关信息传达方式的透明度要求。法律规定的信息不能随意地以某种方式被提供,而应当以一种通常的消费者可以获取和处理该信息的方式被提供。因此,在许多情况下,法律要求以**清晰易懂**(klar und verständlich)的方式提供规定的信息(例如,《民法典施行法》第 246a 条之第 4 条第 1 款)。

26 具体来说,透明度的要求涵盖不同的方面。清晰度和可理解性涉及**信息内容**(Informationsinhalt)。有关信息必须为相关公众所理解。例如,这不包括使用其含义与日常用语大相径庭的法律专业术语。

27 此外,信息必须以一种无须费力即可获取的方式被提供。这可能涉及信息的**字号**(Schriftgröße)、**字体**(Schriftbild)或**语言**(Sprache)。例如,如果一个经营者要与德国的消费者交易,那么他必须将法律规定的信息以德语提供。

28 最后,清晰度和可理解性意味着信息应**易于访问**(leicht erreichbar)。这一点通常已经通过特别的形式要求被实现。但是,也可能适用更严格的要求。例如,在面向消费者的电子商务交易中,一些信息必须"以醒目的方式"被提供(《民法典》第 312j 条第 2 款)。立法者希望借此确保这些核心信息能够"跃入眼帘"。因此,这些信息必须明显区别于其他信息。

5. 刚性和灵活的信息义务

应当对刚性和灵活的信息义务进行区分。刚性的信息义务应理解为在任何情况下都必须履行的义务。灵活的信息义务则需要在个案中确立。此类信息义务的一个重要实例是《反不正当竞争法》第5a条第2款(《不正当商业行为指令》第7条的转化)。据此,不得对消费者隐瞒那些他"根据情况作出知情的商业决定"所需的信息。这一限制虽然在德文措辞中并不明确,但是,应当在法律适用中通过符合指令的解释对其加以考虑。

三、违反信息义务的法律后果

经营者违反法定信息义务时,应当对违反该义务的个体法律后果(即具体法律关系中的法律后果)与集体法律后果进行区分。

1. 个体法律后果

在经营者和消费者之间具体的法律关系中,信息义务的违反可能首先引发特别的法律后果。比如,撤回期限的起算就常常取决于法定信息义务的履行。

> **示例:** 在营业场所外订立的合同和远程销售合同中,经营者在按照《民法典施行法》第246a条之第1条第2款第1句第1项或者第246b条之第2条第1款的要求告知消费者之前,《民法典》第356条第3款规定的撤回权期限不起算。

如果告知(Belehrung)有瑕疵或被遗漏,也可以延长撤回期限。这使得消费者有时间重新考虑合同的订立,并且在必要时获取法律建议。

> **示例:** 在营业场所外订立的合同和远程销售合同中,不适用常规的14日撤回期限,而适用12个月14日的撤回期限(《民法典》第356条第3款第2句)。

33　除了这些特别的法律后果外,在违反信息义务时,可能适用履行障碍法的一般规定。因为在经营者与消费者之间的先合同法律关系(《民法典》第311条第2款、第241条第2款)和随后的合同关系(《民法典》第241条第2款)中,法定信息义务构成**附随义务**(Nebenpflichten)。因此,违反法定信息义务会导致《民法典》第280条第1款第1句规定的损害赔偿请求权。如果法定的信息义务在一个合同关系中被违反,则可以考虑依据《民法典》第280条第1款第1句、第3款和第282条的规定,请求替代履行的损害赔偿,或者在双务合同中依据《民法典》第324条解除合同。但在这两种情况下,都需要仔细审查继续遵守合同的不可苛求性问题。

示例:一次性的信息义务违反一般不会被认定为不可苛求。但是,如果消费者经常被经营者严重误导,情况就不同了。

2. 集体法律后果

34　应当对违反信息义务的集体法律后果进一步进行区分:一方面,存在依据《不作为之诉法》第2条第1款的团体诉讼途径。另一方面,法定信息义务的违反可能构成不合法的商业行为,可能导致依据《反不正当竞争法》第8条至第10条的公平交易法制裁。

第五章　撤回权

精选文献：*Ebnet*, Widerruf und Widerrufsbelehrung, NJW 2011, 1029; *Eidenmüller*, Die Rechtfertigung von Widerrufsrechten, AcP 210（2010）, 67; *Faust*, Widerruf eines sittenwidrigen Fernabsatzvertrages, JuS 2010, 442; *Föhlisch/Dyakova*, Das Widerrufsrecht im Onlinehandel. Änderungen nach dem Referentenentwurf zur Umsetzung der Verbraucherrechterichtlinie, MMR 2013, 71; *Gernhuber*, Verbraucherschutz durch Rechte zum Widerruf von Willenserklärungen-Eine rechtsdogmatische Studie, WM 1998, 1797; *Habersack*, Widerruf notariell beurkundeter Willenserklärungen, ZIP 2001, 353; *Kroll*, Vertragserfüllung als zeitliche Grenze des verbraucherschützenden Widerrufsrechts, NJW 2008, 1999; *Lettl*, Die wirksame Ausübung eines Widerrufsrechts nach §§ 312 ff. BGB und dessen Rechtsfolgen, JA 2011, 9; *S. Lorenz*, Grundsatz der Doppelwirkung und Verbraucherschutz bei der Vertragsanbahnung, GS Wolf, 2011, 77; *Reiner*, Der verbraucherschützende Widerruf im Recht der Willenserklärungen, AcP 203（2003）, 1.

一、概述

1 撤回权已经成为一种重要的消费者保护工具。有利于消费者的法定撤回权主要规定在：

→适用于在营业场所外订立的合同和远程销售合同的《民法典》第312g条；

→适用于分时居住权合同的《民法典》第485条；

→适用于消费者贷款合同的《民法典》第495条；

→适用于分期交付合同的《民法典》第510条。

《民法典》之外的特别撤回权主要规定在：

→适用于远程课程合同参与者的《远程课程参与人保护法》第4条；

→适用于开放式投资基金的份额或股份购买者的《资本投资法》第305条；

→适用于投保人的《保险合同法》第8条。

2 这些法律规定确定了撤回权存在的前提。在没有特别规定的情况下，《民法典》第355条以下对这些规定进行了补充。该条文规定的是撤回权如何行使，以及行使撤回权能引发哪些法律后果的问题。因此，《民法典》第355条以下以撤回权的存在（"是否"）为前提，仅规定撤回权的行使方式（"如何"），以及由此产生的法律后果。

3 除了法定撤回权外，当事人还可以直接创设一个**约定撤回权**（vertragliches Widerrufsrecht）。《民法典》第312g条第2款第1句明确以这种可能性为前提。当事人可以通过协议排除（abbedingen）法律的例外规定，从而有选择地扩大法定撤回权的适用范围。当然，他们也可以创设全新的撤回权。在这两种情况下，如何与其他终止合同的权利进行区分（例如，与解除权保留约定的区分),可能会成为问题。

1. 保护目的及法律评价

通过撤回权,消费者获得了在撤回期限内对一个已经订立的合同关系进行重新考虑的可能。享有撤回权的人在一定程度上获得了**第二次机会**(zweite Chance),可以对已订立交易的利弊进行权衡,收集其他报价,并再次严格地审查自己的决定。撤回权使得对自己行为的自我审查成为可能,它建立在一个愿意并能够重新审视和重新考虑其商业决定的严格和自我反思的消费者指导形象基础之上。

如果消费者能够在相应期限内对已完成交易的内容和后果进行审查,那么作为消费者保护工具的撤回权就是有效的。这种可能性一方面体现在那些消费者意外面临商业决定的交易中,比如,在营业场所外订立合同的情况下。另一方面,撤回权可以间接帮助消除获取信息的不足。因为它让消费者有可能在事后获取那些在合同订立时缺失或不充分的信息,并根据这些信息作出他如今是否愿意受该合同约束的决定。

当涉及**高度复杂的交易和长期的合同约束**(hochkomplexe Geschäfte und langfristige Vertragsbindungen)时,撤回权会产生问题。例如,即使在法定的撤回期限内,一个贷款的消费者也可能无法完全了解此类交易的经济风险。还有一种危险体现在,一个合同本身所固有的风险可能要在合同订立多年后才能体现出来,而那时撤回权早已消灭了。对于此类风险,撤回权也是力不从心。

2. 法律性质

保护消费者的撤回权是**形成权**(Gestaltungsrechte)。[1] 它可以通过一个权利人单方需受领的意思表示使一个现有的法律关系发

---

[1] Palandt/*Grüneberg* BGB § 355 Rn. 2; BeckOK BGB/*Müller-Christmann* § 335 Rn. 10.

生改变。

8　　消费者与经营者订立合同,即使存在撤回权并且该权利并未消灭,该合同也是在订立时即已生效。因此,与未成年人订立的合同不同,该合同不是未决的无效(schwebend unwirksam),而是在撤回权被行使之前完全有效。也没有必要像债法现代化的官方材料[2]所建议的那样,承认"未决的有效"这一特别的教义学类别。[3]因为看不出这种"未决的有效(schwebend Wirksamkeit)"的优点在哪里。正确的观点应该是,即使在撤回权存在的情况下,合同从一开始就在当事人各方之间发生完全的法律效力,产生应有的权利和义务。即使在撤回期限之内,合同给付义务的履行也具有法律上的原因。

3. 界定问题

(1)其他形成权

9　　当享有撤回权的人表示希望退出合同时,由于在具体情况下可能会存在多个对其有利的形成权,该表示会有不同的解释,此时如何对**撤回权与其他形成权进行界定**(Abgrenzung des Widerrufs zu anderen Gestaltungsrechten)可能会出现问题。

> 示例:消费者同时享有对其有利的撤销权、解除权和撤回权。但消费者只是向他的合同相对人表示他不再想受合同约束。

10　　《民法典》包含各种可以导致合同终止的形成权,但它们通常不是相互排斥的。因此,对于行使哪种形成权,权利人有**选择权**(Wahlrecht)。考虑到撤销(根据《民法典》第812条和第818条以下的清算)、解除(根据《民法典》第346条以下的清算)或撤回后(根据《民法典》第357条以下的清算)关于清算的不同规定,界定

---

[2] Begr. zum RegE, BT-Drs. 14/2658, 47 und 60.
[3] 同样持批评意见的 *Bülow/Artz* Rn. 117 f.。

问题非常重要。界定的最终决定性因素不是相关意思表示的措辞,而是——可能根据《民法典》第 133 条和第 157 条通过解释来确定的——**表意人的真实意愿**(tatsächliche Wille des Erklärenden)。此时,在评价上可以考虑在具体情况下哪些法律后果最有利于消费者,或者最符合他的利益。

(2)无效合同的撤回

撤回的表示,通常情况下是在合同已有效订立,且合同双方发生合同上的权利义务时作出。然而,存在疑问的是,保护消费者的撤回权是否也可以在一个无效合同中行使。

11

示例:在雷达报警设备案[4]这一争议案件中,在被告的一名雇员电话推销后,原告通过传真订购了一个带有德国编码的雷达报警功能的汽车内后视镜。该设备已正常交付,原告也支付了价款。但不久之后,原告将设备退还给被告,并要求偿还价款。联邦最高法院认为,根据《民法典》第 138 条第 1 款,购买雷达报警设备的买卖合同因**违背善良风俗**(sittenwidrig)而无效,理由是双方认可,订立该合同的目的是在德国道路交通法规效力范围内使用雷达报警设备。[5] 问题在于,在本案中原告是否可以根据远程销售法行使撤回权。

乍一看似乎不应支持撤回,因为消费者撤回一个无效合同在法律上没有"意义"。然而可以反驳的是,一个无效法律行为的撤销是普遍被承认的(所谓的双重效力问题)。[6] 在违背善良风俗的远程销售案例中,联邦最高法院合理地认为,一个无效的法律行为也**是可以撤回的**(Widerruf auch bei einem nichtigen Rechtsgeschäft)。

12

---

[4] BGHZ 183, 235 = NJW 2010, 610.
[5] BGHZ 183, 235 Rn. 13 = NJW 2010, 610.
[6] S. nur *Bork* Rn. 927 ff.

撤回权的保护目的并不仅仅局限于有效的合同。通过撤回权,消费者被赋予了一个不受任何实质性前提约束并且容易行使的单方退出合同的权利,该权利与其他订立合同的每个人都享有的一般权利同时存在,并可以独立行使。[7] 如果合同并非无效,而只是可撤销或者存在解除权,那么消费者有权在撤销、解除和撤回之间进行选择。[8] 按照联邦最高法院的观点,从远程销售交易的消费者保护角度考虑,如果远程销售合同并非可撤销,而是根据《民法典》第134条或第138条认定无效,没有理由使消费者因此而遭受不利。[9] 撤回使消费者获得以一种简单的方式退出已订立合同的途径,而不必就合同是否无效与经营者发生法律纠纷。[10] 因此,即使在合同可能无效的情况下,消费者原则上也可以选择究竟是撤回其旨在订立远程销售合同的意思表示,还是援引已订立合同的无效。[11] 上述考虑可以适用于其他保护消费者的撤回权,以便消费者原则上可以选择是援引合同无效还是主张撤回。在行使选择权时主要需要考虑的是,哪些清算规则对消费者更有利。

二、行使

13　作为一项形成权,撤回的表示应当按照规定在撤回期限内向正确的受领人作出(《民法典》第355条第1款)。

1. 表示

14　撤回权的行使需要消费者发出一个**单方的需要受领的意思表示**(einseitige empfangsbedürftige Willenserklärung)。正确的表示受领人

---

[7] BGHZ 183, 235 Rn. 17 = NJW 2010, 610.
[8] BGHZ 183, 235 Rn. 17 = NJW 2010, 610.
[9] BGHZ 183, 235 Rn. 17 = NJW 2010, 610.
[10] BGHZ 183, 235 Rn. 17 = NJW 2010, 610.
[11] BGHZ 183, 235 Rn. 17 = NJW 2010, 610.

是作为合同相对人的经营者(《民法典》第 355 条第 1 款第 2 句)。

旧法曾要求撤回采用书面形式,但如今的《民法典》第 355 条第 1 款对于撤回表示**不再要求特定的形式**(keine besondere Form)。因此,撤回的表示可以通过书面、电子邮件或传真、口头或电话的形式作出。当然,从实践因素考虑,以书面形式撤回仍然是最合适的。

法律还要求,表示应当"**明确地体现**(eindeutig hervorgehen)"消费者撤回合同的决定。对此,只要消费者明确表示愿意以撤回的方式退出合同就足够了。这可以通过明示或默示的方式进行,但通过不加评论地退回收到的商品的方式是不行的。[12]

然而,根据立法者的意见,经营者和消费者可以通过合同约定退回商品视为撤回。[13] 但是不建议经营者订立此类协议。因为如果消费者退回商品时没有特别表示,经营者很容易搞不清楚消费者是希望撤回、撤销还是由于商品瑕疵而退货。不同情况适用的前提和法律后果完全不同,因此,出现法律纠纷几乎是不可避免的。

消费者的**表示无须附加理由**(Erklärung nicht begründen)(《民法典》第 355 条第 1 款第 4 句)。

2. 期限

保护消费者的撤回权通常在时间上受到限制。根据《民法典》第 355 条第 2 款第 1 句,**通常的撤回期限是 14 日**(reguläre Widerrufsfrist 14 Tage)。衡量该期限是否被遵守,以及时发出撤回表示为准(《民法典》第 355 条第 1 款第 5 句)。期限的计算以《民法典》第 187 条以下的一般规定为准。

一般来说,撤回期限从**合同订立**(Vertragsschluss)之日起计算(《民法典》第 355 条第 2 款第 2 句)。然而,这一原则被《民法典》

---

[12] Begr. zum RegE, BT-Drs. 17/12637, 60.
[13] Begr. zum RegE, BT-Drs. 17/12637, 60.

第 356 条以下的特别规定所修正。因此,几乎每种法定的消费者撤回权都必须分别确定其期限的起算时间。

3. 行使界限

21　　与其他形成权一样,撤回权也有行使界限。当然,这些行使界限应当始终结合消费者法律规定的保护目的来看待。

(1) 履行障碍

22　　**合同关系的履行障碍**(Leistungsstörungen im Vertragsverhältnis)不会导致行使受限。[14] 即使履行障碍(如履行不能)是由于消费者的行为造成的,也是如此。

(2) 失权

23　　对**失权的抗辩**(Einwand der Verwirkung)(《民法典》第 242 条)则应当十分谨慎。根据旧法,失权可能具有重要意义,因为在没有告知或告知有瑕疵时,撤回权无限期存在。[15] 而如今的法律在没有撤回告知或告知有瑕疵时规定了撤回期限的最高上限,就像《民法典》第 356 条第 3 款第 2 句规定的那样,就完全没有认定失权的空间了,否则欧盟法规定的消费者权利就被非法缩减了。在此类最高上限不适用的情况下,在确认失权之前,始终有必要审查经营者是否无法通过补作符合规定的告知来使撤回期限重启。

(3) 权利滥用

24　　最后,可能出现**权利滥用**(Rechtsmissbrauchs)的情况。当然,对权利滥用应当设置很高的要求。由于消费者无须为撤回附理由,其动机并不重要。撤回的频率也不是一个有意义的标准。一个每两个订单就撤回一次的消费者,可能会让经营者感到恼火。但是,这样做的消费者还不能被认为是权利滥用。只有在消费者以损害他

---

[14] MüKoBGB/*Masuch* § 355 Rn. 74 ff.
[15] MüKoBGB/*Masuch* § 355 Rn. 77.

人为目的(参见《民法典》第 826 条)或恶意行为(参见《民法典》第 226 条)时,才会构成权利滥用。[16]

4. 特别规定

《民法典》第 356 条以下的特别规定对撤回权行使的一般规定进行了部分补充和修改。这些不同主要涉及撤回期限的起算,这是由于个别合同的特别要求造成的。具体来说,需要注意下列特别规定:

→《民法典》第 356 条:在营业场所外订立的合同和远程销售合同(见第九章边码 35 以下);

→《民法典》第 356a 条:分时居住权合同(见第十三章边码 24 以下);

→《民法典》第 356b 条:消费者贷款合同(见第十四章边码 42 以下);

→《民法典》第 356c 条:分期交付合同(见第十四章边码 81 以下)。

三、法律后果

1. 清算关系

撤回权的行使将合同债务关系**即时起**(ex nunc)转化为清算关系(Abwicklungsverhältnis)。[17] 尚存的合同主给付义务消灭。已受领的给付应不迟延地(Unverzüglich)返还(《民法典》第 355 条第 3 款第 1 句)。

与 2014 年 6 月 12 日之前的法律状况不同的是,对解除权的引用不再存在。因此,清算关系只适用《民法典》第 355 条第 3 款和第 357 条以下的特别规定。行使撤回权后,适用完全**独立的**清算制度

---

[16] MüKoBGB/*Masuch* § 355 Rn. 78.

[17] Palandt/*Grüneberg* BGB § 355 Rn. 12; BeckOK BGB/*Müller-Christmann* § 355 Rn. 10.

(eigenständiges Rückabwicklungsregime),不适用《民法典》其他清算规定。

2. 已受领给付的返还

28 撤回权行使后的清算关系主要产生**双方返还已受领的给付**(Parteien zur Rückgewähr der empfangenen Leistungen)义务。如果法律规定了返还的最长期限(如《民法典》第 357 条第 1 款),则经营者的期限从撤回表示的到达起计算,消费者的期限从发出撤回表示起计算(《民法典》第 355 条第 3 款第 2 句)。消费者只要及时发送了商品,就算遵守了期限(《民法典》第 355 条第 3 款第 3 句)。

29 根据《民法典》第 355 条第 3 款第 4 句,经营者承担**返还的风险**(Gefahr der Rücksendung)。这里指的是——像《民法典》旧版第 357 条第 2 款第 2 句规定的那样——返还时的"对待给付风险(Gegenleistungsgefahr)"。据此,即使消费者已经根据一般规定被免除了自己的返还义务,他仍然享有请求经营者返还的权利。[18]

30 《民法典》第 357 条以下主要是关于**清算方式**(Modalitäten der Rückabwicklung)和**价值补偿**(Wertersatzes)问题的更详细的特别规定。

3. 履行障碍

31 如果清算过程中发生履行障碍(例如,履行不能、债务人或债权人迟延),则应当进行区分:只要《民法典》第 355 条第 3 款和第 357 条以下没有关于这种情况的特别规定,并且与规范的保护目的不冲突,就可以援引履行障碍法的一般规定。对于消费者对经营者的请求权来说,没有特别之处。经营者对消费者的请求权适用《民法典》第 361 条第 1 款。据此,在《民法典》第 355 条以下的规定之外,不存在针对消费者的基于撤回的其他请求权。

---

[18] Begr. zum RegE, BT-Drs. 17/12637, 60.

示例：针对在营业场所外订立的合同和远程销售合同，发生价值损失时的价值补偿问题完全规定在《民法典》第 357 条第 7 款中。因此，对其他规定的援引（比如，依据解除权法、不当得利法或损害赔偿法进行的价值补偿）被排除。

《民法典》第 361 条第 1 款不影响经营者向消费者主张那些基于清算关系中**消费者义务违反**（Pflichtverletzung des Verbrauchers）的请求权。因为那样就不再是"基于撤回"的请求权，而是基于义务违反的请求权。例如，如果消费者在返还收到的货物时陷入迟延，则可以适用有关债务人迟延的规定。

4. 特别规定

《民法典》第 355 条第 3 款的一般规定受到《民法典》第 357 条以下的众多特别规定的补充或者修正。这是基于清算中**不同的合同类型具有不同特点**（vertragstypischen Besonderheiten）进行的考虑。规定的内容主要是个别的返还方式。具体来说，应当注意下列特别规定：

→《民法典》第 357 条：不以金融服务为对象的在营业场所外订立的合同和远程销售合同；

→《民法典》第 357a 条：以金融服务为对象的在营业场所外订立的合同和远程销售合同；

→《民法典》第 357b 条：分时居住权及类似合同；

→《民法典》第 357c 条：分期交付合同。

四、消灭

作为一种形成权，撤回权不受时效的限制。但是，它可能会在一段时间之后消灭。这种撤回权的消灭主要是为了**建立法律的安定性**（Schaffung von Rechtssicherheit）。撤回权是否消灭以及何时消灭,并未在法律上统一规定,各个撤回权有不同的规定。例如,对于在营业场所外订立的合同和远程销售合同,相关的规定是《民法典》第356条第3款第2句、第4款和第5款。只要法律没有特别规定撤回权的消灭,理论上撤回权可以不受时间限制地行使。不过,在这种情况下应当审查撤回权的行使是否受其他法律规定的限制(见上文边码21以下)。

35　　2014年6月13日之前订立的合同(即在《消费者权利指令转化法》生效之前),有关撤回权消灭适用《民法典施行法》第229条之第32条第2款和第3款的特别规定。

第六章 对私法自治的限制

精选文献：*Bunte*, Die EG-Richtlinie über mißbräuchliche Klauseln in Verbraucherverträgen und ihre Umsetzung durch das Gesetz zur Änderung des AGB-Gesetzes, DB 1996, 1389; *Damm*, Privatautonomie und Verbraucherschutz-Legalstruktur und Realstruktur von Autonomiekonzepten, VersR 1999, 129; ders., Europäisches Verbrauchervertragsrecht und AGB-Recht. Zur Umsetzung der EG-Richtlinie über mißbräuchliche Klauseln in Verbraucherverträgen, JZ 1994, 161; *Geißler*, Die Privatautonomie im Spannungsfeld sozialer Gerechtigkeit, JuS 1991, 617; *Heinrichs*, Das Gesetz zur Änderung des AGB-Gesetzes-Umsetzung der EG-Richtlinie über mißbräuchliche Klauseln in Verbraucherverträgen durch den Bundesgesetzgeber, NJW 1996, 2190; *Micklitz*, Richtlinie 93/13/EWG-Stand der Umsetzung, VuR 1996, 75; ders., AGB-Gesetz und die EG-Richtlinie über mißbräuchliche Vertragsklauseln in Verbraucherverträgen, ZEuP 1993, 522; *Remien*, AGB-Gesetz und Richtlinie über mißbräuchliche Verbrauchervertragsklauseln in ihrem europäischen Umfeld, ZEuP 1994, 34; *Schmidt-Salzer*, Vertragsfreiheit und Verfassungsrecht, NJW 1970, 8; *Schmude*, Verbraucherschutz und Vertragsfreiheit, FS Ballerstedt, 1975, 481; *Singer*, Vertragsfreiheit, Grundrechte und der Schutz des Menschen vor sich selbst, JZ 1995, 1133; *Zöllner*, Die politische Rolle des Privatrechts, JuS 1988, 329.

一、概述

1 合同法中另外一项旨在实现消费者保护的工具是对私法自治进行限制。

2 作为个人在法律生活中的自决权[1]，私法自治的内容是个人**独立地、自负其责地形成自己的私法法律关系**（eigenen privatrechtlichen Verhältnisse selbstständig und eigenverantwortlich）的自由。[2] 在合同方面，私法自治发展为**合同自由**（Vertragsfreiheit），具体表现为缔约自由、内容自由和形式自由。[3] 尤其是在债法中合同关系的安排上，当事人原则上有很大的自由空间。

3 法律制度对私法自治加以限制，这通常是为了保护第三人或公共利益。[4] 然而，对私法自治进行限制的目的也可以是保护债务关系的当事人。特别是当债务关系中的一方当事人因另一方当事人行使形成自由而存在遭受明显不利的风险时。这种风险尤其存在于（但不限于）经营者和消费者的关系中。正是基于其职业性，经营者通常会主导合同谈判和合同设计的过程，并借此决定合同的内容，由此会产生另一方的利益无法被充分考虑的风险。因此，私法法律制度可以通过为当事人行使私法自治设置限制的方式，进行指导式地干预。

---

[1] *BVerfG* NJW 1996, 2021; BVerfGE 89, 214 = NJW 1994, 36 (38).
[2] S. nur *Bork* Rn 99.
[3] *Bork* Rn 661.
[4] *Wolf/Neuner* § 3 Rn. 11 ff.

法律制度对私法自治的限制具有**不同的强度**(unterschiedlicher Intensität)。最为严格的形式是,法律制度根本不允许某种特定协议的成立。例如,违背善良风俗(《民法典》第138条)或违反禁止性法律(《民法典》第134条)的法律行为。对于此类法律行为,法律制度完全或部分(参见《民法典》第139条)拒绝认可其效力。不过,在消费者保护方面,这种情况较为少见。因为合同法和公平交易法中的消费者保护规定通常不是禁止性法律。它们的目的通常不是让消费者远离交易,而恰恰是在他的交易活动和与经营者的互动中保护他。但那些从一开始就旨在损害消费者利益的法律行为除外。

4

　　示例:《反不正当竞争法》第16条第2款就是《民法典》第134条意义上的一项禁止性法律。该条款不允许通过特别承诺促使消费者购买商品、服务或权利,特别承诺是指承诺如果他们促使他人达成类似交易,他们将从组织者或第三人处获得特别的利益,而按照此种广告的性质,如果该人能够进一步找到下家,也可以获取同样的利益。这种所谓的**滚雪球或金字塔体系**(Schneeball-oder Pyramidensysteme)的唯一目的就是通过不断招揽新的参与者使该体系保持"活力"。这种体系必然会导致毁灭,因为它或早或晚一定会崩溃,从而损害大多数参与人的利益。因此,判例认为这种合同是无效的。[5]

　　作为一种较为温和的措施,法律制度可以规定,建立在私法自治基础上对法律规定的背离,只有在损害一方利益的情况下才是不合法的。借此,法律制度尤其可以确保法定的保护机制得到遵守,从而不被约定排除。通过这种方式,法律可以确保一个**法律最

5

---

[5] BGHZ 71, 358 (366) -*Golden Products*; *BGH* WRP 1997, 783 (784) -*World Trading System*.

低标准的遵守(Einhaltung eines rechtlichen Mindeststandards)。然而,通过私人自治协议进行的背离仍然是存在可能的,前提是它有利于受保护一方。在这种情况下,相关法律规定属于单向强行法。通常这类规定还附有规避禁止。这些情况在消费者保护法中是较为常见和典型的(见下文边码 7 以下)。

6 最后,法律制度只会在符合规定的纳入和适当性方面审查具体合同的内容。这是**一般交易条款审查**(Kontrolle von Allgemeinen Geschäftsbedingungen)的对象。在某些情况下,对消费者合同有特别的要求(见下文边码 13 以下)。

二、单向强行法和规避禁止

1. 不同约定的禁止

7 通过赋予消费者保护规定以单向强制性,法律确保了法定权利不被私人自治协议所限制或排除。尽管当事人可以通过单独协议追求自身利益,但他们仍受特定规则和评价的约束。通过制定有利于消费者的单向强行法,法律确保有利于消费者的法定保护机制能够得到维持。因此,严格来说,它是一种有利于消费者的**间接保护工具**(indirektes Schutzinstrument)。因为只有在法律提供了保护工具的情况下,规定各方不得背离的单向强行法才有意义。

8 在消费者保护规定方面[6],对不同约定的禁止主要规定在:

→ 关于消费者合同和特别销售形式的《民法典》第 312k 条;

→ 关于消费者合同撤回权的《民法典》第 361 条第 2 款;

→ 关于消费品买卖的《民法典》第 475 条第 1 款;

→ 关于分时居住权合同的《民法典》第 487 条;

→ 关于消费者贷款和类似合同的《民法典》第 511 条;

---

[6] 除此以外,在旅游法中有一个此类规定,即《民法典》第 651m 条。

→关于消费者贷款中介的《民法典》第655e条。

2. 规避禁止

在上述情况下,法律还禁止通过其他设计对单向强行法进行规避。[7] 这些**规避禁止**(Umgehungsverboten)主要是一种预防措施。其目的是防止通过创造性的合同设计来规避消费者保护规定。

规避行为与**虚伪行为**(Scheingeschäften)(《民法典》第117条)存在区别。如果按照当事人的一致意思,约定内容不应生效,则属于虚伪行为。[8] 而在一个规避行为中,当事人恰恰希望其有效,因为要通过这种方式以具有法律约束力的形式促成经济上的成功。

(1)前提

是否存在一个不合法的规避,是一个**评价问题**,只有结合被规避的规范的保护目的才能回答这一问题。如果一个不合法的法律规定在相同的利益状况下可以通过另一种法律构造而实现,则应当肯定(规避的存在)。[9] 关键是应在**客观的视角**(objektiver Betrachtung)下判断是否存在一个对法律规定的规避。一方面,不要求当事人有规避的故意;另一方面,当事人对法律状况的不知情也并不能排除规避的认定。即便是诚实的行为,也可能存在规避。

示例:(1)在一个案例中,一个假日居住权在合作社模式下被作为家门口交易转让,由于合作社的设计仅仅是为了掩盖约定的提供有偿服务的事实,判例便将其看作是对以前的家门口交易中(根据现行法:《民法典》第312b条)保护消费者规定的不合法的规避。[10] (2)在另一个案例中,个人债务人请求其

---

[7] 对一般交易条款规定的规避禁止规定在《民法典》第306a条。
[8] *BGH* NJW 2011, 2785 Rn. 6.
[9] Palandt/*Grüneberg* BGB § 312k Rn. 3.
[10] *BGH* NJW 1997, 1069(1070).

妻子先从共同居住的住所来到商业场所,再发出质押表示,则按照旧法,并不构成对家门口交易中保护规定的规避。[11]

(2)法律后果

12　如果当事人的协议是不合法的规避行为,那么该行为便由于违反法律禁止而无效。无效约定被法律规定所取代。

三、一般交易条款的审查

13　一般交易条款通常用于具有**标准化合同内容**(standardisierbaren Vertragsinhalt)的交易。其中大多数是**批量交易**(Massengeschäfte)。因为合同内容由一方当事人,即使用人确定和构建,《民法典》第305条以下规定了特别的审查保护机制。这些规定也起到保护消费者的作用,但绝不仅限于此(参见《民法典》第310条第1款)。如果消费者合同中使用了一般交易条款,则适用《民法典》第310条第3款规定的特别保护机制。

14　有关一般交易条款审查的规定(也)是为了转化《第93/13/EWG号指令》的规定。不过,该指令的适用范围仅涵盖消费者合同(参见《第93/13/EWG号指令》第1条第1款)。

1. 一般交易条款审查的基本结构

15　下面简要地介绍一下一般交易条款审查的运行方式和特点:

(1)概念和适用范围

16　《民法典》第305条第1款第1句将一般交易条款定义为为了多个合同预先拟定的、合同一方当事人(使用人)在订立合同时提供给另一方合同当事人的合同条款。一般交易条款的特点是其提供的单方性,以及面对此类条款的合同另一方当事人通常无法对其

---

[11] *BGH* NJW 2006, 845 Rn. 19.

设计施加影响。[12] 与该规定过于狭窄的措辞("合同条款")相反,单方预先拟定的表示也应接受一般交易条款的审查。

示例:数据传输和广告中预先拟定的同意表示。[13]

使用人通常是专业的经营者,但这并不是必须的。即使是两个私人之间的合同,原则上也可以进行一般交易条款的审查。[14] 决定性因素是,一般交易条款由一方提供,因此该方决定了合同的内容。

17

示例:在联邦最高法院的 NJW 2010(1131)案例中,两个私人在订立二手车买卖合同之前,已经同意使用德国汽车俱乐部(ADAC)的示范合同。联邦最高法院认为,在本案中,并非是一方当事人单方面提出了合同内容,而是双方当事人已经就使用一个由第三方预先拟定的合同达成了一致。[15] 但因为《民法典》第 305 条以下旨在规范使用人与另一方合同当事人之间的法律关系,而不是两个使用人之间的法律关系,所以并不适用这些规定。[16]

(2)分级的审查体系

根据《民法典》第 305 条以下进行的一般交易条款审查是一个分级的体系:

18

→**第一步**是纳入审查。

→**第二步**是审查具体的一般交易条款的内容是否异乎寻常。

→**第三步**是对具体的一般交易条款的内容进行仔细审查。

---

[12] Begr. zum RegE, BT-Drs. 7/3919, 15 f.
[13] BGHZ 177, 253 = GRUR 2008, 1010-Payback.
[14] *BGH* NJW 2010, 1131.
[15] *BGH* NJW 2010, 1131 Rn. 20.
[16] *BGH* NJW 2010, 1131 Rn. 21.

①纳入审查

19 纳入审查要确保由一方预先拟定的内容已按照规定纳入合同。这方面的一般要求源于《民法典》第305条第2款。据此,一般交易条款如果要成为合同的组成部分,通常需要具备三个前提:

a. 应当向另一方合同当事人**提示**(hingewiesen)一般交易条款,而且必须以明示的方式进行。如果由于订约的性质,明示只有在克服不合比例的困难时方为可能,则需要在订立合同的地点发布清晰可见的公告。

b. 应当以可苛求的方式保障另一方合同当事人获得**知悉**(Kenntnis zu nehmen)一般交易条款内容的途径,同时也应考虑到使用人可识别的另一方合同当事人的身体残疾情况。

c. 最后,另一方合同当事人应当**同意**(einverstanden)使用一般交易条款。

②出人意料的条款

20 其次应当审查的是,条款是否为《民法典》第305c条第1款意义上的出人意料。这是指那些在当时的情况下,特别是根据合同的外观来看如此异乎寻常,以至于使用人的合同相对人无须考虑的条款。条款的出人意料性质既可以源于其**内容**(Inhalt),也可以源于它们在条款体系中的**位置**(Standort)。如果某一条款出人意料,则它按照《民法典》第305c条第1款的规定不构成合同的组成部分。

③内容审查

21 受《民法典》第307条至第309条内容审查约束的,仅仅是那些包含**偏离或补充法律规定**(von Rechtsvorschriften abweichen oder diese ergänzen)的约定的条款,这规定在《民法典》第307条第3款。这实际上就是那些排除法律规定适用的条款。除透明度审查以外,不需要审查的主要是关于给付和对待给付的约定或者重复法律规定的条款。

实践中经常出现的困难是对**主要和次要价格约定**(Preishaupt- und Preisnebenabreden)的界定。次要价格约定并不是基于法律行为向客户给付所得的报酬;相反,使用人借此将一般运营费用、履行自身义务或对自己有利的活动费用转嫁给客户。[17] 主要价格约定无须审查,而次要价格约定则受内容审查的约束。[18]

示例:判例将银行扣押保护账户的账户维护费[19]或私人贷款合同的处理费[20]视为需审查的次要价格约定。

《民法典》第 307 条至第 309 条规定的内容审查又一次在一个从特别到一般的分级体系中进行:

无评价可能性的禁止条款(Klauselverbote ohne Wertungsmöglichkeit)(《民法典》第 309 条)包含一般交易条件中不合法的具体条款目录。

具有评价可能性的禁止条款(Klauselverboten mit Wertungsmöglichkeit)(《民法典》第 308 条)中包含一系列含有众多不确定的法律概念的构成要件。这些条款的适用需要一个与《民法典》第 309 条相比更严格的评价。

最后是作为审查标准**一般条款**(Generalklausel)的《民法典》第 307 条第 1 款第 1 句。据此,在一般交易条款中,违反诚实信用原则、**不合理地损害**(unangemessen benachteiligen)使用人的合同相对人利益的规定是无效的。如果格式条款的使用人试图以合同相对人为代价不正当地实现自己的利益,而没有从一开始就充分考虑其相对人的利益并给予其适当的补偿,那么该格式条款就是不合理

22

23

24

25

26

---

[17]　*BGH* NJW 2013, 995 Rn. 13 mwN.
[18]　*BGH* NJW 2013, 995 Rn. 13 mwN.
[19]　*BGH* NJW 2013, 995 Rn. 31 ff.
[20]　*BGH* NJW 2014, 2420 Rn. 26 ff.

的。[21] 不合理的损害可以来自以下三个方面：

→《民法典》第 307 条第 2 款第 1 项：条款与其背离的**法律规定的主要基本理念不一致**（wesentlichen Grundgedanken der gesetzlichen Regelung nicht zu vereinbaren）。着眼点是特定合同类型的法律构造。如果被背离的法律规定具有指导形象功能，则决定性的评价标准是对法定指导形象的背离。一般交易条款对基本形象的背离只要不是客观合理的，并且法定的保护目的没有通过另一种方式被确保实现，那么这种对指导形象的背离就构成不合理的损害。[22]

→《民法典》第 307 条第 2 款第 2 项：条款限制了源于**合同本质**（Natur des Vertrags）的**基本权利或义务**（wesentliche Rechte oder Pflichten），从而危及合同目的的实现。这主要涉及那些缺少法律指导形象的合同中的条款。在这些情况下，一个不合理的损害源自"基本义务"[23]的掏空，比如，那些从根本上为履行合同创造前提的义务。[24]

→《民法典》第 307 条第 1 款第 2 句：最后，不合理的损害可能因为**条款不明确和不易理解**（Bestimmung nicht klar und verständlich）而产生。由此产生的一般透明度要求延伸至一般交易条款的全部条款内容，也包括无须审查的条款，这规定在《民法典》第 307 条第 3 款第 2 句。根据这一透明度要求，使用人有义务尽可能清楚明白地描述其合同相对人的权利和义务。[25] 这还包括，一般交易条款应根据情况对可能发生的经济上的不利和负担进行

---

[21] *BGH* NJW 2009, 3714 Rn. 13; *BGH* NJW 2010, 2041 Rn. 27.
[22] *BGH* NJW 2013, 1431 Rn. 26.
[23] S. nur Palandt/*Grüneberg* BGB § 307 Rn. 33.
[24] Vgl. *BGH* NJW 1973, 1878.
[25] *BGH* NJW 2010, 3152 Rn. 29.

说明。[26] 透明度的评价应当以合同订立之时使用人的通常合同相对人的期待和认知可能性为标准。[27]

2. 解释

一般交易条款的内容经常需要通过解释来确定。在这种情况下,《民法典》中适用于意思表示和合同的解释原则(《民法典》第133条和第157条)应当被修正。由于在使用一般交易条款的情况下,合同的内容不是由个别协商确定的,因此解释时不能基于合同当事人的意愿,而应当基于**对措辞的客观理解**(objektives Verständnis des Wortlauts)。[28] 根据公平交易法的基本原则,应当根据**目标客户的规范标准**(normativen Maßstabs der angesprochenen Kunden)进行解释。

由于使用人单方面确定了合同的内容,因此他必须承担其提供的条款中存在歧义的风险。这是因为使用人在设计一般交易条款时完全可以将条款内容表述得(更加)明确。因此,《民法典》第305c条第2款规定,在解释一般交易条款出现疑义时,使用人应始终承担不利后果。

如果一个条款在客观的考虑下有多种理解的可能性,那么首先需要排除的是那些在理论上虽然可以想象,但实际上完全不合情理、不应该被认真考虑的可能性。[29] 如果该条款的内容仍然模棱两可,判例在《民法典》第305c条第2款的基础上认为,在有疑问的多种可能的解释中,如果**"最不利于客户的"解释**("kundenfeindlichste" Auslegung)会导致条款无效,并因此在结果上对客户最为有

---

[26] BGHZ 164, 11 (16) = NJW-RR 2005, 1496 (1498); BGHZ 165, 12 = NJW 2006, 996 (997 f.).
[27] *BGH* NJW 2010, 3152 Rn. 29.
[28] BGHZ 102, 384 (389 f.) = NJW 1988, 1261; *BGH* NJW 2009, 2671 Rn. 23.
[29] BGHZ 180, 257 = NJW 2009, 2051 Rn. 11; *BGH* NJW 2009, 267 Rn. 23.

利,则在审查条款效力时应当以这种解释为基础。[30] 如果按照每种可考虑的解释,条款都是有效的,则应采用对客户最有利的解释[**"最有利于客户的"**解释("kundenfreundlichste" Auslegung)]。[31]

3. 消费者合同的特殊性

30　　在消费者合同中,法律认为合同的内容通常是由有商业经验和专业性的一方,即经营者决定的。因此,《民法典》第310条第3款从不同方面扩展了对此类合同的审查可能性。这些规定的目的是转化《第93/13/EG号指令》的规定。

(1)适用范围

31　　《民法典》第310条第3款适用于消费者合同,即经营者和消费者之间的合同。合同的类型无关紧要。《民法典》第310条第3款规定的消费者合同概念也适用于《民法典》第312条以下。两者的区别仅仅体现在,《民法典》第312条第1款以一个有偿合同为前提。

(2)推定,《民法典》第310条第3款第1项

32　　根据《民法典》第310条第3款第1项,一般交易条款被视为**由经营者所提出**(vom Unternehmer gestellt),除非它们是由消费者引入合同的。因此,在消费者合同中,一般交易条款由经营者所提出是"假定的(fingiert)"。这导致对消费者有利的释明和举证责任的部分转移。在《民法典》第310条第3款第1项的情况下,消费者承担证明相关条款是为多次使用而被预先拟定的责任,而经营者则需要释明和证明,虽然合同条款是被预先拟定的,但它们是被详细具体谈判过的。[32]

---

[30] BGHZ 176, 244 = NJW 2008, 2172 Rn. 19; BGHZ 181, 278 = NJW 2009, 3422 Rn. 21.
[31] *BGH* NJW 2010, 2041 Rn. 26.
[32] *BGH* NJW 2008, 2250 Rn. 14.

这一规定的实际意义基本上限于合同条款是由(中立的)第 33
三方(如律师或公证人)提供的情况。[33]

(3)一次性使用的合同条款,《民法典》第310条第3款第2项

根据《民法典》第310条第3款第2项,对于预先拟定的合同条 34
款,当它们**仅为一次性使用而制定**(zur einmaligen Verwendung bestimmt)时,只要消费者由于条款的预先拟定而无法对其内容施加影响,那么《民法典》第305c条第2款、第306条、第307条至第309条,以及《民法典施行法》第46b条也可以适用。

因此,不为大量使用而拟定从而不属于《民法典》第305条第1 35
款所指的一般交易条款的合同内容,也受法律审查的约束。然而,这些由经营者预先拟定并提出的一次性条款,原则上对消费者产生了与"真正的"一般交易条款同样的风险。将此类条款纳入内容审查的正当性正是因为消费者无法对这些经营者预先拟定的内容施加影响。[34]

在使用此类合同条款的情况下,消费者需要释明和证明,合同 36
条款是被预先拟定的,并且他因此无法对其内容施加影响。[35]

(4)附随情况的考虑,《民法典》第310条第3款第3项

在订立合同之前和订立合同之时,消费者往往会受到各种情况 37
的影响。这些情况可能是经营者的广告允诺或者合同订立的特别情境。根据《第93/13/EWG号指令》的立法理由,应当特别考虑消费者"是否以某种方式受到影响,从而对条款表示了同意"。[36] 比如,经营者为了消除消费者对合同条款的担忧,在推销中特别强调个别的合同条件,或者对消费者施加压力。这些不同的情况都会影

---

[33] MüKoBGB/*Basedow* § 310 Rn. 60 ff.
[34] *BGH* NJW 2008, 2250 Rn. 18.
[35] *BGH* NJW 2008, 2250 Rn. 18.
[36] 《第93/13/EWG号指令》立法理由第16条第3句。

响消费者的决定。

38 　　因此,《民法典》第 310 条第 3 款第 3 项规定,在根据《民法典》第 307 条第 1 款和第 2 款对不合理的损害进行评价时,应当一并考虑这些合同订立的附随情况。由此,《民法典》第 307 条的抽象审查标准被**合同订立的具体个别情况**(konkret-individuellen Umstände eines Vertragsabschlusses)所补充。因此,合同条款的不合理性不仅取决于与合同有关的评价,还取决于合同订立的整体情况。

39 　　除上述示例外,可考虑的附随情况还包括能够影响谈判强度的合同相对人的个人特征、合同订立的具体情境(例如,突然袭击)、告知,以及合同相对人的非典型的特别利益。[37] 重要的附随情况尤其包括经营者影响消费者的不正当商业行为,特别是欺诈性和侵略性的商业行为。因此,《民法典》第 310 条第 3 款第 3 项是**合同法**(Vertragsrecht)与**公平交易法**(Lauterkeitsrecht)中消费者保护的一个重要**连接点**(Schnittstelle)。

> **示例**:欧洲法院的 *Perenicová und Perenič* 争议案件涉及在一个消费者贷款合同订立之前对消费者进行**欺诈**(Irreführung)。[38] 借款人在需支付的年实际利率(还特别高)方面被贷款人严重欺诈。经验表明,这种情况对作出借款的商业决定至关重要。欧洲法院认为,对利息金额的欺诈应当在贷款合同的合同法内容审查中予以考虑。[39] 然而,法院同时明确表示,商业行为的不正当本身不能构成个别条款的不公平。[40] 尽管防止不公平条款和防止不正当商业行为有着相互联系的体系,但条款审查和公平交易具有不同的法律考虑和评

---

[37] *BAG* NJW 2011, 408 Rn. 28.
[38] *EuGH* GRUR 2012, 639 = ECLI:EU:C:2013:62-*Perenicová und Perenič*.
[39] *EuGH* GRUR 2012, 639 ECLI:EU:C:2013:62 Rn. 43-*Perenicová und Perenič*.
[40] *EuGH* GRUR 2012, 639 ECLI:EU:C:2013:62 Rn. 44-*Perenicová und Perenič*.

价。因此,一个商业行为的不正当并不能自动表明合同条款不公平。[41]

4. 法律后果

(1) 个体法律后果

对《民法典》第 305 条以下违反的个体法律后果规定在《民法典》第 306 条。当合同中的个别条款无效时,当事人通常仍然希望遵守合同。因此,《民法典》第 306 条第 1 款规定,如果一般交易条款全部或部分未成为合同的一部分或无效时,**合同的其余部分应保持有效**(Vertrag im Übrigen wirksam)。通过此种规定,法律对给付关系和给付交换继续存在的利益予以保护。《民法典》第 306 条第 2 款规定,未成为合同一部分或无效的条款应被相关法律规定(如有)所代替。

根据《民法典》第 306 条第 3 款,只有在考虑到根据《民法典》第 306 条第 2 款带来的变动后,继续遵守合同对一方合同当事人仍然是一种**不可苛求的困难**(unzumutbare Härte)时,合同整体上才是无效的。根据主流观点,《民法典》第 306 条第 3 款主要涉及遵守合同对一般交易条款的使用人不可苛求的情况。[42] 然而,由于该规定表述的只是一方合同当事人,而不是特定的合同当事人,因此该规定也适用于对客户不可苛求的情况。[43] 该规定的这种解释与《第 93/13/EWG 号指令》第 6 条第 1 款和第 8 条相符。尽管该指令不包含可与德国法律相比较的可苛求性标准,而是以在不包含滥用条款情况下合同的继续存在是否"可能"为标准。[44] 然而,《第 93/13/EWG 号指令》第 8 条只规定了最低限度的协调,因此,允许为了

40

41

---

[41] Vgl. Schlussanträge GA Trstenjak BeckRS 2011, 81770 = ECLI:EU:C:2012:637 Rn. 125.
[42] *BGH* NJW-RR 1996, 1009 (1010).
[43] MüKoBGB/*Basedow* § 306 Rn. 32.
[44] 《第 93/13/EWG 号指令》立法理由第 21 条第 2 句。

保护消费者利益而制定更严格的国内法。

42 　　对于客户的不可苛求性,不能仅仅因为合同整体的无效比遵守合同对客户而言更为有利而被认定。因此,德国法律文本上"对一方合同当事人来说"不可苛求便已足够,是不灵活的。这给人一种错误的印象,即只取决于一方当事人的利益。正确的做法应该是,不可苛求性的确定需要**全面衡量双方的利益**(umfassende Abwägung der Interessen beider Parteien)。[45] 因此,举例来说,不能仅仅基于客户在合同整体无效的情况下比在个别条款无效时需要返还的数额更少这一考虑,就认为合同整体无效是合理的。[46] 与之相反,如果合同内容的剩余部分注定会导致双方的权利和义务存在不确定性或者争议,则应当认定不可苛求性以及由此导致的合同整体无效。[47]

43 　　不允许对无效条款进行**保持效力的限缩**(geltungserhaltende Reduktion),即缩减到仍可接受的内容。[48] 不允许的理由除了透明度的利益之外,更重要的是预防的理念。一个保持效力的限缩恰恰会鼓励一般交易条款的使用人在合同中使用不合理的条款。他们可以使用无法通过内容审查的条款,而无须冒特别的风险。而法院的任务也不可能是找到一个一方面对经营者尽可能有利,另一方面又在法律上被勉强允许的条款版本。[49]

(2)集体法律后果

44 　　为了在个案之外对使用或推荐无效条款的行为采取措施,法律规定了**团体诉讼**的途径。使用或者为法律行为交易推荐了依照《民

---

[45] Erman/*Roloff* BGB § 306 Rn. 16.
[46] *EuGH* GRUR 2012, 639 = ECLI:EU:C:2013:62 Rn. 26 ff.-*Pereničová und Perenič*.
[47] *BGH* NJW-RR 2003, 1056 (1060); *BGH* NJW 1985, 53 (56); *BGH* NJW 1983, 159 (162).
[48] BGHZ 84, 109 = NJW 1982, 2309 (2310).
[49] BGHZ 84, 109 = NJW 1982, 2309 (2310).

法典》第 307 条至第 309 条规定无效的一般交易条款的人,可以根据《不作为之诉法》第 1 条被提起不作为诉讼,在推荐无效的一般交易条款情况下还可以被请求撤回(详见第二十一章)。

  有争议的是,无效一般交易条款的使用是否会同时作为一个不合法的商业行为进而触发公平交易法上的制裁(见第十九章边码 20 以下)。　　45

第三部分

一般债法中的消费者保护

第七章 未订购的商品和给付

精选文献：*Berger*, Der Ausschluss gesetzlicher Rückgewähransprüche bei der Erbringung unbestellter Leistungen nach § 241a BGB, JuS 2001, 649; *Casper*, Die Zusendung unbestellter Waren nach § 241a BGB, ZIP 2000, 1602; *Dornheim*, Sanktionen und ihre Rechtsfolgen im BGB unter besonderer Berücksichtigung des § 241a BGB, 2005; *Hau*, Geschäftsführung ohne Verbraucherauftrag, NJW 2001, 2863; *S. Lorenz*, § 241a BGB und das Bereicherungsrecht-zum Begriff der „Bestellung" im Schuldrecht, FS W. Lorenz, 2001, 193; *Köhler*, Unbestellte Leistungen-Die richtlinienkonforme Auslegung am Beispiel des neugefassten § 241a BGB, JuS 2014, 865; *ders.*, Unbestellte Waren und Dienstleistungen-neue Normen, neue Fragen-Zugleich Besprechung zu BGH, Urt. v. 17.8.2011-BGH I ZR 134/10-Auftragsbestätigung, GRUR 2012, 217; *Piekenbrock*, § 241a BGB und die neue Verbraucherschutzrichtlinie: ein methodologisches Brennglas, GPR 2012, 195; *Schwarz*, § 241a BGB als Störfall für die Zivilrechtsdogmatik, NJW 2001, 1449; *Sosnitza*, Wettbewerbsrechtliche Sanktionen im BGB: Die Reichweite des neuen § 241a BGB, BB 2001, 2317.

1　　位列一般债法中消费者保护规定之首的是《民法典》第 241a 条。这一规定是在转化《第 97/7/EG 号指令》的过程中被纳入民法典的。[1]《消费者权利指令转化法》对第 1 款和第 3 款的规定进行了修改。新规定旨在转化《消费者权利指令》第 27 条。

一、概述

2　　《民法典》第 241a 条旨在保护消费者免受与未订购商品的寄送或未订购给付的提供有关的**骚扰**(Belästigungen)和**误解**(Fehlvorstellungen)。该条款在民法层面上确保,为启动合同而提供的未经订购的商品或其他给付的受领人不负担任何对待给付义务。[2] 不产生任何针对消费者的合同请求权。此外,寄件人既不享有收益返还的非合同请求权,也不享有损害赔偿请求权。[3] 该条款是对公平交易法规定的补充,公平交易法不允许寄送未订购的商品和提供未订购的服务。

二、构成要件

1. 商品或其他给付

3　　《民法典》第 241a 条的构成要件涵盖了商品和其他给付。根据新定义,**商品**(Waren)是指非由于强制执行措施或其他的司法措施而出售的动产(《民法典》第 241a 条第 1 款;《消费者权利指令》第 2 条第 3 项第 1 半句)。如果**水、气和电**(Wasser, Gas und Strom)以有限的数量出售,那么它们也是商品(《消费者权利指令》第 2 条第 3 项第 2 半句)。遗憾的是,《民法典》第 241a 条第 1 款中商品的狭义

---

[1] 《第 97/7/EG 号指令》第 9 条的转化;详见 Pützhoven, Europäischer Verbraucherschutz im Fernabsatz, 2001, 95 f.。

[2] Begr. zum RegE, BT-Drs. 14/2658, 46.

[3] Begr. zum RegE, BT-Drs. 14/2658, 46.

概念与其他语境中商品的概念不同。比如,公平交易法上明确可以作为商品的还有不动产(《反不正当竞争法》第 2 条第 1 款第 1 项第 2 半句)。

其他给付(Sonstige Leistungen)是指不体现为商品交付的所有给付。[4] 这尤其包括有形服务或无形服务的提供。 4

对**数字内容**(digitalen Inhalten)应当加以区分:只有当这些内容体现在数据载体上并以这种形式传输时,它们才被视为商品。否则属于其他给付。[5] 5

示例:如果在下载购买的软件时,一个未订购的其他软件也被一并下载并安装在消费者计算机上,则这是一个可以适用《民法典》第 241a 条的其他给付。

2. 未订购

当经营者在**消费者没有提出请求**(ohne Veranlassung durch den Verbraucher)的情况下发送商品或其他给付,则该商品或其他给付为未订购。如果经营者向消费者发送的商品或给付与在合同关系中所订购的商品或给付不同,也构成未订购。[6] 这甚至适用于替代交易中交付一个同等的商品或服务的情况,因为《民法典》旧版第 241a 条第 3 款的例外规定已经被废止。公平交易法上对发送的判断并不重要。 6

如果商品是基于一个与消费者之间的合同交付的,则不存在未订购的发送。即使合同的效力被有追溯力地取消(比如,通过撤销),也是如此。另外,如果消费者希望在订立合同前发送商品(比 7

---

[4] Begr. zum RegE, BT-Drs. 17/12637, 44.
[5] Begr. zum RegE, BT-Drs. 17/12637, 45.
[6] 区分的观点 Palandt/*Grüneberg* BGB § 241a Rn. 4; BeckOK BGB/*Sutschet* § 241a Rn. 6。

如,为了查看),也不存在未订购的发送。

3. 错误和有瑕疵的交付

8 当给付并非针对受领人,或是在**错误地认为存在一个订单**(irrigen Vorstellung einer Bestellung)的情况下进行的,并且受领人已经认识到这一点,或者如果在交易中尽到必要的注意就可以认识到这一点时,不适用《民法典》第241a条第1款(《民法典》第241a条第2款)。虽然在这种情况下,通常不会在经营者和消费者之间成立合同,因为消费者知道商品不是向他发送的。但是可能存在针对消费者的法定请求权(特别是根据《民法典》第985条、第987条以下和第812条以下)。

9 如果买卖合同的出卖人交付了一个与所负担的物不同的物,则该**异类物交付**(aliud-Lieferung)等同于物的瑕疵(《民法典》第434条第3款第1种情况)。在这种情况下,买受人可以主张《民法典》第437条规定的一般瑕疵权利。不适用《民法典》第241a条第1款。但**超量交付**(Zuviellieferung)的情况不同。从《民法典》第434条第3款第2种情况反推可知,这并不构成瑕疵。因此,对于超量交付的商品适用《民法典》第241a条的一般规定。

三、法律后果

10 《民法典》第241a条通过排除经营者因未订购商品或其他给付而对消费者享有的请求权来保护消费者。

1. 合同法

11 **合同法请求权**,特别是针对消费者的基于合同的付款请求权**的排除**(Ausschluss vertragsrechtlicher Ansprüche),通常是因为发送商品或其他给付不会导致合同成立。发送通常是订立合同的一种默示的要约。[7] 而依客观解释(《民法典》第 137 条和第 155 条),受领人收下或使用商品或给付并非消费者的承诺表示。[8] 从这个角度来看,《民法典》第 241a 条没有独立的意义。如果寄件人根据《民法典》第 151 条第 1 句放弃承诺表示的到达,也不会得出其他结论,因为在这种情况下,非必需的只是到达,而不是受领人的意思表示本身。

《民法典》第 241a 条是**单向强行法**(einseitig zwingendes Recht)。损害消费者利益的背离是不合法的(《民法典》第 241a 条第 3 款)。这甚至适用于那些诚实的经营者希望保留向消费者交付同等替代商品的权利的合同约定。因此,在寄送替代商品之前,经营者总是需要获取消费者的承诺表示。[9]

2. 法定请求权

除了合同请求权以外,《民法典》第 241a 条第 1 款也排除了经营者对消费者的法定请求权。[10] 这也是本规范的主要适用范围。被排除的包括寄件人对受领人的所有请求权,无论其指向的是**返还**(Herausgabe)、**损害赔偿**(Schadensersatz)、**价值补偿**(Wertersatz)或消费者的**其他给付**(sonstige Leistung),都是如此。[11]

3. 物权法律状况

根据《民法典》第 241a 条第 1 款可以得出,消费者可以随心所欲地处理未订购的商品或给付,而不必担心经营者的请求权。消费者的刑事责任也被《民法典》第 241a 条第 1 款所排除。[12]

---

[7] Palandt/*Grüneberg* BGB § 241a Rn. 6.
[8] Palandt/*Grüneberg* BGB § 241a Rn. 6; BeckOK BGB/*Sutschet* § 241a Rn. 9.
[9] Begr. zum RegE, BT-Drs. 17/12637, 45.
[10] Palandt/*Grüneberg* BGB § 241a Rn. 7; BeckOK BGB/*Sutschet* § 241a Rn. 9; anders köhler Jus 2014, 865 (869).
[11] Palandt/*Grüneberg* BGB § 241a Rn. 7; BeckOK BGB/*Sutschet* § 241a Rn. 9.
[12] Staudinger/*Olzen* BGB, § 241a Rn. 64; 不同观点 *Schwarz* NJW 2001, 1449 (1453 f.)。

15 　　依照通说,物权法律状况不受该条影响。[13] 通常情况下,经营者仍然是所发送物品的所有权人,因为所有权的转移通常仅在经营者和消费者之间成立一个债法合同的情况下才会发生。[14] 因此,在消费者保留商品时,会发生一个物权法上存在问题的**占有和所有权的长期分离**(dauerhaften Auseinanderfallen von Besitz und Eigentum)。

16 　　《民法典》第241a条第1款是否使消费者获得一个**法定占有权**(gesetzliches Besitzrecht)[15]并赋予消费者一个受保护的法律地位(例如,在第三方造成损害的情况下),在细节上是有问题的。即使承认消费者的占有权,它也只能以对消费者有利,而不能以对一个第三人有利的方式发挥作用。由于《民法典》第241a条第1款只希望保护未订购商品或给付的受领人,因此不能将消费者免于承担任何责任的特权法律地位转移给其他人。如果第三人从消费者处获得该物品,他针对所有权人仍然是无权占有。在这种情况下,适用所有权人对占有人的一般请求权。因此,只要商品或给付在消费者手中,经营者的请求权就会被《民法典》第241a条第1款所"中止"。

　　示例:(1)经营者U未经订购向消费者V发送了一本书。V将这本书出售给善意的D。根据《民法典》第929条和第932条规定,D获得所有权。U不享有《民法典》第985条规定的返还请求权,因为U已经失去了所有权。《民法典》第935条不适用,因为这本书没有灭失。U依据《民法典》第816条第1款第1句或第687条第2款规定要求V返还销售所得的请求权

---

〔13〕 Staudinger/*Olzen* BGB § 241a Rn. 35 ff.; 不同观点 MüKoBGB/*Finkenauer* § 241a Rn. 40:法定的所有权转移。

〔14〕 Staudinger/*Olzen* BGB § 241a Rn. 35.

〔15〕 肯定观点:Palandt/*Grüneberg* BGB § 241a Rn. 7; 否定观点:Staudinger/*Olzen* BGB § 241a Rn. 37。

因第241a条第1款而不成立。(2)如果该书的转让是无偿的,那么U对D享有根据《民法典》第816条第1款第2句的请求权。D无权援引《民法典》第241a条第1款。(3)如果D因非善意而没有获得所有权,则根据《民法典》第985条,他有义务将该书返还给U。他对于U既没有一个自己的,也没有一个源于V的占有权。

如果将寄送未订购的商品在评价上等同于**所有权的抛弃**(Dereliktion)(《民法典》第959条),则更为一致,也更有利于有效制裁滥用行为。[16] 尽管寄件人通常缺少所有权抛弃所必需的放弃意思。但是,一个明知《民法典》第241a条第1款的法律后果仍然发送未订购的商品的人,实际上也将失去这些商品,因为他知道他通常不能再向受领人要求返还了。如果发件人甘愿冒这个风险,那么他就应当坚守这个决定。这一解决方案将使消费者能够获得所有权,防止占有和所有权的长期分离,同时也避免难以解决的后续问题和意外结果。

4. 不作为请求权

发送未订购的商品或提供未订购的给付可能构成对一般人格权的侵犯,并且引发受领人的一个类推《民法典》第1004条第1款第2句的不作为请求权。为了便于行使此种请求权,《**不作为之诉法**》**第13a条**包含一个消费者也可以主张的特别的告知请求权。

17

18

---

[16] *Alexander*, Vertrag und unlauterer Wettbewerb, 275 f.

第八章　消费者合同

> 精选文献：*Alexander,* Die Umsetzung der Verbraucherrechte-Richtlinie und die Auswirkungen auf das Lauterkeitsrecht, WRP 2014, 501; *Beck,* Die Reform des Verbraucherschutzrechts-Ein erster Überblick, JURA 2014, 666; *Bierekoven/Crone,* Umsetzung der Verbraucherrechterichtlinie. Neuerungen im deutschen Schuldrecht-Ein erster Überblick, MMR 2013, 687; *Bittner/Clausnitzer/Föhlisch,* Das neue Verbrauchervertragsrecht, 2014; *Brönneke/Tonner,* Das neue Schuldrecht-Verbraucherrechtsreform 2014; *Förster,* Die Umsetzung der Verbraucherrechterichtlinie in §§ 312 ff. BGB-Eine systematische Darstellung für Studium und Examen-Teil I und II, JA 2014, 721 und 801; *Purnhagen,* Die Auswirkungen der neuen EU-Richtlinie auf das deutsche Verbraucherrecht, ZRP 2012, 36; *Wendehorst,* Das neue Gesetz zur Umsetzung der Verbraucherrechterichtlinie, NJW 2014, 577.

1　《民法典》第 312 条以下被《消费者权利指令转化法》完全改变了。第二小节如今包含四个目(Kapitel)。[1]

---

[1] 概览见 *Beck* JURA 2014, 666。

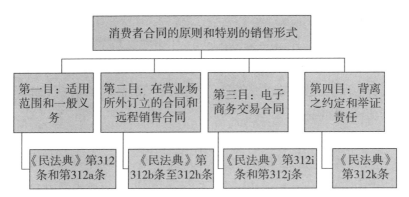

图 2 《民法典》第 312 条以下的规则结构

第二小节("消费者合同的原则和特别的销售形式")的第一目包括根据《民法典》第 312 条确定的后续规定的适用范围,以及《民法典》第 312a 条中有关消费者合同内容的一般规定。

一、概念和前提

根据《民法典》第 312 条第 1 款,第一目和第二目(《民法典》第 312 条至第 312h 条)的规定适用于《民法典》第 310 条第 3 款意义上的消费者合同,该合同以经营者的有偿给付为对象。消费者合同这一定义的特别之处在于,对《民法典》第 310 条第 3 款的引用仅说明,合同必须是在一个经营者和消费者之间订立的。[2] 这一立法者选择的引用技术加深了对法律理解的难度。立法者显然想为法律适用作出阐明,即可以适用《民法典》第 310 条第 3 款的原则。

如果将《民法典》第 312 条第 1 款和第 310 条第 3 款的要求总结在一个定义中,则消费者合同是**经营者与消费者订立的以经营者的有偿给付为对象的合同**(Verträge zwischen einem Unternehmer und einem Verbraucher, die eine entgeltliche Leistung des Unternehmers

---

[2] Begr. zum RegE, BT-Drs. 17/12637, 45.

zum Gegenstand haben)。

5 　　在一定程度上,该定义构成了第一目和第二目中规定的所有合同的**基石**(Grundbaustein)。在经营场所外订立的合同和远程销售合同都是《民法典》第312条第1款意义上的消费者合同,只不过需要符合额外的前提。

1. 合同当事人

6 　　消费者合同的当事人是消费者和经营者。合同中第三人的纳入(例如,在第三人承担共同责任的情况下)并不影响消费者合同的认定。如果第三人从合同关系中受益,也同样如此。

> **示例**:消费者V与经营者U约定,由U将合同标的物直接发送给第三人D。无关紧要的是,D究竟是对U有独立的请求权(真正的利益第三人合同),还是D仅仅是一个获益的受领人(不真正的利益第三人合同)。D自己是不是消费者也同样无关紧要。

2. 合同标的物

7 　　《民法典》第312条第1款和第310条第3款未对合同标的物进行更详细的定义。依照符合指令的解释,应当包括那些"经营者将商品所有权转让或承诺转让给消费者"的合同(《消费者权利指令》第2条第5项第1种情况)。同样包括在内的是那些"其标的物既有商品也有服务"的合同(《消费者权利指令》第2条第5项第2种情况)和"经营者为消费者提供或承诺提供服务"的非买卖合同(《消费者权利指令》第2条第6项)。

8 　　商品的概念与《民法典》第241a条第1款中商品的狭义概念相符(见第七章边码3以下)。

9 　　**服务**(Dienstleistungen)不仅仅是《民法典》第611条以下意义上的服务,因为应自主地根据欧盟法的标准对该概念进行解释。根据《欧盟运行条约》第 57 条第 1 款,服务是指所有通常有偿提供的给付,只要其不受有关商品或资本流动或人员自由流动的规定的约束。根据《欧盟运行条约》第 57 条第 2 款,服务主要包括工业、**商业、手工业和自由职业活动**(gewerbliche, kaufmännische, handwerkliche und freiberufliche Tätigkeiten)。

3. 经营者的有偿给付合同

合同应当以经营者的一个有偿给付为对象。德国立法者认为,有偿性的要件来自《**消费者权利指令**》**第 2 条第 5 项和第 6 项**中的定义。[3] 据此,在这两种情况下,消费者都需要为经营者的给付"**付款或承诺付款**(Preis zahlt oder dessen Zahlung zusagt)"。

10

毫无疑问,被包括在内的是消费者牵连的对待给付,例如,根据《民法典》第 433 条第 2 款价款的支付或者根据《民法典》第 612 条服务报酬的支付。然而,有偿性的概念并不限于这些对待给付。消费者提供的其他给付,只要从经济角度看相当于价款或支付承诺即可,无论当事人对其如何描述。[4]

11

但是,如果消费者对经营者承担了**单方给付义务**(einseitige Leistungspflicht),而经营者却没有向消费者进行给付,有偿性的认定就会遇到困难。这一问题在《民法典》旧版第 312 条就已经出现了。尤其是在消费者提供保证或债务加入的情况下(详见第十四章边码 106 以下)。

12

不能被视为消费者合同的是那些消费者有义务向经营者交付商品,经营者为此支付一定费用的合同。[5] 在这种情况下,许多消费者保护规定不适用,比如,与合同标的物的基本特征相关的信息义务。尽管如此,在这种情况下也可能存在保护需求,比如,防止被

13

---

[3] Begr. zum RegE, BT-Drs. 17/12637, 45.
[4] Palandt/*Grüneberg* BGB § 312 Rn. 3.
[5] Begr. zum RegE, BT-Drs. 17/12637, 45.

突然袭击。[6]

　　示例：一个消费者与一个古董商在消费者家门口订立的关于古董商收购橱柜的合同。

二、例外与限制

14　　《民法典》第 312 条第 2 款至第 6 款对本身属于《民法典》第 312 条以下适用范围内的合同规定了大量例外和限制。这通常是那些适用《民法典》内部或外部特别规定的法律行为，因此一般规定要么根本不适用，要么只在有限范围内适用。遗憾的是，法律的条文结构总体上不是那么一目了然。

　　1. 一般例外，《民法典》第 312 条第 2 款

15　　根据《民法典》第 312 条第 2 款——为了转化《消费者权利指令》第 3 条第 3 款——许多合同被排除在《民法典》第 312 条以下的适用范围之外。这些合同只适用《民法典》第 312a 条第 1、3、4 和 6 款的一般规定。包括：

　　第 1 项：经过公证的（a）在营业场所外订立的金融服务合同，（b）非金融服务合同；对于法律未规定对合同或合同表示进行公证的合同，仅在公证人已经就《民法典》第 312d 条第 1 款规定的信息义务和第 312g 条第 1 款规定的撤回权的取消进行了告知时，才适用；

　　第 2 项：有关设立、取得或转让土地所有权或其他权利的合同；

　　第 3 项：有关新建筑物的建造或现有建筑物的重大改建的合同；

　　第 4 项：根据《民法典》第 651a 条的旅游服务合同，如果它们

---

[6] Bülow/Artz Rn. 86.

(a)以远程销售方式订立或(b)在营业场所外订立,且作为合同成立基础的口头磋商是基于消费者先前的订单;

第5项:旅客运输合同;

第6项:根据《民法典》第481条至第481b条的分时居住权、长期度假产品、中介和互易系统的合同;

第7项:根据《民法典》第630a条的医疗合同;

第8项:经营者在频繁和规律的行驶路程中,在消费者的住所、居所或工作场所,交付食品、饮料或其他日常生活用品的合同;

第9项:使用自动售货机和自动化营业场所订立的合同;

第10项:与电信运营商订立的关于使用公共投币电话和插卡电话的合同;

第11项:有关消费者单独使用电话、互联网或传真线路的合同;

第12项:在营业场所外订立的、磋商结束后立即履行和支付的、消费者支付的金额不超过40欧元的合同;

第13项:基于强制执行措施或其他司法措施的动产买卖合同。

2. 社会服务,《民法典》第312条第3款

根据《民法典》第312条第3款,社会服务的适用有特别之处,即其受《民法典》之外的特别法律要求的约束。[7] 这些社会服务不在《消费者权利指令》的适用范围之内。[8]

对于社会服务合同,比如,儿童保育或对长期或临时有帮助需求的家庭或个人的支持,以及长期护理,只适用《民法典》第312条以下的下列规定:

第1项:根据《民法典》第312b条和第312c条在营业场所外订

---

[7] Begr. zum RegE, BT-Drs. 17/12637, S. 48.
[8] 《消费者权利指令》立法理由第29条。

立的合同和远程销售合同的定义；

第 2 项：关于电话呼叫时披露义务的《民法典》第 312a 条第 1 款；

第 3 项：关于主给付对价外支付的约定效力的《民法典》第 312a 条第 3 款；

第 4 项：关于支付方式使用费的约定效力的《民法典》第 312a 条第 4 款；

第 5 项：《民法典》第 312a 条第 6 款；

第 6 项：关于撤回权信息提供义务的《民法典》第 312d 条第 1 款结合《民法典施行法》第 246a 条之第 1 条第 2 款和第 3 款；

第 7 项：关于撤回权的《民法典》第 312g 条。

3. 住宅租赁合同，《民法典》第 312 条第 4 款

18 根据《民法典》第 312 条第 4 款第 1 句，《民法典》第 312 条第 3 款第 1 项至第 7 项的规定也适用于住宅租赁合同。尽管《民法典》第 535 条以下包含关于住宅租赁合同的特别规定，但立法者仍然认为这种保护是必要的。特别是在对已经订立的租赁合同进行变更时，存在突然袭击和施加心理压力的风险。[9]

19 但是，《民法典》第 312 条第 4 款第 2 句在设立租赁合同时对这种保护进行了很大程度的限制。据此，如果承租人事先查看过住宅，则《民法典》第 312 条第 3 款第 1、6 和 7 项中的规定不适用于住宅租赁关系的建立。立法者认为，在这种情况下"不需要"撤回权。[10]

4. 金融服务，《民法典》第 312 条第 5 款

20 根据《民法典》第 312 条第 5 款，应当对金融服务合同加以区

---

[9] Begr. zum RegE, BT-Drs. 17/12637, 48.

[10] Begr. zum RegE, BT-Drs. 17/12637, 48.

分。如果合同关系包括第一次约定与随后的连续交易,或者包括随后在时间上关联的一系列同类型交易,则根据《民法典》第 312 条第 5 款第 1 句,第一目和第二目的规定仅适用于**第一次约定**(erste Vereinbarung)。根据《民法典》第 312 条第 5 款第 2 句,《民法典》第 312a 条第 1、3、4 和 6 则适用于**每笔交易**(jeden Vorgang)。

如果《民法典》第 312 条第 5 款第 1 句的交易未经约定而先后发生,则有关经营者信息义务的规定仅适用于**第一个交易**(ersten Vorgang)。但是,如果超过一年没有发生相同类型的交易,则根据《民法典》第 312 条第 5 款第 4 句,下一个交易被视为新系列中的第一个交易。

5. 保险合同,《民法典》第 312 条第 6 款

对于保险服务合同,《民法典》第 312 条第 6 款规定,保险合同及其中介合同仅适用《民法典》第 312a 条第 3、4 和 6 款。

三、消费者合同中的一般义务和原则

与《民法典》第 312a 条的体系位置最初所暗示的不同,该条款并不是消费者合同的总则,而是一个**具体问题的大杂烩**(Sammelsurium von Detailfragen)。主要内容一方面涉及透明度和信息提供要求(《民法典》第 312a 条第 1 款和第 2 款),另一方面涉及消费者合同中的报酬和额外费用(《民法典》第 312a 条第 3 款至第 6 款)。

1. 透明度和信息提供要求

(1)电话呼叫,《民法典》第 312a 条第 1 款

如果经营者或者一个以其名义或受其委托的人打电话给消费者,目的是与其订立合同,那么根据《民法典》**第 312a 条第 1 款**,来电者应当在谈话开始时**表明**(offenzulegen)其**身份**(Identität),并在必要时说明其委托人身份,以及呼叫的**商业目的**(geschäftlichen Zweck)。这是面向消费者的经营者活动的商业目的不得被隐瞒之

原则的特别表现(参见《反不正当竞争法》第 4 条第 3 项和《反不正当竞争法》附录第 23 项)。

25 从这一规定中不能得出相反的结论,即不以订立合同为目的的电话(例如,询问客户满意度的电话)可以无须表明身份。《民法典》第 312a 条第 1 款也没有为广告电话创建新的法律基础。[11] 因此,根据《反不正当竞争法》第 7 条第 2 款第 2 项,面向消费者的电话广告的公平交易法限制不受影响。

(2)一般信息义务,《民法典》第 312a 条第 2 款第 1 句

26 《民法典》第 312a 条第 2 款第 1 句规定了经营者的信息义务。信息的内容和范围适用《民法典施行法》第 246 条。根据《民法典施行法》第 246 条第 1 款,经营者应当告知消费者合同的基本内容(特别是合同的标的物和合同权利)。这个目录与《反不正当竞争法》第 5a 条第 3 款的重要信息非常相似,但并非完全一致。

27 但是,特别的信息目录并不适用于以**日常生活行为**(Geschäfte des täglichen Lebens)为对象并于订立后立即履行的合同。通过这个例外,立法者希望避免由于日常行为的信息义务而造成过度的负担。[12] 日常生活行为是指《民法典》第 105a 条规定的行为。[13]

示例:在超市购买食品属于日常生活行为。

28 如果消费者享有保护消费者的撤回权,则经营者应当根据《**民法典施行法**》**第 246 条第 3 款**以**文本**形式告知消费者其撤回权。撤回权的告知应当措辞清晰,并且以与所使用的通信方式相适应的方式向消费者明确其基本权利。告知的**必备内容**(Pflichtinhalte)包括

第 1 项:撤回权的提示;

---

[11] Begr. zum RegE, BT-Drs. 17/12637, 51.
[12] Begr. zum RegE, BT-Drs. 17/12637, 74.
[13] Begr. zum RegE, BT-Drs. 17/12637, 74.

第 2 项:撤回以向经营者表示的方式作出,不需要任何理由的提示;

第 3 项:撤回表示受领人的姓名和传唤地址的说明;以及

第 4 项:撤回期限的时长和起算,以及期限的遵守以撤回表示的及时发出为已足的提示。

(3)运费、交付和寄送费用,《民法典》第 312a 条第 2 款第 2 句和第 3 句

《民法典》第 312a 条第 2 款第 2 句将运费、交付和寄送费用的合同责任与相应信息义务的履行联系起来。据此,经营者只有在事先按照规定告知消费者的情况下,才能请求消费者支付此类费用。 29

该规定不适用于在营业场所外订立的合同和远程销售合同(因为适用《民法典》第 312e 条的更具体的规定),以及金融服务合同(《民法典》第 312a 条第 2 款第 3 句)。 30

2. 报酬和额外费用

《民法典》第 312a 条第 3 款至第 6 款旨在保护消费者免于承担订立合同时经常被忽略的额外报酬和费用。这些特别规定在一般规定之外补充适用。它们不会妨碍因错误的撤销。[14] 31

(1)额外费用,《民法典》第 312a 条第 3 款

《民法典》第 312a 条第 3 款第 1 句排除了就额外报酬,即消费者支付给经营者的超出主给付的额外给付,达成默示协议。关于此类额外报酬的协议只能由经营者与消费者以**明示方式**(ausdrücklich)达成。 32

如果消费者在一份表示中直接表达了他对从给付(也)予以接收和支付的行为意思,则存在一份明示协议。[15] 如果特别法没有 33

---

[14] Begr. zum RegE, BT-Drs. 17/12637, 53.
[15] Begr. zum RegE, BT-Drs. 17/12637, 53.

另有规定,那么将此类费用包含在一般交易条款的框架内也需要明示的协议。[16]

34 对于**电子商务**(elektronischen Geschäftsverkehr),根据《民法典》第312a条第3款第2句,额外费用的"选择退出(opt out)"模式被排除在外。[17] 据此,该协议仅在其没有被经营者通过一个预先设置所促成时,才成为合同的一部分。该规定针对的案例是,在互联网上订购商品或服务的消费者如果在订购过程中没有主动"取消选中(wegklickt)"这些给付,那么这些额外给付就会通过订购过程中的自动设置被强加给他们。

(2) 支付方式的费用,《民法典》第312a条第4款

35 通过《民法典》第312a条第4款,《**消费者权利指令**》第19条被转化。据此,在下列情况下,消费者有义务为使用特定支付方式履行合同义务而付费的约定无效:

第1项:对于消费者不存在常见并可苛求的无偿支付方式,或者

第2项:约定的费用超过了经营者使用该支付方式所产生的费用。

36 该规定保护消费者不必为履行其给付义务而使用的支付方式再次支付特别费用。这些费用通常是隐藏的额外费用。必须为消费者提供至少一种无偿的支付方式。即使支付方式需要付费,也只能将那些经营者实际产生的费用转嫁给消费者。

37 **支付方式**(Zahlungsmittel)包括借记、转账、卡支付[18],以及使用PayPal等支付服务。

---

[16] Begr. zum RegE, BT-Drs. 17/12637, 53.
[17] Begr. zum RegE, BT-Drs. 17/12637, 53.
[18] Begr. zum RegE, BT-Drs. 17/12637, 52.

(3)"热线"的费用,《民法典》第 312a 条第 5 款

为转化《消费者权利指令》第 21 条,《民法典》第 312a 条第 5 款规定了经营者设立"热线"的问题。如果电话产生额外费用,那么消费者在对合同有疑问时,通常会避免使用此类"热线"。因此,《民法典》第 312a 条第 5 款第 1 句规定,消费者因订立合同的问题或解释而通过一个经营者专门设置的电话致电经营者时,如果约定的费用超过单纯使用电信服务的费用,那么此种约定无效。这指的是超出电信服务"**基本资费**(Grundtarif)"[19]的费用。该规定仅适用于提供合同信息的电话,不包括经营者通过电话提供的附加服务,比如电话咨询。[20]

此外,《民法典》第 312a 条第 5 款第 2 句规定,消费者也没有义务向**电信服务提供商**(Anbieter des Telekommunikationsdienstes)支付通话费。这是为了防止对《民法典》第 312a 条第 5 款第 1 句的规避。但是,电信服务提供商有权根据《民法典》第 312a 条第 5 款第 3 句的规定,要求与消费者订立无效协议的经营者仅仅为使用电信服务而付费。

这种保护被《电信法》第 66 条中关于电话"等待队列(Warteschleifen)"的特别规定所补充。根据这一规定,"等待队列"只能在《电信法》第 66 条第 1 款规定的前提下被使用。此外,根据《电信法》第 66 条第 2 款,针对所产生的费用有特别的信息义务。

(4)合同的效力,《民法典》第 312a 条第 6 款

根据《民法典》第 312a 条第 6 款,当一项约定根据《民法典》第 312a 条第 3 款至第 5 款的规定未成为合同的一部分或无效时,合同不因此而无效。这符合消费者的合同有效部分得到履行的合法利益。[21]从这个意义上说,它是一项优先于《民法典》第 139 条适用

---

[19] 《消费者权利指令》第 21 条。
[20] Begr. zum RegE, BT-Drs. 17/12637, 52.
[21] Begr. zum RegE, BT-Drs. 17/12637, 54.

的规定。

四、其他的保护规定

1. 不同约定的禁止

42　　根据《民法典》第312k条第1款,关于消费者合同和特别的销售形式(详见第九章)的法律规定是**单向强行法**。禁止对消费者或客户不利的背离。这也适用于所有的规避行为。

2. 举证责任

43　　此外,《民法典》第312k条第2款还包含一条特别的**有利于消费者的举证责任规则**(Beweislastregelung zugunsten des Verbrauchers)。[22] 据此,经营者面向消费者承担《民法典》第312条以下规定的信息义务的举证责任。如果消费者基于经营者违反信息义务而提出损害赔偿请求(《民法典》第280条第1款第1句和第241条第2款),他可以从该举证责任规则中受益。[23]

44　　根据其措辞("面向消费者"),该举证责任规则不适用于根据《不作为之诉法》或《反不正当竞争法》规定**保护消费者的团体诉讼**(verbraucherschützenden Verbandsklage)。如果一个适格的机构因为经营者违反了信息义务而采取行动,那么有请求权的机构必须根据一般原则对违法行为进行释明和证明。如果一个竞争者根据公平交易法(《反不正当竞争法》第8条第1款和第3款第1项)对竞争对手的违法行为采取行动,也同样适用。

---

[22]　《消费者权利指令》第6条第9款的转化。
[23]　*Wendehorst* NJW 2014, 577 (578).

第九章 特别的销售形式

精选文献：*Alexander*, Neuregelungen zum Schutz vor Kostenfallen im Internet, NJW 2012, 1985; *Artz/Brinkmann/Ludwigkeit*, Besondere Vertriebsformen nach neuem Recht-Voraussetzungen und Rechtsfolgen des Widerrufs, JM 2014, 222; *Bodewig*, Die neue europäische Richtlinie zum Fernabsatz, DZWIR 1997, 447; *Bülow/Artz*, Fernabsatzverträge und Strukturen eines Verbraucherprivatrechts im BGB, NJW 2000, 2049; *Grigoleit*, Besondere Vertriebsformen im BGB, NJW 2002, 1152; *Kamanabrou*, Die Umsetzung der Fernabsatzrichtlinie, WM 2000, 1417; *Janal*, Alles neu macht der Mai: Erneute Änderungen im Recht der besonderen Vertriebsformen, WM 2012, 2314; *Micklitz*, Die Fernabsatzrichtlinie 97/7/EG, ZEuP 1999, 875; *Pützhoven*, Europäischer Verbraucherschutz im Fernabsatz. Die Richtlinie 97/7/EG und ihre Einbindung in nationales Verbraucherrecht, 2001; *Reich*, Die neue Richtlinie 97/7/EG über den Verbraucherschutz bei Vertragsabschlüssen im Fernabsatz, EuZW 1997, 581; *Riehm*, Das Gesetz über Fernabsatzverträge und andere Fragen des Verbraucherrechts, JURA 2000, 505; *Schärtl*, Der verbraucherschützende Widerruf bei außerhalb von Geschäftsräumen geschlossenen Verträgen und Fernabsatzverträgen,

> JuS 2014, 577; *Schirmbacher/Schmidt,* Verbraucherrecht 2014-Handlungsbedarf für den E-Commerce, CR 2014, 107; *Skamel,* Widerrufsrecht bei nichtigem Vertrag, ZGS 2010, 106; *Tonner,* Das neue Fernabsatzgesetz-oder: System statt „Flickenteppich", BB 2000, 1413; *Wendehorst,* Das neue Gesetz über Fernabsatzverträge und andere Fragen des Verbraucherrechts, DStR 2000, 1311; *Willingmann,* Auf dem Weg zu einem einheitlichen Vertriebsrecht für Waren und Dienstleistungen in der Europäischen Union? -Die Richtlinie über den Verbraucherschutz bei Vertragsabschlüssen im Fernabsatz（97/7/EG），VuR 1998, 395.

1 　《民法典》第312b条以下是关于特别的销售形式的特殊规定。这指的并不是特别的合同类型，而是商品或服务销售特别的表现形式。法律对以下情况进行了系统区分：

(1)在营业场所外订立的合同；

(2)远程销售合同；

(3)电子商务合同。

一、在营业场所外订立的合同和远程销售合同

2 　根据《消费者权利指令》的规定，法律将在营业场所外订立的合同和远程销售合同规定在一个目之中(《民法典》第312b条至第312h条)。在营业场所外订立的合同取代了以前的家门口交易(《民法典》旧版第312条；债法改革之前：《家门口交易及类似交易撤回法》)。远程销售合同(《民法典》旧版第312b条)也在转化《消费者权利指令》的过程中进行了更新。

1. 保护目的

在营业场所外订立的合同和远程销售合同的规定虽然基本一致,但这两种情况下的**保护目的完全不同**(unterschiedliche Schutzzwecke)。

(1)在营业场所外订立的合同

在营业场所外订立合同的情况下,消费者可能会承受心理压力(Druck)或受到**意外因素**(Überraschungsmoment)的影响。[1] 因此,这里的目的是防止被**突然袭击**(Überrumpelung)。消费者往往会面临出乎意料的商业接触,存在消费者在考虑不周的情况下仓促作出决定的风险。由于意外因素,消费者往往没有进一步考虑合同优缺点或将要约与其他竞品进行比较的可能。

(2)远程销售合同

远程销售合同的情况则有所不同。在这种情况下,与一个意外面对的商业目的无关。相反,作出商业决定的环境对消费者来说通常是舒适的:他可以在自己熟悉的地方(例如在家)作出商业决定,并且可以安心地查看和比较报价。互联网的使用产生了透明度。在此情况下的特别保护需求主要是源于**信息缺乏**(Informationsdefizits)。因为与在零售店购物不同,在一个远程销售交易中,消费者往往无法直接对商品进行查看、检验和试用,而是完全依赖于经营者提供的信息来作出商业决定。

2. 概念和前提

(1)消费者合同

在营业场所外订立的合同和远程销售合同的共同前提是存在一个《民法典》第312条第1款意义上的**消费者合同**(Verbrauchervertrages)(见第八章边码3以下)。

---

[1]《消费者权利指令》立法理由第21条第2句。

(2) 在营业场所外订立的合同

7 经营者与消费者之间的合同需在特别情况下订立。与以前的家门口交易相比,《民法典》第 312b 条第 1 款在多个方面显著扩大了适用范围。

① 在营业场所外的合同订立

8 《民法典》第 312b 条第 1 款第 1 项规定的是消费者和经营者同时在一个并非经营者营业场所的地点所订立的合同。

9 根据《民法典》第 312b 条第 2 款,营业场所是指经营者在其中长期开展业务的不动产商业场所和经营者惯常在其中开展业务的动产商业场所。以经营者名义或受经营者委托之人长期或惯常在其中开展业务的商业场所,等同于经营者的场所。

> 在非营业场所地点订立合同的**示例**:在私人住宅(无论是消费者的还是第三人的住宅)、工作场所、餐厅(非经营者的营业场所)、疗养场所或公共交通区域订立的合同。[2]

10 根据《民法典》第 312b 条第 1 款第 2 项,合同本身是否在营业场所外订立并不重要。相反,只要消费者已经在《民法典》第 312b 条第 1 款第 1 项所规定的情况下提出要约就足够了。这指的是消费者根据《民法典》第 145 条提出的具有约束力的要约。经营者对要约进行承诺的情况不适用《民法典》第 312b 条第 1 款第 2 项,它已经被《民法典》第 312b 条第 1 款第 1 项所包含。

11 合同在营业场所之外订立,是否是消费者希望如此甚至是约请经营者到该地点,原则上无关紧要。先前在《民法典》旧版第 312 条第 3 款第 1 项中规定的约请拜访的例外情况被废除了。这值得肯定,因为旧法诱使将一个约请"强加"给消费者,以排除其撤回权。

---

[2] Begr. zum RegE, BT-Drs. 17/12637, 49.

示例：在《联邦最高法院民事裁判集》185、192案中，原告基于一个欺诈性的同性伴侣广告给作为同性伴侣中介的被告打了个电话，被告的雇员到原告家中拜访了原告。在探访过程中，原告被要求签署一份确认书，表明他约请被告到其住宅"订立一个同性伴侣介绍合同（Partnervermittlungsvertrags）"。尽管有这样的表示，联邦最高法院根据旧法，令人信服地认定不存在约请。[3] 根据新法，这样的一个消费者表示将是多余的。

②个别约谈后的合同订立

《民法典》第312b条第1款第3项的适用情况是，虽然合同是在经营者的营业场所或者通过远程通信方式订立的，但是在此之前，消费者在经营者的营业场所之外，在消费者和经营者同时在场的情况下，被亲自和个别约谈过。

12

法律认为，这种亲自和个别的约谈会产生突然袭击的风险，即使合同是之后才在经营者的营业场所订立的。同时，这一规定可以防止对《民法典》第312b条第1款第1项要求的规避。

13

示例：消费者在公共交通空间被约谈，并被劝说去经营者的商店订立合同。[4]

③组织的短途旅行中的合同订立

最后，《民法典》第312b条第1款第4项所包含的是在经营者组织或在他的帮助下组织的，旨在向消费者推销商品或提供服务并与其订约的短途旅行中订立的合同。在此，法律主要关注的是"咖啡旅行"及类似活动。[5] 至于短途旅行是经营者自己还是由第三方企业组织的，并不重要。

14

---

[3] BGHZ 185, 192 = NJW 2010, 2868 Rn. 15 ff.
[4] Begr. zum RegE, BT-Drs. 17/12637, 49.
[5] Begr. zum RegE, BT-Drs. 17/12637, 49.

示例：旅游经营者 R 为消费者组织了一次咖啡旅行，经营者 U 计划在目的地举行一场销售活动。

④以经营者的名义或受经营者委托行事

15　　作为对《民法典》第 14 条第 1 款的扩展，《民法典》第 312b 条第 1 款第 1 项的规定也适用于他人以经营者的名义或受经营者的委托行事的情况规定。[6] 借此，法律防止经营者通过委派独立或非独立的第三人来规避消费者保护规定。

(3) 远程销售合同

16　　根据《民法典》第 312c 条第 1 款，远程销售合同是指经营者或一个以其名义或受其委托行事的人与消费者完全使用远程通信方式进行合同谈判和签订的合同。除非合同的订立并非在为远程销售而组织的销售或服务体系的范围内发生。

①远程通信方式的使用

17　　《民法典》第 312c 条第 2 款将远程通信方式（Fernkommunikationsmittels）定义为一种可用于发起或订立合同，而无须合同当事人同时到场的通信方式。作为例子，法律列举了信件、目录、电话呼叫、传真、电子邮件、短信以及广播和远程媒体方式。法律的列举包含个体通信方式和群体通信方式。

示例：典型的远程销售交易案例是传统的邮购目录、通过自有或第三方在线商店进行的销售、产品的电话购物销售或所谓的应用内购买（In-App-Käufe）。

18　　只有在合同谈判和合同签订时完全（ausschließlich）使用远程通信方式时，才可以认定远程销售合同的存在。这不包括在店铺中进行合同谈判，但随后通过电子邮件订立合同的情况，也不包括合同

---

[6]《消费者权利指令》第 2 条第 2 项的转化。

谈判通过电话进行,但合同的订立却发生在经营者的店铺中的情况。[7]

②为远程销售而组织的营销

从《民法典》第312c条第1款最后半句可以得出,经营者的营销须为远程销售而组织,例如,通过设立网上商店或使用互联网上的销售平台。[8] 相反,偶尔通过电话订立合同(例如,通过电话预约工匠)不属于远程销售交易。

3. 信息义务

(1)一般的信息义务

对在营业场所外订立的合同和远程销售合同,《民法典》第312d条规定了大量的信息义务。关于**信息义务的类型和范围**(Art und des Umfangs der Informationspflichten),应当根据合同是否涉及金融服务进行区分。

根据《民法典》第312条第5款第1句,金融服务合同是有关银行服务以及与授信、保险、个人养老金、金融投资或支付有关的服务的合同。

表2 在营业场所外订立的合同和远程销售合同的信息义务

在营业场所外订立的合同和远程销售合同	
有关金融服务	其他合同对象
《民法典》第312d条第2款结合《民法典施行法》第246b条	《民法典》第312d条第1款结合《民法典施行法》第246a条
	《民法典》第312e条

①非金融服务

对于并非以金融服务为对象的在营业场所外订立的合同和远

---

[7] Begr. zum RegE, BT-Drs. 17/12637, 50.
[8] Begr. zum RegE, BT-Drs. 17/12637, 50.

程销售合同,适用《民法典施行法》第246a条的要求。

23　　此外,《民法典》第312d条第1款第2句还补充规定,该信息成为**合同的组成部分**(Bestandeil des Vertrags)。因此,信息义务不是对合同内容的补充,而是其自身参与确定合同的内容。一个与此不同的协议是被允许的。但是,这种协议必须以明示的方式达成。

信息义务主要包括:

→合同相关情况(《民法典施行法》第246a条之第1条第1款);

→撤回权的存在和相关义务(《民法典施行法》第246a条之第1条第2款);或

→撤回权不存在或提前消灭(《民法典施行法》第246a条之第1条第3款)。

24　　对于**维修和维护工作**(Reparatur- und Instandsetzungsarbeiten)规定了简化的信息提供要求(《民法典施行法》第246a条之第2条)。但是,这仅适用于双方立即完成给付、消费者支付的款项不超过200欧元且消费者明确要求提供服务的情况。

25　　另一方面,简化适用于远程通信方式只具有**有限的展示可能性**(begrenzten Darstellungsmöglichkeiten)的情况(《民法典施行法》第246a条之第3条)。《反不正当竞争法》第5a条第3款(以及《不正当商业行为指令》第7条第1款和第3款)也有类似的规定。可以想象,比如,小型显示屏上有限的信息展示能力。[9]

②金融服务

26　　对于金融服务合同,适用**《民法典施行法》第246b条**的要求。在这里,信息提供义务也主要涉及合同相关的情况。

---

[9]　Begr. zum RegE, BT-Drs. 17/12637, 75.

(2)关于额外费用的信息义务

《民法典》第312e条包含一条与《民法典》第312a条第2款类似的规定。[10] 据此,经营者只有按照《民法典》第312d条第1款结合《民法典施行法》第246a条之第1条第1款第1句第4项的要求,将**货运**、**运送或寄送以及其他费用**(Fracht-, Liefer- oder Versandkosten und sonstige Kosten)告知了消费者,他才能向消费者主张这些费用。从这一引用可以看出,该规定不适用于金融服务合同。

《民法典》第312e条旨在保护消费者免于负担——通常是出人意料的——额外费用。如果这一信息义务被违反,则不产生针对消费者的付款请求权。即使按照规定履行了信息义务,根据《民法典》第312a条第3款,也需要就额外费用达成**明确的协议**(ausdrücklichen Vereinbarung)。[11]

4. 副本和确认书

《民法典》第312f条确立了特别的**文档义务**(Dokumentationspflichten)。[12] 但根据《民法典》第312f条第4款,这仅适用于并非以金融服务为对象的合同。

与《民法典》第312d条和第312e条规定的信息义务不同,《民法典》第312f条规定的文档义务侧重于**合同内容的持久固定**(dauerhafte Fixierung des Vertragsinhalts)。该文档应使消费者能够在合同订立后的任何时间了解合同的内容。该规定基于这样一种理念,即由于合同订立的情境(例如,在"咖啡旅行"中订立合同时)或由于情势的易逝性(例如,通过电话订立合同时),合同的内容往往不会详细地展现在消费者面前。与之相关的不确定性会使之后的权利实现变得非常困难。

27

28

29

30

---

[10] 《消费者权利指令》第6条第6款的转化。
[11] Palandt/*Grüneberg* BGB § 312e Rn. 2.
[12] 《消费者权利指令》第8条第7款的转化。

31 　　因此,《民法典》第 312f 条要求向消费者提供合同的副本或确认书。对于在营业场所外订立的合同,根据《民法典》第 312f 条第 1 款第 1 句,合同通常应当以**纸质**(Papier)形式提供。经消费者同意,根据《民法典》第 312f 条第 1 款第 2 句,也可以转而使用**永久性数据载体**。在远程销售合同的情况下,根据《民法典》第 312f 条第 2 款,消费者应当获得一个保存在**永久性数据载体**上的合同确认书。对于数字内容,《民法典》第 312f 条第 3 款又规定了特别的要求。

32 　　《民法典》第 312f 条并未为合同订立规定形式要件(kein Formerfordernis für den Vertragsschluss)。[13] 只要法律没有另外规定,可以继续以任何形式订立有效合同。该规定仅涉及合同订立和合同内容的文档。合同实际内容与文档内容不一致的,仅以双方约定的内容为准。商业确认函的原则不适用于《民法典》第 312f 条。[14] 即使消费者对有瑕疵的文档保持沉默,也不能由此得出有瑕疵的内容已经成为合同一部分的结论。

33 　　根据立法者的观点,文档义务是合同的附随义务。[15] 消费者有权请求经营者履行法定的文档义务。这是一项存在于已订立合同的主给付义务之外的独立的**从给付义务**(Nebenleistungspflicht),即消费者可以请求经营者提供符合规定的文档。权利的侵害可能主要导致依据《民法典》第 280 条第 1 款第 1 句的损害赔偿。予以赔偿的可以是消费者为了解合同的实际内容而不得不支出的费用。

34 　　此外,《民法典》第 324 条规定的解除权是否也在考虑之列[16],颇值怀疑。通常对于消费者来说,仅是缺乏合同文档或合同文档不充分不会导致遵守合同不可苛求。

---

[13] Palandt/*Grüneberg* BGB § 312f Rn. 2.
[14] Begr. zum RegE, BT-Drs. 17/12637, 55.
[15] Begr. zum RegE, BT-Drs. 17/12637, 55.
[16] So Begr. zum RegE, BT-Drs. 17/12637, 55.

5. 撤回权

对于在营业场所外订立的合同和远程销售合同,根据《民法典》第312g条第1款和第355条,消费者享有撤回权。该规定建立在以前的家门口交易[17]和远程销售交易[18]中的撤回权基础之上。

(1) 与其他撤回权的关系

如果消费者根据《民法典》第495条、第506条至第512条或《资本投资法》第305条第1款至第6款享有撤回权,则《民法典》第312g条第1款的撤回权被排除(《民法典》第312g条第3款)。这取决于撤回权是否实际存在。[19]

(2) 例外

《民法典》第312g条第2款包含消费者不享有撤回权的情况目录。这些例外情况是基于**《消费者权利指令》第16条**的目录。

例外情况基于很多不同的考虑。有的是由于在消费者行使撤回权后产品对经营者而言在经济上已失去价值或完全无法销售(例如,《民法典》第312g条第2款第1句第1项至第3项),有的是为了防止滥用(例如,《民法典》第312g条第2款第1句第6项),有的是因为缺少消费者保护的需求(例如,《民法典》第312g条第2款第1句第13项),有的是赋予撤回权根本不合适(例如,在紧急服务的情况下,《民法典》第312g条第2款第1句第11项),有的是基于特别的交易风险(例如,《民法典》第312g条第2款第1句第5项和第8项)。关于例外情况的构成要件,要考虑到某些例外情况又规定了反向例外,使撤回权在某些情况下可以"复活"。

示例:根据《民法典》第312g条第2款第1句第7项的规

---

[17] 《民法典》旧版第312条。
[18] 《民法典》旧版第312d条。
[19] Palandt/*Grüneberg* BGB § 312g Rn. 17.

定,供应报纸、杂志和画报合同的撤回权的排除仅适用于一次性购买,不适用于订阅合同。

39　具体而言,下列合同排除撤回权:

第1项:供应非预制商品,且其制造主要是由消费者个人选择或决定,或明显根据消费者的个人需求量身定制的合同。

示例:定制的窗帘。[20]

第2项:供应可能很快变质或即将超过使用期限的商品的合同。

示例:供应只能在短时间内保存和食用的新鲜食品的合同。

第3项:供应已密封商品的合同,出于保护健康或卫生原因,在交付后已拆封的,不适合退还。

示例:非处方药和化妆品[21];但不包括带有德甲标志的浴鸭。[22]

第4项:供应那些基于其性质在交付后与其他商品不可分割地混合在一起的商品的合同。

示例:燃料。[23]

第5项:供应酒精饮料的合同,在合同订立时约定其价格,但最早可在合同订立后30日内交付,并且其时价取决于经营者无法施加影响的市场波动情况。

---

[20] 《消费者权利指令》立法理由第49条第4句。
[21] Palandt/*Grüneberg* BGB § 312g Rn. 6.
[22] *OLG Koblenz* MMR 2011, 377.
[23] 《消费者权利指令》立法理由第49条第4句。

示例:具有投机性质且在合同订立之后很久才交付的葡萄酒供应合同["期酒(vin en primeur)"]。[24]

第6项:供应密封包装的声音、视频记录或计算机软件的合同,交付后拆封的。此处所指的只是密封的有形数据载体,不包括供下载的软件。[25]

示例:DVD、CD光盘。

第7项:供应报纸、期刊或画报的合同,但订阅合同除外。与旧法不同的是,合同是否通过电话订立已不再重要。

示例:据此,"应用内"购买单独一份某日报电子版,不存在撤回权。但是,如果订阅了多期日报,则存在撤回权。

第8项:供应商品或提供包括金融服务在内的服务的合同,其价格取决于经营者无法控制的、在撤回期限内可能出现的金融市场波动,特别是与股票、《资本投资法》第1条第4款所指的开放式投资基金的股票,以及其他可交易证券、外汇、衍生品或货币市场工具相关的服务。

示例:金融市场相关证书的合同。[26]

第9项:提供出于非居住目的的住宿、商品运送、汽车租赁、食品和饮料供应等服务,以及与休闲活动有关的其他服务的合同,且合同规定了提供服务的具体日期或时段的。但是,根据《民法典》第312g条第2款,此例外不适用于在营业场所外订立的、《民法典》第651a条规定的旅游服务合同,除非订立合同所依据的口头协商是基于消费者之前的约请而发生。

---

[24]《消费者权利指令》立法理由第49条第3句。
[25] Palandt/*Grüneberg* BGB § 312g Rn. 9.
[26] *BGH* NJW 2013, 1223.

示例：酒店房间和汽车租赁；餐饮订购[27]；汽车租赁服务。[28]

第 10 项：在一种营销方式范围内订立的合同，在该营销形式中，经营者向亲自到场或有此可能性的消费者在一个由拍卖人实施的、以竞争性报价为基础的透明程序中提供商品或服务，拍定的出价人负有取得该商品或服务的义务（对公众开放的拍卖）。与旧法一样，通过互联网拍卖平台在互联网上进行的"拍卖"不在此例外的范围内。[29]

第 11 项：消费者明确要求经营者上门进行紧急维修或维护工作的合同；这不适用于在上门期间提供的、消费者未明确要求的其他服务，或在上门期间交付的非为维护或维修所必需备件的商品。在这些情况下，应当区分紧急给付和其他给付。

示例：紧急给付是指比如维修冬季出现故障的暖气，而更换一个不需要修理的阀门则应被视为其他给付。

第 12 项：提供投注和彩票服务的合同，除非消费者是通过电话作出的合同表示或者合同是在营业场所外订立的。

第 13 项：经过公证的合同。这适用于金融服务的远程销售合同的前提是，公证人确认消费者依照《民法典》第 312d 条第 2 款所享有的权利已得到保障。

（3）撤回权行使的特别规定

《民法典》第 356 条对在营业场所外订立的合同和远程销售合同撤回权的行使作出了一些特别规定。

---

[27] Begr. zum RegE, BT-Drs. 17/12637, 57.
[28] *EuGH* 2005, I-1964 = NJW 2005, 3055 = ECLI:EU:C:2005:150 Rn. 30-*easyCar*.
[29] *BGH* NJW 2005, 53（54 f.）.

①撤回表格

使用《民法典》第 356 条第 1 款第 1 句规定的撤回表格,可以使消费者和经营者更容易地行使和处理撤回权。一个官方**模板**(Muster)可以在《民法典施行法》第 246a 条之第 1 条第 2 款第 1 句第 1 项和第 2 条第 2 款第 2 项的附录 2 中找到。

表格的使用使经营者能够自动处理撤回表示[30],这可以最大限度地减少处理工作和错误来源。消费者收到的依《民法典》第 356 条第 1 款第 2 句的确认,同时也是他已及时向经营者表示撤回的证明。

②撤回期限

《民法典》第 356 条第 2 款对撤回期限的起算有特别规定。一方面,这些特别规定适用于特定消费品的买卖(第 1 项)。这里的撤回期限从**收到商品**(Erhalt der Ware)时起算。

另一方面,涉及供应水、燃气或电力、远程热力或提供不在有形数据载体上的数字内容的合同(第 2 项)。在这些情况下,撤回期限的起算始于**合同订立**(mit Vertragsschluss)。

《民法典》第 356 条第 3 款第 1 句规定,在经营者履行特定的信息要求之前,撤回期间不起算。

③撤回的时间界限

《民法典》第 356 条第 3 款第 2 句规定了**撤回的最长期限**(zeitliche Höchstgrenze für den Widerruf)。据此,撤回权最迟于《民法典》第 356 条第 2 款或第 355 条第 2 款第 2 句规定的时间点后 12 个月 14 日(zwölf Monate und 14 Tage)消灭。与截至 2014 年 6 月 12 日有效的法律状况不同的是,在撤回告知有瑕疵或缺失情况下的时间上无限制的撤回权被排除。但这不适用于金融服务合同。

---

[30] Begr. zum RegE, BT-Drs. 17/12637, 60.

④服务和数字内容合同的撤回权消灭

47　　对于服务合同和数字内容合同,《民法典》第 356 条第 4 款和第 5 款规定的撤回权消灭有特别原因。这两项规定都是基于可行性的原因。

48　　根据《民法典》第 356 条第 4 款,**提供服务的合同**(Vertrag zur Erbringung von Dienstleistungen)的撤回权消灭,当

→经营者已完全提供了服务,并且

→在消费者明确表示同意并同时确认他知道,如果经营者完全履行合同他将失去撤回权之后,经营者才开始实施服务的。

49　　与此不同的是提供金融服务的合同,如果在消费者行使撤回权之前,双方应消费者的明确要求完全履行了合同,则撤回权消灭。

50　　对于**供应数字内容的合同**(Vertrag über die Lieferung eines digitalen Inhalts)(例如,购买下载到终端设备的文件),消费者享有撤回权。此时根据《民法典》第 356 条第 5 款,在消费者有下列行为之后,经营者在开始履行合同之时(即开始下载文件时),撤回权便已经消灭。

→消费者已明确同意经营者在撤回期限届满之前开始履行合同,并且

→确认他知道,撤回权因其同意而随着合同履行的开始而丧失。

51　　该规定背后的考虑是,一旦履行开始,很难实现一个"无残留"的清算。

(4)非以金融服务为标的的合同行使撤回权后清算的特别规定

52　　《民法典》第 357 条规定了关于在营业场所外订立的合同和远程销售合同清算的许多细节。这些规定补充了《民法典》第 355 条第 3 款中有关清算的一般规定。《民法典》第 357 条第 1 款至第 6 款和第 357a 条第 1 款和第 2 款规定了**清算的方式**,细化了各方的

给付义务。此外,一些以前存在的问题也通过法律得到了解决。《民法典》第 357 条第 7 款至第 9 款包含关于价值补偿的详细规定。

①返还期限

与《民法典》第 355 条第 3 款第 1 句(不迟延)不同的是,《民法典》第 357 条第 1 款规定了**14 日的返还期限**(Rückgewährfrist von 14 Tagen)。期限的起算参照《民法典》第 355 条第 3 款第 2 句。

②送货费用

长期以来存在争议的是,撤回后经营者的返还义务是否也包括所谓的**送货费用**(Hinsendekosten)(例如,购买价款之外产生的寄送费用)。欧洲法院在 Heinrich Heine 判决中根据《第 97/7/EG 号指令》肯定了这一点。[31] 根据欧洲法院的论证,如果消费者也需要支付发送订购商品的费用,那么相关的负担可能会阻止消费者行使撤回权。[32]《民法典》第 357 条第 2 款如今明确规定,经营者需偿还他提供的最优惠的标准运输费用。

③支付方式

为便于清算,经营者向消费者退款应当使用**相同的支付方式**(gleiche Zahlungsmittel)(《民法典》第 357 条第 3 款)。

> **示例:**如果消费者在网上购物时使用了"PayPal"支付服务,那么经营者也应当通过该支付服务进行退款。与此不同的约定也是被允许的,但前提是约定需明确达成并且不会因此使消费者产生费用。

④退款的拒绝

在消费品购买中,经营者在收到退回的商品或消费者证明商品

---

[31] *EuGH* Slg. 2010, I-3068 = NJW 2010, 1941 = ECLI:EU:C:2010:189-*Heinrich Heine*.
[32] *EuGH* Slg. 2010, I-3068 = NJW 2010, 1941 = ECLI:EU:C:2010:189 Rn. 56-*Heinrich Heine*.

已经发出之前,可以拒绝向消费者退款(《民法典》第 357 条第 4 款)。因此,**消费者**存在一个**先履行义务**(Vorleistungspflicht des Verbrauchers)。

⑤退回和费用

一般来说,消费者有**退回的义务**(Pflicht zur Rücksendung),除非经营者提出自提商品(《民法典》第 357 条第 5 款)。**与退回有关的费用**(Rücksendung verbundenen Kosten)须由消费者承担,前提是经营者已告知消费者这一点(《民法典》第 357 条第 6 款第 1 句)。这不适用于经营者自提商品或者在营业场所外订立的合同中由于其性质而无法通过邮寄方式退回的情况。这涉及比如,家门口销售的大件或特别重的物品。

⑥价值补偿

在返还的情况下,经常会出现价值补偿请求权的问题,因为收到的商品已经变差或者获取的服务在"性质上"已不可能返还。《民法典》第 357 条第 7 款规定了在此期间发生**商品价值损失**(Wertverlust der Ware)时的价值补偿这一重要问题。这种价值损失通常是由于退回的商品在流通中不再被视为新商品,因此,只能被经营者以相当大的价格折扣出售。与此同时,消费者——尤其是在远程销售中购买时——对商品的特性和功能进行检查以对其有所了解的利益也应当得到保障。法律解决这种利益冲突的方式是,消费者只有在下列情况下才需要对价值损失进行补偿,即当价值损失是由于对商品进行了非为检查商品的特点、性质和功能所必需的处理所导致,并且经营者已按照规定就消费者的撤回权进行了告知。换句话说:消费者不必为因检查商品而发生的价值损失支付费用。与此相关的价值损失风险由经营者承担。

示例：在具有争议的水床案[33]中，原告在网上从被告处购买了一张"拉斯维加斯"水床。水床送货上门，原告以现金形式支付了价款。他搭好水床，把床垫注水，然后用了三天。之后他表示撤回并要求退还购买价款。被告只退还了部分金额。他主张，仅仅床的组装给床垫的注水就造成了相当大的价值损失。根据旧法，联邦最高法院否认了被告*的价值补偿请求权。原则上，消费者应当有机会对通过远程销售合同所购买的商品进行检查和"试用"。[34] 这在家具以零部件状态交付时，以家具部件的拆包和组装为前提，必要时还包括充气、打气或用其他填充介质填充，也包括对床垫注水。因为只有在组装完成后，消费者才能对购买的家具有充分的印象。[35]

《民法典》第 357 条第 8 款包含更详细的关于服务合同以及供应水、燃气、电力或远程热力合同的**比例价值补偿**（anteiligen Wertersatz）规定，因为在这些情况下，已获取之服务的清算在"性质上"是不可能的。

59

对于非保存在实体数据载体上的**数字内容**合同，《民法典》第 357 条第 9 款排除了价值补偿请求权。这在那些消费者的撤回权并未因依据《民法典》第 356 条第 5 款通过合同履行的开始而消灭的情况下有意义。

60

（5）以金融服务为标的的合同行使撤回权后清算的特别规定

①返还期限

在金融服务合同中所接受的服务最迟须于**30 日**（30 Tagen）后返还（《民法典》第 357a 条第 1 款）。

61

---

[33]　BGHZ 187, 268 = NJW 2011, 56.
*　此处德文原著为"Kläger（原告）"，结合上下文应为"被告"。——译者注
[34]　BGHZ 187, 268 Rn. 21 = NJW 2011, 56.
[35]　BGHZ 187, 268 Rn. 21 = NJW 2011, 56.

②价值补偿

62　　为经营者于撤回之前提供的服务支付价值补偿的义务被单独规定在《民法典》第 357a 条第 2 款。根据《民法典》第 357a 条第 2 款第 1 句,**价值补偿**义务存在的前提是:

　　→消费者在作出合同表示之前已被告知此法律后果,并且

　　→已明确同意经营者在撤回期限结束之前开始提供服务。

63　　此外,对于**数字内容**的交付,《民法典》第 357a 条第 2 款第 3 句规定,消费者须为在撤回之前交付的数字内容支付价值补偿,如果

　　→他在作出合同表示之前被告知此法律后果,并且

　　→已明确同意经营者在撤回期限结束之前开始交付数字内容。

64　　对于《民法典》第 506 条第 4 款规定的合同,额外适用《民法典》第 357 条第 5 款至第 8 款的规定(《民法典》第 357a 条第 2 款第 3 句)。

65　　原则上,**价值补偿的金额**(Höhe des Wertersatzes)以对待给付为基准(《民法典》第 357a 条第 2 款第 4 句),除非对待给付过高。在这种情况下,价值补偿以所提供服务的客观市场价值为基准(《民法典》第 357a 条第 2 款第 5 句)。

③其他规定

66　　有关消费者贷款合同和有偿融资援助的其他特别规定出自《民法典》第 357a 条第 3 款(见第十四章边码 46)。

6. 继续性债务关系的通知终止

67　　当消费者授权经营者通知终止一个继续性债务关系或委托经营者转达通知终止表示时,《民法典》第 312h 条可以对消费者进行保护。该条款的目的是在消费者被促使以一个新合同取代现有的继续性债务关系时为其提供保护。

　　示例:消费者在电话中或在家门口被说服更换电话服务提

供商。

此类供应商的变更通常需要通知终止旧合同。但是,如果有效地发出了终止表示且消费者撤回了新订立的合同,那么旧合同也不会复活,消费者可能没有任何合同,也无法再使用他的电话了。为了保护消费者免受过早通知终止的不利后果,《民法典》第312h条规定了特别的形式要件。 68

消费者的通知终止或通知终止的授权委托书在两种情况下需要采用特别形式: 69

第一种情形:消费者表示终止并委托经营者或一个由其委托的第三人将终止表示传达给以前的合同相对人(《民法典》第312h条第1项)。

第二种情形:消费者授权经营者或一个由其委托的第三人表示终止(《民法典》第312h条第2项)。

在这两种情况下,根据《民法典》第312h条,终止表示或授权委托书都要求《民法典》第126b条意义上的文本形式。 70

二、面向消费者的电子商务

在电子商务中,适用《民法典》第312i条和第312j条的特别要求。这些规定源于《第2000/31/EG指令》(《电子商务指令》)。其中,《民法典》第312i条规定了经营者在电子商务中的一般义务,无论合同是与消费者还是与其他市场参与者订立的,都适用该规定。《民法典》第312j条则仅适用于经营者与消费者之间的电子商务。如果交易各方之间进行的完全是**个别的交流**(individuelle Kommunikation)(《民法典》第312i条第2款第1句和第312j条第5款第1句),则有适用上的限制。这涉及那些经营者并非面向不限制数量 71

的客户的情况,因此交易缺少类似目录的"大众性质"。[36]

示例:通过电子邮件订立个别合同。

1. 概念和前提

72　　根据《民法典》第 312i 条第 1 款,如果经营者在订立有关交付商品或提供服务的合同时使用远程媒体,可以认定电子商务合同的存在。

(1) 远程媒体

73　　根据《电信媒体法》(TMG)第 1 条第 1 款和《广播国际条约》(RStV)第 2 条第 1 款第 3 句的立法定义,远程媒体(Telemedien)是指所有**电子信息和通信服务**(elektronischen Informations- und Kommunikationsdienste),只要它们不是

→根据《电信法》第 3 条第 24 项完全只是通过电信网络传输信号的电信服务;

→根据《电信法》第 3 条第 25 项基于电信的服务;或者

→根据《广播国际条约》第 2 条第 1 款第 1 句的广播。

74　　远程媒体的概念包括**不同种类的在线服务**。根据《电信媒体法》的官方资料,以下服务可以被视为远程媒体:

→在线提供具有直接订购途径的商品或服务(例如,提供交通、天气、环境或股票市场信息、新闻组、聊天室、电子新闻、电视或广播文本和电话购物);

→视频点播,可视化音频媒体服务除外;

→提供搜索、访问或查询数据工具的在线服务(例如,互联网搜索引擎);或者

→关于通过电子邮件提供的商品或服务信息的商业推广(例

---

[36] Begr. zum RegE, BT-Drs. 14/6040, 172.

如,广告电子邮件)。[37]

但是,传统的广播、实时流媒体或网络广播不是远程媒体。[38]

（2）远程销售合同和电子商务

远程销售合同和电子商务合同的适用范围往往会相互重叠。但它们并不完全一致。远程销售法还延伸到电子商务以外的合同订立,在这方面明显比电子商务的覆盖范围更广。但是,远程销售法通常仅限于经营者和消费者之间的合同。在这方面,它比电子商务的适用范围要窄。

2. 经营者的一般义务

《民法典》第312i条第1款对电子商务的一般构造有更详细的规定。这包括以下细节：

第1项:能够检测和纠正输入错误的技术要求。

第2项:经营者的信息义务,信息要求的类型和范围源于《民法典施行法》第246c条。但根据《民法典》第312i条第3款,更进一步的信息义务不受此影响。

第3项:不迟延地对订单进行确认的义务。

第4项:确保检索合同内容并将其以可复制形式存储的途径。

只有在不涉及消费者的合同中,才允许**不同的**（Abweichungen）约定(《民法典》第312i条第2款第2句)。

3. 面向消费者的经营者的特别义务

在经营者与消费者之间的电子商务交易中,应注意《民法典》第312j条的规定。该条的第1款和第2款规定了更为严格的信息要求。第3款和第4款旨在保护消费者免受互联网上仍然普遍存在的"付费陷阱（Kostenfallen）"。

---

[37] Begr. zum RegE, BT-Drs. 16/3078, 13 f.
[38] Begr. zum RegE, BT-Drs. 16/3078, 13.

(1) 信息义务

80　　根据《民法典》第 312j 条第 1 款，经营者在面向消费者时，除了那些本来强制要求的说明之外，最迟应当在订购过程开始时在其网站上清楚明确地指出所有交付限制并说明他接受的支付方式。[39]

①交付限制

81　　交付限制（Lieferbeschränkungen）可以是**有限的交付数量**（begrenzte Abgabemengen），比如，每个订单仅交付一定数量的商品或包装尺寸。[40] 也可以是**时间上的交付限制**（zeitliche Lieferbeschränkungen），比如，产品只能延迟交付（例如，因为它首先需要进口）或产品只能在特定的时间段内交付（例如，季节性商品）。与此不同的是，使交付变得困难的不可预见事件并不是交付限制，因为除了按照规定的自行交付的一般性提示以外，经营者几乎无法提供这方面有意义的信息。

②支付方式

82　　根据官方资料，说明所接受的支付方式（Angabe der akzeptierten Zahlungsmittel）的义务应仅限于经营者普遍接受的途径，例如，赊账购买、事先银行转账、直接借记、信用卡支付或通过 PayPal 等支付服务。[41] 然而，经营者应自由决定是否在具体情况下提供给顾客所有的选项。[42] 这样可以照顾到经营者的利益，例如，为了能够在自己履行之前对客户的资信进行审查而不提供单独的支付方式。[43] 但是，如果经营者经常作出此类限制（例如，对新客户仅提供预付款而不是赊账），则必须承担相应的信息义务。

---

[39]　《消费者权利指令》第 8 条第 3 款的转化。
[40]　可能适用的案例：*OLG Hamm* GRUR-RR 2010, 443-*Kondome*。
[41]　Begr. zum RegE, BT-Drs. 17/12637, 58.
[42]　Begr. zum RegE, BT-Drs. 17/12637, 58.
[43]　Begr. zum RegE, BT-Drs. 17/12637, 58.

(2)突出显示的信息

对于有偿合同,《民法典》第312j条第2款中列举的强制性信息不仅必须清晰易懂,而且还必须直接在订购发出之前以突出的方式提供。法律认为这些信息是特别重要的说明,应当"跃入"消费者眼帘。

从立法者的角度来看,法律要求的**直接性**(Unmittelbarkeit)要求信息"在时间上与消费者发出订单直接相关"[44]并且"在空间和功能上与订单的发出相关"。[45] 在使用按键的情况下,这意味着准备按下按键的消费者的注意力也应该被引导到该信息上,"不要有分离的设计元素分散注意力或让人产生合同信息和订单按键之间没有内部实质联系的印象"。[46]

突出显示(Hervorhebung)的设计应当使《民法典》第312j条第2款中提到的信息与其他内容和提示明显区分开来并突出显示。这可以通过例如粗体字、使用不同的字号、字体、颜色或布局[47](例如,框架、下划线、背景设计)来实现。但是,没有必要以视觉上"引人注目"的方式突出信息,因为这会不合比例地限制经营者的设计自由。

(3)"按键"解决方案

《民法典》第312j条第3款包含所谓的"按键"解决方案("Button"-Lösung),目的是保护消费者免于因互联网页面的欺诈性设计而订立一个有偿合同。这一规定的背景是互联网上普遍存在的"付费陷阱"或"订阅陷阱(Abo-Fallen)"。这些行为的目的是通过网站的欺诈性设计使用户对网站上提供服务的有偿性产生迷惑。在实践中有许多不同的表现形式。

83

84

85

86

---

[44] Begr. zum RegE, BT-Drs. 17/7745, 10.
[45] Begr. zum RegE, BT-Drs. 17/7745, 10.
[46] Begr. zum RegE, BT-Drs. 17/7745, 10.
[47] Begr. zum RegE, BT-Drs. 17/7745, 11.

  示例：姓名或家谱研究[48]，拼车机会[49]，路线规划，诗歌、模板、图形和贺卡档案[50]，游戏数据库，食谱和纹身档案，拼图和家庭作业，工资计算器和信息供应。[51]

87 "付费陷阱"通常这样运行，即用户必须输入个人数据才能访问服务。但通过打开网页所故意隐瞒的事实是，所提供的服务不是免费的，而是注册后便在用户与提供商之间成立一个有偿合同。

  示例：实际收费的服务被冠以"无偿""免费"[52]或类似名称（"打开一个小小的感谢"[53]），而只是在不显眼的星号处附加说明[54]，小字或供应商的一般交易条款[55]中隐藏着有关服务有偿性的提示。[56]

88 经常出现的情况还有，不仅须支付一次性费用，还成立了需每月付款的"订阅"（"订阅陷阱"）。最后，在这些情况下还可能规定了合同的自动延期。

  ①付款义务的明确确认

89 根据《民法典》第 312j 条第 3 款第 1 句，消费者必须对其付款义务进行**明确的确认**（ausdrücklich bestätigen）。这就排除了有偿在线交易中以默示方式订立合同的可能。

90 《民法典》第 312j 条第 3 款第 2 句又对这些要求进行了补

---

[48] *OLG Frankfurt* BeckRS 2009, 04881.
[49] *LG Landshut* BeckRS 2011, 25738.
[50] *OLG Frankfurt* GRUR-RR 2009, 265.
[51] *OLG Frankfurt* GRUR 2011, 249.
[52] *LG Berlin* BeckRS 2010, 02692.
[53] *OLG Koblenz* GRUR 2009, 262.
[54] *OLG Frankfurt* GRUR-RR 2009, 265, 266.
[55] *LG Berlin* BeckRS 2010, 02692.
[56] Begr. zum RegE, BT-Drs. 17/7745, 6.

充,规定了**通过"按键"订购**(Bestellung über eine "Schaltfläche")的特别情况,因此涵盖了自动发出表示的典型情况。根据官方的解释,"按键"是允许用户启动操作或向系统提供反馈的任何图形操作元素。这还包括与控制按键具有类似功能的其他控制元素(例如,超链接或选择框)。[57]

"按键"必须通过清楚的标识表明,按下按键将导致一个有偿交易的成立。法律明确提到了"付费订购(zahlungspflichtig bestellen)"的字样。然而其他的表述也是被允许的,只要它们明确无误,即明确标明了付费义务。

91

> **示例:** 根据官方的理由,像"付费订购(kostenpflichtig bestellen)""订立付费合同(zahlungspflichtigen Vertrag schließen)"或"购买(kaufen)"等标记都是可以的。[58] 但"发送订单(Bestellung abschicken)"的标记不行。[59]

《民法典》第312j条第3款并不产生在所有电子商务情况下都须提供按键的义务。[60]

92

② 无效

《民法典》第312j条第4款另外补充规定,如果经营者不遵守第3款的要求,则合同不成立。立法者认为这种严重的法律后果是合理的,因为《民法典》第312j条第3款与形式要求有类似的保护效果。[61]

93

然而**不无疑问**(zweifelhaft)的是,该规定是否符合《消费者权利

94

---

[57] Begr. zum RegE, BT-Drs. 17/7745, 12.
[58] Begr. zum RegE, BT-Drs. 17/7745, 12.
[59] *OLG Hamm* MMR 2014, 534(535).
[60] Begr. zum RegE, BT-Drs. 17/7745, 11.
[61] Begr. zum RegE, BT-Drs. 17/7745, 12.

指令》(Vereinbarkeit dieser Regelung mit der VRRL)的规定。[62] 因为《消费者权利指令》第8条第2款第2分款第3句要求,在特别的订购要求未得到遵守时,"消费者不受合同或订单的约束"。但是,德国法却平等地使双方都免受合同的约束。如果消费者出乎意料地在具体情况下对经营者的有偿服务感兴趣,他对经营者提出的履行请求权也会受困于《民法典》第312j条第4款,因为合同无效。正确的方式应该是对《民法典》第312j条第4款进行符合指令的修正解释,以便在《民法典》第312j条第3款规定的要求未被遵守的情况下,消费者不受合同约束。

---

[62] 同样如此 *Bülow/Artz* Rn. 112。

第十章 相结合与相关联的合同

> 精选文献：*Coester*, Verbraucherschutz bei drittfinanzierten Geschäften, Jura 1992, 617; *Dürbeck*, Der Einwendungsdurchgriff nach § 9 Absatz 3 Verbraucherkreditgesetz, 1994; *Fuchs*, Zum Einwendungs-und Rückforderungsdurchgriff bei verbundenen Geschäften, AcP 199（1999），305; *Füller*, Die bereicherungsrechtliche Rückabwicklung verbundener Geschäfte im Sinne des § 9 Abs. 1 VerbrKrG, DZWIR 2000, 409; Habersack, Verbundene Geschäfte nach § 9 Verbraucherkreditgesetz-eine Zwischenbilanz, DStR 1994, 1853.

根据相对性原则和区分原则，债务关系的法律命运应当始终被单独观察。基于债务关系产生的权利和义务只存在于参与债务关系的当事人之间。例如，撤回权的行使仅影响消费者与经营者订立的特定合同。这同样适用于可能的抗辩（Einwendungen）和抗辩权（Einreden）。但是，如果两个合同之间存在密切的法律或经济联系，或者合同至少具有事实上的关联时，这种孤立的方法可能会造成困难。在这些情况下，可能需要将相关合同视为一个整体。

一、相结合的合同

《民法典》第358条和第359条规定了所谓的相结合合同的问

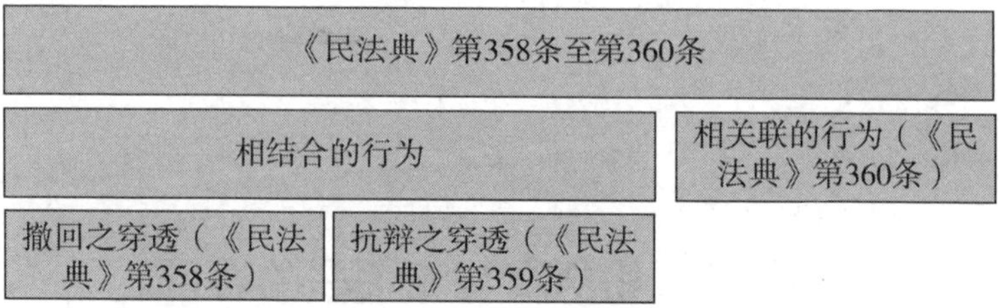

```
┌─────────────────────────────────────────────────────┐
│          《民法典》第358条至第360条                  │
└─────────────────────────────────────────────────────┘
    ┌──────────────────────┐   ┌──────────────────────┐
    │     相结合的行为      │   │ 相关联的行为（《民   │
    │                      │   │ 法典》第360条）       │
    └──────────────────────┘   └──────────────────────┘
┌──────────────────┐ ┌──────────────────┐
│ 撤回之穿透（《民 │ │ 抗辩之穿透（《民 │
│ 法典》第358条）  │ │ 法典》第359条）  │
└──────────────────┘ └──────────────────┘
```

图3 《民法典》第358条至第360条的规则体系

题。区别于相关联的合同(《民法典》第360条),相结合的合同之间的关系特别紧密,因为一个合同用于为另一项交易提供资金。该规定的目的是保护消费者免受可能因融资交易和被融资交易在法律上的分离而造成的不利影响。[1]

> 示例:消费者V从邮购商家U处购买了一台昂贵的电视机。为了为此次购买提供资金,V经U介绍,与U的"内部银行"B订立了一个贷款合同。这时,如果孤立地考虑两个合同,可能会对V不利。例如,如果V只撤回了其中一个合同,那么他仍然受另一个合同的约束,即使该合同对他已不再有意义。

3 在消费者法的实践中,相结合合同的问题经常在融资基金加入或其他资本投资时出现。[2]

1. 概念和前提

4 根据《民法典》第358条第3款第1句,如果贷款全部或部分用于为另一个合同提供资金,并且两个合同形成一个**经济上的整体**(wirtschaftliche Einheit),则交付商品或提供其他给付的合同和借款

---

〔1〕 BeckOK BGB/*Möller* § 358 Rn. 2.
〔2〕 S. nur BGHZ 156, 46 = NJW 2003, 2821; BGHZ 167, 252 = NJW 2006, 1788; *BGH* NJW 2007, 3200; *BGH* NJW-RR 2008, 1436.

合同相结合。

根据判例,"如果两个合同在目的手段关系之外以如此的方式相互结合,以至于一个合同在没有另一个合同时就不会订立,就可以认定为一个经济上的整体。合同必须互为条件,或者一个合同只能通过另一个合同来获得意义。这需要通过具体情况(连接要素)将两个合同关联起来,这些具体情况无须像必不可少的构成要件要素一样被完全描述,而是在个别情况下可以有所不同,如果经济上的整体可以基于其他情况得出的话,甚至可以缺失"。[3]

根据《民法典》第 358 条第 3 款第 2 句的**不可推翻的推定**(unwiderleglichen Vermutung)[4],在以下情况下存在一个经济上的整体:

→当经营者自己为消费者的对待给付提供资金,或

→第三方提供融资,贷款人在准备或订立借款合同时利用了经营者的协助。

在融资取得土地或与土地相同的权利时,只有在下列情况下才能认定为一个经济上的整体:贷款人自己向消费者提供土地或与土地相同的权利,或者除提供贷款以外,他以与经营者协作的方式促进土地或与土地相同的权利的取得,具体方式包括全部或部分接受经营者的让与利益,接管让与人在项目的规划、推广或实施中的职能,或使让与人单方受益。(《民法典》第 358 条第 3 款第 3 句)。

2. 撤回之穿透

《民法典》第 358 条第 1 款和第 2 款规定,撤回的行使可以穿透至另外一个行为。如果消费者有效地撤回了其指向订立一个由经营者交付商品或提供其他给付的合同的意思表示,那么他也不再受

---

[3] *BGH* NJW-RR 2008, 1436 Rn. 25.
[4] Palandt/*Grüneberg* BGB § 358 Rn. 11.

其指向订立与该合同相结合的贷款合同的意思表示的约束(《民法典》第 358 条第 1 款)。反过来也适用:如果消费者根据《民法典》第 495 条第 1 款撤回其指向订立消费贷款合同的意思表示,则他也不再受其指向订立与该消费贷款合同相结合的、关于交付商品和提供其他给付的合同的意思表示约束。(《民法典》第 358 条第 2 款)。

9 　　从《民法典》第 358 条第 4 款可以看出,尽管两个合同之间存在经济上的联系,但它们是**法律上应区分的债务关系**(rechtlich getrennte Schuldverhältnisse),应当个别和独立地进行清算。清算根据相应的清算规定进行,不过这些规则被《民法典》第 358 条第 4 款第 2 句至第 5 句所修正。

10 　　《民法典》第 358 条第 5 款对金融工具融资合同进行限制,目的是保护贷款人免于因撤回而承担价格波动的风险。[5]

3. 抗辩之穿透

11 　　《民法典》第 358 条的规定被第 359 条所补充。前提是订立了一个消费者贷款合同。如果相结合的合同产生的抗辩使消费者有权向与他订立相结合合同的经营者主张**拒绝履行**(Verweigerung seiner Leistung),则消费者可以拒绝偿还贷款(《民法典》第 359 条第 1 款第 1 条)。该规定使之前基于《民法典》第 242 条的关于抗辩之穿透的判例被法典化。[6]

12 　　《民法典》第 359 条第 1 款意义上的抗辩指的是所有的**权利阻却、权利消灭或权利阻止的抗辩**(rechtshindernden, rechtsvernichtenden oder rechtshemmenden Einwendungen)[7],也包括形成权(例

---

[5] Begr. zum RegE, BT-Drs. 17/12637, 66.
[6] Palandt/*Grüneberg* BGB § 359 Rn. 1.
[7] Palandt/*Grüneberg* BGB § 359 Rn. 3; BeckOK BGB/*Möller* § 359 Rn. 4.

如,通知终止权[8])。

因合同的后续变更(《民法典》第 359 条第 1 款第 2 句)和后续履行(《民法典》第 359 条第 1 款第 3 句)所产生的抗辩在适用上有限制。   13

示例:如果通过消费者贷款购买的商品存在瑕疵,则只有在后续履行失败的情况下,消费者才能拒绝偿还贷款。

《民法典》第 359 条第 1 款仅赋予消费者一个拒绝履行的权利。有关**贷款合同的清算**(Rückabwicklung des Darlehensvertrages)没有详细规定,例如,当融资购买的商品在此期间灭失并且消费者的履行义务根据《民法典》第 326 条第 1 款第 1 句被免除时,撤回后根据《民法典》第 355 条第 3 款和第 357 条以下进行清算。在其他情况下适用不当得利法的一般规定。[9]   14

《民法典》第 359 条第 1 款的规定不适用于金融工具融资合同和小额贷款合同(《民法典》第 359 条第 2 款)。   15

二、相关联的合同

《民法典》第 360 条适用于不满足《民法典》第 358 条和第 359 条规定的相结合行为的前提,但合同之间存在关联的情况。这里,《消费者权利指令》第 2 条第 15 项误导性地使用了附属合同的表述。   16

《民法典》第 360 条的**保护目的**(Schutzzweck)与第 358 条的想法相当。消费者一个可能的撤回不应因下列原因而被阻碍,即他在行使撤回权之后,还受另一个与已撤回的交易相关联的合同的   17

---

[8] BGHZ 156, 46 = NJW 2003, 2821.
[9] Palandt/*Grüneberg* BGB § 359 Rn. 5.

约束。[10]

18　　根据《民法典》第360条第2款第1句,一个相关联的合同是与**已撤回合同有联系的**(Bezug zu dem widerrufenen Vertrag),并且涉及已撤回合同的经营者所提供的给付或者第三人基于其与已撤回合同的经营者之间的协议所提供的给付的合同。

　　　　示例:存在分时居住权的度假场所的健身俱乐部的付费会员[11];可选择额外订立单独的数字内容合同的互联网平台的付费会员。[12]

19　　即使在贷款专门被用于为被撤回的合同提供资金,并且经营者在被撤回合同中的义务在消费者贷款合同中被明确约定(《民法典》第360条第2款第2句),消费者贷款合同也是一个相关联的合同。

20　　相关联合同的**清算**(Rückabwicklung)根据《民法典》第358条第4款第1句至第3句进行。分时居住权合同适用特别规定(《民法典》第360条第1款第3句)。

---

〔10〕　Begr. zum RegE, BT-Drs. 17/12637, 67.

〔11〕　Begr. zum RegE, BT-Drs. 17/2764, 19 f.

〔12〕　Palandt/*Grüneberg* BGB § 360 Rn. 2.

第十一章 债务人迟延

> 精选文献：*Boemke,* Höhe der Verzugszinsen für Entgeltforderungen des Arbeitnehmers, BB 2002, 96; *Gsell,* EG-Verzugsrichtlinie und Reform der Reform des Verzugsrechts in Deutschland, ZIP 2000, 1861; *Krause,* Die Leistungsverzögerung im neuen Schuldrecht, Jura 2002, 217; 299; *Oepen,* Probleme des modernisierten Verzugstatbestandes, ZGS 2002, 349.

一、概述

如果债务人因可归责于自己的原因未能履行一个可能的给付，他就可能陷入债务人迟延。因此，债务人迟延是债务关系中的一种由过错的迟延履行造成的**特别的履行障碍**（spezielle Leistungsstörung）。原则上，经营者与消费者的交易适用债务人迟延的一般规则。但也存在一些有利于消费者的特别规定。债务人迟延规定的欧盟法背景由《第 2000/35/EG 号指令》[1]和后续的《第 2011/7/EU 号指令》[2]构成。

1

---

[1] ABl. 2000 L 200, 35.
[2] ABl. 2011 L 48, 1.

1. 债务人迟延的前提

2   债务人迟延的一般前提规定在《民法典》第286条。据此,债务人迟延发生的前提是:

→债权人对债务人享有有效、到期和可行使的债权;
→债权人依照规定催告了债务人或者这种催告并非必要;
→不履行可归责于债务人。

2. 特论:面向消费者的催告

3   债务人迟延的核心构成要件是**催告**(Mahnung)。这是一个债权人将其对所负担的给付要求明白无误表达出来的明确和确定的请求。[3] 非常重要的问题是,发送一个指定了付款期限的账单,是否满足催告的前提。

4   这里要区分两个问题。第一个问题是,**付款期限**(Zahlungsziels)的单方设定是否就没有必要再根据《民法典》第286条第2款第1项进行催告。对此的回答是否定的,因为《民法典》第286条第2款第1项的前提是,债务关系的双方当事人已确定履行时间,除非一方根据《民法典》第315条被允许单方决定履行时间。[4]

5   第二个问题是,发送一个附付款期限的账单这一**导致履行到期的行为**(fälligkeitsbegründende Handlung)是否可以**同时包含一个导致迟延的催告**(zugleich eine verzugsbegründende Mahnung beinhalten)。根据判例,催告可以与导致履行到期的表示相结合。[5] 在这种情况下,如果债权人要求债务人在特定日期之前支付账单,从而表达了催告所需的明确的履行请求,就可以认定为存在有效的催

---

[3] BGH NJW 2008, 50 Rn. 11.
[4] BGH NJW 2008, 50 Rn. 7.
[5] 基础性论述见 RGZ 50, 255 (261); BGH NJW 2006, 3271 Rn. 10; BGH NJW 2008, 50 Rn. 11.

告。[6] 但是,向消费者发送账单时,联邦最高法院对这一原则进行了限制。

示例:在基础争议案件[7]中,经营理疗诊所的原告要求被告作为私人患者为其在原告处接受的治疗支付费用。原告向被告发送了一张543欧元的账单,并注明:"请在2004年10月5日之前将账单金额转入右下方指定的账户。"账单没有被支付。原告随后再次发出履行请求,但没有到达被告。

根据联邦最高法院的观点,即使说明了付款期限,**账单的第一次发送**(erstmalige Zusendung einer Rechnung)通常也**不被理解为催告**(nicht als Mahnung verstanden)。[8] 更不要说,根据《民法典》第286条第3款第1句第2半句,面向消费者时需要特别的告知。[9] 账单中的付款期限基于日历确定,在缺少迟延发生的提示或类似的附加条款时,只能解释为可以被默示承诺的延期付款(Stundung)的要约或不索债的简约(pactum de non petendo,即在一定期限内不主张债权的约定)。[10] 这一判例是有问题的,因为一个催告被公认不必包含对迟延法律后果的提示。[11] 此外,《民法典》第286条第3款第1句规定的恰恰不是催告,而是在时间经过之后迟延的自动发生。这仅仅是一个针对债务人尚未陷入迟延情况的兜底性构成要件(Auffangtatbestand)。[12]

为了有效地使消费者陷入迟延,对经营者来说可以有两种

---

[6] *BGH* NJW 2006, 3271 Rn. 10.
[7] *BGH* NJW 2008, 50.
[8] *BGH* NJW 2008, 50 Rn. 11.
[9] *BGH* NJW 2008, 50 Rn. 11.
[10] *BGH* NJW 2008, 50 Rn. 11.
[11] *BGH* NJW 1998, 2132 (2133); *BGH* NJW 2008, 50 Rn. 11.
[12] *Gsell* NJW 2008, 52.

途径：

第一种情形：在发送账单后，向消费者再发送一个单独的履行请求，以使此时存在一个符合规定的催告。

第二种情形：经营者在发送给消费者的账单中纳入《民法典》第286条第3款第1句第2半句所要求的告知，以致使消费者在30日期限结束时陷入迟延。但是，第二种方式仅适用于报酬债权。

二、报酬债权的债务人迟延

8　为了转化欧盟法的规定，《民法典》第286条第3款包含债务人迟延发生的特别规定。该条款的目的是通过债务人迟延的自动发生来促进商业交易中债权的行使。但对消费者适用特别的规定。

1. 适用范围

9　《民法典》第286条第3款适用于报酬债权（Entgeltforderungen）。这一概念采用与《民法典》第288条第2款相同的理解方式。报酬的概念源于《第2000/35/EG指令》第2条第1项。据此，该指令适用于为交付货物或提供服务支付报酬的商业交易。因此，这里的报酬应当是债权人提供或将提供的给付的**对待给付**。[13] 这主要包括双务合同中的对待给付。但是，《民法典》第286条第3款的适用范围并不限于双务合同。有偿性也可以体现在，某一方的履行是另一方义务产生的条件（所谓的条件关联）。[14]

　　示例：(1) 租金支付请求权[15]、根据《民法典》第546a条的用益补偿请求权[16]或者根据《商法典》第89b条的商业代理人

---

[13]　BGH NJW 2010, 1872 Rn. 23; BGH NJW 2010, 3226 Rn. 12.
[14]　BGH NJW 2010, 3226 Rn. 13.
[15]　OLG Rostock ZflR 2005, 474 = BeckRS 2009, 03034.
[16]　OLG Köln ZMR 2006, 772 = BeckRS 2006, 09818.

的补偿请求权[17]是报酬债权。(2)相反,违约金承诺[18]、催告费用的偿还[19]、根据《民法典》第765条[20]的请求权或者退伙合伙人的补偿请求权[21]不是报酬债权。

2. 30日后发生迟延

《民法典》第286条第3款第1句规定,一个报酬债权的债务人最迟在履行期届至且账单或同等的支付清单到达后30日陷入迟延;但在债务人为消费者时,这一规定仅在这些后果已在账单或支付清单中被特别提示时才适用。面向消费者的信息义务主要起到**警示作用**(Warnfunktion)。应当让消费者知道,30日后他将陷入债务人迟延。 10

为了实现这一警示作用,必须告知消费者**债务人迟延发生的前提**(Voraussetzungen der Schuldnerverzug)。特别是,从提示中应能得出消费者陷入迟延的准确时间。[22] 这在账单发送给消费者之后履行期才届至的情况下很重要。此外,必须告知消费者**债务人迟延的主要后果**(wesentlichen Folgen des Schuldnerverzuges)。[23] 这主要包括迟延损害补偿义务(《民法典》第280条第1款第1句、第2款和第286条)、支付迟延利息的义务(《民法典》第288条)和加重责任(《民法典》第287条)。 11

如果经营者已根据《民法典》第286条第3款第1句规定告知了消费者,他便不能再通过特别催告的方式使消费者在30日的期限届满之前陷入债务人迟延。否则这会使债权人的行为自相矛 12

---

[17] *BGH* NJW 2010, 3226 Rn. 14 ff.
[18] *OLG Hamburg* OLG-Report 2004, 432.
[19] *OLG Celle* NJW-RR 2007, 393.
[20] *OLG Düsseldorf* WM 2009, 449 = BeckRS 2005, 09616.
[21] *OLG Karlsruhe* NZG 2005, 627.
[22] MüKoBGB/*Ernst* § 286 Rn. 84; BeckOK BGB/*Unberath* § 286 Rn. 41.
[23] BeckOK BGB/*Unberath* § 286 Rn. 41;不同观点 MüKoBGB/*Ernst* § 286 Rn. 84。

盾，因为消费者可以基于账单或支付清单中的告知相信他有 30 日的时间来履行。

13　《民法典》第 286 条第 3 款第 2 句不适用于消费者作为债务人的情况。

三、金钱债务的迟延利息

14　根据《民法典》第 288 条第 1 款第 1 句，债务人迟延期间应支付金钱债务的利息。利率的数额原则上根据《民法典》第 288 条第 1 款第 2 句确定。据此，利率比基准利率高 5 个百分点。

15　对基于法律行为的报酬债权（Entgeltforderungen aus Rechtsgeschäften），按照《民法典》第 288 条第 2 款，适用高于基准利率 9 个百分点的较高利率。但这不适用于消费者参与的法律行为。消费者在具体情况下是作为债权人还是债务人参与法律行为并不重要。在消费者参与的情况下，仍然适用《民法典》第 288 条第 1 款第 2 句规定的利率。报酬债权的概念应像《民法典》第 286 条第 3 款第 1 句一样来理解。

　　示例：无论是否可以将雇员归为消费者（见第三章边码 50），基于劳动关系或半退休关系的请求权都不被《民法典》第 288 条第 2 款所涵盖。[24]

四、有关履行时间和迟延包干的约定

16　为转化《第 2011/7/EU 号指令》，德国立法者增加了《民法典》第 271a 条并补充了其他规定。[25] 这些新规定适用于《民法典》第 286

---

[24]　BAGE 114, 13 = NZA 2005, 694 (697).
[25]　BGBl. I 2014, 1218.

条第 3 款第 1 句意义上的**报酬债权**。[26] 欧盟法的规定仅针对经营者的商事交易。[27] 然而,德国立法者在更大程度上转化了这一规定,新规定至少部分涉及经营者与消费者之间的法律关系。

1. 关于付款、检查或受领期限及债务人迟延前提的约定

《民法典》第 271a 条包含关于付款、检查或受领期限约定效力的更详细的规定。该规定没有设定任何期限,而只是规定了约定此类期限的自由范围。[28] 新规则的目的是限制导致付款迟延的约定。《民法典》第 271a 条第 1 款至第 3 款不适用于消费者负担一个报酬债权履行的债务关系。(《民法典》第 271a 条第 5 款第 2 项)。因此,这是一个(少见的)情况,即为了保护消费者债务人,存在一个与其他法律交易相比更大的私人自治空间。

但是,如果付款债务人是经营者,而付款债权人是消费者,则《民法典》第 271a 条第 1 款至第 3 款的规定又可以适用于经营者和消费者之间的法律行为。[29] 根据官方的理由,似乎是希望在《第 2011/7/EU 号指令》的范围之外对债权人进行保护;如果没有这样的规定,作为债权人的消费者地位会比非消费者更差。[30]

根据《民法典》第 286 条第 5 款,《民法典》第 271a 条第 1 款至第 5 款的规定相应地适用于当事人之间就迟延的发生而达成的与第 286 条第 1 款至第 3 款的法定前提不同的约定。立法者希望借此防止《民法典》第 271a 条被有关迟延发生的约定所规避。[31]

《民法典》第 308 条第 1a 项和 1b 项规定的特别条款禁止对这些规定进行补充。

---

[26] Begr. zum RegE, BT-Drs. 18/1309, 14.
[27] 《第 2011/7/EU 号指令》立法理由第 8 条第 2 句。
[28] Begr. zum RegE, BT-Drs. 18/1309, 13.
[29] Begr. zum RegE, BT-Drs. 18/1309, 18.
[30] Begr. zum RegE, BT-Drs. 18/1309, 18.
[31] Begr. zum RegE, BT-Drs. 18/1309, 18.

2. 迟延包干

21　　如果一个报酬债权的债务人陷入迟延，无论迟延损害有多少，债权人都可以根据《民法典》第288条第5款第1句要求债务人支付**40欧元的包干金额**（Pauschalbetrag von 40, - EUR）。这是欧盟法上规定的通常与迟延付款相关的**追索费用**（Beitreibungskosten）的最低金额（《第2011/7/EU号指令》第6条第1款和第2款）。

22　　但是这一迟延包干在**债务人是消费者**（Schuldner ein Verbraucher）时不适用。在相反的情况下（消费者作为债权人，经营者作为债务人），该条款有利于消费者，可以适用。《第2011/7/EU号指令》对此没有要求。然而，德国立法者希望避免作为非消费者债权人的消费者处于比非消费者更不利的地位。[32]

---

[32] Begr. zum RegE, BT-Drs. 18/1309, 19.

第四部分
具体债务关系中的消费者保护

第十二章　消费品买卖

精选文献：*Amtenbrink/Schneider,* Europäische Vorgaben für ein neues Kaufrecht und deutsche Schuldrechtsreform, VuR 1999, 293; *Brüggemeier,* Zur Reform des deutschen Kaufrechts-Herausforderungen durch die EG-Verbrauchsgüterkaufrichtlinie, JZ 2000, 529; *Büdenbender,* Die Bedeutung der Verbrauchsgüterkaufrichtlinie für das deutsche Kaufrecht nach der Schuldrechtsreform, ZEuP 2004, 36; *Eckert/Maifeld/Matthiessen,* Handbuch des Kaufrechts, 2. Aufl. 2014; *Eger,* Einige ökonomische Aspekte der Europäischen Verbrauchsgüterkauf-Richtlinie und ihrer Umsetzung in deutsches Recht, FS Ott, 2002, 183; *Ernst/Gsell,* Kaufrechtsrichtlinie und BGB, ZIP 2000, 1410; *Kohler,* Fälligkeit beim Verbrauchsgüterkauf, NJW 2014, 2817; *Lehr/Wendel,* Die EU-Richtlinie über Verbrauchsgüterkauf undgarantien, EWS 1999, 321; *Matthiessen/Lindner,* EG-Richtlinie über den Verbrauchsgüterkauf-Anlaß für eine Reform des deutschen Schuldrechts, NJ 1999, 617; *Micklitz,* Die Verbrauchsgüterkauf-Richtlinie, EuZW 1999, 485; *Picht,* Die kaufrechtliche Garantie im Verbraucherrechterichtlinien-Umsetzungsgesetz, NJW 2014, 2609; *Reich,* Die Umsetzung der Richtlinie 1999-44-EG in deutsches Recht, NJW 1999, 2397; *Reinicke/Tiedtke,* Kaufrecht, 8.

> Aufl. 2009; *Rott*, Minimum Harmonization for the Completion of the Internal Market? The Example of Consumer Sales Law, CML Rev. 40（2003），1107; *Schäfer/Pfeiffer,* Die EG-Richtlinie über den Verbrauchsgüterkauf. Gesetzgeberische Alternativen und wirtschaftliche Folgen ihrer Umsetzung in deutsches Recht, ZIP 1999, 1829; *Staudenmayer,* Die EG-Richtlinie über den Verbrauchsgüterkauf, NJW 1999, 2392; *Tonner,* Verbrauchsgüterkauf-Richtlinie und Europäisierung des Zivilrechts, BB 1999, 1769.

一、概述

1 消费者与经营者之间的买卖合同受买卖法一般规定的约束。消费品买卖不是独立的合同类型，它们更多的是为了保护消费者利益而适用部分与一般规定不同的特别规定的买卖合同。就此而言，消费品买卖似乎成为了商事买卖的对立面（《商法典》第373条以下），因为在商事买卖中法律为商人提供了更大的自由和创设空间。

1. 发展

2 消费品买卖法的欧盟法基础源于《第1999/44/EG号指令》。德国立法者以《第1999/44/EG号指令》的强制转化为契机，对债法进行了重大修订（债法改革）。这一指令在相当大的程度上被"过度"转化了，即立法者努力使整个买卖法适应《第1999/44/EG号指令》的规定。只有几个不应适用于所有买卖合同的特别规定被包含在单独的目中（《民法典》第474条至第479条）。

3 在转化《第2011/83/EU号指令》的过程中，由于该指令包含一些对《第1999/44/EG号指令》的消费品买卖的补充性规定，因此,进行了再次调整。

2. 保护目的

消费品买卖中的消费者保护不是基于情境或特定交易的威胁。这些规定更多的是旨在**确保买受人权利统一的最低标准**(Gewährleistung eines einheitlichen Mindeststandards von Rechten des Käufers)。应当增强消费者的信心,以使跨境贸易受益。由于买卖合同在日常生活中至关重要,从欧盟法的角度来看,创设部分协调的(消费者)买卖法是内部市场的重要组成部分。欧洲立法者认为,如果消费者可以信任欧盟范围内的最低权利标准,他们会更愿意在其他成员国订立买卖合同。《第1999/44/EG号指令》的立法理由这样写道:

4

(2)内部市场包含一个没有内部边界的区域,在该区域中应确保商品、人员、服务和资本的自由流动。商品的自由流动不仅涉及商事交易,也涉及自然人。这意味着来自一个成员国的消费者必须能够根据适当的、统一的消费品买卖最低标准,在另一个成员国的领土上自由购物。

(3)成员国关于消费品买卖的法律规定不同,这导致成员国消费品买卖市场不统一,出卖人之间的竞争可能出现扭曲。

(4)希望通过在其居住国以外的成员国购买商品而从内部市场中获益的消费者在完善内部市场方面发挥着基础性作用,必须防止出现新的人为边界和封锁市场。得益于新的通信技术,访问其他成员国或第三国的销售系统更加轻松,消费者的选择显著增加了。如果没有对消费品买卖规则的最低协调,通过新的远程通信技术进行商品销售的进一步发展可能会受到阻碍。

(5)创设一套统一的、最低限度的、在共同体内部任何地点进行的商品买卖都适用的消费者法律规则,会增强消费者的信心,并使他们能够更好地利用建立内部市场所带来的好处。

3. 概念和前提

(1)动产买卖合同

5　　根据《民法典》第474条第1款第1句,消费品买卖是消费者从经营者处购买动产的合同。消费品买卖法律规定的适用范围延伸至消费者作为买受人从经营者作为出卖人取得**动产**(bewegliche Sache)的合同。动产的要件将关于不动产、权利和其他对象的合同排除在消费品买卖规则的适用范围之外。与此不同的是,有关动物的合同(参见《民法典》第90a条)在构成要件上是被涵盖在内的。

6　　除非在《民法典》第474条以下中另有规定,否则这些规定既适用于**新的**(neue),也适用于二手(gebrauchte)动产合同。

7　　此外,根据《民法典》第474条第1款第2句,同样涵盖在内的还有那些除动产销售之外,经营者还需要提供**服务**(Dienstleistung)的合同。这指的是与买卖相关的服务,比如、组装、安装、调试或其他帮助。[1]

> **示例**:消费者V从家具零售商M处购买了货架系统。M承诺在V的住宅内安装货架。

8　　经营者从消费者那里**收购**(Ankaufs)动产的情况不被《民法典》第474条以下所涵盖。此时仍然适用买卖法的一般规定。

(2)对公众开放的二手物品的拍卖

9　　由于合同订立的特别情境,根据《民法典》第474条第2款第2句,消费品买卖规则不适用于在消费者可以亲自参加地对公众开放的拍卖中出售的二手物品。

---

〔1〕 Begr. zum RegE, BT-Drs. 17/12637, 69.

如果满足《民法典》第 383 条第 3 款第 1 句的要求,则无论如何会符合对公众开放的拍卖的前提。[2] 公开拍卖是由拍卖地选任的法院执行官,或有拍卖权限的其他公务员,或公开任用的拍卖人公开进行的拍卖。此外,《民法典》第 474 条第 2 款第 2 句中对"对公众开放的拍卖"这一术语必须进行**符合指令的**(richtlinienkonform)解释。[3]《**消费者权利指令**》第 2 条第 13 项将公开拍卖定义为"经营者向出席拍卖或有此可能性的消费者提供商品或服务的一种销售方式,即在一个由拍卖人组织的基于竞争性要约的透明程序中,拍定的出价人有义务购买商品或服务"。例外范围借此被扩大到拍卖人没有特别合法性的拍卖中。[4] **互联网上的"拍卖"**("Auktion" im Internet)并不是这个意义上的拍卖。[5] 因此,通过 eBay 在线平台购买商品可以是消费品买卖。

10

一件物品是新的还是旧的,是由**客观标准**(objektiven Maßstab)决定的,不受双方协议的限制。[6] 一个客观上新的物品不能以约定的"旧的"品质所出卖,从而使合同脱离《民法典》第 474 条以下的适用范围,因为意欲实现的消费者保护可能因此被掏空。[7] 从字面意义上讲,一个东西只有在已经被使用过时才能被认为是旧的。[8]

11

示例:如果某个物品被作为展示或展览件使用过,则它是旧的。

新旧之间的区分也可以适用于**动物**(Tieren),虽然这看起来有

12

---

[2] *BGH* NJW-RR 2010, 1210 Rn. 12; *BGH* NJW 2006, 613 Rn. 13.
[3] BeckOK BGB/*Faust* § 474 Rn. 28 f.
[4] BeckOK BGB/*Faust* § 474 Rn. 28.
[5]《消费者权利指令》立法理由第 24 条第 3 句。
[6] BGHZ 170, 31 = NJW 2007, 674 Rn. 33;不同观点 BeckOK BGB/*Faust* § 474 Rn. 25。
[7] BGHZ 170, 31 = NJW 2007, 674 Rn. 33.
[8] BGHZ 170, 31 = NJW 2007, 674 Rn. 27.

点奇怪。如果动物仅存在根植于其生存("品质")的生命或健康风险,而不是通常通过使用才产生的风险,则不应将其视为"旧的"。[9]

示例:判例认为一匹六个月大的小马是新的。[10]

二、履行和后续履行

13　　只要《民法典》第 474 条以下没有不同规定,消费品买卖适用买卖法和债法的一般规定。

　　1. 履行时间,《民法典》第 474 条第 3 款

14　　为了转化《第 2011/83/EU 号指令》第 18 条第 1 款,《民法典》第 474 条第 3 款包含一个与买卖法一般规则不同的关于**履行时间**(Leistungszeit)的规定。如果合同当事人对于根据《民法典》第 433 条应提供的给付既没有约定一个具体的时间点或期限,也无法由情事推知履行时间,则与《民法典》第 271 条第 1 款的一般规定不同,债权人只可以**不迟延的**(unverzüglich)要求履行。在这种情况下,经营者最迟须在合同订立后 30 日内交付物品。但是,合同当事人也可以立即履行各自所负担的给付。

15　　不迟延性(参见《民法典》第 121 条第 1 款)不是根据一个完全客观的标准来确定的,而是根据合同当事人履行义务的**主观上可合理期待**(subjektiv zugemutet)的时间来确定的。[11] 例如,即使一个经营者应消费者的要求对所售物品进行了调适,从而导致了履行的延迟,仍然可以认定存在一个不迟延的履行。[12]

---

〔9〕　BGHZ 170, 31 = NJW 2007, 674 Rn. 30; BGH NJW-RR 1986, 52.
〔10〕　BGHZ 170, 31 = NJW 2007, 674 Rn. 34.
〔11〕　Begr. zum RegE, BT-Drs. 17/12637, 70.
〔12〕　Begr. zum RegE, BT-Drs. 17/12637, 70.

2. 寄送买卖,《民法典》第 474 条第 4 款

根据截至 2014 年 6 月 12 日的法律状况,消费品的寄送买卖通常不适用特别的风险负担规则,仍然适用一般的价格风险转移规定(参见《民法典》第 446 条第 1 句)。

根据如今适用的《民法典》第 447 条第 1 款的规定,仅当买受人委托承运人、运货人或其他经指定为其寄送的个人或机构进行运送,并且经营者之前并未向买受人提名该个人或机构时,意外灭失和意外毁损的风险才会转移到买受人(《民法典》第 474 条第 4 款)。这一规则旨在转化《第 2011/83/EU 号指令》第 20 条第 2 句的规定。**风险转移的前置**(Vorverlagerung des Gefahrübergangs)涉及那些由买受人发起的通过第三人进行的寄送买卖,因此他承担运输过程中物品毁损或灭失的风险。[13] 然而,在这种情况下,对《民法典》第 447 条第 1 款的引用实际上是多余的。因为如果买受人委托送货人进行运输,则将要运送的商品交给承运人通常已经是对买受人的《民法典》第 446 条第 1 句意义上的交付,因为此时承运人是买受人的占有辅助人(Besitzdiener)或间接占有人(Besitzmittler)。[14]

除此特别情况外,《民法典》第 447 条第 1 款不适用于消费品买卖。《民法典》第 447 条第 2 款不适用于消费品买卖合同(《民法典》第 474 条第 5 款第 2 句)。

3. 后续履行和清算时的价值补偿

如果买卖标的物对买受人不利地偏离了合同约定的应然品质(Sollbeschaffenheit)并因此存在**瑕疵**(Mangel)(参见《民法典》第 434 条和第 435 条),则买受人通常享有**后续履行请求权**(Anspruch auf Nacherfüllung)(《民法典》第 439 条第 1 款)。对此,《第 1999/44/

---

[13] 参见《第 2011/83/EU 号指令》立法理由第 55 条。
[14] BeckOK BGB/*Faust* § 474 Rn. 47.

EG 号指令》第 3 条第 3 款规定，只要这并非不可能或不合比例，消费者可以要求出卖人无偿对消费品进行修理或无偿提供替代交付。

(1) 后续履行的拒绝

20 根据《民法典》第 439 条第 3 款，如果买受人选择的后续履行类型不可能或不合比例，出卖人有权拒绝。买受人的后续履行请求权便仅限于另一种后续履行类型。

21 然而，考虑到《第 1999/44/EG 号指令》第 3 条第 3 款，该规定需要一个符合指令的解释。欧洲法院判定，指令中提到的补救措施（后续履行）不合比例指的仅是**相对的不合比例**（relativen Unverhältnismäßigkeit）的情况。[15] 也就是说，指的是与另一种补救途径相比，不合比例。但是，该指令不允许国内法律规定授予出卖人因绝对不合比例而拒绝唯一可能的补救形式的权利。[16] 由此产生的德国法律漏洞被联邦最高法院通过在消费品买卖案件中对《**民法典》第 439 条第 3 款进行目的性限缩**（teleologische Reduktion des § 439 Abs. 3 BGB）填补了。[17] 据此，该规定限缩适用，即如果只有一种后续履行方式是可能的，或者出卖人合法地拒绝了另一种后续履行方式，那么出卖人便不享有拒绝权。[18]

(2) 安装和拆除费用

22 不少情况下，消费者购买的物已经安装了，因此当它被更换或修理时，会首先产生拆除费用，然后还会产生修理好的或新物重新安装的费用。

示例：已经铺设的地板条或瓷砖有瑕疵，必须被拆除；购买

---

[15] *EuGH* Slg. 2011, I-5257 = NJW 2011, 2269 = ECLI:EU:C:2011:396 Rn. 68 ff.-*Weber und Putz.*

[16] *EuGH* Slg. 2011, I-5257 = NJW 2011, 2269 = ECLI:EU:C:2011:396 Rn.73-*Weber und Putz.*

[17] *BGH* NJW 2012, 1073 Rn. 34 f.

[18] *BGH* NJW 2012, 1073 Rn. 35.

的厨房设备已被安装在厨房单元中,由于存在瑕疵必须更换。

接下来的问题是,出卖人是否应当负担该物的安装和拆除或者承担为此所需的费用。最初,德国最高法院的判例认为,通过后续履行,出卖人不负担新物的安装。[19] 这一立场与欧洲法院的观点相矛盾,参考《第 1999/44/EG 号指令》第 3 条第 2 款和第 3 款。据此,出卖人有义务自行将有瑕疵的物拆除并将作为替代交付的消费品重新安装,或者承担拆除和重新安装替代消费品所需的费用。[20] 根据欧洲法院的观点,无论出卖人在买卖合同中是否有义务安装最初购买的消费品,出卖人的这一义务都是存在的。[21] 通过**符合指令的解释**,在适用《民法典》第 439 条时必须注意这些规定。[22] 但是,这仅适用于消费品买卖。[23]

23

如果在后续履行中所负担的安装和拆除费用过高,消费者可以要求出卖人承担合理的金额。[24]

24

(3) 价值补偿,《民法典》第 474 条第 5 款

如果后续履行是通过重新交付一个无瑕疵的物的方式进行的,则买受人有义务退回有瑕疵的旧物。这种部分清算根据一般的解除规则(《民法典》第 439 条第 4 款)进行。然而,这将意味着消费者须返还收益或支付价值补偿(参见《民法典》第 346 条第 1 款和第 2 款)。然而,这将与《第 1999/44/EG 号指令》第 3 条不符。[25]

25

---

[19] *BGH* NJW 2008, 2837 Rn. 16 ff.
[20] *EuGH* Slg. 2011, I-5257 = NJW 2011, 2269 = ECLI:EU:C:2011:396 Rn. 46 ff.-*Weber und Putz*.
[21] *EuGH* Slg. 2011, I-5257 = NJW 2011, 2269 = ECLI:EU:C:2011:396 Rn. 59-*Weber und Putz*.
[22] *BGH* NJW 2012, 1073 Rn. 25 ff.
[23] *BGH* NJW 2013, 220 Rn. 17 ff.
[24] *EuGH* Slg. 2011, I-5257 = NJW 2011, 2269 = ECLI:EU:C:2011:396 Rn. 74 ff.-*Weber und Putz*.
[25] *EuGH* Slg. 2008, I-2685 = NJW 2008, 1433 = ECLI:EU:C:2008:231 Rn. 31 ff.-*Quelle AG*.

欧洲立法者所希望的无偿性担保意味着,出卖人在履行其使与合同相关的消费品符合合同的义务范围内,所有资金上的要求都被排除在外。[26] 这也适用于出卖人对消费者提出的价值补偿请求权。因此,《民法典》第 474 条第 5 款第 1 句排除了出卖人对消费者的**价值补偿请求权**(Wertersatzansprüche)。

三、不同约定的禁止

26 　　《民法典》第 475 条旨在确保买受人在消费品买卖存在瑕疵时的法定瑕疵担保权利不受合同约定的限制或排除。

1. 买受人权利

27 　　《民法典》第 475 条第 1 款第 1 句大范围地排除了在瑕疵通知之前损害买受人利益的与法定瑕疵担保制度不同的约定。据此,买卖法的以下规定具有有利于消费者的强制性特点:

→《民法典》第 433 条:双方当事人基于买卖合同的权利和义务。

→《民法典》第 434 条和第 435 条:关于物的瑕疵和权利瑕疵的规定。

> 示例:如果出卖人试图超出《民法典》第 434 条第 1 款第 3 句的范围,主张自己不受制造商的公开表示的约束,是不合法的。

→《民法典》第 437 条:出现瑕疵时买受人的权利。这包括在《民法典》第 437 条第 1 项和第 2 项中提到的权利以及所援引的一般给付障碍法规定。[27] 对于损害赔偿请求权(《民法典》第 437

---

[26] *EuGH* Slg. 2008, I-2685 = NJW 2008, 1433 = ECLI:EU:C:2008:231 Rn. 34-*Quelle AG*.

[27] BeckOK BGB/*Faust* § 475 Rn. 4.

条第 3 项),适用《民法典》第 475 条第 3 款(见下文边码 30 以下)。

→《民法典》第 439 条:在通过判例作出的符合指令的解释范围内,买卖标的物存在瑕疵时,买受人的后续履行请求权(见上文边码 19 以下)。

→《民法典》第 440 条:在后续履行被拒绝、失败或不可苛求的情况下,可免除原本要求的期限设定的额外原因。

→《民法典》第 441 条:买卖标的物存在瑕疵时,消费者减少价款的(形成)权利。

→《民法典》第 442 条:在知情或因重大过失不知情时,买受人权利的排除。

示例:据此,在一般过失情况下就排除买受人权利的约定是不合法的。

→《民法典》第 443 条:关于担保(Garantien)的特别规定。

2. 规避行为

同样不合法的是**规避行为**(Umgehungsgeschäfte)(《民法典》第 475 条第 1 款第 2 句)。是否存在规避行为,特别是在二手车交易中的所谓**代理行为**(Agenturgeschäften)中可能存在疑问。在这些代理行为中,二手车经销商并不作为出卖人,而只作为中介出面。买卖合同由私人出卖人和私人买受人订立。根据判例,关键要从经济角度来看二手车经销商能否被视为车辆的出卖人。[28] 这里的决定性因素是,是经销商还是作为出卖人的车主承担出卖的经济风险。[29]

28

3. 时效

根据《民法典》第 475 条第 2 款规定,瑕疵担保请求权的一般**时效期限**(Verjährungsfristen)(参见《民法典》第 438 条)在瑕疵通知之

29

---

[28] BGH NJW 2005, 1039 (1040).
[29] BGH NJW 2005, 1039 (1040).

前,不得被缩短至两年以下。对于二手物适用缩短的一年期限。这里,新物和二手物之间的界定(见上文边码 11)又具有了实际意义。

4. 损害赔偿请求权

30 对于**损害赔偿请求权**(Schadensersatzansprüche),可以根据《民法典》第 475 条第 3 款通过约定进行限制。这一损害赔偿的特别规则是基于《第 1999/44/EG 号指令》并没有规定损害赔偿。[30] 这既适用于买受人提出的所有损害赔偿请求权(即替代给付和与给付并存的损害赔偿),也适用于根据《民法典》第 284 条提出的费用补偿请求权,它可以取代替代给付的损害赔偿。[31]

31 《民法典》第 475 条第 3 款明确规定,有关损害赔偿请求权的排除或限制的约定应当符合《民法典》第 307 条至第 309 条关于合同**内容审查的一般规定**(allgemeinen Bestimmungen zur Inhaltskontrolle)。与损害赔偿请求权有关的具有实际意义的条款禁止规定在比如《民法典》第 309 条第 7 项。

四、举证责任倒置

32 如果购买的物存在瑕疵,买受人要释明并证明的不仅仅是该瑕疵的存在,还包括该瑕疵在风险转移时已经存在。这一证明往往会给买受人带来困难。此外,出卖人无论如何与交付有紧密的时间联系,通常比消费者有更好的知情和举证可能性。[32]

33 因此,为了转化《第 1999/44/EG 号指令》第 5 条第 3 款,《民法典》**第 476 条**规定了一个有利于消费者的举证责任的部分倒置。然而,由此带来的对消费者的责任减轻在效果上是有限的。因为该规定要求物的瑕疵在风险转移后六个月内出现,并且其仅仅构成一个

---

[30] BeckOK BGB/*Faust* § 475 Rn. 21.
[31] BeckOK BGB/*Faust* § 475 Rn. 21.
[32] Begr. zum RegE, BT-Drs. 14/6040, 245.

时间角度上(in zeitlicher Hinsicht)的推定(Vermutung),即该瑕疵在风险转移时已经存在。[33]

> 示例:在《联邦最高法院民事裁判集》159、215 的争议案件中,双方就所售车辆的瑕疵(具体:由于过松的齿形皮带导致发动机损坏)究竟是由于齿形皮带的材料或装配缺陷还是由于车辆买受人的错误驾驶行为所导致而产生争议。所以关键问题是,究竟是否存在物的瑕疵。在这方面,《民法典》第 476 条的举证责任倒置不适用。[34] 只有在买受人已经提出并证明物的瑕疵存在的情况下,《民法典》第 476 条才会对买受人有所帮助。

如果在风险转移时瑕疵已经存在的推定**与物或瑕疵的类型不符**(mit der Art der Sache oder des Mangels unvereinbar),则不适用有利于消费者的举证责任倒置。如果瑕疵通常可以在任何时间出现,因此不足以得出其在风险转移时已经存在的结论,则不适用该举证责任倒置。[35] 无关紧要的还有,在具体情况下经营者是否具有有关所购物品无缺陷的知识优势,否则在隐藏瑕疵情况下(比如,出卖原始包装的商品时),通常不会适用举证责任倒置,并因此在很大程度上使这一规定具有的特别保护消费者的特征落空。[36]

34

> 示例:推定一辆已售车辆以车身的外部损伤形式表现出来的物的瑕疵在风险转移时已经存在,如果该损伤即使对于一个非专业的买受人也显而易见的话,与瑕疵的类型不符。[37]

---

[33] BGHZ 159, 215 = NJW 2004, 2299 (2300);批评观点 *Bülow/Artz* Rn. 507。
[34] BGHZ 159, 215 = NJW 2004, 2299 (2300).
[35] *BGH* NJW 2007, 2619 Rn. 10.
[36] *BGH* NJW 2007, 2619 Rn. 11.
[37] *BGH* NJW 2005, 3490 (3492).

五、担保

35 　　当产品在可用性、质量和功能方面变得越来越具有可比较性和可互换性时,经营者提供的附加服务变得越来越重要。在此,尤为重要的是担保。例如,产品的耐用性担保可以向消费者担保(或使其感觉),这是一种特别可靠的产品,"肯定"物有所值。

1. 概念

36 　　担保(Garantie)的概念有多重含义。《民法典》第443条所依据的买卖法上的担保概念是新起草的,可追溯到**《消费者权利指令》第2条第14项**。据此,"商业担保"是指在商品不具备在担保表示或者相关广告中所描述的、在合同订立之时或之前所具有的品质,或者不满足其他的并非涉及无瑕疵的要求的情况下,经营者或制造商(担保人)在法定瑕疵担保之外对消费者承担的任何义务,即退还购买价款,更换或修理商品,或为消费者提供服务。

37 　　与旧法相比,新法不再区分品质担保和耐久性担保,而仅在《民法典》第443条第1款中提及一般的担保,而《民法典》第443条第2款则继续包含关于耐久性担保的特别规定。

38 　　《民法典》第443条第1款中担保的新概念——与旧法不同——不仅包括**整体上的无瑕疵**(Mangelfreiheitinsgesamt)或**不存在单个瑕疵**(Nichtvorhandensein einzelner Mängel),还包括购买的标的物不满足"**并非与无瑕疵有关的要求**(andere als die Mängelfreiheit betreffende Anforderungen)"的情况。[38] 这些情况与所购物品本身的性质无关,因此其缺陷并不构成《民法典》第434条意义上的瑕疵。[39]

---

[38] Begr. zum RegE, BT-Drs. 17/12637, 68.
[39] Begr. zum RegE, BT-Drs. 17/12637, 68.

官方资料中提到了出卖人向一块土地的买受人承诺将发布一个建筑规划的**例子**。[40] 同样可以考虑的是软件产品的制造商作出软件会兼容未来的操作系统的保证。

同样属于新内容的是,《民法典》第443条第1款包含的**担保人给付的完全目录**(abschließenden Katalog von Leistungen des Garantiegebers)。[41] 这包括退还购买价款、更换商品、修理商品或提供与商品相关的服务的义务,但未提及损害赔偿或费用补偿等给付。[42]

无论担保人是作为合同相对人的出卖人,还是买卖合同之外的第三人,《民法典》第443条都适用。因此,该规定既适用于出卖人的担保(通常构成买卖合同的非独立组成部分),也适用于第三人的独立担保,这可以是物的制造商(制造商担保)或其他第三人。

根据《民法典》第443条第1款,在担保事件发生时,担保权人享有在表示或相关广告中规定的权利,同时不影响其对担保人的法定请求权。在耐久性担保的情况下,根据《民法典》第443条第2款,推定在有效期内发生的物的瑕疵产生担保权利。

2. 消费品担保的要求

对于消费品买卖的担保,《民法典》第477条规定了特别的要求。这些规定的首要目的是确保将担保告知消费者,以便他知道担保事件何时发生,以及这种情况下他享有哪些权利。

因此,《民法典》第477条第1款列举了担保人在担保表示(即担保人的意思表示)中必须遵守的**强制性信息**(Pflichtinformationen)义务。担保人必须告知消费者其法定权利,并且告知这些权利不受担保的限制(《民法典》第477条第1款第2句第1项)。应避免消费

---

[40] Begr. zum RegE, BT-Drs. 17/12637, 68.
[41] Begr. zum RegE, BT-Drs. 17/12637, 68.
[42] Begr. zum RegE, BT-Drs. 17/12637, 68.

者产生主张担保会使他失去法定瑕疵担保请求权的错误认识。此外,担保表示应当包含担保的内容和主张担保所需的所有重要说明,特别是担保的期限和地域效力范围,以及担保人的名称和地址(《民法典》第477条第1款第2句第2项)。最后,这些说明应当"简单易懂",符合在其他地方也适用的透明度要求。

44　　**担保表示**不需要特别形式(Form der Garantieerklärung)。但是,消费者可以请求文本形式的通知(《民法典》第477条第2款)。

45　　《民法典》第477条第3款明确规定,**不遵守**(Nichteinhaltung)《民法典》第477条第1款和第2款的**要求**不影响担保的效力。因此,即使担保表示表述得不透明或不完整,也不会影响担保的约束力。

六、供应链内的追偿

1. 利益状况和适用范围

46　　新生产的商品,在被消费者通过消费品买卖获取之前,通常都经过了或长或短的**销售链**(Vertriebskette)。

　　示例:制造商生产的商品通过批发商销售,零售商从批发商那里购买商品,然后将其出售给消费者。

47　　如果商品有瑕疵,消费者会向其合同相对人,比如零售商,主张瑕疵担保权利。如果瑕疵的原因产生于先前的销售阶段(例如,瑕疵是由于制造商的生产缺陷造成的),那么出卖人将尝试在销售链中追偿。这种追偿很容易经历多个销售阶段(参见《民法典》第478条第5款和第479条第3款)。

48　　《民法典》第478条和第479条的规定不包含任何直接的消费者保护规定,相反,它们通常涉及商业关系中的瑕疵担保后果。但是,它们规定了实践中重要的、在消费者基于买卖合同向经营者主张瑕疵担保权利情况下的**后续问题**(Folgeprobleme)。这一规定借此间接地确保了消费者保护功能的实现,方式是如果瑕疵的原因不在出卖人领域,则保护作为(最终)出卖人的经营者免受经济上的负担。换句话说,与买卖物的瑕疵相关的费用不应转嫁给(最终)出卖人,而应该追溯到供应链中应当承担责任之人。

《民法典》第 478 条和第 479 条仅适用于**新生产的物**(neu hergestellte Sachen)。

49

2. 追偿的特别规定

虽然销售链内的追偿取决于各自的合同关系,因此通常又取决于买卖法。但由于追偿情况下的特别利益状况,所以需要一些特别规定。

50

(1)无须设定期限

如果出卖人因瑕疵而不得不取回商品或买受人减少了买卖价款,则根据《民法典》第 478 条第 1 款,经营者**无须**(ohne)通常要求的**期限设定**(Fristsetzung),即对其供货商享有瑕疵担保权利。当《民法典》第 437 条产生的权利或请求权要求一个期限设定时(例如,根据《民法典》第 281 条第 1 款或第 323 条第 1 款),本规定即适用。借此,法律剥夺了供货商第二次供应的权利。

51

(2)费用补偿

《民法典》第 478 条第 2 款包含一项特别的在一般的瑕疵担保请求权(比如,替代履行的损害赔偿)之外的**费用补偿请求权**(Anspruch auf Aufwendungsersatz)。据此,经营者可以要求其供应商补偿他在与消费者的关系中根据《民法典》第 439 条第 2 款所承担的费用,前提是消费者所主张的瑕疵在风险转移给经营者时已经存在。换句话说,经营者可以将与面向消费者的后续履行相关的费用(参见《民法典》第 439 条第 2 款)转嫁给他的供货商。除了维修、差旅和运输费用外,还包括为后续履行目的而产生的安装和拆除物

52

品的费用(见上文边码 22 以下)。但是,不包括在内的是经营者对消费者承担的自愿费用,比如,他出于大方而承担的费用。

53   请求权的存在与供货商的过错无关。另外,还有一个前提是,在风险转移给经营者时,瑕疵已经存在。否则,将费用转嫁给供货商是不合理的。

(3)举证责任倒置

54   根据《民法典》第 478 条第 3 款,《民法典》第 476 条举证责任规则(见上文边码 32 以下)的适用范围扩展到经营者与其供货商之间的买卖合同。但期限的开始要以经营者和消费者之间的买卖合同的风险转移为准。

(4)不同约定的禁止

55   由于消费品买卖合同之外的瑕疵担保规则在很大程度上是任意性的,因此经营者在供应链中的追偿途径可能从一开始就受到限制或被排除。然而,在与《民法典》第 475 条第 1 款可比的范围内,这种做法与《民法典》第 478 条第 4 款相矛盾。但取代被排除的权利而给予经营者"**等价补偿**(gleichwertiger Ausgleich)"的合同设计是被允许的。[43]

56   《民法典》第 478 条第 4 款不适用于对基于《商法典》第 377 条的**商事买卖**(Handelskauf)产生的权利的排除(《民法典》第 478 条第 6 款)。如果经营者没有履行其作为商人负有的检验和通知义务,他将根据《商法典》第 377 条第 2 款和第 3 款失去对供货商的权利。

(5)时效

57   《民法典》第 478 条第 2 款的费用补偿请求权的时效为**两年**(zwei Jahren)(《民法典》第 479 条第 1 款),其他情况适用《民法

---

[43] 不同的设计方案见 BeckOK BGB/*Faust* § 478 Rn. 35。

典》第 438 条的一般时效期限。

在消费者很晚才主张其请求权时,为了使经营者不会因时效届满而丧失请求权,《民法典》第 479 条第 2 款规定,时效在经营者满足消费者请求权之后两个月才完成。

58

第十三章　分时居住权合同

> 精选文献：*Franzen*, Neue Regeln zum Time-Sharing-Das „Gesetz zur Modernisierung der Regelungen über Teilzeit-Wohnrechteverträge, Verträge über langfristige Urlaubsprodukte sowie Vermittlungsverträge und Tauschsystemverträge", NZM 2011, 217; *Mäsch*, Die Time-Sharing-Richtlinie. Licht und Schatten im Europäischen Verbraucherschutzrecht, EuZW 1995, 8; *Wendlandt*, Die Timesharing-Richtlinie, das BGB und die Privatautonomie-„realistisch betrachtet", VuR 2004, 117.

一、概述

1　　分时居住权合同经常与热门度假区的房产有关。此类权利的销售通常是欧盟内部的跨境活动，因为供应商希望吸引整个欧盟的度假者成为其客户。

1. 发展

2　　欧洲立法者以20世纪90年代尤为明显的分时交易的突然增加为契机，通过《第94/47/EG号指令》制定了分时产品销售的统一规则。[1] 在德国，这些规定最初是通过《分时居住权法》进行转

---

[1] 关于《第94/47/EG号指令》的详细论述，见 *Wendlandt* VuR 2004, 117。

化的。其中包含的规定在债法改革时被纳入《民法典》(《民法典》第 481 条以下)。

随着市场的继续发展,出现了《第 94/47/EG 号指令》无法涵盖的**新商业模式**(neue Geschäftsmodelle)。此外,《第 94/47/EG 号指令》的适用表明,它的一些规定需要更新或明确,以防止开发旨在规避该指令的产品。[2] 为了提高法律的安定性,充分发挥内部市场对消费者和企业的好处,欧洲立法者认为有必要进一步协调成员国的相关法律规定。为此,颁布了《第 2008/122/EG 号指令》,该指令通过《分时居住权合同、长期度假产品合同、中介合同和互易系统合同规定现代化法》[3]转化为德国法。

2. 保护目的

分时交易对消费者具有巨大风险。尤其是此类合同往往期限很长,会给消费者带来严重的经济负担。

> **示例**:在《联邦最高法院民事裁判集》135、124 的争议案件中,被告(一对夫妇)在大加纳利岛度假期间在街上被原告的推销人员接洽,获得一张兑换一瓶香槟和两件 T 恤衫的代金券,并被邀请到度假房屋参加宣传活动。在那里,他们签署了一份用德语书写的格式声明,表示购买该大楼公寓每年第 31 周的居住权,时间为从 1994 年 7 月 31 日开始,到 2073 年结束。在声明中,他们作为连带债务人负担一次性总额为 28,255 马克的居住权费用和"目前为每周 345 马克"的年度管理和行政费用。[4]

除了经济风险之外,分时居住权合同中消费者保护的特别需求

---

[2] 《第 2008/122/EG 号指令》立法理由第 1 条第 3 句。
[3] BGBl. I 2011, 34.
[4] BGHZ 135, 124 = NJW 1997, 1697.

主要源于**此类合同的高度复杂性**(Komplexität solcher Verträge)。大量的权利和义务往往与使用权相关联。使用权的设计(比如,会员资格)通常很复杂。此外,使用权是一种消费者一旦获取就往往难以脱手的财产。

3. 概念和前提

6   关键词"分时"关联着非常**不同的商业模式**(unterschiedliche Geschäftsmodelle)。《民法典》第 481 条以下既适用于获得使用权,也适用于与消费者获得的使用权相关的合同中介。因此,该规定既适用于使用权的取得,也适用于与取得的使用权相关的后续交易。

具体来讲,可以分为以下情形:

→《民法典》第 481 条:分时居住权合同;

→《民法典》第 481a 条:长期度假产品合同;

→《民法典》第 481b 条第 1 款:中介合同;

→《民法典》第 481b 条第 2 款:互易系统合同。

(1) 分时居住权合同,《民法典》第 481 条

7   《民法典》第 481 条第 1 款将**分时居住权合同**(Teilzeit-Wohnrechtevertrages)定义为经营者因消费者支付总价而使其获得或有义务使其获得的、在超过一年的期限内为了住宿目的在特定或待定的期间内多次使用某一住宅的权利。实践中分时居住权合同存在不同的设计。《民法典》第 481 条第 2 款明确规定,消费者获得的权利可以是物权或其他权利。尤其是通过成为社团会员或获得公司股份而使其获得使用权的合同设计也包括在内。同样包括在内的还有使消费者获得从住宅建筑组合中选择某一住宅建筑使用的权利的情况。

8   就其法律性质而言,分时居住权合同是消费者借以获得使用权

的权利买卖(Rechtskauf)。[5]

(2)长期度假产品合同,《民法典》第481a条

《民法典》第481a条涵盖的是不属于分时居住权合同,但具有类似目的并包含对消费者长期约束的合同设计。根据《民法典》第481a条第1句,此类**长期度假产品合同**(Vertrag über ein langfristiges Urlaubsprodukt)是指为期一年以上的、经营者因消费者支付总价而使其获得或有义务使其获得与住宿相关的价格折扣或其他优惠的合同。

示例:(1)一个实例是《民法典》第481a条涵盖的所谓旅行折扣俱乐部[6],其中的消费者得到特别优惠的旅行特价产品的访问途径,以此方式获取长期优惠。(2)另一个实例是一家连锁酒店销售的100欧元夏季折扣通行证,消费者借此获得在夏季期间在该连锁酒店的所有住宿中享受10%的价格折扣的权利。[7]

这种类型的合同通常也是**权利买卖**。[8]

(3)使用权中介和互易

《民法典》第481b条规定的合同涉及转售或交换已获得的使用权问题,这涉及消费者根据《民法典》第481条或第481a条所订立合同的商业中介。

①中介合同,《民法典》第481b条第1款

《民法典》第481b条第1款规定的**中介合同**(Vermittlungsvertrag)——《第2008/122/EG号指令》第2条字母c称之为"转售合同

---

[5] Palandt/*Weidenkaff* BGB § 481 Rn. 1.
[6] Begr. zum RegE, BT-Drs. 17/2764, 16.
[7] *Kommission,* Vorschlag für eine Richtlinie des Europäischen Parlaments und des Rates über den Schutz der Verbraucher im Hinblick auf bestimmte Aspekte von Teilzeitnutzungsrechten, langfristigen Urlaubsprodukten sowie des Wiederverkaufs und Tausches derselben, KOM (2007) 303 endg., S. 10.
[8] Palandt/*Weidenkaff* BGB § 481 Rn. 1.

(Wiederverkaufsvertrag)"——涉及消费者希望将获取的使用权进行转售的情况。但是,由于缺乏对市场情况的了解,私人出卖人通常很难找到对使用权感兴趣的人,因此依赖于商业中介的帮助。

13　　根据其法律性质,这种合同属于特别的**中介合同**(Maklervertrag)。[9] 在对一个分时居住权合同或长期度假产品合同中权利的购买和转售进行介绍时,都可能存在中介合同。[10]

②互易系统合同,《民法典》第481b条第2款

14　　最后,《民法典》第481b条第2款中规定的**互易系统合同**(Tauschsystemvertrag)涉及商业合同中介的情况。通过这种合同,消费者从分时居住权合同或长期度假产品合同中获得的个人权利被交换或以其他方式获取或出售。

15　　根据其具体形式,这些合同应被视为**中介合同**或**事务处理合同**(Geschäftsbesorgungsvertrag)。

二、信息义务和先合同行为义务

16　　《民法典》第482条第1款规定的法定信息义务使消费者能够获得有关预期合同内容的详细信息。因此,经营者应当在消费者作出合同表示(指的是意思表示)之前,及时向消费者以**文本形式**提供《民法典施行法》**第242条之第1条**的先合同信息。根据一般透明度要求,这些信息必须清晰易懂。法律为这些信息提供了特别的**表格**(Formblätter),其模板作为附录附在《第2008/122/EG号指令》中。

17　　由于"分时"合同经常是在国外与来自不同成员国的度假者订立的,《民法典》第483条包含关于合同**语言和先合同信息**的更详细

---

[9] Begr. zum RegE, BT-Drs. 17/2764, 16.
[10] Begr. zum RegE, BT-Drs. 17/2764, 16.

的规定。原则上最重要的是消费者住所地所在成员国的官方语言(《民法典》第483条第1款第1句)。如果存在多种官方语言,消费者有选择权。如果消费者是某成员国的国民,但他在该国没有住所,则他有权选择语言(《民法典》第483条第1款第2句)。

示例:住所在法国的德国消费者在意大利与西班牙经营者订立了分时居住权合同。该消费者有权选择是要接收德语还是法语的信息。

对"分时"合同的**广告和销售**(Werbung und Vertrieb),《民法典》第482条第2款又规定了特别要求。一方面,此类合同的广告应当说明可提供先合同信息以及可在何处获取这些信息。另一方面,对"分时"产品的宣传和销售活动有特别要求。这是因为经验表明,经营者经常是在销售活动中向度假者提供此类合同。在此类活动的邀请中就必须——清楚地——提示其商业特征(《民法典》第482条第2款第2句)。这是对隐瞒商业行为的商业性质的不合法的具体化(参见《反不正当竞争法》第4条第3项和第5a条第2款)。此外,在活动期间,消费者应当随时可以访问这些法定信息(《民法典》第482条第2款第3句)。 18

通常禁止将"分时"产品作为**投资**(Geldanlage)进行宣传或销售(《民法典》第482条第2款)。该禁止旨在防止消费者因相信并期望从支付的金额中获取利润而进行"分时"交易。[11] 19

三、合同

1. 形式和语言

根据《民法典》第484条第1款,"分时"合同必须以**书面形式** 20

---

[11] Begr. zum RegE, BT-Drs. 17/2764, 17.

(Schriftform)订立,除非法律规定了更严格的形式。这种更严格的形式可以是,比如《民法典》第 311b 条第 1 款第 1 句规定的公证证书,特别是在使用权结构为不动产共同所有权的情况下。[12] 在满足《民法典》第 126a 条的前提时,以电子形式订立合同也是被允许的。

21 经营者必须向消费者提供的先合同信息通常是**合同的一部分**(Bestandteil des Vertrages)(《民法典》第 484 条第 2 款第 1 句)。仅在少数例外情况下才允许偏离先合同信息;此外,此类偏离必须单独通知消费者(《民法典》第 484 条第 2 款第 2 句至第 4 句)。合同文档必须包含《民法典》第 484 条第 2 款第 5 句中所列出的强制性信息。

22 合同语言适用《民法典》第 483 条第 1 款的语言要求。在由德国公证人进行公证的情况下,《民法典》第 483 条第 2 款明确规定,消费者应当收到一份以他能够理解的语言写就的经公证的合同翻译。根据《民法典》第 483 条第 3 款,不符合语言要求的合同无效。因为消费者不应受一份无法理解其内容的合同约束。

2. 合同文档

23 为了使消费者能够始终了解自己在合同中的权利和义务,经营者必须向消费者提供**合同文档**(Vertragsdokument)或其**副本**(Abschrift)(《民法典》第 484 条第 3 款第 1 句)。与此相关的是,《民法典》第 484 条第 3 款第 2 句和第 3 句中包含有关合同语言的特别规定。

四、撤回权

24 在《民法典》第 481 条至第 481b 条提及的合同中,消费者根据

---

[12] Begr. zum RegE, BT-Drs. 17/2764, 18.

《民法典》第 485 条享有撤回权。根据《民法典》第 482a 条规定,他必须被明确告知这种撤回权。撤回权的行使和撤回权行使的法律后果原则上依照《民法典》第 355 条的规定。但是,这些一般规定也被《民法典》第 356a 条和第 357b 条所修订。

1. 撤回期限和撤回权的消灭

《民法典》第 356a 条第 1 款规定了**撤回期限**的不同**起算**(Beginn der Frist zum Widerruf)。关键是合同订立或预约合同订立的时间。如果消费者后来才收到合同文档,则撤回期限从该时间点起算。

《民法典》第 356a 条第 2 款和第 3 款规定了提供给消费者的信息缺失或有瑕疵时的法律后果。原则上,撤回期限仅在消费者收到法律规定的信息后才起算。但在这些情况下,撤回权也有时间限制,此时必须加以区分:

表 3 撤回权的时间限制

《民法典》第 482 条的先合同信息缺失或有瑕疵	《民法典》第 482a 条的撤回告知缺失或有瑕疵
《民法典》第 356a 条第 2 款第 2 句:撤回权最迟于《民法典》第 356a 条第 1 款规定的时间点后 3 个月 14 日消灭。	《民法典》第 356a 条第 3 款第 2 句:撤回权最迟于《民法典》第 356a 条第 1 款规定的时间点后 12 个月 14 日消灭。

2. 撤回的后果

(1)消费者的义务

行使撤回权后,消费者必须返还收到的使用权。

《民法典》第 357b 条第 1 款第 1 句免除了针对消费者的**费用补偿请求权**(Kostenerstattungsansprüchen)。如果消费者必须承担相应的费用,这一义务可能会阻止他行使撤回权。他也不必为提供的服务或使用住宅支付任何报酬(《民法典》第 357b 条第 1 款第 3 句)。

对于可能发生的住宅的价值减损,根据《民法典》第357b条第2款,消费者仅在未对住宅进行正确使用时承担责任。

(2)经营者的义务

29　　经营者必须向消费者偿还有关合同、合同履行和清算的费用(《民法典》第357b条第1款第2句)。

五、其他的保护规定

1. 预付款的禁止

30　　《民法典》第486条第1款禁止在撤回期限届满之前**索取和接受**(Einfordern und die Annahme)消费者的**付款**(Zahlungen)。这会保障消费者更容易行使他的撤回权,因为他不必在撤回情况下主张任何退款请求权。[13]

31　　对于中介合同,《民法典》第486条第2款包含类似的禁止,目的是防止消费者被经营者拖延和被迫遵守合同,因为他不想冒自己已支付款项被延迟或拒绝退还的风险。[14]

2. 长期度假产品合同的分期付款

32　　为了转化《第2008/122/EG号指令》第10条,《民法典》第486a条包含仅适用于长期度假产品合同的特别规定。

33　　《民法典》第486a条第1款包含更详细的关于**分期付款**(Ratenzahlungen)的规定。在长期度假产品合同中,由于消费者的付款并不总是面对着经济上有保障的对待给付,因此,制定了特别的规定来保护消费者。[15] 经营者不仅必须告知消费者付款方式,而且不得偏离表格中指定的付款方式。在付款之前,需要以文本形式提出请求,并至少在年度分期到期前两周到达消费者。

---

[13] Begr. zum RegE, BT-Drs. 17/2764, 21.
[14] Begr. zum RegE, BT-Drs. 17/2764, 21.
[15] Begr. zum RegE, BT-Drs. 17/2764, 21.

《民法典》第486a条第2款设立了消费者的**特别通知终止权**（Sonderkündigungsrecht）。该权利的目的是使消费者能够退出合同。因为涉及长期度假产品时，消费者通常很难评估所提供的服务是否真正符合他们的长期利益。[16] 通知终止权是对合同终止的其他途径的补充。[17]《民法典》第486a条第2款的通知终止权并不限制因重大事由终止合同的权利（参见《民法典》第314条）。

3. 不同约定的禁止

《民法典》第481条以下整体上是有利于消费者的**单向强行法**（《民法典》第487条）。规避行为也是不合法的。

---

［16］ Begr. zum RegE, BT-Drs. 17/2764, 21.
［17］ Begr. zum RegE, BT-Drs. 17/2764, 21.

第十四章　消费者贷款和类似交易

> 精选文献：*Blaurock,* Verbraucherkredit und Verbraucherleitbild in der Europäischen Union, JZ 1999, 801; *Bülow,* Am Vorabend einer neuen Verbraucherkreditrichtlinie, WM 2005, 1153; *ders.,* Verbraucherkreditrichtlinie, Verbraucherbegriff und Bürgschaft, ZIP 1999, 1613; *Bülow/Artz,* Verbraucherkreditrecht, 8. Aufl. 2014; *W. Rühl,* Weitreichende Änderungen im Verbraucherdarlehensrecht und Recht der Zahlungsdienste, DStR 2009, 2256; *Sauer,* Einführung in das deutsche und europäische Verbraucherkreditrecht, JURA 2005, 8; *Schmolke,* Grenzen der Selbstbindung im Privatrecht, 2014; *Stillner,* Verbraucherkreditgeschäfte-Eine Einführung, VuR 2002, 79; *von Heymann,* Zum neuen Verbraucherkreditgesetz, WM 1991, 1285.

一、概述

1　　在一个（金钱）借贷中，贷款人向借款人提供一定数量的资金，以便借款人可以使用这些资金购买商品或服务。消费者贷款的目的通常是出于购买供个人使用的资产（例如，购买一辆新车），而他们当时没有必要的资金。一方面，贷款给予借款人**经济上的行动空间**（wirtschaftlichen Handlungsspielraum）。另一方面，它也带来了**各种风险**（Risiken）。

自 2002 年债法改革以来,《民法典》对第 488 条以下规定的金钱借贷(Gelddarlehen)和第 607 条以下规定的物的消费借贷(Sachdarlehen)进行了区分。消费者贷款合同(《民法典》第 491 条以下)则作为金钱借贷的特别情形,在单独的目中被特别规定。这一规制技术类似于买卖法中对消费品买卖的规定。作为对消费者贷款规定的补充,《民法典》第 506 条以下规定了与贷款类似的交易。

表 4 《民法典》第 488 条以下的规则体系

金钱借贷:一般规定,《民法典》第 488 条至第 490 条	消费者与经营者之间的其他融资援助,《民法典》第 506 条至第 509 条	分期交付合同,《民法典》第 510 条
消费者贷款,《民法典》第 491 条至第 505 条		
《民法典》第 491 条以下的共同规定		

1. 发展

(1)《分期付款法》

当前形式的消费者贷款法是一个长期发展的结果,其根源可以追溯到 19 世纪。[1] 如今的消费者贷款法的一个重要前身是**保护分期付款买受人**(Schutz des Abzahlungskäufers)的《分期付款法》。在分期付款交易中,买受人没有立即履行全部对待给付,而是分期支付价款。对于买受人来说,这样做的好处是他可以立即使用所购买的物品,以便之后或许可以通过对它的使用来挣得价款。但是,基于其长期约束性,分期付款交易也存在风险。因为买受人负担在较长时间内分期清偿的义务,而在此期间,其财务状况可能会

---

[1] 对不同发展阶段的详细论述,见 Soergel/*Seifert* BGB Vor § 491 Rn. 6 ff.。

意外恶化。[2]

4　　《分期付款法》旨在保护那些通常缺乏商业经验的买受人,使其免受在合同订立时无法识别其含义和范围或者无法掌握或正确评估风险的合同条款的影响。[3]

5　　随着时间的推移,对分期付款买受人的保护得到了完善,时至今日这些机制仍然是消费者保护工具的一部分。[4] 通过1969年9月1日法律引入的《分期付款法》第1a条使合同的订立定型化。[5]《分期付款法》第6a条创设了特别的管辖权规定。1974年5月15日的《分期付款法》第1b条赋予买受人一个有期限限制的撤回权,这已经与如今的消费者撤回权非常相似。[6] 撤回权行使的法律后果(《分期付款法》第1d条)也被设计为一种对买受人特别有利的方式。《分期付款法》第1c条将某些保护机制从分期付款买卖扩展到类似交易。[7]

(2)《消费者贷款法》和后续发展

6　　在欧洲层面,《第87/102/EWG号指令》旨在初步协调成员国关于消费者贷款的法律和行政规定。[8] 根据欧洲立法者的评估,成员国对消费者贷款的不同规定导致了竞争的扭曲。[9] 它们还限制了消费者在另一个成员国获得贷款的可能性。[10] 不同的法律规定

---

〔2〕 对消费者贷款的经济基础的详细论述,见 Schmolke, Grenzen der Selbstbindung im Privatrecht, 779 ff.。

〔3〕 Larenz, § 43a I, S. 128;对《分期付款法》产生历史的详细论述,见 Benöhr ZHR 138 (1974), 492。

〔4〕 详见 Peter JZ 1986, 409。

〔5〕 Larenz § 43a I, S. 129.

〔6〕 对此更详细的和关于《分期付款法》其他变化的论述,见 Reich JZ 1975, 550。

〔7〕 Larenz § 43a I, S. 129.

〔8〕 关于欧盟法基础,详见 Soergel/Seifert BGB Vor § 488 Rn. 14 ff. und Vor § 491 Rn. 31 ff.。

〔9〕 《第87/102/EWG号指令》立法理由第2条。

〔10〕 《第87/102/EWG号指令》立法理由第3条。

足以损害共同市场的运行。[11] 鉴于共同体的消费者贷款量不断增长,建立一个共同的消费者贷款市场应该会使消费者、贷款人、制造商、批发商、零售商和服务提供商共同受益。[12] 该指令追求**最低限度协调**的目标。根据《第 87/102/EWG 号指令》第 15 条,成员国可以维持或发布更严格的保护消费者的规定。

该指令在德国法的转化是通过《**消费者贷款法**》实现的。该法于 1991 年 1 月 1 日生效并取代了《分期付款法》。 7

随着 **2002 年的债法改革**,在内容上没有重大变化的情况下,《消费者贷款法》的规定被纳入《民法典》。同时,贷款法在整体上进行了结构重整。 8

《第 87/102/EWG 号指令》被《**第 2008/48/EG 号指令**》所取代。新规建立在《第 87/102/EWG 号指令》转化后对各成员国法律状况的审查基础上。对此,立法理由书中这样写道: 9

(2)1995 年,委员会提交了一份关于《第 87/102/EWG 号指令》适用的报告,并与有关各方进行了广泛的磋商。1997 年,该委员会提交了一份关于对 1995 年报告反应的总结报告。1996 年出台了关于《第 87/102/EWG 号指令》适用的第二份报告。

(3)这些报告和磋商表明,在一般的自然人贷款和特别的消费者贷款领域,各成员国的法律规定存在很大差异。一项对转化《第 87/102/EWG 号指令》的国内立法的分析表明,实际上,由于法律或经济方面不同的国内情况,各成员国在《第 87/102/EWG 号指令》之外适用了一系列消费者保护机制。

(4)在一些成员国通过了比《第 87/102/EWG 号指令》的规

---

[11] 《第 87/102/EWG 号指令》立法理由第 4 条。
[12] 《第 87/102/EWG 号指令》立法理由第 5 条。

定更严格的各种强制性法律规定的情况下,由于这些国家差异而造成的事实和法律状况,一方面导致共同体内贷款人之间竞争的扭曲,并阻碍了内部市场的发展。另一方面,它限制了消费者直接利用不断扩大的跨境消费者贷款供应的可能性。这些扭曲和限制反过来会对商品和服务的需求产生影响。[13]

10 与之前的规制方法不同,《第 2008/48/EG 号指令》现在追求**完全协调**的目标,以保证欧盟所有消费者的利益可以得到高度和可比的保护,并创建一个真正的内部市场。[14] 该指令的转化是通过《关于消费者贷款指令、支付服务指令的民事部分转化以及撤回和退货权规定重组法》来实现的。[15]

11 另一项变化是通过《关于采用消费者贷款合同撤回信息模板、修改消费者贷款合同撤回权规定和修改贷款中介法的法律》实现的。[16] 该法旨在根据现有的示范信息,将有关消费者贷款合同中撤回权的合同示范信息纳入法律。

12 在**转化《消费者权利指令》**的过程中,消费者贷款法进行了一些必要的后续修改和调整。

2. 保护目的

13 在涉及贷款合同和类似交易时,出于多种原因,消费者需要受到特别保护。

14 一方面贷款合同是**继续性债务关系**(Dauerschuldverhältnisse),通常会带来长期的合同约束。贷款合同通常会在贷款期限内给借款人带来相当大的**经济负担和风险**(wirtschaftliche Belastungen und Risiken)。消费者在订立合同时通常很难安全可靠地估计这种负担

---

[13]《第 2008/48/EG 号指令》立法理由第 2 条至第 4 条。
[14]《第 2008/48/EG 号指令》立法理由第 9 条。
[15] BGBl. I 2009, 2355.
[16] BGBl. I 2010, 977.

的程度,例如,在偿还贷款金额本身之外所产生的利息费用。

另一方面是**事实上的不确定性**(tatsächliche Unsicherheit)。特别是在长期贷款的情况下,消费者的财务状况可能会发生不可预测的变化(例如,由于失业或离婚等个人情况的变化),因此他可能无法再按照他在订立合同时的预期和期望偿还贷款。

最后应当考虑到,贷款合同和类似合同通常是**非常复杂的交易**(sehr komplexe Geschäfte)。这在法律和实践的角度来看都是如此。鉴于合同条款的广泛性,贷款合同的内容对于非专业人士来说往往难以理解。此外,根据贷款目的的不同,贷款合同在实践中的表现形式也各不相同。例如,为期几日的透支性贷款和长期贷款以资助房屋建设之间存在显著差异。而对贷款市场和贷款服务的结构和运行方式认识的普遍缺失或不足,使对合同的法律评价变得更加困难。

3. 概念和前提

(1) 消费者贷款和例外

《民法典》第491条第1款将消费者贷款合同定义为作为贷款人的经营者与作为借款人的消费者之间的有偿贷款合同。从法律性质上看,它是一种(金钱)借贷。[17] 认定**有偿性**(Entgeltlichkeit)的前提是,消费者在偿还贷款之外还必须支付利息,或者他必须为获取贷款向经营者履行其他对待给付。[18]

基于《第2008/48/EG号指令》第2条第1款,《民法典》第491条第2款将某些交易一般性地排除在消费者贷款法的适用范围之外。这些例外情况主要包括那些对消费者而言风险相对较低或提供特别有利条件的贷款交易。据此,下列合同并非消费者贷款

---

[17] Soergel/*Seifert* BGB § 491 Rn. 33.
[18] MüKoBGB/*Schürnbrand* BGB § 491 Rn. 37; Soergel/*Seifert* BGB § 491 Rn. 31; Palandt/*Weidenkaff* BGB § 491 Rn. 3.

合同：

→《民法典》第 491 条第 2 款第 1 项：净贷款金额[19]低于 200 欧元的合同。在这种情况下，消费者的风险是可控的。同时，将所有法律要求扩展到此类小额贷款上也是不合比例的。

→《民法典》第 491 条第 2 款第 2 项：借款人的责任限于作为质押而被交付给贷款人的物品的合同。在这种情况下，只要质押的担保(《民法典》第 1204 条以下)能够涵盖贷款合同中的所有债权，借款人的责任风险就会通过担保被"缓冲"。[20] 为了保护借款人，可以适用《典当商条例》(PfandlVO)的规定。[21]

→《民法典》第 491 条第 2 款第 3 项：借款人须在三个月内偿还贷款并且只约定了较低费用的合同。由于履行期限较短，这些合同不存在与期限相关的费用风险。

→《民法典》第 491 条第 2 款第 4 项：雇主与其雇员订立的低于市场通常实际年利率[22]的作为劳动合同从给付的合同，且不提供给其他人。[23] 考虑到这是雇主向雇员提供的特别社会福利[24]，这一例外是合理的。

→《民法典》第 491 条第 2 款第 5 项：仅在有限的人群范围内，基于公共利益的法律规定，在一个对借款人而言比市场条件更有利或至多为市场通常利率的条件下订立的合同。

(2) 特别的合同

19　　根据《民法典》第 491 条第 3 款，被记入法庭笔录的贷款合同 (Gerichtlich protokollierte Darlehensverträge) 通常不被排除在《民法

---

[19] 概念见《民法典施行法》第 247 条之第 3 条第 2 款。
[20] Palandt/*Weidenkaff* BGB § 491 Rn. 14.
[21] MüKoBGB/*Schürnbrand* § 491 Rn. 66.
[22] 关于概念和计算，见《价格标示条例》第 6 条和该条款附录。
[23] 对这种特别的贷款，见 Soergel/*Seifert* BGB Vor § 488 Rn. 45 ff.。
[24] Vgl. BAGE 34, 297 = NJW 1982, 253 (1. Leitsatz).

典》第491条以下的适用范围之外。只有少数条款不适用于此类合同。这主要涉及信息义务、合同的形式和内容以及撤回权。

根据《民法典》第503条,其他的特别规定适用于通过土地担保物权(例如,抵押或土地债务)所担保的贷款合同。对于这些**不动产贷款合同**(Immobiliendarlehensverträge),一些消费者贷款法规定的适用被排除。 20

修改后的规定继续适用于**透支性贷款**(Überziehungskredite),在此法律区分给予的(《民法典》第504条)和容忍的透支可能性(《民法典》第505条)。 21

(3)创业者贷款,《民法典》第512条

《民法典》第512条将消费者贷款法的**人员适用范围扩展**到创业者。由于开办企业所需的创设行为已经属于人的商业或独立的职业行为[25],因此,此人在贷款时本身并非《民法典》第13条意义上的消费者。《民法典》第512条并未扩展消费者的概念,而是将创业者与消费者在评价上同等看待。[26] 22

在将创业者涵盖在《民法典》第491条至第511条的保护范围内时,法律主要考虑的是那些对于**开展简单的职业、手工业或其他商业活动**(Aufbau einfacher gewerblicher, handwerklicher oder sonstiger geschäftlicher Tätigkeiten)所必需的小额贷款,因为这主要依赖没有商业经验的个人投入。[27] 因此,那些净贷款金额或现金支付价格超过75,000欧元、已经具有典型企业规模的交易就合乎逻辑地被排除在外。 23

---

[25] BGHZ 162, 253 = NJW 2005, 1273 (1274).
[26] BGHZ 162, 253 = NJW 2005, 1273 (1274).
[27] Begr. zum RegE, BT-Drs. 16/11643, 96.

二、信息义务

24　　在订立消费者贷款合同时,消费者应通过获取全面的信息得到保护。由于对信息的需求不仅存在于合同订立之前,而且也存在于贷款期限内,因此法律规定了不同的信息义务。《民法典》第491a条规定了向消费者提供先合同信息的义务。《民法典》第493条还包括合同关系存续期间的信息提供义务。

　　1. 合同订立前的信息义务

　　(1)一般的信息义务,《民法典》第491a条第1款

25　　《民法典》第491a条第1款设立了(未来)贷款人一般的信息义务。信息的方式和确切范围源于**《民法典施行法》第247条**。信息须在消费者贷款合同订立之前及时以**文本形式**提供。此外,经营者必须使用特定的**表格**来提供信息。这些表格会使信息标准化,可以使对不同报价的比较更加容易。

26　　根据先合同信息,消费者应该能够基于贷款人提供的合同条款对不同的报价进行比较,考虑自己的意愿,对是否订立合同作出负责任的决定。[28]

　　(2)合同草案出示请求权,《民法典》第491a条第2款

27　　如果贷款人愿意与消费者订立贷款合同,借款人可以根据《民法典》第491a条第2款请求**出示合同草案**(Vorlage eines Vertragsentwurfes)。

28　　该规定旨在让消费者在了解一般信息之外,知晓贷款合同的具体内容。该规定设计为消费者的请求权。无论贷款人是否履行了《民法典》第491a条第1款规定的义务,该请求权都存在。[29]

---

　　[28] Begr. zum RegE, BT-Drs. 16/11643, 78.
　　[29] Begr. zum RegE, BT-Drs. 16/11643, 78.

即使经营者已经向消费者出示了消费者贷款的欧洲标准信息模板,消费者也可以请求出示合同草案。贷款人不得为出示合同草案收取任何费用。[30]

(3)说明义务,《民法典》第491a条第3款

最后,在信息义务之外,《民法典》第491a条第3款还规定了贷款人的特别**说明义务**(Erläuterungspflicht)。贷款人应向借款人说明所提供合同的特征和后果,以便借款人能够在充分了解的基础上作出决定。[31] 根据《民法典》第491a条第3款第2句,说明义务可以包括先合同信息、贷款人所提供合同的主要特征及其对借款人的典型合同影响,包括支付迟延的后果。这种说明应与基于咨询合同的咨询加以区分。[32]

说明的目的是使借款人理解合同和合同条款。必要的说明范围取决于具体贷款交易的复杂程度,也取决于借款人的理解可能性,前提是贷款人能够认识到这一点。[33] 起决定性作用的是一个**通常的消费者指导形象**(Leitbild eines durchschnittlichen Verbrauchers)。[34] 法律上并没有规定说明的形式。除了直接的说明性谈话以外,通过电话或书面形式进行说明都被认为是允许的。[35]

2. 合同存续期间的信息义务

由于消费者贷款合同是一种继续性债务关系,在合同存续期间可能会发生重大变化。因此,《民法典》第493条规定了在合同关系存续期间的特别信息义务。一方面,这与**借款利率**(Sollzins)的变化(《民法典》第493条第1款和第3款)以及**延续贷款关系**

---

[30] Begr. zum RegE, BT-Drs. 16/11643, 78.
[31] Begr. zum RegE, BT-Drs. 16/11643, 79.
[32] Soergel/*Seifert* BGB § 491a Rn. 67.
[33] Begr. zum RegE, BT-Drs. 16/11643, 78.
[34] Soergel/*Seifert* BGB § 491a Rn. 68.
[35] Soergel/*Seifert* BGB § 491a Rn. 70.

(Fortführung des Darlehensverhältnisses)的意愿(《民法典》第493条第2款)有关。根据《民法典》第493条第4款,这些义务原则上也适用于债权让与的情况。根据《民法典》第492条第5款,表示应当以文本形式作出。

33 让与(Abtretung)发生后的债权人变更也受信息要求的限制(《民法典》第496条第2款)。因为消费者应当知道谁可以向他提起请求。只有在前债权人和新债权人约定,仅有前债权人才可以对消费者提起请求的情况下,才不适用这一点。这涉及默示让与的情况。

示例:贷款人A将其对消费者V的贷款债权转让给银行B作为担保。A和B约定,让与之后仍然只有A可以对V提出请求。

3. 评价

34 考虑到消费者获取的与贷款合同有关的大量信息,应当持一定的怀疑态度来评价法定信息义务的用处。因为消费者在消费者贷款中的保护需求恰恰源于合同的复杂性。这一问题不但不会被大量的信息义务所解决,反而可能会由于"信息过载(information overload)"而加剧。大量的信息不会自动导致消费者保护的改善。因此,有学者参考行为经济学的研究结果,呼吁合理修订消费者贷款中的信息机制。可以考虑的措施包括提供数量上减少,但有意义的有关合同核心方面的信息,并进一步提高报价的可比性。[36]

三、合同

1. 形式和内容

35 根据《民法典》第492条第1款第1句,在没有更严格的形式规

---

[36] *Schmolke*, Grenzen der Selbstbindung im Privatrecht, S. 904.

定的情况下,消费者贷款合同应当采用**书面形式**。一个更严格的形式要求可能会在贷款合同与土地买卖合同结合在一起时产生(参见《民法典》第311b条第2款)。

为了促进商业交易,《民法典》第492条第1款第2句规定只要要约和承诺由合同当事人分别以书面形式表示就足够了。此外,贷款人自动生成的表示不需要签名(《民法典》第492条第1款第3句)。作为书面形式的替代,以**电子形式**(elektronischer Form)订立合同也是被允许的(《民法典》第126条第3款和第126a条)。[37]

36

> **示例**:如果消费者在**电子平板电脑**(elektronischen Schreibtablett)上签名,则不符合《民法典》第126a条的特别要求。[38] 德国邮政的**电子信件**(E-Postbrief)*也不符合法律的形式要求。[39]

《民法典》第492条第2款规定了合同必须包含的(**最少**)**内容**。详情规定在《民法典施行法》第247条之第6条至第13条。如果合同未包含或未完全包含这些信息,可以在满足《民法典》第492条第6款的前提下进行补充。

37

如果借款人通过**代理**(Vollmacht)订立贷款合同,《民法典》第491条第1款和第2款的规定也适用。这是《民法典》第167条第2款的一个例外。其目的是防止对借款人的保护因代理人的介入而被掏空。

38

如果订立了贷款合同,根据《民法典》第492条第3款第1句,贷款人负有向消费者提供合同**副本**的义务。合同副本不需要公

39

---

[37] Begr. zum RegE, BT-Drs. 16/11643, 79.
[38] *OLG München* NJW 2012, 3584 (3583).
* "E-Postbrief"是德国邮政的一项结合了传统信件和电子传输方式的信件服务,本书译为"电子信件",以区别于"电子邮件(Email)"。——译者注
[39] *Bülow/Artz* Rn. 308.

证,电子文档足矣。[40]

2. 形式瑕疵

40 　　《民法典》第 494 条包含了对于形式瑕疵更加详细的规定。差异化规定背后的考虑是,如果不遵守所要求的形式(《民法典》第 125 条第 1 句)而导致合同完全无效的话,通常对消费者不利,特别是当他已经收到贷款时。

41 　　根据《民法典》第 494 条第 2 款第 1 句,当消费者接受或使用了贷款时,以此为限,因形式要求而无效的合同将被**治愈**(Heilung)。但是,根据《民法典》第 494 条第 2 款至第 6 款的规定,该合同可能会根据具体的瑕疵情况发生**内容上的修改**(inhaltlichen Modifizierungen)。根据《民法典》第 494 条第 7 款,贷款人负有向借款人提供一份修改后的合同副本的义务。

四、撤回权

42 　　订立贷款合同时,消费者享有一个依据《民法典》第 495 条第 1 款和第 355 条的撤回权。该撤回权使消费者能够在撤回期限内重新考虑他的决定,并在必要时退出贷款合同的约束。但是,由于撤回期限较短,撤回权并不能防范消费者贷款的长期风险。因此,如果消费者在几个月后才意识到他在订立合同时对自己财务能力的判断过于乐观,无法完成贷款的偿还,撤回权也无法提供帮助。根据《民法典》第 495 条第 2 款,下列情况下**撤回权不存在**(Kein Widerrufsrecht):

第 1 项:在债务重组的特别情况下;

第 2 项:经过公证的合同;

第 3 项:在《民法典》第 504 条和第 505 条意义上的透支性贷款

---

[40] Begr. zum RegE, BT-Drs. 16/11643, 80.

情况下。

1. 撤回期限

撤回期限为14日(14 Tage)(《民法典》第 355 条第 2 款第 1 句)。关于撤回期限的起算,《民法典》第 356b 条包含更详细的规定。根据《民法典》第 356b 条第 1 款,在贷款人向借款人提供为其制作的合同文书、借款人的书面要约或合同文书副本或其要约之前,撤回期限不起算。

在允许后续补充提供信息(Nachholung von Informationen)的情况下(《民法典》第 492 条第 6 款),该期限仅从后续提供这些信息时起算(《民法典》第 356b 条第 2 款第 1 句)。同时,根据《民法典》第 356b 条第 2 款第 2 句,撤回期限延长至1个月(einen Monat)。

在一个因形式原因而无效的合同被治愈的情况下,仅在借款人收到依照《民法典》第 494 条第 7 款所必需的贷款人提供的合同副本时,撤回期限才起算(《民法典》第 356b 条第 3 款)。

2. 撤回后果

原则上,撤回的行使和法律后果受《民法典》第 355 条一般规则的约束。一些特别规定适用于在营业场所外订立的合同和远程金融服务合同。特别是,借款人须支付从贷款交付到贷款偿还期间内约定的**贷款利息**(《民法典》第 357a 条第 3 款第 1 句)。对于以土地担保物权为担保的贷款,可以证明使用收益低于贷款利息(《民法典》第 357a 条第 3 款第 2 句和第 3 句)。此外,只有针对贷款人已向公共机构支付且无法请求返还的费用,借款人才有义务向贷款人补偿(《民法典》第 357a 条第 3 款第 5 句)。

3. 撤回之穿透

原则上,撤回的效力仅限于各自的合同关系。然而例外的是,《民法典》第 358 条和第 360 条开启了撤回"穿透"一个与贷款交易相关联的合同关系的途径(详见第十章)。

五、其他保护规定

48   在消费者贷款法中,一般的消费者保护工具被《民法典》第 496 条至第 503 条的保护借款人的特别规定所补充。

    1. 抗辩的放弃,《民法典》第 496 条第 1 款

49   在债权让与的情况下,债务人受到《民法典》第 404 条以下的保护。特别是,债务人对前债权人存在的抗辩权,在与新债权人的关系中仍然保留(《民法典》第 404 条)。针对前债权人的抵销情况的保留也同样如此(《民法典》第 406 条)。由于这些规定是任意性的,因此,可以在贷款合同中予以排除。然而,这将使借款人的法律地位大大恶化。因此,根据《民法典》第 496 条第 1 款,此类约定无效。

50   尽管《民法典》第 496 条第 1 款仅明确提及《民法典》第 404 条和第 406 条,但该规定也应类推适用于《民法典》第 407 条以下的债务人保护规定。[41]

    2. 汇票和支票的禁止,《民法典》第 496 条第 3 款

51   《民法典》第 496 条第 3 款旨在保护借款人免受因向贷款人**提交汇票或支票**(Hingabe eines Wechsels oder Schecks)可能导致的额外负担。这种负担一方面来自额外的(和法律上独立的)义务,另一方面来自证书和票据诉讼(Urkunden- und Wechselprozesses)的可能性(《民事诉讼法》第 592 条以下)。[42]

52   因此,根据《民法典》第 496 条第 3 款第 1 句,承担票据债务的义务通常是无效的。签发支票是被允许的,但不能作为消费者贷款合同中请求权的担保(《民法典》第 496 条第 3 款第 2 句)。

---

[41] MüKoBGB/*Schürnbrand* § 496 Rn. 8; Soergel/*Seifert* BGB § 496 Rn. 8.

[42] Soergel/*Seifert* BGB § 496 Rn. 18.

3. 借款人的债务人迟延

(1)利息和部分履行,《民法典》第 497 条

如果借款人迟延还款,则在满足《民法典》第 286 条规定的前提下发生债务人迟延。为了确保借款人和贷款人之间利益的适当平衡,《民法典》第 497 条规定了一些特别规则。

《民法典》第 497 条第 1 款规定,借款人应当根据《民法典》第 288 条第 1 款支付"所欠金额"的利息。这意味着当迟延发生时,借款人基于贷款合同所欠所有款项的总和应**统一的支付利息**(einheitlich zu verzinsen)。[43] 根据《民法典》第 497 条第 2 款规定应当对该利益进行特别的处理。

在借款人**部分履行**(Teilleistung)的情况下,《民法典》第 497 条第 3 款第 1 句确定了不同于《民法典》第 367 条的**清偿顺序**(Tilgungsreihenfolge)。这一规定的目的是减少债务。与《民法典》第 266 条的规定不同,贷款人不得拒绝借款人的部分履行(《民法典》第 497 条第 3 款第 2 句)。

此外,**时效**(Verjährung)适用特别的规定(《民法典》第 497 条第 3 款第 3 句至第 5 句)。

(2)分期支付贷款中的全部到期,《民法典》第 498 条

如果借款人在一个分期支付贷款(即分期偿还的贷款)中陷入支付迟延,则贷款只能在《民法典》第 498 条第 1 句规定的前提下被**通知终止**(Kündigung)。《民法典》第 498 条第 2 句希望促进当事人之间的协商。

4. 贷款人的通知终止和履行拒绝

根据《民法典》第 499 条第 1 款,如果在消费者贷款合同中约定了固定的合同期限,则**贷款人的通知终止权**(Kündigungsrecht des

---

[43] MüKoBGB/*Schürnbrand* § 497 Rn. 10.

Darlehensgebers)受到限制。因此,在消费者贷款中,贷款人的通知终止权只能在无固定期限的贷款合同中进行约定。但对于这些合同,通知终止期限不得少于两个月。

59 根据《民法典》第 499 条第 2 款,如果合同中有约定,贷款人可以在无固定期限合同中"**出于客观原因**(aus einem sachlichen Grund)"行使**拒绝履行的权利**(Leistungsverweigerungsrecht)。这种拒绝履行的权利不影响贷款人的通知终止途径。[44] 同时,根据该规定可以得出,有关贷款人非基于客观原因的拒绝履行权的约定是不合法的。[45]

> 根据官方资料,可以行使拒绝履行权的客观原因的**示例**包括,在合同订立和贷款全额支付之间发生的借款人的财务状况恶化(参见《民法典》第 321 条)或在合同约定了特定使用目的情况下贷款的滥用。[46]

60 确定是否存在客观原因需要进行个案衡量,其中必须权衡贷款人对贷款按照约定使用的利益与借款人偏离行为的原因。[47]

5. 借款人的通知终止权和提前履行

61 与《民法典》第 488 条第 3 款第 2 句的一般通知终止期限不同,在一个无固定期限的借款合同中,根据《民法典》第 500 条第 1 款第 1 句,借款人有权随时全部或部分**通知终止**,而无须遵守通知期限。通过合同,消费者只能被课以最多一个月的通知终止期限(《民法典》第 500 条第 1 款第 2 句)。

62 借款人有权随时**提前偿还**(vorzeitig zu erfüllen)全部或部分债

---

[44] Begr. zum RegE, BT-Drs. 16/11643, 85.
[45] Begr. zum RegE, BT-Drs. 16/11643, 85.
[46] Begr. zum RegE, BT-Drs. 16/11643, 85.
[47] Begr. zum RegE, BT-Drs. 16/11643, 85.

务(《民法典》第 500 条第 2 款)。在这种情况下,总费用会根据《民法典》第 501 条而降低。在提前还款的情况下,贷款人享有一个适当的**提前还款补偿**(Vorfälligkeitsentschädigung)请求权。该请求权的金额和排除原因规定在《民法典》第 502 条。

6. 不同约定的禁止

根据《民法典》第 511 条的规定,禁止与《民法典》第 491 条至第 510 条不同的损害消费者利益的约定。这也包括规避行为。

示例:(1) 如果一笔贷款被分成几笔低于 200 欧元净贷款金额(参见《民法典》第 491 条第 2 款第 1 项)的"小额贷款",则应将其认定为规避行为。[48] (2) 但作为"稻草人"的个人介入以商业为目的的贷款并不属于规避行为。因为在这种情况下,该"稻草人"已经不是消费者,所以交易从一开始就不是消费者贷款。[49]

六、融资援助和分期交付合同

作为对有关消费者贷款规定的补充,《民法典》第 506 条以下还处理具有**类似贷款特征**(darlehensähnlichen Charakter)的交易。一方面,涉及各种融资援助。这些合同的特点是消费者通过有偿方式获得经济上的行动空间,比如,通过从经营者那里"换取"将他的付款义务推迟一段时间。另一方面,《民法典》第 510 条规范分期交付合同。这些合同以一个——与贷款类似的——长期的合同约束为特征,通过这些合同,消费者在合同期间负担着反复向经营者履行的义务。

1. 延期付款和其他融资援助

《民法典》第 506 条第 1 款区分了有偿的延期付款和其他有偿

---

[48] Palandt/*Weidenkaff* BGB § 511 Rn. 3.
[49] Vgl. *BGH* NJW 2002, 2030 (2031).

的融资援助。

(1) 概念和适用范围

66　　在**延期付款**(Zahlungsaufschub)中,约定的消费者所负担的付款到期日被推迟。[50] **其他融资援助**(sonstigen Finanzierungshilfe)则是一个兜底性构成要件,涵盖根据其法律特征既不能被认定为贷款也不能被认定为延期付款的情况。其他融资援助的特点是以不符合贷款或延期付款的形式将购买力暂时转移给消费者,以便提前将未来收入用于消费或投资目的。[51]

67　　在这两种情形下都要求交易的**有偿性**。如果消费者为其获取的利益付出对待给付,比如,通过支付利息或者一次性付款,有偿性即可被认定。[52]

68　　有偿融资援助在实践中的一个重要应用是**对具有融资功能的物的有偿使用**(entgeltliche Gebrauchsüberlassung eines Gegenstands mit Finanzierungsfunktion)。根据《民法典》第 506 条第 2 款,如果约定了以下情形之一,则此类交易可以被视为其他融资援助:

第 1 项:消费者有购买物品的合同义务;

第 2 项:经营者可以请求消费者购买物品。这尤其适用于所谓的供应权;[53]

第 3 项:在合同终止时,消费者对物品的一定价值支付费用。该规定针对具有残值担保的合同。[54]

> 示例:《民法典》第 506 条第 2 款涵盖租购(Mietkauf),其特点是租赁物的所有权在合同终止时由出租人转移给承租

---

[50]　Soergel/*Seifert* BGB § 506 Rn. 6; Palandt/*Weidenkaff* BGB Vorb. v. § 506 Rn. 3.

[51]　MüKoBGB/*Schürnbrand* § 506 Rn. 22; Soergel/*Seifert* BGB § 506 Rn. 21.

[52]　Palandt/*Weidenkaff* Vorb. v. § 506 Rn. 6.

[53]　MüKoBGB/*Schürnbrand* § 506 Rn. 26.

[54]　MüKoBGB/*Schürnbrand* § 506 Rn. 26.

人。[55] 各种类型的**融资租赁**(Finanzierungsleasings)也受《民法典》第 506 条第 2 款的规制。[56]

《民法典》第 491 条第 2 款和第 3 款中列出的例外情况相应地适用于延期付款或其他有偿融资援助。

(2)适用的规定

《民法典》第 358 条至第 359a 条和第 491 条至第 502 条相应地适用于《民法典》第 506 条中规定的合同,但《民法典》第 492 条第 4 款中包含的授权规定除外。只是在涉及《民法典》第 506 条第 2 款第 1 句第 3 项规定的合同时,《民法典》第 500 条第 2 款和第 500 条才不适用。

(3)信用审查

《民法典》第 509 条规定的审查消费者信用的义务适用于所有有偿融资援助,是经营者为**公共利益**(öffentlichen Interesse)承担的义务。[57] 但该规定并非旨在保护个人消费者免受超出其财务能力的交易的影响。[58] 因此,违反该义务并不能创设消费者的个体请求权。[59]

2. 分期支付交易

(1)概念和适用范围

分期支付交易是《民法典》第 506 条第 1 款意义上的**延期付款的一种特别情况**(besonderen Fall des Zahlungsaufschubs)。

69

70

71

72

---

[55] Vgl. *BGH* NJW 2002, 133(134).
[56] MüKoBGB/*Schürnbrand* § 506 Rn. 28; Soergel/*Seifert* BGB § 506 Rn. 22 und 29 ff.; Palandt/*Weidenkaff* BGB § 506 Rn. 5.
[57] Begr. zum RegE, BT-Drs. 16/11643, S. 96; Staudinger/*Kessal-Wulf* BGB § 509 Rn. 2; Palandt/*Weidenkaff* BGB § 509 Rn. 1.
[58] 不同观点 MüKoBGB/*Schürnbrand* § 509 Rn. 1; Soergel/*Seifert* BGB § 509 Rn. 4 und 28 ff.。
[59] 不同观点 Soergel/*Seifert* BGB § 509 Rn. 30;由于违反先合同义务产生的消费者损害赔偿请求权。

73　　根据《民法典》第 506 条第 3 款,分期支付交易被定义为以部分支付换取交付特定物品或提供特定其他给付的合同。认定一个分期支付交易的前提是,消费者所负担款项的到期日相比于法定到期日以支付费用为对价被推迟,以使消费者更容易支付约定的价款。[60]

74　　被分期支付交易的概念所特别涵盖的是**分期付款交易**(Abzahlungsgeschäfte),在该交易中消费者可以以分期的方式来支付所负担的款项(例如,支付购买价款或承揽合同的报酬)。[61] 分期支付交易应与单纯的分期付款区别开来。

　　示例:如果当事人约定在不推迟到期日的情况下分三期支付改建房的工程款,则这是一个预付或分期付款的约定[62],而不是分期支付交易。

(2)适用的规定

75　　对于分期支付交易,《民法典》第 491 条以下的规定**以修正后的形式**(modifizierter Form)适用。

76　　《民法典》第 507 条在**形式瑕疵**(Formmängeln)、**合同的无效**(Nichtigkeit)和**治愈**、先合同**信息义务**(Informationspflichten)和**费用的减少**(Kostenermäßigung)方面有不同的规定。

77　　《民法典》第 508 条对消费者支付迟延时经营者**解除合同**(Rücktritt)作了更详细的规定。这是根据《民法典》第 323 条因违反义务而产生的一般合同解除权,但经营者只能在满足《民法典》第 508 条规定的特别前提下行使。

78　　此外,根据《民法典》第 506 条第 1 款和第 498 条,借款人付款

---

[60]　BGHZ 165, 325 = NJW 2006, 904 Rn. 24.
[61]　Soergel/*Seifert* BGB § 506 Rn. 37.
[62]　BGHZ 165, 325 = NJW 2006, 904 Rn. 25.

迟延时,经营者享有**通知终止**的权利。[63]

3. 分期交付合同

(1)概念和适用范围

《民法典》第 510 条包含有关分期交付合同的特别规定。此类合同有不同的表现形式:

→《民法典》第 510 条第 1 款第 1 项:分期交付作为相关联的整体的多个物,并且分期支付物的整体价款的合同。

示例:多卷百科全书或法律评注的交付。

→《民法典》第 510 条第 1 款第 2 项:定期交付同类物的合同。

示例:(1)订阅报纸或杂志的合同。[64] (2)与此相反,不包括在内的是付费电视合同,在这种合同中,订户可以根据时间段付费接收线性播放的电视节目。[65]

→《民法典》第 510 条第 1 款第 3 项:关于反复取得或购买物的义务的合同。区别于第 1 项和第 2 项的合同,它们既不是相关联的物,也不是同类物。

示例:(1)图书俱乐部成员承诺定期购买书籍。(2)特许经营合同中关于被特许人定期向特许人购买商品的义务的约定,前提是被特许人以创业者的身份订立合同。[66]

(2)形式

分期交付合同必须以**书面形式**(schriftlicher Form)订立(《民法典》第 510 条第 1 款)。

---

[63] Palandt/*Weidenkaff* BGB, § 508 Rn. 5.
[64] *BGH* NJW 2002, 2391 (2392).
[65] *BGH* NJW 2003, 1932 ff.
[66] BGHZ 128, 156 = NJW 1995, 722 (723 f.)-*Ceiling Doctor*.

(3)撤回权

81　由于《消费者权利指令》涵盖远程销售或在营业场所外订立的分期交付合同[67]，因此必须区分消费者在这些合同中的撤回权。

82　对于在**远程销售中或在营业场所外**(Fernabsatz oder außerhalb von Geschäftsräumen)订立的分期交付合同,在《民法典》第312b条以下的前提下,存在基于《民法典》第312g条和第355条的撤回权。对于撤回期限和行使撤回权后的法律后果适用《民法典》第356条和第357条。

83　对于**非在远程销售或在营业场所外**(nicht im Fernabsatz oder außerhalb von Geschäftsräumen)订立的分期交付合同(例如,在固定零售店订立的分期交付合同),撤回权源于《民法典》第510条第2款和第355条。立法者希望保留之前的消费者保护水平。[68] 只有在这些情况下,《民法典》第491条第2款和第3款中提到的例外情况才相应地适用。撤回期限依照《民法典》第356c条。行使撤回权后的法律后果源于《民法典》第357c条。

七、附录:通过保证或者消费者债务加入的消费者贷款担保

> 精选文献: *Grün*, Die Generalklauseln als Schutzinstrumente der Privatautonomie am Beispiel der Kreditmithaftung von vermögenslosen nahen Angehörigen-Zugleich eine Besprechung von BVerfG WM 1993, 2199 sowie BGH WM 1994, 676 und 680, WM 1994, 713; *Klingsporn*, Die Bürgschaft als „Haustürgeschäft", WM 1993, 829; *Kocher*, Was ist ein Verbrauchergeschäft?

---

[67] Begr. zum RegE, BT-Drs. 17/12637, 71.
[68] Begr. zum RegE, BT-Drs. 17/12637, 71.

-Ungleichgewichte als Rechtsproblem am Beispiel der Bürgschaft, VuR 2000, 83; *Medicus*, Entwicklungen im Bürgschaftsrecht-Gefahren für die Bürgschaft als Mittel der Kreditsicherung?, JuS 1999, 833; *Pfeiffer*, Die Bürgschaft unter dem Einfluss des deutschen und europäischen Verbraucherrechts, ZIP 1998, 1129; *Reinicke/Tiedtke*, Kreditsicherung, 6. Aufl. 2014; *Weber/Weber*, Kreditsicherungsrecht, 9. Aufl. 2012.

在向消费者发放贷款的实践中经常会出现贷款担保问题。因为贷款人——通常是贷款机构——会希望在借款人没有按照规定履行贷款合同义务的情况下获得担保。这种担保通常以**另一消费者的个人责任**(persönlichen Haftung eines weiteren Verbrauchers)的形式来提供,例如,通过消费者为需担保的债权作保证或作为(其他的)债务人加入现有的贷款义务。比较常见的情况是担保人因与(主)债务人的个人情感联系而愿意承担责任。 84

示例:(1)妻子为丈夫获得的消费者贷款提供担保。
(2)女儿表示愿意加入她母亲在银行的消费者贷款债务。

1. 合同关系

当涉及到贷款担保的消费者个人责任时,必须对不同的法律关系进行区分。经济上的动机是贷款人和借款人之间的**贷款合同**(Darlehensvertrag)。被担保的主要是根据《民法典》第488条第1款第2句债权人的贷款和利息偿还请求权。在该款项未支付的情况下,贷款人要求实现担保。该债务关系构成贷款担保的事实基础,并包含要担保的债权。 85

担保的约定和提供(Vereinbarung und Gewährung der Sicherheit)发生在担保人和担保权人之间。这可以通过一个物权行为(例如,通过动产质押或土地债务的提供)或通过一个债权义务 86

的负担来实现。在下文中,仅示例性地对消费者向经营者保证或表示加入贷款债务的情况进行详细的分析。由于担保人承担个人责任,因此这些情况特别危险。

87 **担保协议**(Sicherungsvereinbarung)(也称:担保约定或担保合同[69])也在担保人和担保权人之间订立。它包含了关于担保的目的、担保事件的发生等更详细的规定。同时,只有担保协议才包含提供担保的法律原因。这一协议可独立订立,也可以是提供担保的合同的一部分。在保证或债务加入的情况下,担保协议通常构成担保交易的附属部分。[70]

2. 法律关系和界定问题

(1)法律上的归类

88 保证(《民法典》第 765 条以下)和债务加入(也称为"债务共担"或"累加的债务承担")属于**人的担保**(Personalsicherheiten)。对债权人的担保体现在担保人必须亲自以其所有资产对担保权人承担责任。

89 **保证**(Bürgschaft)是一种**从属性的贷款担保**(akzessorische Kreditsicherheit)。所担保的债权决定了担保人的责任。这意味着担保人的责任风险与债务人的责任范围相对应(《民法典》第 767 条第 1 款第 1 句)。[71] 如果担保债权的金额减少(例如,由于债务人部分还款),那么担保人的责任范围也会减少。相反,如果主担保责任增加,担保人的责任风险也会增加。这也适用于保证中主债权"由于主债务人的过错或迟延而发生变化"的情况(《民法典》第 767 条第 1 款第 2 句)。但是根据《民法典》第 767 条第 1 款第 3 句,主债务人以法律行为方式扩大担保人的责任是不合法的。

---

[69] Vgl. § 1192 Abs. 1a BGB.
[70] S. nur *Larenz/Canaris*, § 60 I 3 e), 4.
[71] *BGH* NJW 2003, 59 (60).

在债务加入的情况下,"加入人的债务原则上根据加入时主债务的内容和性质确定"。[72] 产生的通常是一个主债务人和担保人**根据《民法典》第 421 条以下规定对债务人承担的连带债务**(Gesamtschuld)。[73] 履行、免除和债权人迟延产生有利于所有连带债务人的效力(《民法典》第 422 条至第 424 条);其他情况下,连带债务可能会有不同的发展轨迹(《民法典》第 425 条)。

90

(2)保证和债务加入的界定

根据法律的基本方案,保证的特点是**保证人的从属性责任**(subsidiäre Haftung des Bürgen)(参见《民法典》第 771 条)。但是,先诉抗辩权通常会在实践中被排除,因此成为一个独立债务人的保证(参见《民法典》第 773 条第 1 款第 1 项)。在债务加入的情况下,主债务人和加入人通常并列地承担同等责任。

91

在具体案件中,当事人的本意是保证还是债务加入,有时并不明确。此时需要通过**解释**(Auslegung)探查当事人的真实意图。[74] 根据判例,债务加入的迹象可以是负担义务的合同相对人使债务人的债务得以清偿这一自身的经济(或法律)利益。[75] 只有当解释无法得出明确的结果并且对如何解释合同仍有疑问时,才能认定为保证。[76]

92

(3)债务加入和作为借款人的当事人地位的界定

与一个消费者贷款的债务加入不同的是个人作为**真正的借款人**(echter Darlehensnehmer)成为贷款合同的一方当事人的情况。与此相关联的真正当事人地位与共同责任的界定问题对于判断合

93

---

[72] *BGH* NJW-RR 2004, 1683 (1684); *BGH* NJW 1996, 249.

[73] Palandt/*Grüneberg* BGB Überbl. v. § 414 Rn. 2; BeckOK BGB/*Rohe* § 415 Rn. 33; 其他的担保加入方案,见 MüKoBGB/*Habersack* Vorbem. § 765 Rn. 11 f.。

[74] *BGH* NJW 1986, 580.

[75] *BGH* NJW 1981, 47; *BGH* NJW 1986, 580; *BGH* BeckRS 1971, 31126266.

[76] *BGH* NJW 1986, 580; *BGH* NJW 1967, 1020 (1021).

同的效力具有特别重要的意义。如果消费者是借款人本人,则不适用根据《民法典》第138条第1款关于个人亲密关系中债务加入的违背善良风俗的判例(见下文边码98以下)。

94 　　根据判例,界定与贷款合同中选择的措辞无关。因此,银行不能通过使用诸如"共同借款人""共同申请人""共同债务人"或同等表述,使担保人从一个单纯的共同责任人成为一个具有同等权利的共同借款人。[77] 更关键的是对贷款人的合同相对人一方的情况进行**客观的考虑**(objektive Betrachtung)。[78] 一个特别重要的问题是,合同相对人对于获取贷款和资金使用是否**有自己的实质性和(或)个人利益**(eigenes sachliches und/oder persönliches Interesse)。[79]

　　3. 形式

　　(1) 保证

95 　　如果保证由一个消费者承担,则根据《民法典》第766条始终具**有要式性**(formbedürftig)。消费者的保证表示必须以书面形式作出,不允许以电子形式作出。书面形式的瑕疵会被主义务的履行所治愈。

　　(2) 债务加入

96 　　对消费者的债务加入**没有规定特别的法定形式要件**(gesetzliches Formerfordernis nicht vorgesehen)要求。[80] 但是,被债务加入所担保的债权的要式性可以辐射到债务加入。判例从相关形式规定的相应目的出发。如果对于债务成立适用的形式要件旨在通过警告或防止仓促的方式起到保护作用,那么它也应当有利于加入

---

[77] *BGH* NJW 2002, 744.
[78] *BGH* NJW 2002, 744.
[79] *BGH* NJW 2002, 744.
[80] *BGH* NJW 1991, 3095 (3098).

人。[81] 因为加入这种债务的人在债务成立时与债务人一样值得保护。[82] 但是,如果书面形式的主要目的在于法律的明确性和安定性,那么就没有必要对加入一个符合形式要求成立且确定的债务提出形式要求了。[83]

对于**一个消费者贷款所产生债权的债务加入**(Schuldbeitritt zu einer Forderung aus einem Verbraucherdarlehen)问题,判例正确地认为,适用于消费者贷款合同订立的形式要求相应地适用于债务加入。[84] 像对借款人一样,对加入人也应当将义务以清楚明白的方式展现在其面前,以便他能够认识到自己加入的是什么。[85] 对与《民法典》第 494 条第 2 款相应的一个因形式原因而无效的债务加入的**治愈**是不可能的,因为贷款资金并没有支付给加入人。[86]

4. 违背善良风俗,《民法典》第 138 条第 1 款

在 20 世纪 90 年代**联邦宪法法院**判决[87]的推动下,针对(主)债务人和担保人之间存在密切情感联系并且担保人承担的义务完全超出了其履行能力的情况,发展出了关于保证或债务加入违背善良风俗的详细判例。

(1)个人亲密关系

一个情感上的联系一般会在**个人亲密关系**(persönlichen Näheverhältnissen)中被认定,例如,在配偶、生活伴侣[88]或父母与子女之间。[89]

97

98

99

---

[81] BGHZ 121, 1 = NJW 1993, 584.
[82] BGHZ 121, 1 = NJW 1993, 584.
[83] BGHZ 121, 1 = NJW 1993, 584.
[84] *BGH* NJW 2000, 3496 (3498).
[85] *BGH* NJW 2000, 3496 (3498).
[86] *BGH* NJW 2000, 3496 (3498).
[87] BVerfGE 89, 214 = NJW 1994, 36; *BVerfG* NJW 1994, 2749.
[88] *BGH* NJW 2002, 744.
[89] BGHZ 125, 206 = NJW 1994, 1278.

(2) 在财务上严重不堪重负时对情感联系的利用

100　　根据联邦最高法院现已确立的判例，在贷款机构与私人担保人之间的保证和共同责任合同中，是否构成《民法典》第 138 条第 1 款的违背善良风俗通常主要取决于义务范围与保证人或共同义务人的财务能力之间的不平衡程度。[90] 即使当事人很可能连合同约定的利息都无法从其收入或资产的可抵押部分中承担，通常也不足以证明违背善良风俗的不道德评价（Unwerturteil）的正当性。[91] 然而，在这种财务严重不堪重负的情况下，可以**推翻的推定**（widerleglich vermutet）是，毁灭性的保证或共同责任完全是出于与主债务人的情感联系，而这一点被贷款人以违背善良风俗的方式所利用。[92]

101　　在银行的债务并非微不足道时，如果保证人或共同责任人在担保事件发生时很可能连借款合同当事人约定的利息都无法从其持续的收入和资产的可抵押部分中持续独自承担的话，原则上应认定其**财务上严重不堪重负**（krasse finanzielle Überforderung）。[93]

102　　该推定可以被推翻，但前提是在例外情况下，债权人具有将财务上不堪重负的保证人或共同责任人纳入的**合法利益**（berechtigtes Interesse），例如，防止配偶之间的财产转移。然而，贷款人通过本身在经济上没有意义的保证或共同责任承担合同以保护自己免受财产转移危害的利益，以一个明示的约定为前提。[94] 如果责任因担保人通过继承导致的预期财产的增加而产生，这同样适用。[95]

---

[90] *BGH* NJW 2002, 744 f.
[91] *BGH* NJW 2002, 744 (745).
[92] *BGH* NJW 2002, 744 (745).
[93] *BGH* NJW 2009, 2671 Rn. 18.
[94] BGHZ 151, 34 = NJW 2002, 2228 (2230).
[95] *BGH* NJW 1999, 58 (59 f.).

5. 担保人的撤回权

无论保证或债务加入是否违背善良风俗,都可能出现是否存在有利于保证人或加入人的保护消费者的撤回权问题。在此,合同的无效并不影响撤回(见第五章边码 11 以下)。

103

(1)依照《民法典》第 495 条的撤回权

①保证

如果消费者为一个消费者贷款债权提供**保证**,则他不享有借款人基于《民法典》第 495 条的撤回权。欧洲法院曾在适用《第 87/102/EWG 号指令》时判定,保证不属于该指令适用范围内的贷款合同。[96] 并且,从《第 87/102/EWG 号指令》的体系和目标中也无法得出应将保证合同纳入的结论。[97] 新的《第 2008/48/EG 号指令》也没有改变这种法律状况。[98]

104

②债务加入

与此不同的是,最高法院判例早在适用《消费者贷款法》时就主张,消费者贷款法的消费者保护规定相应地适用于**债务加入**(Schuldbeitritt)。[99] 尽管债务加入既不是贷款合同,也不是其他融资援助。[100] 但是,如果债务加入的合同是贷款合同,则债务加入应当与贷款合同同等对待。[101] 因为在加入一个贷款合同债务的情况下,对加入人的保护需求并不比对借款人的保护需求少,反而更多,因为承担完全共同义务的加入人没有获得针对贷款人的权

105

---

[96] *EuGH* Slg. 2000 I-1741 = NJW 2000, 1323 = ECLI:EU:C:2000:152 Rn. 18-*Berliner Kindl Brauerei AG*.

[97] *EuGH* Slg. 2000 I-1741 = NJW 2000, 1323 = ECLI:EU:C:2000:152 Rn. 19 ff.-*Berliner Kindl Brauerei AG*.

[98] MüKoBGB/*Schürnbrand* § 491 Rn. 55.

[99] BGHZ 133, 71 = NJW 1996, 2156 ff.

[100] BGHZ 133, 71 = NJW 1996, 2156 (2157).

[101] BGHZ 133, 71 = NJW 1996, 2156 (2157).

利,特别是无权请求支付贷款。[102] 即使从贷款人的角度看,消费者贷款法的相应适用也是合理的,因为他通过债务加入获得了贷款合同的另外一个债务人。[103]

(2)依照《民法典》第312g条的撤回权

①保证

106 当消费者在营业场所外为一个消费者贷款提供**保证**时,会出现《民法典》第312条以下是否适用于保证合同的问题。

> **示例**:银行员工拜访了消费者,并在此期间订立了保证合同。

107 前提是存在一个有偿行为(参见《民法典》第312条第1款)。在《民法典》旧版第312条的判例和文献中采取的主要观点是,应当使用一个广义的有偿性概念。[104] 出于**有效保护消费者的需要**(Bedürfnis nach einem wirksamen Verbraucherschutz),应当继续适用这种对有偿性的广义理解。因为一个消费者在面对经营者负担单方义务时,与订立产生相互履行义务的合同时一样,都需要受到保护。如果没有消费者的保证,经营者通常不会将由此担保的贷款支付给借款人,因此在这个意义上,经营者提供的是有偿给付。

108 肯定了有偿性的要件之后,仍然有疑问的是消费者身份的认定应该以哪个(些)人为准。在适用《第85/577/EWG号指令》时,**欧洲法院**认为,如果消费者承担的保证用于担保偿还主债务人在其商业活动中所负担的债务,那么保证合同并非在该指令的适用范围之内

---

[102] BGHZ 133, 71 = NJW 1996, 2156 (2157).
[103] BGHZ 133, 71 = NJW 1996, 2156 (2157).
[104] S. nur BGHZ 165, 363 (368 f.) = NJW 2006, 845; *BGH* NJW 2007, 2106 Rn. 36; MüKoBGB/*Masuch* § 312 Rn. 30.

(因此不存在保证人的撤回权)。[105] 从指令的措辞和保证的从属性特征可以得出,《第 85/577/EWG 号指令》只能涵盖那些消费者在家门口交易中针对经营者作为商品或服务之对待给付的义务所作的保证。此外,由于该指令只保护消费者,因此它只能涵盖那些并非出于其职业或商业活动目的而承担义务的保证人。[106]

然而在旧法实施时,根据**联邦最高法院**的看法,这只取决于担保人的消费者身份。[107] 只要保证人自己处于所谓的家门口情境,这种在一个不寻常的地点进行合同磋商时,措手不及被推动订立了一个考虑不周的交易的风险总会威胁到他。无论主债务是消费者贷款还是商业贷款,以及主债务人是否也同样因家门口情境而订立合同,这种风险都存在。[108] 联邦最高法院明确指出,《第 85/577/EWG 号指令》仅旨在实现最低限度的协调,因此国内法可以超越该指令的规定,以更好地保护消费者。[109]

109

随着完全协调的《消费者权利指令》的生效,**欧盟法的基础发生了变化**(unionsrechtlichen Grundlagen verändert)。对于此处涉及的消费者贷款由消费者保证所担保(即存在双重消费者关系)的案例,如果将欧洲法院有关《第 85/577/EWG 号指令》的判例转移到如今适用的《消费者权利指令》,则法律情况不会发生变化。有疑问的是,消费者为商业贷款提供保证的情况。这里值得怀疑的是,德国法能否继续超越《消费者权利指令》的规定。在文献中有观点认为,《消费者权利指令》的适用范围不能延伸到保证,因此,欧盟法并没有对

110

---

[105] *EuGH* Slg. 1998, I-1199 = NJW 1998, 1295 = ECLI:EU:C:1998:111-*Bayerische Hypotheken- und Wechselbank AG*.
[106] *EuGH* Slg. 1998, I-1199 = NJW 1998, 1295 = ECLI:EU:C:1998:111 Rn. 22-*Bayerische Hypotheken- und Wechselbank AG*.
[107] BGHZ 165, 363 = NJW 2006, 845.
[108] BGHZ 165, 363 = NJW 2006, 845 Rn. 13.
[109] BGHZ 165, 363 = NJW 2006, 845 Rn. 14.

国家自主立法施加限制。[110] 然而在这一问题上,只有呈递给欧洲法院才能在实践中带来确定性。

②债务加入

111 对于债务加入有类似的问题。根据刚才所述的原则,只要消费者表示加入一个消费者贷款合同中的债务,就可以肯定撤回权的存在。

---

[110] *Bülow/Artz* Rn. 224.

第十五章　中奖承诺

精选文献：*Alexander*, Vertrag und unlauterer Wettbewerb, 2002; *Leible*, Luxemburg locuta-Gewinnmitteilung finita?, NJW 2005, 796; *ders.*, Bingo! -Gewinnbestätigung jetzt auch aus Karlsruhe, NJW 2003, 407; *S. Lorenz*, Internationale Zuständigkeit deutscher Gerichte und Anwendbarkeit von § 661a BGB bei Gewinnmitteilungen aus dem Ausland: Erweiterungen des Verbrauchergerichtsstands durch die „Brüssel I-Verordnung", IPRax 2002, 192; *ders./Unberath*, Gewinnmitteilungen und kein Ende? -Neues zur internationalen Zuständigkeit, IPRax 2005, 219; *Oberhammer/Slonina*, Grenzüberschreitende Gewinnzusagen im europäischen Prozess- und Kollisionsrecht, FS Yessiou-Faltsi, 2007, 419; *Schröder/Thiessen*, Gewinnzusagen beim Wort genommen-zur Verfassungsmäßigkeit von § 661a BGB, NJW 2004, 719; *Spindler*, Internationales Verbraucherschutzrecht im Internet. Auswirkungen der geplanten neuen Verordnung des Rates über die gerichtliche Zuständigkeit und die Anerkennung und Vollstreckung von Entscheidungen in Zivil- und Handelssachen, MMR 2000, 18; *Stieper*, Anfechtbarkeit von Gewinnzusagen, NJW 2013, 2849; *Stillner*, Die internationale Zuständigkeit bei Verbraucherverbandsklagen, VuR 2008, 41;

> *Sujecki*, Grenzüberschreitender Verbraucherschutz beim elektronischen Geschäftsverkehr nach der EuGVVO und der Rom I-VO, EWS 2010, 360.

一、概述

1 在《民法典》的消费者保护规定中，第 661a 条构成了一个教义学上的**特别类别**（Sonderkategorie）。根据该规定，向消费者发送中奖承诺或类似通知的经营者，如果这些通知的设计给消费者造成中奖的印象，则应当向消费者给付该奖品。

2 该规定的特别地位源于这样一个事实，即通过《民法典》第 661a 条，消费者通常并非是基于一个合同关系而受到保护。相反，该规定设立了**经营者的非合同履行责任**（außervertragliche Erfüllungshaftung des Unternehmers）。这是由一个准法律行为确立的法定债务关系所产生的责任。[1] 该规定的目的是保护消费者对经营者陈述的信赖。

3 该规范基于经营者通过提示（"所谓的"）奖品来诱使消费者使用有偿服务的普遍做法[2]，例如，拨打收费的"中奖热线"或订购商品。此类行为通常同时构成《反不正当竞争法》附录第 17 项和《反不正当竞争法》第 3 条第 1 款和第 5 条第 1 款的**不合法的商业行为**（unzulässige geschäftliche Handlungen），因此《民法典》第 661a 条可以在这方面补充公平交易法上的制裁。但是，《民法典》第 661a 条并不限于公平交易法中不合法的中奖通知。

4 通过《关于远程销售合同和其他消费者法问题以及关于将法规

---

[1] BGHZ 165, 172 Rn. 26 = NJW 2006, 230; *BGH* NJW 2004, 1652 (1653).
[2] Begr. zum RegE, BT-Drs. 14/2658, 48 f.

转换为欧元的法律》[3],第 661a 条被纳入《民法典》。欧盟法对这一规定没有要求,但是也并不排斥此类规定。该规定与宪法也不存在冲突。[4]

二、构成要件

《民法典》第 661a 条适用于经营者向消费者个别发送的中奖通知。

1. 中奖承诺或类似通知

消费者应当收到经营者的一个中奖承诺或类似通知。这里的决定性因素是对有关消费者**中奖**(Preis gewonnen)内容的陈述。根据判例,判断标准是消费者收到的经营者邮件——根据内容和设计——是否足以抽象地使一个处于受领人地位的通常消费者产生他将要(已经)中奖的印象。[5] 受领人对邮件的主观理解无关紧要;受领人也不必事实上相信了该信函。[6] 即使那些已经看清中奖承诺只是广告手段和空头承诺的消费者,也受该规定的保护。[7]

> **示例**:在一个案件中,一封包含中奖通知的信函被寄给消费者,表示奖品的支付只取决于出示一个"奖品提取票",联邦最高法院确认这是一个中奖通知。[8] 在该案中,附在信函中的被告管理层的"内部指示"和寄给受领人的 25,000 马克的"正式收入通知"的"第二份副本"强化了消费者中奖的印象。[9]

---

[3] 该法第 2 条第 1 款第 2 项;BGBl. I 2000, 897。
[4] *BVerfG* NJW 2004, 762.
[5] BGHZ 165, 172 Rn. 26 = NJW 2006, 230; BGH NJW 2004, 1652 (1653).
[6] BGHZ 165, 172 Rn. 26 = NJW 2006, 230; BGH NJW 2004, 1652 (1653).
[7] BGHZ 165, 172 Rn. 26 = NJW 2006, 230; BGH NJW 2004, 1652 (1653).
[8] *BGH* NJW 2004, 1652 (1653).
[9] *BGH* NJW 2004, 1652 (1653).

7　　中奖承诺或类似通知应当由经营者发送给消费者。一方面,这以**表示的有形化**(Verkörperung der Erklärung)为前提,例如,以信件、电子邮件或传真的形式。电话呼叫与浏览器中的"弹出窗口(Pop-up)"广告一样不满足要求。[10] 另一方面,表示必须以**个性化的形式**(individualisierter Form)发送给受领人,以便他可以感受到针对的是自己。报纸附送的广告册子或匿名的邮件都不能满足这一要求。相反,一个可识别为自动化系列邮件的标准函件则满足要求。

2. 中奖的印象

8　　通知应当使消费者产生一种他们已经中奖的印象。通知中无须提及具体的奖品,只要足够清楚地表明消费者已赢得(任何)奖品即可。可选的中奖说明也在《民法典》第 661a 条的涵盖范围内。[11]

　　示例:消费者收到消息,称他赢得了敞篷车、南太平洋邮轮旅游或一体化厨房。

9　　宣称的奖品种类无关紧要。它可以是动产、不动产、其他给付或任何种类的优惠。但不包含仅仅是中奖机会的通知。

三、法律后果和权利行使

1. 消费者的个体请求权

10　　《民法典》第 661a 条产生一个**消费者**请求经营者交付所承诺奖品的**个人请求权**(individueller Anspruch des Verbrauchers)。请求权的内容取决于经营者的陈述。[12] 如果中奖通知中没有说明奖

---

[10] BeckOK BGB/*Kotzian-Marggraf* § 661a Rn. 3; Palandt/*Sprau* BGB § 661a Rn. 2.
[11] OLG Stuttgart NJW-RR 2004, 1063 (1064).
[12] BeckOK BGB/*Kotzian-Marggraf* § 661a Rn. 5; Palandt/*Sprau* BGB § 661a Rn. 3.

品,消费者可以首先请求经营者告知所获奖品。如果根据通知有多个奖品可供选择,消费者有权选择他最终向经营者索要的奖品。[13]

在经营者迟延履行或不履行的情况下,适用履行障碍法的一般规定。[14] 因此,消费者可以(可能在设定期限届满后)根据《民法典》第280条第1款第1句、第3款和第281条请求替代履行的损害赔偿。

2. 权利行使

如果通知——像通常发生的那样——是从国外发送的,那么《民法典》第661a条请求权的行使通常会给消费者带来相当大的实际困难。例如,中奖承诺经常会从奥地利或比荷卢三国发送给德国的消费者。从法律的角度来看,在这些案件中,德国法院的国际管辖和德国法律的可适用性可能会存在困难。与此相关的在细节上非常有争议的问题主要植根于对《民法典》第661a条的教义学归类的问题,该问题也同样是有争议的。[15]

根据欧洲法院的观点,如果经营者在法律上有义务向消费者交付奖品,消费者提起诉讼时的**国际管辖**(internationale Zuständigkeit)(详见第二十二章边码2以下)根据《布鲁塞尔Ia号条例》第17条第1款确定(《布鲁塞尔I号条例》第15条第1款);如果不满足此条件,则只有当消费者实际向经营者下订单时,此类诉讼才受上述规定的约束。[16] 否则,适用《布鲁塞尔Ia号条例》第7条第1款(《布鲁塞尔I号条例》第5条第1款)。[17]

冲突法上德国法的适用性(Anwendbarkeit deutschen Rechts)

---

[13] *OLG Stuttgart* NJW-RR 2004, 1063(1064).

[14] BeckOK BGB/*Kotzian-Marggraf*, § 661a Rn. 5; MüKoBGB/*Seiler* § 661a Rn. 15.

[15] 详见 MüKoBGB/*Seiler* § 661a Rn. 4。

[16] *EuGH* Slg. 2009, I-3998 = EuZW 2009, 489 = ECLI:EU:C:2009:303-*Ilsinger*.

[17] Vgl. *EuGH* Slg. 2005, I-499 = NJW 2005, 811 = ECLI:EU:C:2005:33-*Engler* zu Art. 5 EuGVÜ.

（详见第二章边码26以下）根据《罗马Ⅰ号条例》第6条第1款确定。[18]

示例：在奥地利经营者在未订购商品的情况下向德国消费者发送中奖通知的案例中，联邦最高法院既确认了德国法院的国际管辖，又确定了德国法律的适用性。[19]

---

[18] BeckOK BGB/*Kotzian-Marggraf* § 661a Rn. 9; Palandt/*Thorn*（IPR）Rom I Art. 9 Rn. 8; 针对旧法的不同观点 BGHZ 165, 172 = NJW 2006, 230 Rn. 30 ff.。

[19] BGHZ 165, 172 = NJW 2006, 230.

第五部分

通过竞争法的消费者保护

第十六章　通过公平交易法的消费者保护的基本结构

> **精选文献**：*Beater*, Schutzzweckdenken im Recht gegen den unlauteren Wettbewerb, JZ 1997, 916; *Engels/Salomon*, Vom Lauterkeitsrecht zum Verbraucherschutz, WRP 2004, 32; *Lettl*, Der Schutz der Verbraucher nach der UWG-Reform, GRUR 2004, 449; *Drücke*, Kollektivinteressen und Wettbewerbsrecht-Eine vergleichende Untersuchung des deutschen und französischen Rechts, 2004; *Piper*, Zu den Auswirkungen des EG-Binnenmarktes auf das deutsche Recht gegen unlauteren Wettbewerb, WRP 1992, 685; *Scherer*, Privatrechtliche Grenzen der Verbraucherwerbung, 1996; *Schricker*, Wettbewerbsrechtliche Aspekte des Verbraucherschutzes, RabelsZ 40 (1976), 535; *ders.*, Unlauterer Wettbewerb und Verbraucherschutz, GRUR Int. 1970, 32; *Van den Bergh/Lehmann*, Informationsökonomie und Verbraucherschutz im Wettbewerbs- und Warenzeichenrecht, GRUR Int. 1992, 588.

除民法中的消费者保护规定以外，公平交易法中的规定是市场相关消费者保护法的第二大支柱。

一、消费者保护作为公平交易法保护目的的一部分

2 《反不正当竞争法》不是"纯粹的"消费者保护法,也就是说,它并非仅旨在保护消费者利益。然而,消费者保护在过去数十年中——从1896年的第一部《反不正当竞争法》到2008年版本的《反不正当竞争法》[1]——已经发展成为公平交易法的一个非常重要的目标。

1.《反不正当竞争法》的"综合"规制方法

3 在德国,公平交易法的根源在于使经营者免受竞争对手非法行为危害的侵权法保护。然而,特别是基于1909年《反不正当竞争法》第1条和第3条的一般条款,消费者保护的理念找到了沃土。在其当前有效的版本中,《反不正当竞争法》第1条明确规定,该法旨在保护竞争者、消费者和其他市场参与者免受不正当商业行为的侵害。同时,该法旨在保护公众利益不受扭曲竞争的影响。据此,**消费者保护**(Verbraucherschutz)是《反不正当竞争法》的一个**独立的**(eigenständiger)保护目标(Schutzzweck des UWG),与《反不正当竞争法》第1条中提到的其他目标是**同级**(gleichrangiger)和**平等**(gleichberechtigter)的。[2]

4 德国公平交易法的"综合"(即考虑多种利益的)方法,是基于这样一种考虑:即在市场现实中会有不同的参与者相遇,在发生利益冲突时,应尽可能将所有利益都考虑在内。一个只考虑特定市场参与者利益的公平交易法可能会忽视市场活动的重要方面。但"综合的"的规制方法也会同时带来权衡不同利益的困难,因为竞争者和消费者的利益并不总是一致的。

---

[1] 关于公平交易法的历史,详见 Beater Rn. 213 ff.。
[2] Begr. zum RegE, BT-Drs. 15/1487, 15.

2. 欧盟法不同的规制方法

欧盟法没有采用综合的规制模式。它将对消费者和其他市场参与者的保护区分开。比如,**《不正当商业行为指令》**主要在于保护消费者,竞争者只是间接受到《不正当商业行为指令》的保护。[3] 与此不同的是,关于欺诈性广告的**《第 2006/114/EG 号指令》**规定主要是为了保护经营者[4](尽管指令的理由书强调了消费者利益[5])。而关于比较广告的规定[6]则同等地保护消费者和经营者。[7] 与德国法不同,欧盟法并不认为应当对所有市场参与者的利益进行同等的保护,欧盟法的规定始终只针对特定市场参与者的特定利益。对于德国法而言,这会产生将欧盟法的特别规制方法与国内公平交易法的更广泛方式进行协调的困难。

3.《反不正当竞争法》中消费者保护规定概览

从《反不正当竞争法》的"综合"规制方法并不能得出《反不正当竞争法》的所有规定都平等地保护所有市场参与者的结论。相反,《反不正当竞争法》必须考虑到,为了个别市场参与者的利益,可能需要特别的保护机制。例如,《反不正当竞争法》第 4 条第 10 项要求**对竞争者进行特别保护**(spezieller Schutz von Mitbewerbern),使其免受有针对性的妨害行为的影响,即使此类行为可能不会或者最多只是轻微影响消费者和其他市场参与者的利益。这同样适用于竞争者的"**诋毁**(Anschwärzungen)"行为,与一般侵权法(《民法典》第 824 条)相比,公平交易法(《反不正当竞争法》第 4 条第 8 项)对这种行为的判定更加严格。

---

[3] 《不正当商业行为指令》立法理由第 6 条第 1 句。
[4] 《第 2006/114/EG 号指令》第 3 条。
[5] 《第 2006/114/EG 号指令》立法理由第 4 条。
[6] 《第 2006/114/EG 号指令》第 4 条。
[7] 《第 2006/114/EG 号指令》立法理由第 5 条。

7　　　如果将消费者保护的目的作为出发点,对《反不正当竞争法》的构成要件进行初步体系化,那么基本上可以将防止不正当商业行为的实体法规定分为三类(drei Kategorien):

→目的完全在于保护消费者的规定;

→含有保护消费者目的的规定;

→遵循其他保护目的的规定。

(1)目的完全在于保护消费者的规定

8　　　完全以保护消费者为目的的公平交易法规定包括:

→《反不正当竞争法》附录第1项至第30项中的所有构成要件(所谓的"黑名单");

→《反不正当竞争法》第3条第2款第1句(消费者一般条款;违反专业注意);

→《反不正当竞争法》第4条第2项(利用消费者的弱势地位);

→《反不正当竞争法》第4条第6项(禁止将有奖竞赛或抽奖游戏与商品或服务的销售相结合);

→《反不正当竞争法》第5a条第2款至第4款(隐瞒重要信息);

→《反不正当竞争法》第7条第2款第1项(违背消费者意愿持续地向其推销);

→《反不正当竞争法》第7条第2款第2项第1种情况(未经消费者明确同意向其拨打电话广告);

→《反不正当竞争法》第16条第2款(滚雪球和金字塔体系)。

(2)含有保护消费者目的的规定

9　　　也追求消费者保护目的的规定包括:

→《反不正当竞争法》第3条第1款(一般条款);

→《反不正当竞争法》第4条第1项(不合理和不客观的影响);

→《反不正当竞争法》第4条第3项(隐瞒商业活动的广告特

征）；

→《反不正当竞争法》第 4 条第 4 项和第 5 项（促销措施、有奖竞赛和抽奖游戏的透明度要求）；

→《反不正当竞争法》第 4 条第 11 项（违法行为）；

→《反不正当竞争法》第 5 条（欺诈性商业行为）；

→《反不正当竞争法》第 6 条（比较广告）；

→《反不正当竞争法》第 7 条第 1 款、第 2 款第 3 项和第 4 项（骚扰性广告）；

→《反不正当竞争法》第 16 条第 1 款（公开的虚假广告）。

（3）并非以保护消费者为目的的规定

《反不正当竞争法》中并非以保护消费者为目的的规定包括： 10

→《反不正当竞争法》第 4 条第 7 项（贬低或诋毁竞争者）；

→《反不正当竞争法》第 4 条第 8 项（诋毁）；

→《反不正当竞争法》第 4 条第 9 项（补充性履行保护）；

→《反不正当竞争法》第 4 条第 10 项（有针对性地妨碍竞争者）；

→《反不正当竞争法》第 5a 条第 1 款（不作为的欺诈）[8]；

→《反不正当竞争法》第 17 条至第 19 条（保护秘密）。

这些最后提到的构成要件不在本书阐述的范围内，尽管不正当的商业行为也会在个别情况下影响消费者利益。 11

二、《反不正当竞争法》的规则体系

1. 不正当商业行为和不可苛求的骚扰

根据法律的规则体系，应当区分《反不正当竞争法》第 3 条的不正当商业行为和《反不正当竞争法》第 7 条的不可苛求的骚扰。 12

---

[8] MüKoUWG/*Alexander* § 5a Rn. 51；不同观点 Ohly/*Sosnitza* UWG § 5a Rn. 3。

13　　与之前2004年版《反不正当竞争法》第3条一般条款的统一禁止性构成要件不同,《反不正当竞争法》第3条有三项不同的规定:

→《反不正当竞争法》第3条第1款包含公平交易法的一般条款;

→《反不正当竞争法》第3条第2款第1句包含"消费者一般条款";

→《反不正当竞争法》第3条第3款最后规定,附录中列举的面向消费者的商业行为始终是不合法的。

14　　《反不正当竞争法》第3条的不同规定分别具有完全独立的审查体系。

表5　根据《反不正当竞争法》第3条之商业行为的不合法审查

《反不正当竞争法》第3条		
根据《反不正当竞争法》第3条第3款结合附录的不合法	根据《反不正当竞争法》第3条第1款的不合法	根据《反不正当竞争法》第3条第2款第1句的不合法
商业行为（《反不正当竞争法》第2条第1款第1项）	商业行为（《反不正当竞争法》第2条第1款第1项）	商业行为（《反不正当竞争法》第2条第1款第1项）
面向消费者（《反不正当竞争法》第2条第2款结合《民法典》第13条）	不正当		面向消费者（《反不正当竞争法》第2条第2款结合《民法典》第13条）
附录的构成要件（"黑名单"）	通过《反不正当竞争法》第4条至第6条示例构成要件的具体化	不正当的不成文构成要件	专业注意的违反（《反不正当竞争法》第2条第1款第7项）
	明显损害竞争者、消费者或其他市场参与者利益的能力		明显削弱消费者根据信息作出决定的能力

15　　在《反不正当竞争法》第3条之外,还有作为**独立的禁止性构成要件**(eigenständiger Verbotstatbestand)的《反不正当竞争法》第7条。该条款保护市场参与者,使其免受不可苛求的骚扰的商业行为影响。

16　　对于《反不正当竞争法》第3条以下条款的适用,重要的是区分商业行为的**不合法**(Unzulässigkeit)和**不正当**(Unlauterkeit)。根据《反不正当竞争法》第3条第1款,不正当只是不合法的一个前提。在《反不正当竞争法》第3条第2款和第3款以及第7条的情况下,作为特征的不正当并不发挥独立的作用。如果满足其中规定的前提,则商业行为是不合法的,并因此被禁止。与此不同的是,《反不正当竞争法》第4条至第6条的示例规定用于将不正当的特征具体化。因此,一个满足示例规定的商业行为并非自动不合法,而是不正当。至于它是否也是不合法的,除了不正当,还取决于行为的显著性或商业相关性(见下文边码23以下)。

2. 不正当的三步体系

对面向消费者的商业行为不正当的判断源于《不正当商业行为指令》规定的**三步体系**(dreistufigen System)。这一规则体系也符合在判断面向消费者的商业行为时适合的审查顺序:

→**第一步**应当以《反不正当竞争法》第3条第3款和该法**附录**(Anhang)中列举的构成要件为依据。

→如果商业行为不具备"黑名单"的构成要件,**第二步**是审查该行为方式是否属于符合示例规定构成要件的**欺诈性或侵略性的商业行为**(irreführende oder aggressive geschäftliche Handlung)。

→如果这一构成要件也不具备,那么最后**第三步**要审查的是,该商业行为是否根据《反不正当竞争法》第3条第2款第1句的消费者一般条款被视为不合法。在这种情况下,商业行为的不合法性可以基于专业(职业)注意的违反。

三、《反不正当竞争法》的适用范围

1. 商业行为,《反不正当竞争法》第2条第1款第1项

《反不正当竞争法》在事实上的适用范围仅当存在一个《反不正当竞争法》第2条第1款第1项意义上的商业行为时才开启。根

据《反不正当竞争法》第 2 条第 1 款第 1 项的立法定义,一个人在交易达成之前、期间或之后进行的为自己或他人企业利益的任何行为,只要与促进商品或服务的销售与采购或者与商品或服务合同的订立和履行有客观联系,均应被视为商业行为。

19 　　该定义植根于早先的竞争行为概念(2004 年《反不正当竞争法》第 2 条第 1 款第 1 项),但也吸收了来自《不正当商业行为指令》第 2 条字母 d 的规定。客观和功能性的视角才是决定性的。任何的主观因素,例如"竞争意图",都是无关紧要的。

20 　　商业行为的概念旨在将私人的、企业内部的和主权行为(private, betriebsinterne und hoheitliche Handlungen)从《反不正当竞争法》的适用范围中过滤掉。这些行为方式不能以《反不正当竞争法》的特别规定为依据来判断,而是受其他(一般)法律标准约束。

　　　　示例:(1)当一个房地产经纪人出售一块作为私有财产的土地时,应认定为私人行为。这种行为的许可性受侵权法一般规定的约束。当然,如果私人行为只是伪装的,情况就不同了(参见《反不正当竞争法》附录第 23 项)。(2)如果一个经营者在报纸采访中就政治问题发表一般性陈述,则不属于商业行为,因为这与促进商品或服务的销售或采购没有客观联系。在这种情况下,陈述的可接受性也应当根据一般规定来判断。(3)机关根据公法吊销营业执照,也不能被视为商业行为,即使竞争对手从中受益。这与销售或采购的促进没有客观联系。该行为的合法性完全由相关行政法确定。

21 　　根据《反不正当竞争法》第 2 条第 1 款第 1 项,公平交易法下的审查不会在交易达成时就结束。相反,《反不正当竞争法》还涵盖**合同订立时和订立之后的行为方式**(Verhaltensweisen bei und nach Vertragsabschluss)。这种《反不正当竞争法》适用范围的扩展是基于《不正当商业行为指令》第 2 条字母 d 和第 3 条第 1 款。但是,《反不正当竞争法》并未涵盖经营者在合同订立后的所有行为。这是由于《反不正当竞争法》第 2 条第 1 款第 1 项中包含的"客观联系"的特征。应从功能上理解这一要求,其前提是该行为在客观上旨在通过影响消费者或其他市场参与者的商业决定来促进自己或他人企业的商品或服务的销售或采购。[9] 据此,一个**有瑕疵**(mangelhaften)的或**其他不符合合同约定**(nicht vertragsgemäßen Leistung)的履行就缺乏商业行为的特征,因此,经营者的瑕疵履行或不履行虽然可以产生客户的合同权利,但不构成对公平交易法的违反。[10]

示例:(1)在设计合同关系时,例如,通过排除瑕疵担保权利,可以认定一个商业行为。因为"关于排除瑕疵担保权利的约定足以使经营者节省成本,通过——虽然无法实现的——瑕疵担保权利的排除避免消费者主张瑕疵担保请求权。这使经营者能够计算出更优惠的价格。因此,该被质疑的条款足以促进商品的销售"。[11] (2)航空公司在航班取消的情况下设计退款表格构成一个合同订立后的商业行为。[12] (3)在通过书信拒绝了客户主张的一个合同请求权[13]或在提供了合同约定的给付后向客户发放问卷调查[14],也同样构成合同订立后的商业行为。

---

[9] *BGH* GRUR 2013, 945 (1. Leitsatz)-*Standardisierte Mandatsbearbeitung*.
[10] *BGH* GRUR 2013, 945 (1. Leitsatz)-*Standardisierte Mandatsbearbeitung*.
[11] *BGH* GRUR 2010, 1117 Rn. 18-*Gewährleistungsausschluss im Internet*.
[12] *LG Köln* GRUR-Prax 2011, 41 = BeckRS 2010, 29948.
[13] Vgl. *OLG Frankfurt* GRUR-RR 2012, 161-*Flugverspätungsentschädigung*.
[14] *OLG Köln* WRP 2012, 725 ff.

2. 广告

22　　尽管广告(Werbung)一词在《反不正当竞争法》中多次被使用（例如，在《反不正当竞争法》第 6 条、第 7 条第 2 款和第 3 款中），但该法并未对其进行定义。可以对《第 2006/114/EG 号指令》第 2 条字母 a 中的定义进行一个**符合指令的解释**。据此，广告是指"任何在从事商业、工业、手工业或自由职业过程中作出的，旨在促进包括不动产、权利和义务在内的商品销售或服务提供的陈述"。这一定义可以通过**体系性解释**(systematischen Auslegung)，超出《第 2006/114/EG 号指令》的强制性适用范围之外适用于整个《反不正当竞争法》。从这个定义出发可以确定，每个广告同时也是《反不正当竞争法》第 2 条第 1 款第 1 项意义上的商业行为。但反过来，并不是每一个商业行为都可以被认定为广告。

四、显著性和商业相关性

23　　除了在"黑名单"目录中列出的根据《反不正当竞争》第 3 条第 3 款"始终"不合法的商业行为外，根据《反不正当竞争》第 3 条第 1 款和第 2 款，一个商业行为不合法的前提是，该行为具有显著性或商业相关性。借此，法律描述了一定的**显著性门槛**(Erheblichkeitsschwelle)。实际上，它是**比例原则**(Grundsatzes der Verhältnismäßigkeit)的一种特别体现。虽然不正当，但不会显著影响市场参与者利益的商业行为不应借助于公平交易法而受到追究。

　　示例：如果自助商店的经营者不小心将商品价格向消费者标示为"25 欧元"，但商品实际上是以"20 欧元"的价格销售的，毫无疑问这是一个欺诈，以及对《价格标示条例》第 1 条第 1 款第 1 句的违反。但消费者的利益并未因此类商业行为而受到重大损害。

1. 前提

根据《反不正当竞争法》第 3 条第 1 款,商业行为必须足以"损害竞争者、消费者或其他市场参与者的利益"。根据《反不正当竞争法》第 3 条第 2 款第 1 句,与专业(职业)注意相抵触的商业行为必须足以"显著削弱消费者根据信息作出决定的能力,从而促使他作出一个他原本不会作出的商业决定"。在这两种情况下,仅仅有**损害消费者利益的能力**(Eignung zur Beeinträchtigung von Verbraucherinteressen)就足够了,无须证明对消费者造成了任何不利后果。

24

对于面向消费者的不正当商业行为,相应的显著性或相关性要件必须根据**《不正当商业行为指令》**的标准来判断。这意味着《不正当商业行为指令》的要求必须通过对《反不正当竞争法》进行符合指令的解释被纳入国内法。应该注意的是,《不正当商业行为指令》本身对行为的商业相关性提出了不同的要求。例如,《不正当商业行为指令》第 5 条第 2 款字母 b 要求商业行为对消费者的经济行为"造成严重影响或足以造成严重影响"。相关要求则根据《不正当商业行为指令》第 2 条字母 e 确定。据此,严重影响是指"商业行为的实施显著影响消费者作出知情决定的能力,从而促使消费者作出他本来不会作出的交易决定。"

25

相比之下,《不正当商业行为指令》第 6 条第 1 款仅要求欺诈行为"在任何情况下实际上或可能导致消费者作出他原本不会作出的商业决定"。

26

2. 构成要件内在的显著性门槛

显著性或商业相关性构成了禁止性审查的**独立要素**(eigenständiges Element)。除"黑名单"禁止性构成要件外,必须始终具备显著性或商业相关性,以构成一个商业行为的禁止。然而,一些不正当构成要件已经包含一个**内在的显著性门槛**(imma-

27

nente Spürbarkeitsschwelle),因此不再需要单独证明显著性或商业相关性。例如,以不人道的方式损害决定自由(参见《反不正当竞争法》第 4 条第 1 项),由于相关的巨大影响,总是会对受保护的利益造成明显损害,因此在不正当之外不需要单独的显著性审查。一个示例规定是否已经规定了构成要件内在的显著性审查,必须通过对相应的不正当构成要件进行(必要时符合指令的)解释来确定。

28　以下示例规定中已经包含了一个构成要件内在的显著性审查:

→《反不正当竞争法》第 4 条第 1 项[15];

→《反不正当竞争法》第 4 条第 2 项[16];

→《反不正当竞争法》第 5 条(以待审查的欺诈的商业相关性的形式)和《反不正当竞争法》第 5a 条第 2 款至第 4 款(以待审查的重要信息的隐瞒的商业相关性的形式)。[17]

29　与之相反,以下示例规定需要对显著性或商业相关性进行独立的审查:

→《反不正当竞争法》第 4 条第 3 项[18];

→《反不正当竞争法》第 4 条第 4 项至第 6 项[19];

→《反不正当竞争法》第 4 条第 11 项。[20]

30　**判例**在认定不显著或不具有商业相关性的行为时往往**趋于谨慎**(tendenziell zurückhaltend)。

示例:(1)哈姆地方高等法院认为,如果在较贵的洗碗机图像旁边印刷的是较便宜型号的价格,只要显示的型号非常相似且各种型号之间的差异只有将设备打开才能发现,那就缺少

---

[15] Köhler/Bornkamm/*Köhler* UWG § 3 Rn. 137.
[16] Köhler/Bornkamm/*Köhler* UWG § 3 Rn. 138.
[17] Köhler/Bornkamm/*Köhler* UWG § 3 Rn. 151.
[18] Köhler/Bornkamm/*Köhler* UWG § 3 Rn. 139.
[19] Köhler/Bornkamm/*Köhler* UWG § 3 Rn. 140-142.
[20] Köhler/Bornkamm/*Köhler* UWG § 3 Rn. 147 ff.

商业相关性。[21] (2)根据该法院的看法,在一个网店以 3.95 欧元的价格出售每包 100 个避孕套的案件中,如果没有提及销售限制(每个订单仅出售一包),也不存在商业相关性。[22] (3)一个小商家在互联网平台 eBay 上刊登广告并附注"按需求寄送至全球所有其他国家",但只标注了欧盟和瑞士的寄送费用,皇家最高法院在该案中否定了显著性。[23] (4)该法院还否认了违反《电信媒体法》第 13 条规定的某些数据保护法上信息义务的商业相关性。[24] 在争议案件中,当"Facebook"用户访问在线商店的页面时,有关此次访问的大量信息,例如,日期、时间和 IP 地址,被转交给 Facebook。用户没有被告知这一点。

五、《反不正当竞争法》与其他消费者保护法的关系

在具体情况下,只要在其他消费者保护法以外适用《反不正当竞争法》,就会出现各种规定之间的关系问题。关键是看《反不正当竞争法》与另一消费者保护法之间是否存在**评价冲突**(Wertungskonflikte),以及(或者)**不同执行机制之间是否存在冲突**(Kollisionen verschiedener Durchsetzungsmechanismen)的风险。

1. 与《民法典》的关系

民法对于消费者利益的损害主要是在个体权利上通过赋予消费者消灭合同的权利(撤销、撤回、解除等权利)和赔偿请求权(例如,根据第 280 条第 1 款第 1 句、第 241 条第 2 款、第 311 条第 1 款和第 2 款的缔约过失)予以救济,而公平交易法的任务是以**普遍预**

31

32

---

[21] *OLG Hamm* GRUR 2010, 37 (38).
[22] *OLG Hamm* GRUR-RR 2010, 443 (444)-Kondome.
[23] *KG* GRUR 2010, 440 (441).
[24] *KG* BeckRS 2011, 10432 = GRUR-Prax 2011, 248 (*Brexl*).

防(generalpräventiv)和广泛有效(breitenwirksam)的方式来保护消费者。

33   根据《不正当商业行为指令》第 3 条第 2 款可以看出,行为的不正当对合同效力"没有直接影响"。[25] 在此基础上,结合《第 93/13/EWG 号指令》第 6 条第 1 款,欧洲法院认为,不正当不会导致一个包含滥用条款的合同无效。基于合同法的其他规定,特别是《民法典》第 134 条和第 138 条,而导致合同无效的情况也是如此。因为《不正当商业行为指令》第 3 条第 2 款笼统地提到不受《不正当商业行为指令》规定影响的"合同的效力……"基于不正当商业行为而订立的合同不会自动无效。

> 示例:如果汽车经销商在广告中对车辆油耗作了欺诈性说明,消费者由于相信了该说明而与经销商订立的合同是有效的。不合法的欺诈(参见《反不正当竞争法》第 5 条第 1 款第 2 句第 1 项)不会导致无效。但在这种情况下,买受人享有合同法规定的一般权利和请求权,例如,瑕疵担保权利。

2. 与《不作为之诉法》的关系

34   为了有效地与特定违法行为作斗争,《不作为之诉法》规定了团体诉讼的途径。在消费者利益受侵害时,这并非**团体诉讼的完全规定**(keine abschließende Regelung der Verbandsklage)。

35   在违反消费者保护规定的情况下,《反不正当竞争法》和《不作为之诉法》可以**同时**(nebeneinander)适用。[26] 判例正确地认为,在《不作为之诉法》和《反不正当竞争法》中都找不到明确的优先规则。《不作为之诉法》不包含独立的法律保护体系。也没有任何迹象表明,竞争者(根据《反不正当竞争法》有请求权,但根据《不作为

---

[25] *EuGH* GRUR 2012, 639 = ECLI:EU:C:2012:144 Rn. 46-*Pereničová und Perenič/SOS*.
[26] Vgl. *BGH* GRUR 2007, 159 Rn. 28-*Anbieterkennzeichnung im Internet*.

之诉法》无请求权)应当在与消费者合同相关的与违反消费者保护法的行为作斗争时被排除在外。[27]

作为补充,根据《不作为之诉法》第4a条,对于共同体内部违反消费者保护规定的行为,存在一个不作为请求权(见第二十一章)。

36

3. 与《反限制竞争法》的关系

卡特尔法主要旨在保护自由竞争免受限制,而公平交易法主要保护公平竞争免受不正当商业行为造成的竞争扭曲。这两个法律领域形成了保护竞争的整体秩序[28],这也服务于消费者利益。已达成共识的是,卡特尔法和公平交易法应当以避免评价矛盾的方式来解释和适用。[29]

37

鉴于公平交易法和卡特尔法中的民事制裁机制非常相似,但并不完全相同,因此,必须将这两个法律领域区分开来。违反卡特尔规定**只能根据卡特尔法**(nur nach Kartellrecht)(《反限制竞争法》第33条以下)进行处罚,而不能从违法行为角度(《反不正当竞争法》第4条第11项)进行处罚。[30] 否则,可能会使特别规定被规避。应当特别注意的是,公平交易法和卡特尔法中请求权的时效期限是不同的(《反不正当竞争法》第11条第1款:六个月;《反限制竞争法》:普通诉讼时效),个人诉讼的请求权资格(《反不正当竞争法》第8条第3款第1项:竞争者;《反限制竞争法》第33条第1款第3句:受影响方)和团体诉讼(《反不正当竞争法》第8条第3款第2项至第4项;《反限制竞争法》第33条第2款第1项和第2项)的规定也不同。其他的特别规定包括,例如,有关管辖(《反不正当竞争法》第13和14条)或私法制裁与机构制裁之间的关系(《反限制竞

38

---

[27] BGH GRUR 2010, 1117 Rn. 31-*Gewährleistungsausschluss im Internet*.
[28] Vgl. *Köhler* WRP 2005, 645.
[29] *Köhler* WRP 2005, 645.
[30] BGHZ 166, 154 = GRUR 2006, 773-*Probeabonnement*.

争法》第 33 条第 4 款)。这些特别规定不能通过切换到其他执行体系被规避。

39　　然而,卡特尔法制裁对于公平交易法请求权的优先仅适用于"不正当指控仅基于违反卡特尔法"[31]的情况,并且仅涉及《反不正当竞争法》第 4 条第 11 项的不正当行为。相反,如果不正当是基于《反不正当竞争法》的其他独立的禁止性构成要件(例如,在欺诈情况下),则基于《反限制竞争法》和《反不正当竞争法》的民事请求权同时存在。[32]

六、法律后果

40　　根据《反不正当竞争法》第 8 条至第 10 条的规定,不合法的商业行为产生**民事请求权**(zivilrechtlichen Ansprüche)。

41　　**机构的制裁**(behördliche Sanktion)只适用于面向消费者的个别骚扰行为。根据《反不正当竞争法》第 20 条第 1 款,故意或过失地违反《反不正当竞争法》第 7 条第 1 款和第 2 款第 2 项通过电话呼叫或违反《反不正当竞争法》第 7 条第 1 款和第 2 款第 3 项使用自动呼叫机,在未经消费者事先明确同意的情况下向消费者作广告是行政违法(Ordnungswidrig)行为。在这些情况下,作为主管机构的**联邦网络局**(Bundesnetzagentur)可以处以最高 300,000 欧元的罚款(《反不正当竞争法》第 20 条第 2 款和第 3 款)。

1. 消费者的个体请求权

(1)不存在来自《反不正当竞争法》的个体请求权

42　　《反不正当竞争法》本身**没有规定单个消费者的个体请求权**(keine Individualansprüche von einzelnen Verbrauchern)。因此,受不

---

[31] BGHZ 166, 154 = GRUR 2006, 773 Rn. 17-*Probeabonnement*.
[32] BGHZ 166, 154 = GRUR 2006, 773 Rn. 17-*Probeabonnement*.

合法的商业行为影响的消费者根据《反不正当竞争法》对经营者既不能主张防御性请求权,也不能主张损害赔偿请求权。

消费者也不享有根据《民法典》第 823 条第 2 款第 1 句结合《反不正当竞争法》规定的请求权。早在适用 1909 年《反不正当竞争法》时,判例就已经否认了《反不正当竞争法》规定的有利于单个市场参与者的保护性法律性质[33],并且迄今为止也没有改变这一立场。2004 年《反不正当竞争法》修订时,立法者在官方材料中明确表示坚持这一点。[34] 与文献中的一些批评声音相反,主流观点认为,根据现行有效的法律,消费者的个体请求权应被否定。[35] 一方面,这是基于《反不正当竞争法》**第 8 条以下的终局性质**(abschließenden Charakter der §§ 8 ff. UWG)。另一方面,需要考虑公平交易法与民法的保护方向不同。与民事合同法和侵权法不同,公平交易法仅限于保护消费者的集体利益。[36] 公平交易法并非旨在防止个体的错误、错误决定或损害,而是旨在广泛有效地遏制不正当行为。

43

民法与公平交易法**不同的保护方案**(unterschiedliche Schutzkonzeption)在防止欺诈性商业行为的例子中表现得十分清楚。对于《反不正当竞争法》第 5 条第 1 款,个别消费者是否被经营者的陈述所欺诈并不重要。相反,唯一重要的是所针对的目标群体是否可能被该陈述所欺诈。消费者个体的受骗不足以认定为《反不正当竞争法》第 5 条第 1 款的欺诈。反之,不能仅仅因为个别消费者没有相信经营者的欺诈性陈述而排除违反《反不正当竞争法》第 5 条第 1 款的行为。

44

---

[33] *BGH* GRUR 1975, 150-*Prüfzeichen*.
[34] Begr. zum RegE, BT-Drs. 15/1487, 22.
[35] Köhler/Bornkamm/*Köhler* Einl UWG Rn. 7.5 mwN.
[36] 详见 *Beater* Rn. 1087 ff.。

(2)消费者的一般请求权

45 但是,《反不正当竞争法》对消费者个体请求权的排除并不意味着在不合法的商业行为发生时消费者个体不受保护。在这些情况下,可以适用合同法和侵权法的一般规定来保护个体利益。在适用这些规定时,可以考虑公平交易法的评价(Wertungen des Lauterkeitsrechts)。

> 示例:在经营者未经请求进行电话呼叫的情况下(《反不正当竞争法》第 7 条第 1 款和第 2 款第 2 项),被呼叫的消费者虽然不享有基于《反不正当竞争法》的防御性或损害赔偿请求权。然而电话呼叫,特别是那些持续进行的(参见《不正当商业行为指令》附录 I 第 26 项)电话呼叫,可能损害被叫方的一般人格权,从而导致侵权法上的不作为和排除妨害请求权(类推《民法典》1004 条第 1 款)以及损害赔偿请求权(《民法典》第 823 条第 1 款)。[37]

(3)告知请求权

46 在一个相对隐蔽的地方,《不作为之诉法》第 13a 条规定了一项特别的告知请求权,目的是促进那些因交付未经订购的物品,提供其他未经请求的服务和发送或以其他方式传输未经索取的广告而产生的不作为请求权的行使。如果上述行为侵害了消费者的一般人格权,消费者可以主张这一请求权。

2. 竞争者的个体请求权

47 与消费者不同,竞争者在不合法的商业行为发生时享有个体请求权。这是《反不正当竞争法》第 8 条第 1 款和第 3 款第 1 项规定的**防御性请求权**(Abwehransprüche)和《反不正当竞争法》第 9 条第

---

[37] *OLG Düsseldorf* NJOZ 2013, 162 ff.

1句规定的**损害赔偿请求权**。

根据《反不正当竞争法》第2条第1款第3项,竞争者是指作为商品或服务的供应者或需求者,与一个或多个经营者存在**具体竞争关系**(konkreten Wettbewerbsverhältnis)的任何经营者。

《反不正当竞争法》对竞争者个体请求权的认可与消费者请求权的缺失并不矛盾。相反,这是通过公平交易法对实体保护合乎逻辑的转化。《反不正当竞争法》虽然只保护消费者的集体利益,但从其产生时[38]就将竞争者的个体利益纳入了保护范围。

但是,《反不正当竞争法》不仅仅限于对竞争者的个体保护。相反,竞争者的请求权资格也有助于保护受公平交易法保护的其他利益。[39] 因此,竞争者可以将个体请求权建立在对(也或甚至主要)旨在保护消费者利益的公平交易法规定的违反上。不过当竞争者在这些情况下根据《反不正当竞争法》第9条第1句主张损害赔偿时,应当仔细审查竞争者是否因不合法的商业行为而遭受了可赔偿的损害。

3. 团体诉讼

除了竞争者的请求权,与不合法的商业行为作斗争时最具实际意义的是适格的机构、经济团体和协会采取**团体诉讼的途径**(Verbandsklagemöglichkeiten)(《反不正当竞争法》第8条第1款和第3款第2项至第4项)。这些机构享有防御性请求权,但与竞争者不同的是,它们不享有损害赔偿请求权。此外,团体和协会还可以主张为联邦财政利益而收缴利润(《反不正当竞争法》第10条第1款)。在违反消费者保护规定的情况下,这些制裁通常可以与根据《不作为之诉法》第2条提出的请求权并用(详见第二十一章)。

---

[38] S. nur *Beater* Rn. 291 ff.
[39] Vgl. BGHZ 162, 246 = GRUR 2005, 519 (520) - *Vitamin-Zell-Komplex*.

七、展望:《反不正当竞争法》与《不正当商业行为指令》的进一步协调

52　　联邦政府计划对《反不正当竞争法》进行修改,以使该法与《不正当商业行为指令》的规定更加一致。为此,联邦司法和消费者保护部于 2014 年秋提交了一份第二次修改《反不正当竞争法》的专家草案(Referentenentwurf)。[40] 目前已经有了一份**政府草案**(Regierungsentwurf)。[41] 立法者认为,"有必要对法律体系性的一些问题进行澄清,以实现法律文本的完全协调"。[42] 具体而言,计划对《反不正当竞争法》增加以下新规定或进行修改:

→将《反不正当竞争法》第 2 条第 1 款第 7 项中专业注意的定义扩展至面向所有市场参与者的商业行为;

→参照《不正当商业行为指令》第 2 条字母 e,增加一个对消费者经济行为产生严重影响的新定义;

→对《反不正当竞争法》第 3 条的规定进行实质修改,尤其是强调区分面向消费者和其他市场参与者的商业行为;

→修改《反不正当竞争法》第 4 条并删除《反不正当竞争法》第 4 条第 6 项;

→根据《不正当商业行为指令》第 8 条和第 9 条,在独立的条款(《反不正当竞争法》草案第 4a 条)中增加有关侵略性商业行为的规定;

→在《反不正当竞争法》第 5 条第 1 款中纳入相关性条款;

→通过加强与《不正当商业行为指令》第 7 条第 1 款至第 3 款的协调,对《反不正当竞争法》第 5a 条第 2 款进行修订和补充;

---

[40] Abgedruckt in WRP 2014, 1373 ff.
[41] BR-Drs. 26/15.
[42] Begr. zum RegE, BR-Drs. 26/15, S. 5 und Begr. zum RefE, WRP 2014, 1373 (1374).

→修订《反不正当竞争法》第 6 条第 2 款中的初始措辞;

→精确《反不正当竞争法》附录第 14 项的条文表述。

计划的新规将使《反不正当竞争法》明显更加符合指令的要求,在许多情况下有利于法律的适用。与此同时,计划的法律修改也将导致《反不正当竞争法》**规则体系内**明显的**变化**(Verschiebungen innerhalb der Regelungssystematik des UWG)。《反不正当竞争法》内部的公平交易法上的消费者保护有在法律体系上进一步加强的趋势。只要现行法律的解释和适用符合《不正当商业行为指令》的要求,计划中的新规可能不会导致面向消费者的商业行为的判断标准发生实质性变化。相反,可以预见的是,建立在新规定基础上,对影响消费者利益的商业行为的判断标准整体上会变得更加透明。无论如何,这会给公平交易法上的消费者保护带来收益。

第十七章　防止侵略性影响

精选文献：*Apetz*, Das Verbot aggressiver Geschäfts-praktiken, 2011; *Benz*, Werbung vor Kindern unter Lauterkeitsgesichtspunkten, WRP 2003, 1160; *Böhler*, Wettbewerbsrechtliche Schranken für Werbemaßnahmen gegenüber Kindern, WRP 2011, 1028; *Fuchs*, Wettbewerbsrechtliche Schranken bei der Werbung gegenüber Minderjährigen, WRP 2009, 255; *Hecker*, Die Richtlinie über unlautere Geschäftspraktiken: Einige Gedanken zu den „aggressiven Geschäftspraktiken"-Umsetzung in das deutsche Recht, WRP 2006, 640; *Henning-Bodewig*, Neuorientierung von § 4 Nr. 1 und 2 UWG?, WRP 2006, 621; *Köhler*, Dogmatik des Beispielskatalogs des § 4 UWG-Die Ausstrahlung der Richtlinie über unlautere Geschäftspraktiken auf die Tatbestände des § 4 UWG, WRP 2012, 638; *ders.*, Die Unlauterkeitstatbestände des § 4 UWG und ihre Auslegung im Lichte der Richtlinie über unlautere Geschäftspraktiken, GRUR 2008, 841; *ders.*, Werbung gegenüber Kindern: Welche Grenzen zieht die Richtlinie über unlautere Geschäftspraktiken?, WRP 2008, 700; *Scherer*, Die Verletzung der Menschenwürde durch Werbung, WRP 2007, 594; *dies.*, Die „unsachliche" Beeinflussung in § 4 Nr. 1 UWG, WRP 2007, 723; *dies.*, Die Werbung

> zur Ausnutzung der Angst von Verbrauchern nach § 4 Nr. 2 UWG nF-Neukonzeption eines altvertrauten Tatbestandes, WRP 2004, 1426; *dies.*, Schutz „leichtgläubiger" und „geschäftlich unerfahrener" Verbraucher in § 4 Nr. 2 UWG n.F.-Wiederkehr des alten Verbraucherleitbildes „durch die Hintertür"?, WRP 2004, 1355; *Steinbeck*, Der Beispielskatalog des § 4 UWG-Bewährungsprobe bestanden, GRUR 2008, 848; *Yankova/Hören*, Besondere Schutzbedürftigkeit von Senioren nach dem UWG?, WRP 2011, 1236.

一、概述

每个消费者每天都会受到能够改变其决定行为的**各种不同的影响**(Vielzahl von ganz unterschiedlichen Einflussnahmen),例如,通过谈话、广告、产品设计和品牌以及媒体信息等。这些影响在一定程度上是社会可以接受的,在法律上也是无害的。因此,公平交易法并非完全针对影响本身,而是针对那些可能导致消费者不再主要根据自己的需求作出商业决定的影响,原因在于他们受到了经营者侵略性商业行为的影响。

《不正当商业行为指令》这样描述**影响的关键门槛**(kritische Schwelle der Einflussnahme),即那些"严重损害消费者的选择自由"的行为是不合法的。"这是指那些通过骚扰、胁迫,包括使用暴力和不合法的影响的行为。"[1]根据《**不正当商业行为指令**》第 8 条,"如果在具体情况下,考虑到所有实际情况,通过骚扰、胁迫,包括使用身体暴力或者通过不合法的影响,严重损害或可能严重损害通常

---

[1] 《不正当商业行为指令》立法理由第 16 条。

消费者对产品的决定或行为自由,从而促使或可能促使他作出其他情况下不会作出的商业决定,则该商业行为被视为侵略性行为"。

3 　　《不正当商业行为指令》第 9 条从情境(Umstände)和所使用的手段(Mittel)等方面细化了这些要求。因此,在确定商业行为是否涉及使用了骚扰、胁迫,包括使用身体暴力或不合法的影响手段时,应考虑以下情况:

→使用的时间、地点、类型或持续时间(字母 a);

→威胁或侮辱性表述的使用或行为(字母 b);

→经营者利用其知道的具体的不幸情况或严重影响消费者判断能力的情况,进而影响消费者对产品的决定(字母 c);

→经营者试图以非合同性质的繁重或不合比例的障碍阻止消费者行使其合同权利,包括终止合同或更换为其他产品或其他经营者的权利(字母 d);

→非法行为的威胁(字母 e)。

4 　　《不正当商业行为指令》第 2 条字母 j 定义了一种以不合法的影响(unzulässigen Beeinflussung)的形式施加侵略性影响的特别情况。这是指"利用权力地位向消费者施加压力,即使没有使用或威胁使用身体暴力,其方式也会严重限制消费者作出知情决定的能力"。

二、"黑名单"的构成要件

5 　　"黑名单"包含一个含有很多不同形式的侵略性影响的目录。除了保护决定自由不受损害外,部分禁止性构成要件也同时包含防止欺诈的方面。具体来说,《反不正当竞争法》附录区分以下侵略性构成要件:

→大规模恐吓行为(《反不正当竞争法》附录第 25 项和第 26 项);

→阻碍或拒绝合同保险给付(《反不正当竞争法》附录第 27 项);

　　→保护儿童免受直接购买号召(《反不正当竞争法》附录第 28 项);

　　→利用对法律的无知(《反不正当竞争法》附录第 29 项);

　　→利用帮助意愿(《反不正当竞争法》附录第 30 项);

　　→中奖广告(《反不正当竞争法》附录第 17 项)。

　　1. 恐吓行为,《反不正当竞争法》附录第 25 项和第 26 项

　　根据《反不正当竞争法》附录第 25 项,"制造消费者在没有事先订立合同时不能离开特定场所的印象"始终是不合法的。[2] 该禁止针对旨在促使消费者订立合同的商业行为,方式是使消费者产生否则其身体行动自由会受到或将受到限制的印象。凡是认为不订立合同就不能离开房间的人,显然不是出于对经营者或其给付的自由信任,而是在巨大压力的影响下作出的商业决定。

　　示例:出卖人通知"咖啡旅行"的参与者,只有在所有参与者都购买了其中一种广告产品后,才能离开活动室。

　　根据《反不正当竞争法》附录第 26 项,始终不合法的商业行为是"在亲自拜访住宅时,无视受访者请求离开或不再来访的要求,除非上门拜访是为了合法履行合同义务"。[3] 与《反不正当竞争法》附录第 25 项涵盖消费者私人空间之外的行为相比,《反不正当竞争法》附录第 26 项涉及的是个人私人领域内的商业行为,例如,当销售代表上门拜访消费者时,如果经营者或代表他行事的人在消费者家中逗留,消费者在其私人环境中会受到极大的干扰。如果经营者忽视消费者的明显意愿并因此制造压力局面,消费者的决定和行为

---

〔2〕 《不正当商业行为指令》附录 I 第 25 项的转化。
〔3〕 《不正当商业行为指令》附录 I 第 26 项的转化。

自由就会受到极大的限制。通常,经营者希望通过逗留迫使消费者订立合同,以最终摆脱不受欢迎的访客。

示例:一位代表拜访了消费者,但即使在多次被请求离开后也没有离开消费者的住宅。

8 《反不正当竞争法》附录第 26 项中包含在履行合同义务情况下的禁止限制实际上没有任何意义,因为债权人亲自拜访债务人的住宅通常是不合理的。

2. 阻碍或拒绝合同保险给付,《反不正当竞争法》附录第 27 项

9 **《反不正当竞争法》附录第 27 项**的禁止针对旨在阻止消费者向保险公司主张合同给付的行为。不合法的是"采取措施阻碍消费者实现其保险合同权利,在消费者主张请求权时要求其出示不必要的证明该项请求权的材料,或者系统性地不回复消费者主张请求权的书信"。[4]

10 这本质上是企业在保险合同关系中的违约行为。该禁止性构成要件包含一个在合同订立后不合法的商业行为的法律示例。法律上的禁止是基于这样的考虑,即保险给付通常涉及人们生活的核心领域(例如,养老保障、医疗费用和事故保险等),因此,阻碍或拒绝保险给付会对消费者产生特别严重的影响。借此受到保护的是消费者的期望,即保险公司会认真处理消费者的权利和请求权。

3. 对儿童的购买号召,《反不正当竞争法》附录第 28 项

11 **《反不正当竞争法》附录第 28 项**一方面属于"黑名单"中可能最重要的构成要件,但另一方面也属于最困难的构成要件。据此,始终不合法的行为是"在广告中直接请求儿童自己购买广告中的商品或接受广告中的服务,或者促使其家长或其他成年人购

---

[4] 《不正当商业行为指令》附录 I 第 27 项的转化。

买"。[5] 该规定仅保护儿童免受侵略性影响,但不保护成年人。[6]
然而,反对意见认为,任何教育的基础之一是"让孩子们明白,并非
所有的愿望都可以实现。一个理智的法定监护人通常能够拒绝他
的孩子向他提出的购买请求。这也符合对于竞争法中至关重要的
熟悉市场状况的通常知情和理智的消费者指导形象。他的孩子以
其愿望或多或少地强烈纠缠他这一事实,与法定监护人关于购买产
品的理性决定从根本上并不冲突"。[7]

此外,**儿童的概念**(Begriff des Kindes)是存在争议的,欧盟法虽规定了儿童的概念,但没有更详细的定义。一个被撤回的委员会关于内部市场促销条例的草案仅将**14 岁以下的人**(Personen unter 14 Jahren)视为儿童。[8] 这与文献中的主流观点一致。[9]《反不正当竞争法》附录第 28 项的禁止规定是基于儿童与成人相比所具备的不同能力和决定行为。与 14 岁至 18 岁已经有一些商业经验的青少年(Jugendlichen)相比,这些不同对于 14 岁以下儿童来说可能更为明显。这一评价在德国法上也有区分儿童和青少年的《青少年保护法》(JuSchG)作为基础(参见《青少年保护法》第 1 条第 1 款第 1 项和第 2 项)。

12

带来困难的还有**直接请求**[unmittelbaren(direkten) Aufforderung]这一构成要件特征。虽然存在一定的语言相似性,但它并不对应于根据《不正当商业行为指令》第 2 条字母 j 的"购买请求"(见

13

---

〔5〕 《不正当商业行为指令》附录 I 第 28 项的转化。
〔6〕 Harte/Henning/*Stuckel* UWG Anh. § 3 Abs. 3 Nr. 28 Rn. 9;不同观点 Köhler/Bornkamm/*Köhler* UWG Anh zu § 3 III Rn. 28.2。
〔7〕 BGH GRUR 2008, 183 Rn. 17-*Tony Taler*.
〔8〕 Art. 2 lit. j) des Entwurfs, KOM (2002) 585 endg.
〔9〕 MüKoUWG/*Alexander* § 3 Abs. 3 Nr. 28 Rn. 25; Köhler/Bornkamm/*Köhler* Anh. § 3 III Rn. 28.5; Ohly/Sosnitza/*Sosnitza* UWG Anh. § 3 Abs. 3 Rn. 70; Harte/Henning/*Stuckel* Anh. § 3 Abs. 3 Nr. 28 Rn. 6.

第十八章边码88)。[10]《反不正当竞争法》附录第28项的决定性因素为是否存在针对儿童的"购买号召（Kaufappell）"。[11] 对此，一个命令式语法形式的话语虽并非必须，但足以构成。[12]

示例：在一个为互联网上的奇幻角色扮演游戏"Runes of Magic"提供额外付费服务的广告案件中，判例确认了这种"购买号召"。[13] 在"装饰你的角色周"的标题下，供应商做了如下广告："你的角色准备好迎接即将到来的冒险并配备相应的装备了吗？在广阔的Taborea世界中，成千上万的危险等待着你和你的角色。如果没有适当的准备，地牢的下一个角落可能是最后一步。本周你将有另一个机会来装饰你的角色！抓住好机会，给你的盔甲和武器增加一些'东西'吧！"

4. 利用对法律的无知，《反不正当竞争法》附录第29项

14 　《反不正当竞争法》附录第29项与根据《民法典》第241a条防止寄送未订购商品的民法保护（见第七章）具有事实上的联系。根据《反不正当竞争法》附录第29项，始终不合法的是"请求为未订购的商品或服务付款，或者请求将未订购的物品退回或保管"。[14]

15 　先前的例外（"除非是根据远程销售合同订立的规定所允许的替代交付"）已经随着《消费者权利指令转化法》的生效而不再适用，因为源自于《第97/7/EG号指令》的欧盟法的相应例外构成要件没有被《消费者权利指令》所接受。然而奇怪的是，《不正当商业行为指令》中的引用被保留了下来。不过，它现在已经是多余的了。

16 　《反不正当竞争法》附录第29项针对任何形式的未订购商品或

---

[10] 有争议，详细的区分见 MüKoUWG/Alexander § 3 Abs. 3 Nr. 28 UWG。
[11] BGH GRUR 2014, 298 Rn. 20-Runes of Magic.
[12] BGH GRUR 2014, 298 Rn. 20-Runes of Magic.
[13] BGH GRUR 2014, 298 Rn. 17 ff.-Runes of Magic.
[14] 《不正当商业行为指令》附录 I 第29项的转化。

服务的发送,即使这些行为是善意的,例如,经营者向消费者提供另一个等效的替代品,而不是已订购但售罄的商品。

该禁止性构成要件保护消费者,因为在发送未经订购的商品或服务的情况下,他们通常不知道是否可以保留收到的给付,以及他们是否必须为给付付费,或将其保管或退回给寄件人。**受领人**这种普遍的**不知和不确定性**(Unkenntnis und Unsicherheit der Empfänger)被寄件人有意识地利用了。除此之外,这种行为具有**骚扰的特点**(belästigende Charakter),因为消费者不得不违背自己的意愿处理那些他没有要求发送,而且通常也不感兴趣的商品。

17

判例对《反不正当竞争法》附录第 29 项进行了宽泛的解释,并认为一个连续交付货物的通知已被禁止性构成要件所涵盖。[15]

18

示例:在订单确认案[16]的争议案件中,经营者向消费者发送信函,通知消费者将收到一份未经订购但显示为已订购的杂志,如果消费者未在期限内提出异议,会继续以有偿方式发送。根据联邦最高法院的观点,《反不正当竞争法》附录第 29 项已经适用于这种情况,即发送未经订购但显示为已订购的商品时,如果消费者在一段时间内没有提出异议,则将继续以有偿的方式发送。[17] 这种无权的通知至少与发送附支付请求的未订购商品一样使消费者感到不安,并且骚扰性更强。[18]

5. 社会性帮助意愿的利用,《反不正当竞争法》附录第 30 项

根据《反不正当竞争法》附录第 30 项,"明确说明如果消费者不购买商品或服务,经营者的工作或生计会面临危险"始终被视为

19

---

[15] *BGH* GRUR 2012, 82 Rn. 11 ff.-Auftragsbestätigung.
[16] *BGH* GRUR 2012, 82-Auftragsbestätigung.
[17] *BGH* GRUR 2012, 82 Rn. 12-Auftragsbestätigung.
[18] *BGH* GRUR 2012, 82 Rn. 12-Auftragsbestätigung.

面向消费者的不合法的商业行为。这种行为之所以不合法,是因为它们的目的是制造社会压力,如果消费者不购买经营者提供的产品,他们就会面临缺少帮助意愿或缺乏团结的道德谴责。[19]

20　　该禁止性构成要件要求经营者和消费者**直接接触**(direkten Kontakt),因为只有这样才会造成特别的压力情况。针对公众的声明(例如,以商店告示或通过广告的形式)不在《反不正当竞争法》附录第 30 项的涵盖范围内,但可能构成根据《反不正当竞争法》第 3 条第 1 款和第 4 条第 1 项的不正当。

6. 中奖广告,《反不正当竞争法》附录第 17 项

21　　根据《**反不正当竞争法》附录第 17 项**,始终不合法的是面向消费者"不实的说明或者引发虚假印象,即消费者已经或即将赢得某项奖金,或者通过特定行为将赢得某项奖金或获得某项其他的利益,而事实上并不存在这样的奖金或者利益,或者其获得奖金或其他利益的可能性,无论如何都取决于支付一定的金额或承担一定的费用"。[20]

22　　德国立法者认为,这一构成要件包含**防止欺诈**(Schutz vor Irreführungen)。因此,在转化《不正当商业行为指令》的过程中,这一构成要件被放到附录中。[21] 但按照欧洲法院的观点,这是一种**侵略性的商业行为**(aggressive Geschäftspraktik)[22],同时包含某些防止欺诈的要素。[23]

23　　《反不正当竞争法》附录第 17 项的禁止性构成要件涵盖的情况是,造成消费者已经中奖、即将中奖,或者将通过特定行为赢得奖金

---

[19] Begr. zum RegE, BT-Drs. 16/10145, 35.
[20] 《不正当商业行为指令》附录 I 第 31 项的转化。
[21] Begr. zum RegE, BT-Drs. 16/10145, 30.
[22] *EuGH* GRUR 2012, 1269 = ECLI:EU:C:2012:651 Rn. 37-*Purely Creative.*
[23] *EuGH* GRUR 2012, 1269 = ECLI:EU:C:2012:651 Rn. 49-*Purely Creative.*

或获得其他利益的错误印象,尽管

→实际上并不存在这样的奖金或者利益(禁止的第一种情形)或

→消费者采取行动获得奖金或其他利益的可能性,实际上取决于支付金额或承担费用(禁止的第二种情形)。

该构成要件的第一种情形(ersten Tatbestandsvariante)只是经营者关于一个实际上并不存在的奖金或利益的虚假主张,例如,为了诱使消费者披露个人数据。重要的不是对消费者的欺诈,因为该说明本身就是不正确的。 24

禁止的第二种情形(zweite Variante des Verbots)针对的是将奖金或利益与费用挂钩的行为。应保护消费者免受"中奖通知所触发的心理影响(被)利用,以促使消费者作出并不总是理性的决定,例如,为了获知奖品的类型而拨打增值号码,为领取一套廉价的餐具而长途跋涉,或者为他已经拥有的书支付寄送费用"。[24] 25

根据欧洲法院的观点,向消费者收取与奖品相关的费用的行为是**绝对**(absolut)被禁止的。[25] 因此,强加给消费者的费用(例如,一枚邮票的费用)与奖品的价值相比是否微不足道[26],或者是否会给经营者带来利益[27],对该构成要件来说都无关紧要。此外,即使经营者向消费者提供了多种获取奖品的方式,其中至少有一种是免费的,只要提供的一种或多种方式要求消费者承担费用,以了解有关奖品或其获取的更多信息,也符合该构成要件。[28] 即使向消费者按照规定说明了所产生的费用也不会改变这种 26

---

[24] *EuGH* GRUR 2012, 1269 = ECLI:EU:C:2012:651 Rn. 38-*Purely Creative*.
[25] *EuGH* GRUR 2012, 1269 = ECLI:EU:C:2012:651 Rn. 42-*Purely Creative*.
[26] *EuGH* GRUR 2012, 1269 = ECLI:EU:C:2012:651 Rn. 39-*Purely Creative*.
[27] *EuGH* GRUR 2012, 1269 = ECLI:EU:C:2012:651 Rn. 30-*Purely Creative*.
[28] *EuGH* GRUR 2012, 1269 = ECLI:EU:C:2012:651 Rn. 50-*Purely Creative*.

评价。[29]

三、决定自由的影响和特别情况的利用

27 保护消费者免受侵略性影响的不正当的**示例规定**（Regelbeispiele）主要规定在《反不正当竞争法》第 4 条第 1 项和第 2 项中。这些规定保护市场参与者的决定自由不受影响。《反不正当竞争法》第 4 条第 1 项除了保护消费者外，也保护其他市场参与者，而《反不正当竞争法》第 4 条第 2 项仅包括对消费者的额外和特别保护。该规定针对经营者利用特别的情况，即消费者的精神或身体缺陷、年龄、缺乏商业经验、轻信、恐惧或陷入困境，而实施的商业行为。

1. 决定自由的影响，《反不正当竞争法》第 4 条第 1 项

28 根据《反不正当竞争法》第 4 条第 1 项，通过施加压力，以不人道的方式或其他不合理、不客观的影响，实施足以妨碍消费者或其他市场参与者决定自由的商业行为是不正当的。

（1）决定自由

29 从消费者保护的角度来看，《反不正当竞争法》第 4 条第 1 项保护的"决定自由"至少可以理解为**对商业决定的保护**（Schutz der geschäftlichen Entscheidung）。根据《不正当商业行为指令》第 2 条字母 k，这是"消费者关于是否、如何以及在什么条件下进行购买、全部或部分付款、保留或处置产品或想要行使与产品有关的合同权利的决定，与消费者决定作为还是不作为没有关系"。商业决定的概念不仅包含与合同直接相关的行为（例如，合同的订立与否），还包括与交易相关的所有其他行为（例如，给付的催告）。

30 根据判例，如果行为人通过骚扰或通过《不正当商业行为指

---

[29] *EuGH* GRUR 2012, 1269 = ECLI:EU:C:2012:651 Rn. 55 f.-*Purely Creative*.

令》第 2 条字母 j 意义上不合法的影响严重阻碍这种决定自由,则存在《反不正当竞争法》第 4 条第 1 项意义上的对消费者决定自由的影响。[30]

(2)影响方式

《反不正当竞争法》第 4 条第 1 项列出了**三种**影响决定自由的**方式**(drei Mittel):施加压力、以不人道的方式进行限制和其他不合理的影响。必须依照《**不正当商业行为指令**》**第 8 条和第 9 条**的规定对这些构成要件特征进行解释。根据《不正当商业行为指令》第 8 条,"如果在具体情况下,考虑到所有实际情况,通过骚扰、胁迫,包括使用身体暴力或者通过不合法的影响,严重损害或可能损害通常消费者对产品的决定或行为自由,从而促使或可能促使他作出其他情况下不会作出的商业决定,则该商业行为被视为侵略性行为"。《不正当商业行为指令》第 9 条包含补充规定。据此,在确定商业行为是否涉及使用了骚扰、胁迫,包括使用身体暴力或不合法的影响手段时,应考虑以下情况:

→使用的时间、地点、类型或持续时间;

→使用威胁或侮辱性语言或行为;

→经营者利用其知道的特定不幸情况或严重影响消费者判断能力的情况,以影响消费者对产品作出决定;

→经营者试图以非合同性质的繁重或不合比例的障碍阻止消费者行使其合同权利,包括终止合同或更换为其他产品或其他经营者的权利;

→非法行为的威胁。

---

[30] *BGH GRUR* 2011, 747 Rn. 26-*Kreditkartenübersendung*; *BGH GRUR* 2010, 455 Rn. 17-*Stumme Verkäufer II*; *BGH GRUR* 2010, 850 Rn. 13-*Brillenversorgung II*.

①施加压力

32 对消费者施加的压力可以是身体上的,也可以是心理上的。至关重要的是,压力来自于经营者本人。身体压力的施加包括所有形式的威胁或**身体强制**(körperlichen Zwanges)的使用。

示例:发函告知债务人,一个专门负责催收的员工团队将在一个月内的某天晚上与债务人亲自磋商。根据慕尼黑地方高等法院的观点,这可以理解为暴力威胁。[31]

33 心理压力尤其可以通过**以非法行为相威胁**(Drohung mit rechtlich unzulässigen Handlungen)的方式施加,以迫使消费者作出特定行为。

示例:"咖啡旅行"的组织者威胁说,只有在所有参与者都购买了产品之后,旅行才会继续。

34 如果经营者利用消费者的现有困境(例如,事故情况),则不存在《反不正当竞争法》第4条第1项的施加压力。但在这种情况下可能存在一个《反不正当竞争法》第4条第2项的不正当行为。

示例:拖车公司在事故现场做广告(见第十九章边码45)。

②以不人道的方式

35 以不人道的方式影响决定自由包括**侵犯人的尊严**(gegen die Menschwürde verstoßen)的商业行为(《基本法》第1条;《基本权利宪章》第1条)。人的尊严保护人们作为"旨在在自由中自我决定和自我发展的精神和道德存在(……)"。[32] 否认一个人作为人的内在价值的商业行为在任何情况下都是无法被容忍的,因此也是不合法的。但至少在德国,目前为止还没有发现真正的实际应用

---

[31] *OLG München* GRUR-RR 2010, 50.

[32] *BVerfG* NJW 2013, 1058 (1059).

案例。

示例：可以认定为侵犯人的尊严的例子是，经营者付款让人在其皮肤上永久地纹上广告的行为。因为在这种情况下，人变成了一个单纯的客体——企业的广告媒介。据说在美国发生过类似的案例，一名妇女以 10,000 美元的价格让人在她的额头上纹了一个在线赌场的名字。

《反不正当竞争法》第 4 条第 1 项的第二种情形并不是针对庸俗、歧视性或过度性化的广告。这种行为可能是丑陋或无耻的；然而，他们并非因此是不人道的。同样并非不人道的是所谓的"震撼广告（Schockwerbung）"，它以 20 世纪 90 年代著名的贝纳通广告活动的形式引起了轰动。[33]

36

示例：在适用 1909 年《反不正当竞争法》时，联邦最高法院将在销售利口酒时采用"胸部抓手（Busengrapscher）"或者"内裤前锋（Schlüpferstürmer）"的名称视为对人的尊严的侵犯。[34] 这至少应该在产品针对普通大众，而不仅仅是针对有限的受众，例如性用品商店的访客时适用。[35] 这种区分并不令人信服。如果商业行为真的有悖于人的尊严，那么这必须绝对和独立地适用，不区分销售渠道和所针对的客户群体。

③其他不合理和不客观的影响

并非以施加压力或以不人道的方式对消费者施加影响，如果是另一种不合理和不客观的影响，则根据《反不正当竞争法》第 4 条第

37

---

[33] S. dazu BVerfGE 102, 347 = GRUR 2001, 170; BVerfGE 107, 275 = GRUR 2003, 442; BGHZ 130, 196 = GRUR 1995, 598-Ölverschmutzte Ente; BGH GRUR 1995, 600-H.I.V. POSITIVE I; BGHZ 136, 295 = NJW 1997, 3304-Benetton I; BGH NJW 1997, 3309-Benetton II; BGH GRUR 2002, 360-H.I.V. POSITIVE II.

[34] BGH GRUR 1995, 592-Busengrapscher.

[35] BGH GRUR 1995, 592 (594)-Busengrapscher.

1 项的规定是不正当的。这第三种情形充当了**兜底性构成要件**（Auffangtatbestand）。

38   在适用法律时需要注意的是，试图产生一定的影响对于任何商业行为，尤其是广告来说，都是与生俱来的，因此这本身不能被判断为不正当。[36] 在面向消费者的商业行为中，不合理和不客观的影响的判断标准应当通过对规定进行符合指令的解释，特别是根据《不正当商业行为指令》第 8 条和第 2 条字母 j 的规定来确定。据此，对消费者**不合法的影响**（unzulässige Beeinflussung）尤为重要。根据《不正当商业行为指令》第 2 条字母 j，这种不合法的影响由三个评价要素构成：

第一，经营者须处于**权力地位**（Machtposition）。这种权力地位可能源于经营者基于其市场地位或特别的权威地位所产生的经济上的优势。

第二，经营者须**利用**（ausnutzen）这种权力地位，即利用它为自己谋取利益。

第三，对权力地位的利用须导致消费者作出知情决定的能力被**严重限制**（wesentlichen Einschränkung）。

39   在审查不合理和不客观的影响时，部分判例将一项行为是否使**购买决定的合理性**（Rationalität einer Kaufentscheidung）被置于次要地位作为标准。[37] 在其他判决中，判例审查的是有争议的商业行为是否对消费者的**自由意志产生重大影响**（wesentlichen Beeinflussung der freien Willensentschließung）。[38] 归根结底，从评价的视角

---

[36] Begr. zum RegE, BT-Drs. 15/1487, 17.

[37] BGH GRUR 2013, 301 Rn. 40-*Solarinitiative*; BGH GRUR 2010, 1022 Rn. 16-*Ohne 19 % Mehrwertsteuer* mwN.

[38] BGH GRUR 2008, 183 Rn. 16-*Tony Taler*; BGH GRUR 2007, 247 Rn. 21-*Regenwaldprojekt I* mwN.

观察,这种对消费者的决定过程施加的影响如此严重,以至于受到影响的消费者有可能不再根据自己的需求作出决定,而是由"**外部决定**(fremdbestimmt)"。[39] 这种不合理和不客观的影响的门槛必须与其他构成要件情形进行评价上的比较,其产生的影响应当与以施加压力或以不人道的方式所产生的影响相同。因此,影响必须具有一定的**强度**。

示例:根据判例[40],银行主动向消费者寄送信用卡(Zusenden von Kreditkarten an Verbraucher)不构成不合理和不客观的影响。因为通常知情的消费者都知道信用卡的运作模式,知道寄送的信用卡如果没有特别的表示就不能使用。对于银行提出的订立部分有偿的信用卡合同的报价,无论是面向受领人的信函内容,还是声称的第一年49欧元费用的免除,还是信用卡的同时寄送,都不会使一个理性决定的作出变得不合理的困难。根据生活经验,一个良好知情、适当专注和严格的通常消费者不会认为,如果他不寄还信用卡,他就必须出于法律或至少是道德原因为所提供的给付付款。即使广告信函没有包含任何关于客户在不想接受报价的情况下如何操作的明确说明,也不会改变这一点。鉴于信用卡本身价值不大,使用价值明显只有通过目标客户订立了单独的信用卡合同才能获得,因此没有订立此类合同意愿的消费者,即使在没有明确提示的情况下也应当清楚,他可以将信函和附随的卡片作为他不感兴趣的广告材料扔掉而不会有法律上的不利后果。[41] 在争议案件中,消费者可能会感到不得不在扔掉之前使个人数据匿

---

[39] 类似的观点 *Beater* Rn. 1613。
[40] BGH GRUR 2011, 747-*Kreditkartenübersendung*.
[41] BGH GRUR 2011, 747 Rn. 27-*Kreditkartenübersendung*.

名化,这也同样不违反《反不正当竞争法》第4条第1项,不影响他的决定自由。[42]

40 如果广告陈述不仅限于关于产品的属性、质量或价格的纯粹事实说明,而且还涉及**广告对象的感受**(Gefühle des Werbeadressaten)并激发了其**情感**(Emotionen),仅此不构成不合理和不客观的影响。[43] 这尤其适用于提及社会责任感、乐于助人、同情心或环保意识的情况下。对于许多消费者来说,这些标准在他们作出商业决定时扮演着重要的角色。强调这些方面的商业行为,即使当广告提及的承诺与广告商品之间没有事实联系,并且只是有目的地和系统地诉诸情感,以便为了自身的经济利益将其作为决定性的购买动机而加以利用时,也是被允许的。[44] 早先判决中的相反判断(从所谓的情感广告的角度来看)已经被联邦最高法院明确放弃了。[45]

(3)应用案例

41 《反不正当竞争法》第4条第1项的不正当商业行为的表现形式极为多样。下文将从判例实践中挑出一些**典型问题领域**(typische Problemfelder),但不要求详尽无遗。

①随机激励

42 随机激励的使用(例如,为客户组织的抽奖游戏)本身不足以认定为《反不正当竞争法》第4条第1项的不正当。只有当目标受众的**自由决定**(freie Entscheidung)通过**随机激励的使用**(durch den Einsatz aleatorischer Reize)受到**持久的影响**(nachhaltig beeinflusst),以至于购买决定不再基于事实决定,而是主要被对中

---

[42] *BGH GRUR* 2011, 747 Rn. 29-*Kreditkartenübersendung.*
[43] *BGH GRUR* 2006, 75 Rn. 17-*Artenschutz.*
[44] *BGH GRUR* 2006, 75 Rn. 18-*Artenschutz.*
[45] *BGH GRUR* 2006, 75 Rn. 18-*Artenschutz.*

奖前景的渴望所决定时,才存在不合理和不客观的影响。[46]

示例:根据判例,如果经营者宣传,**每第100个客户将免费获得其购买的产品**(jeder 100. Kunde erhalte seinen Einkauf gratis),则不存在不合理和不客观的影响。这是因为消费者很容易看出,必须恰恰是他进行了第100次购买,这种可能性很小。即使通常的消费者被诱使从广告企业购买并考虑到宣称的免费购买机会而尽可能多地购买,购买决定的理性也没有完全被抛到脑后。相反,通常的消费者在作出购买决定时能够处理这种中奖激励因素。[47]

关于随机激励行为的特别规则规定在《反不正当竞争法》第4条第5项和第6项。

②群体压力

如果一个商业行为会产生并施加群体压力,则它是不正当的。因此,对父母和法定监护人的决定自由的不合理和不客观的影响可以在于,在学校班级内利用群体压力的广告活动,有目的地将**儿童和青少年**(Kinder und Jugendliche)作为所谓的**购买驱动者**(Kaufmotivatoren)使用。[48]

③搭售要约

在搭售要约中,**多个商品或服务被组合在一起**(mehrere Waren oder Dienstleistungen miteinander verbunden)销售,无论它们是同种商品(例如,双包咖啡)还是完全不同的产品(例如,将一本青少年杂志与一副太阳镜搭售)。自《附赠条例》(ZugabeVO)被废除以来,企业不再被禁止将不构成功能单元的产品合并销售,即购买

---

[46] *BGH* GRUR 2007, 981 Rn. 34-150 % Zinsbonus.
[47] *BGH* GRUR 2009, 875 Rn. 12-*Jeder 100. Einkauf gratis*.
[48] *BGH* GRUR 2008, 183 Rn. 18 ff.-*Tony Taler*.

一种产品时,免费搭售另一种产品。[49] 也允许将商品或服务与企业的其他给付相结合,例如,社会、文化、体育或生态承诺。[50]

示例:在销售带有太阳镜的(青少年)杂志[Vertriebs einer (Jugend-)Zeitschrift mit einer Sonnenbrille]的情况下,不存在《反不正当竞争法》第4条第1项意义上的不合理和不客观的影响。因为相关的吸引作用正是竞争所希望的结果。[51] 也不能因为目标受众是12岁至20岁的青少年,就因此认定这是一种夸大的吸引作用。提供青少年杂志和太阳镜的产品也通常符合年轻人的需求。这样的产品以一个对市场和报价价值的充分了解为前提。根据生活经验,2.25欧元的价格在目标对象青少年消费者的零花钱范围之内。即使只是为了获得太阳镜而购买杂志,也不会产生重大的经济负担。[52]

46　如果经营者在要约的实际价值方面欺诈消费者,或者经营者没有提供足够的有关搭售要约的信息时,搭售要约可能会被禁止。[53] 但在这些情况下,应优先考虑《反不正当竞争法》第4条第4项和《反不正当竞争法》第5条第1款第2句第2项。根据判例,不存在一个说明附赠物价值的一般义务。[54]

④打折

47　自《折扣法》(RabattG)被废除以来,打折一般(Preisnachlässe

---

[49] Vgl. BGHZ 151, 84 (86) = GRUR 2002, 976-*Kopplungsangebot I*; *BGH GRUR 2002*, 979 (980)-*Kopplungsangebot II*; BGHZ 154, 105 (108) = GRUR 2003, 538-*Gesamtpreisangebot*; *BGH GRUR 2003*, 890 (891)-*Buchclub-Kopplungsangebot*.

[50] BGH GRUR 2007, 247 Rn. 25-*Regenwaldprojekt I*.

[51] BGH GRUR 2006, 161 Rn. 17 ff.-*Zeitschrift mit Sonnenbrille*.

[52] BGH GRUR 2006, 161 Rn. 19-*Zeitschrift mit Sonnenbrille*.

[53] Vgl. BGHZ 151, 84 (89) = GRUR 2002, 976-*Kopplungsangebot I*; *BGH GRUR 2002*, 979 (981)-*Kopplungsangebot II*.

[54] Vgl. BGHZ 151, 84 (89) = GRUR 2002, 976-*Kopplungsangebot I*; BGHZ 154, 105 (109) = GRUR 2003, 538-*Gesamtpreisangebot*.

grundsätzlich)被认为是**允许的**(zulässig)。即使是大幅降价也是日常生活的一部分,因此一般不会对消费者的自由决定产生不合理和不客观的影响。

示例:在一个电子产品零售商的广告中,仅因为**19% 购买价格的折扣**(Rabatt in Höhe von 19 % vom Kaufpreis)引起了消费者的购买兴趣,判例没有提出异议。[55] 相关的吸引作用不是反竞争的,而是一个所希望的体现竞争性质的结果。

若要通过折扣认定存在一个《反不正当竞争法》第 4 条第 1 项意义上的不合理和不客观的影响,需要在预期折扣之外发生**特别的不正当情形**(besondere Unlauterkeitsumstände),以致消费者基于信息作出决定的能力有受到严重影响的可能。这种特别情形可以是,例如,消费者被迫特别迅速地作出决定。因此,不合法的可能是那些**过分有时间限制的报价**(übersteigert zeitgebundene Angebote),目的是将潜在客户置于强烈的时间压力之下并诱使其作出一个快速和轻率的购买决定。[56]

48

示例:(1)判例没有对一个在互联网上宣传和举办的二手车"**逆向拍卖**(umgekehrten Versteigerung)"提出异议。在该拍卖中,车辆的起拍价每 20 秒降低 175 欧元,"拍卖成功者"在活动结束后可以自由决定是否要以拍得的价格购买"拍卖"车辆,而无须承担不利的经济后果。[57](2)同样没有被判例认定为不正当的是一个**一日折扣活动**(eintägige Rabattaktion),即使广告在承诺的折扣当天才出现。[58]如果消费者在有限的时间

---

[55] *BGH* GRUR 2010, 1022 Rn. 15 f.-*Ohne 19 % Mehrwertsteuer*.
[56] BGH GRUR 2010, 1022 Rn. 17-*Ohne 19 % Mehrwertsteuer*.
[57] Vgl. *BGH* GRUR 2004, 249(251)-*Umgekehrte Versteigerung im Internet*.
[58] *BGH* GRUR 2010, 1022 Rn. 19-*Ohne 19 % Mehrwertsteuer*.

内决定购买,而没有进行产品和价格的比较,那么他就是有意识地自愿冒险。对于昂贵的商品,按照经验,消费者只有在仔细考虑后才会接受报价,而对于便宜的商品,通常的消费者不会被过度吸引从而作出考虑不周的决定。[59]

(4) 显著性

49　《反不正当竞争法》第 4 条第 1 项中提及的所有构成要件情形都内含了显著性,因此,无须根据《反不正当竞争法》第 3 条第 1 款对受保护利益的明显损害进行单独审查。

2. 特别情况的利用,《反不正当竞争法》第 4 条第 2 项

50　根据《反不正当竞争法》第 4 条第 2 项,行为人实施足以利用消费者身体或精神上的缺陷、年龄、商业经验的缺乏、轻信、恐惧或者处于困境的商业行为是不正当的。该示例规定补充了《反不正当竞争法》第 4 条第 1 项的构成要件,旨在为**特别需要受保护**(besonders schutzbedürftig)并且**特别容易受经营者影响**(besonders anfällig)的消费者群体提供额外保护。在实践中,《反不正当竞争法》第 4 条第 1 项和第 2 项的适用范围通常会重叠。《反不正当竞争法》第 4 条第 2 项用于转化《不正当商业行为指令》第 9 条字母 c(对事故情形和类似事件的利用)和《不正当商业行为指令》第 8 条结合第 5 条第 3 款。

(1) 特别需要保护的消费者

51　在《反不正当竞争法》第 4 条第 2 项的情况下,消费者特别的保护需求可能是由于**情境弱势**(situativen Schwächeposition)(恐惧、困境)或**个人弱势**(persönlichen Unterlegenheit)(身体或精神缺陷、年龄、商业经验的缺乏)而造成的。不同原因同时发生的情况也不少见。无论如何,由于特别情况,消费者作出知情商业决定的能力受到了明显的限制,因此不符合通常消费者的标准。

---

[59] *BGH GRUR* 2010, 1022 Rn. 19-*Ohne* 19% *Mehrwertsteuer*.

精神和身体缺陷(Geistige und körperliche Gebrechen)是个人能 52
力暂时或持久受到限制,特别是由于疾病导致的限制。

如果消费者因年龄过大或过小而不具备通常消费者的知识和 53
能力,则属于**与年龄相关的限制**(Altersbedingte Einschränkungen)。
关键不是僵化的年龄界限,而是个人的具体情况。老人或儿童并不
是在任何情况下都"自动"需要特别保护。相反,它取决于具体的
交易类型。

示例:(1)一个青少年不会因为**购买单本青少年杂志**
(Kaufs einer einzelnen Jugendzeitschrift)(与一个其他产品搭售
也是如此)而不知所措,因此不会由于他的年龄而特别需要保
护。[60] (2)当涉及**贷款**或有关**手机铃声**(Handy-
Klingeltöne)的"订阅"时,应当作出不同的决定。[61]

如果消费者不具备一个通常专注、知情和理智的消费者所具 54
有的知识,则可以认定为**商业经验的缺乏**(geschäftliche Unerfahr-
enheit)。[62]

示例:一位代理人在一个安置来自哈萨克斯坦移民的福利
院中以高价出售炊具。联邦最高法院认为[63],所针对的移民
是在德国居住时间不长的人,因此他们不了解当地的经济和法
律体系,特别是因为他们以前主要生活在前苏联的农业地区。
经验表明,这些人通常无法评估要约的经济范围和法律效
力,因为他们通常对当地的交易习惯没有任何经验。现有的经
济和法律体系对他来说是完全陌生的,对语言也往往还不熟

---

[60] *BGH GRUR 2006, 161 Rn. 20 ff.-Zeitschrift mit Sonnenbrille.*
[61] *BGH GRUR 2006, 776 Rn. 19 ff.-Werbung für Klingeltöne.*
[62] *BGH GRUR 2007, 978 Rn. 27-Rechtsberatung durch Autoversicherer.*
[63] *BGH GRUR 1998, 1041-Verkaufsveranstaltung im Aussiedlerwohnheim.*

悉。此外,这些人通常也财力有限,在这种情况下很容易受到诱惑,在促销活动中购买宣传的商品。[64]

55 如果消费者不能正确评估和判断交易的优缺点,他们就容易**轻信**(Leichtgläubig)他人。这既可能是由于缺乏商业经验,也可能是由于其他原因。

56 《反不正当竞争法》第 4 条第 2 项意义上**恐惧**(Angst)的含义不仅仅是指随时可能发生的一般风险的提示。

   示例:一位经营者在广告中指出了冬季感冒的一般风险。[65]

57 必须给消费者留下危险迫在眉睫的印象,并导致他的判断能力受到严重影响。一个应用示例规定在针对《反不正当竞争法》第 3 条第 3 款的附录第 12 项中。据此,宣称如果消费者不购买所提供的商品或不使用所提供的服务,消费者或其家人会有人身安全危险,并对这种危险的类型和范围作虚假说明是不合法的。《反不正当竞争法》之外的恐惧广告的特别法规定在《食品、消费品和饲料法典》(LFGB)第 12 条第 1 款第 6 项和《医疗领域广告法》(HWG)第 11 条第 7 项。

58 最后,《反不正当竞争法》第 4 条第 2 项还提到了作为特别情况的**困境**(Zwangslage)。这包括限制消费者决定自由的外部环境。

   示例:**在事故现场做广告**(Werbung am Unfallort)几乎是利用困境进行不正当宣传的"经典案例"。[66] 根据联邦最高法院

---

[64] BGH GRUR 1998, 1041-*Verkaufsveranstaltung im Aussiedlerwohnheim.*

[65] Vgl. schon *BGH* GRUR 1986, 902-*Angstwerbung.*

[66] Vgl. *BGH* GRUR 1975, 264-*Werbung am Unfallort I*; *BGH* GRUR 1975, 266-*Werbung am Unfallort II*; *BGH* GRUR 1980, 790-*Werbung am Unfallort III*; *BGH* GRUR 2000, 235-*Werbung am Unfallort IV.*

的判例,原则上禁止在事故现场与事故当事人进行磋商,以促使其订立法律行为(特别是修理委托、车辆租赁合同或拖车委托)。事故当事人在事故发生后仍处于事故冲击之下,面临着来自经营者的巨大影响,他们将面临被突然袭击的风险。因此,他们无法自由决定其车辆是否应该被拖走,这是否应该由一个商业企业来做,以及哪个企业提供的条件最优惠。[67]

(2)利用困境

商业行为必须足以构成对特别情境或个人情况的利用。经营者有目的地只针对特别需要保护的消费者群体是不够的。[68] 相反,经营者必须对特别情况**知情**(Kenntnis),商业行为也必须旨在**利用特别情况为自己谋取利益**(besonderen Umstände zum eigenen Vorteil zu nutzen)。对此不需要特别的意图,只要商业行为的客观目的是利用就足够了。

> 示例:在一个法定医疗保险公司从青少年那里收集个人数据(Erhebung von personenbezogenen Daten von Jugendlichen)的Nordjob-Messe案中[69],判例认定存在这样的利用。为此目的,医疗保险公司分发了一个抽奖游戏的参与卡。在这些"抽奖卡"上,抽奖游戏的参与者应在总共九行中输入他们的姓氏、名字、出生日期、地址、电话号码、电子邮件地址和医疗保险公司等信息。联邦最高法院认为,以这种特定方式进行的数据收集足以利用青少年商业经验的缺乏。[70] 法院认为,年龄在15岁至17岁之间的年轻人尚未具备必要的成熟度,以预见对用

---

[67]　*BGH* GRUR 2000, 235, 236-*Werbung am Unfallort IV.*
[68]　*BGH* GRUR 2014, 682 Rn. 25-*Nordjob-Messe.*
[69]　*BGH* GRUR 2014, 682-*Nordjob-Messe.*
[70]　*BGH* GRUR 2014, 682 Rn. 26-*Nordjob-Messe.*

于广告目的的数据存储和数据使用进行同意表示的影响。[71] 对于这个年龄段的年轻人,与披露个人数据和同意表示相关的不利是难以识别的;对于广告企业期望从数据收集中获得的经济利益同样如此。[72]

60　　特别是当消费者无法看出和正确评估商业决定的经济后果时,可能存在利用。

示例:在争议的铃声广告案[73]中,经营者在青少年杂志 BRAVO Girl 上宣传可以有偿下载铃声、图标和短信图片(entgeltliche Herunterladen von Klingeltönen, Logos und SMS-Bildern)。客户可以通过拨打收费服务电话号码将其下载到他们的手机上。与此相关的费用没有被充分提示。联邦最高法院将该广告视为《反不正当竞争法》第 4 条第 2 项的不正当商业行为。[74] 用户无法预见会产生多少费用,因为他们不知道下载过程的持续时间,这也取决于用户的熟练程度;而且,费用是不可控的。[75] 因为客户只有通过之后的账单才知道他实际的财务负担,因此进一步增加了费用的不确定性。[76] 此外还有一个特别的风险在于,该服务可以在任何时间从任何地点轻松访问。[77]

61　　但是,如果相关的消费者了解其商业决定的影响,那么应当否定利用的存在。

---

[71] *BGH* GRUR 2014, 682 Rn. 26-*Nordjob-Messe.*
[72] *BGH* GRUR 2014, 682 Rn. 35-*Nordjob-Messe.*
[73] *BGH* GRUR 2006, 776-*Werbung für Klingeltöne.*
[74] *BGH* GRUR 2006, 776 Rn. 18 ff.-*Werbung für Klingeltöne.*
[75] *BGH* GRUR 2006, 776 Rn. 24-*Werbung für Klingeltöne.*
[76] *BGH* GRUR 2006, 776 Rn. 24-*Werbung für Klingeltöne.*
[77] *BGH* GRUR 2006, 776 Rn. 24-*Werbung für Klingeltöne.*

示例：巧克力棒收集活动案[78]这一争议案件涉及印在糖果上的集点(Sammelpunkte)。超过一定数量后,这些集点可以在亚马逊邮购公司下订单时进行兑换。联邦最高法院认为这并非《反不正当竞争法》第4条第2项的不正当商业行为。该活动所针对的儿童和青少年很清楚,为了享受德国亚马逊(amazon.de)的代金券他们需要承担哪些经济负担。[79]一个有零用钱的通常未成年人在没有成年人陪同的情况下访问巧克力棒的销售点,能够进行简单且足够的计算来确定为利益所付出的成本。[80] 此外,参与收集活动也在未成年人因拥有零用钱而可以采取的行动的经济范围内。[81]

(3)显著性

在《反不正当竞争法》第4条第2项的情况下,没有必要单独审查受公平交易法保护的利益的显著损害,因为在这一构成要件中,显著性已经"固化在类型中(vertypt)"。

---

[78]　*BGH* GRUR 2009, 71-*Sammelaktion für Schokoriegel*.
[79]　*BGH* GRUR 2009, 71 Rn. 18-*Sammelaktion für Schokoriegel*.
[80]　*BGH* GRUR 2009, 71 Rn. 18-*Sammelaktion für Schokoriegel*.
[81]　*BGH* GRUR 2009, 71 Rn. 18-*Sammelaktion für Schokoriegel*.

第十八章 保护知情的商业决定

> 精选文献：*S. Ahrens*, Der Irreführungsbegriff im deutschen Wettbewerbsrecht, WRP 1999, 389; Apostolopoulos, Das europäische Irreführungsverbot: Liberalisierung des Marktgeschehens oder Einschränkung für die Anbieterseite?, GRUR Int. 2005, 292; *Burger*, Lauterkeitsrechtliche Informationspflichten-Systematische Stellung und inhaltliche Reichweite, 2012; *Lettl*, Der lauterkeitsrechtliche Schutz vor irreführender Werbung in Europa, 2004; *Körber/Heinlein*, Informationspflichten und neues UWG, WRP 2009, 780; *von Oelffen*, § 5a UWG-Irreführung durch Unterlassen-ein neuer Tatbestand im UWG, 2012; *Steinbeck*, Irrwege bei der Irreführung durch Unterlassen, WRP 2011, 1221; *dies.*, Richtlinie über unlautere Geschäftspraktiken: Irreführende Geschäftspraktiken-Umsetzung in das deutsche Recht, WRP 2006, 632; *Tiller*, Gewährleistung und Irreführung-Eine Untersuchung zum Schutz des Verbrauchers bei irreführender Werbung, 2005.

一、概论

1　除了防止侵略性影响（见第十七章）以外，保护消费者知情的商业决定是通过公平交易法保护消费者的第二个支柱。消费者不仅应该能够在不受侵略性影响的情况下作出商业决定,而且还应该能够在知情的基础上作出决定。因此,《不正当商业行为指令》针对的是"通过欺诈使消费者无法作出知情且有效选择"的商业行为。[1]《不正当商业行为指令》"根据成员国关于欺诈性广告的法律和惯例"区分**欺诈性作为**(irreführenden Handlungen)和**欺诈性不作为**(irreführenden Unterlassungen)。[2]《不正当商业行为指令》第6条对欺诈性作为作了更详细的规定,第7条则针对欺诈性不作为作了规定。这些一般性规定被"黑名单"中的许多特别构成要件所补充,消费者作出知情的商业决定的能力受到保护。

仔细观察《不正当商业行为指令》第6条和第7条中的规定,就会发现**两个不同**(zwei unterschiedliche)但**相互交错的保护理念**(ineinandergreifende Schutzkonzepte)。《不正当商业行为指令》第6条第1款包含防止通过不真实或欺骗性的说明进行欺诈。《不正当商业行为指令》第6条第2款则通过根据《不正当商业行为指令》第6条第2款字母a防止混淆的特别规定,以及防止与《不正当商业行为指令》第6条第2款字母b的行为准则义务相关的欺诈,对这些一般规定进行了补充。

相比之下,《**不正当商业行为指令**》第7条则旨在确保经营者不会向消费者隐瞒那些对消费者的商业决定至关重要的信息。与该规范不太灵活的标题相反,这其实并非通过不作为来欺诈消费者,更多的是保护消费者免受不完整或不充分的信息的侵害。《不正当商业行为指令》第7条规定了一个相当复杂的规则结构,其主要目的是确保消费者能够获得对其作出决定至关重要的信息。

---

[1]《不正当商业行为指令》立法理由第14条第1句。
[2]《不正当商业行为指令》立法理由第14条第2句。

二、"黑名单"构成要件

"黑名单"包含23条可以归为保护知情决定的禁止性构成要件。但从这一汇编中无法看出其内在的体系。根据欺诈的对象,可以粗略地对这些构成要件作出下列区分:

→关于商业行为可识别性的欺诈(《反不正当竞争法》附录第11、22和23项);

→关于产品或服务性质或质量预期的欺诈(《反不正当竞争法》附录第2、4、9、13、16和18项);

→关于交易情况的欺诈(《反不正当竞争法》附录第5、7、12、15和19项);

→与促销措施有关的欺诈(《反不正当竞争法》附录第20项和第21项);

→关于履行意愿、合同基本内容、合同权利或给付可用性的与合同和给付相关的欺诈(《反不正当竞争法》附录第6、8、10和24项);

→与行为准则的遵守和法律质量有关的欺诈(《反不正当竞争法》附录第1项和第3项);

→危害财产的销售行为(《反不正当竞争法》附录第14项)。

1. 关于商业行为可识别性的欺诈,《反不正当竞争法》附录第11、22和23项

(1)伪装成信息的广告,《反不正当竞争法》附录第11项

《反不正当竞争法》附录第11项包含一项在实践中**非常重要**(große Bedeutung)的禁止性构成要件。据此,"将经营者资助的编辑内容用于促销目的,但是这种联系并不能从内容、视觉或声音的

表现形式中清楚地看出(伪装成信息的广告)"是不合法的。[3] 该规定保护消费者免受虽以编辑的媒体内容出现,但实际上用于促进销售的出版物的影响,这些内容是收取费用后被出版的,其促销目的难以为消费者所识别。

这一禁止性构成要件与根据《反不正当竞争法》第 4 条第 3 项和第 5a 条第 2 款的**防止商业行为广告特征的隐瞒**(Schutz vor einer Verschleierung des Werbecharakters),以及媒体法上关于区分和标注要求的特别规定有关。此类特别规定包含在针对印刷媒体的所有联邦州的新闻法[4],针对广播的《广播国际条约》第 7 条第 3 款第 1 句和针对远程媒体的《广播国际条约》第 58 条第 1 款第 1 句之中。 6

与《反不正当竞争法》第 4 条第 3 项相比,《反不正当竞争法》附录第 11 项要求经营者**资助广告内容**(Finanzierung des Werbeinhalts)。这包括任何有财产价值的对待给付(例如,提供金钱、商品、服务或其他财产,包括投放广告的承诺)。但资助必须具有证据,这可能会造成相当大的实际困难。 7

根据《反不正当竞争法》附录第 11 项,使用伪装成信息的广告只有在销售目的不能从内容、视觉或声音的表现形式中清楚看出时才会不合法。如果**广告内容**(Werbeinhalt)对于作为媒体用户的通常消费者而言,是可以**被清楚识别**(eindeutig erkennbar)的,则不存在不合法的商业行为。对广告特征的提示必须通过视觉或声音手段,比如,通过清晰可见的"广告"一词或广告旋律。对于可识别性问题,在评价上可以采用适用于媒体中付费内容标注的一般原则。 8

值得注意的是,欧洲法院[5]已经**大大限制了欧盟法上禁止性构成要件的适用范围**(Anwendungsbereich des unionsrechtlichen Ver- 9

---

[3] 《不正当商业行为指令》附录 I 第 11 项的转化。
[4] 例如,《图宾根新闻法》第 10 条。
[5] *EuGH* GRUR 2013, 1245 = ECLI:EU:C:2013:669-*RLvS*.

第十八章 保护知情的商业决定 305

botstatbestands deutlich eingeschränkt)。相关争议案件涉及两个新闻出版商之间关于遵守德国联邦州新闻法对付费内容的标注要求的争议。对于联邦最高法院的呈递[6],欧洲法院判定,新闻出版商在出版物中对第三方的产品和服务——可能是间接地——进行宣传并不足以严重影响消费者的经济行为。[7] 因此,这并不是一种《不正当商业行为指令》第 2 条字母 d 意义上的"商业行为"。[8] 从这个——实质上相当有疑问的——决定中可以看出,关于在媒体中标注付费内容的媒体法特别规定并没有被《不正当商业行为指令》附录 I 第 11 项的规定所覆盖。因此,国内法可以继续保留超出《不正当商业行为指令》附录 I 第 11 项标注要求的规定。[9]

(2)无权的支付请求,《反不正当竞争法》附录第 22 项

10 根据《反不正当竞争法》附录第 22 项,始终不合法的是"发送附带支付请求的广告材料,使人产生已经订购该商品或服务的错误印象"。该禁止性构成要件针对的是经营者通过给消费者发送广告材料和支付请求,使消费者产生其已经下了**一个有偿订单**(eine entgeltliche Bestellung)的**印象**(Eindruck)的商业行为。经营者借此在支付请求的法律性质上欺诈消费者,这通常只是一个合同要约,只有在向经营者付款时才会被视为默示的承诺。从不法内容上看,此类商业行为已经接近刑事上的欺诈(参见《刑法典》第 263 条)。

11 《反不正当竞争法》附录第 22 项的禁止性构成要件是特别构建的,因为仅向消费者发送账单或其他支付请求不足以构成不合法的商业行为。相反,邮件中必须附有广告材料(Werbematerial)。这一附加要件可能是基于这样一种想法,即广告材料强化和巩固了消

---

[6] *BGH* GRUR 2012, 1056-*GOOD NEWS I*.
[7] *EuGH* GRUR 2013, 1245 = ECLI:EU:C:2013:669 Rn. 39-*RLvS*.
[8] *EuGH* GRUR 2013, 1245 = ECLI:EU:C:2013:669 Rn. 39-*RLvS*.
[9] *BGH* GRUR 2014, 879 Rn. 22 ff.-*GOOD NEWS II*.

费者与经营者的合同关系已经存在的印象。

《反不正当竞争法》附录第 22 项并不包括——可惜在实践中很常见的[10]——向贸易商(通常是中小型企业)、协会、基金会等发送有关登入商业名录的类似账单的合同要约,因为这些受领人不是消费者。

(3) 谎称非经营者行为,《反不正当竞争法》附录第 23 项

如果经营者谎称是消费者或谎称其行为并非经营行为,则此类行为可能根据《反不正当竞争法》附录第 23 项是不合法的。据此,不合法的是"不真实的说明或造成经营者是消费者或不是为其商业、贸易、经营或职业目的而行为的错误印象"。**在构成要件的第一种情形中**,经营者假冒消费者,也许是为了获得特别的利益。

示例:一个职业古董商在消费者面前伪装成私人潜在客户,以便能够以较低的价格从消费者那里购买一个橱柜。

第二种情形涉及经营者假装从事非商业活动。

示例:一个私人拖车企业向消费者表示,该消费者的汽车必须由警方挪动;对此,经营者根据警察法获得授权。

2. 关于性质或质量预期的欺诈,《反不正当竞争法》附录第 2、4、9、13、16 和 18 项

"黑名单"的多个构成要件可以保护消费者免受关于性质和质量预期的欺诈。

(1) 未经授权使用质量标志,《反不正当竞争法》附录第 2 项

根据《反不正当竞争法》附录第 2 项,始终不合法的是"未经必须的许可使用质量标志、质量标识或类似标志"。[11] 借此,法律保

---

[10] S. nur *BGH* GRUR 2012, 184-*Branchenbuch Berg*.
[11] 《不正当商业行为指令》附录 I 第 2 项的转化。

护消费者对第三方(例如,检测机构)授予的质量标志或类似标识证明力的信任。通常,这涉及标识特定品质或质量并表明标记的人或产品符合相关要求的**图标、印章、文字标记或图像**(Logos, Siegel, Wortzeichen oder Bilder)。

示例:一位经营者在未进行必要的审查和认证的情况下在其网上商店使用了"受信任的商店(Trusted Shops)"印章。

(2)认证的欺诈,《反不正当竞争法》附录第 4 项

17　　与《反不正当竞争法》附录第 2 项密切相关的是《反不正当竞争法》附录第 4 项的构成要件。这是"关于经营者、其进行的商业行为或者商品或服务已经获得了公共或私立机构的认证、批准或许可,或者满足了该认证、批准或许可条件的不真实说明"。[12] 在《反不正当竞争法》附录第 4 项的情况下,经营者声称自己或他的产品得到第三方的认证、批准或许可,但实际上并不存在。因此,经营者在一个并不存在的个人或给付特性上进行欺诈。

示例:一家酒店企业宣传其酒店的星级为四星,但其酒店不符合"德国酒店分级(Deutschen Hotelklassifizierung)"的要求。

(3)流通性的欺诈,《反不正当竞争法》附录第 9 项

18　　如果经营者在商品或服务的流通性方面欺诈消费者,根据《反不正当竞争法》附录第 9 项可能是不合法的。这一禁止性构成要件针对的是"不真实的说明或造成产品或服务可以流通的错误印象"。[13] 与此不同的是《不正当商业行为指令》附录Ⅰ第 9 项的表述,经营者不得声称或以其他方式制造"产品可以合法销售"的印

---

[12]《不正当商业行为指令》附录Ⅰ第 4 项的转化。
[13]《不正当商业行为指令》附录Ⅰ第 9 项的转化。

象,而事实并非如此。德文表述必须按照符合指令的方式进行解释。因此,产品或服务不需要完全不能流通(即根本不能销售),而只要**具体的销售方式**(konkrete Art des Vertriebs)不合法就足够了。

> **示例**:一个经营者出售雷达报警设备,并声称在德国购买此类设备是不受限制的,但根据《民法典》第138条第1款销售此类设备是违背善良风俗的。[14]

(4)来源的欺诈,《反不正当竞争法》附录第13项

《反不正当竞争法》附录第13项针对的是"为一个与竞争者的产品或服务相似的产品或服务做广告,且此行为的目的是对所宣传的产品或服务的商业来源进行欺诈"。[15] 通过对该规定进行符合指令的解释可以得出,该规定希望保护消费者免受**对类似产品"制造商"的误解**(Fehlvorstellungen über den "Hersteller" ähnlicher Produkte)。此类误解尤其可能因产品仿制而引发。

在实践中比较困难的是证明构成要件所要求的**欺诈故意**(Täuschungsabsicht)。根据判例,对广告商品原产地的欺诈不一定是争议广告的唯一动机。[16] 只要广告商以间接故意(mit bedingtem Vorsatz)而行为就足够了,即仅仅认为对消费者的欺诈是有可能的,并放任其发生。[17] 确定欺诈故意时,应当以客观证据为标准。[18]

(5)中奖机会的欺诈,《反不正当竞争法》附录第16项

根据《反不正当竞争法》附录第16项,始终不合法的是"有关

19

20

21

---

[14] Vgl. BGHZ 183, 235 = NJW 2010, 610 Rn. 13.
[15] 《不正当商业行为指令》附录I第13项的转化。
[16] BGH GRUR 2013, 1161 Rn. 70-*Hard Rock Cafe*.
[17] BGH GRUR 2013, 1161 Rn. 70-*Hard Rock Cafe*.
[18] BGH GRUR 2013, 1161 Rn. 71-*Hard Rock Cafe*.

特定商品或服务能提高在抽奖游戏中的中奖机会的说明"。[19] 这样的陈述本身就是虚假的,因为根据其定义,抽奖游戏的特点就是具有偶然性。通过产品增加自己的幸运,以对偶然性施加影响,这本身就构成了对消费者的欺诈。所谓的中奖机会的提高应如何实现并不重要。通常,这涉及到**近乎江湖骗子的行为**(Praktiken im Grenzbereich zur Scharlatanerie)。

>示例:提供"生物彩票(Bio-Lottogramms)","在科学知识的帮助下,将运气和成功可能性提高的日期作为个人幸运彩票日期和相关的幸运彩票号码"计算出来。[20]

(6)治疗效果的欺诈,《反不正当竞争法》附录第18项

22 《反不正当竞争法》附录第18项涉及欺诈性健康广告的一个特例。具体而言,该禁止性构成要件针对的是"关于产品或服务可以治愈疾病、功能障碍或畸形的不实说明"。[21] 虚假的治愈承诺不仅会导致消费者受骗,而且还可能带来**相当大的健康风险**(erhebliche gesundheitliche Gefahren),例如,消费者因相信某种"灵丹妙药"的治疗效果而放弃必要的传统医疗方式。

23 奇怪和自相矛盾的是,该禁止只针对不真实的治愈承诺,而不针对减轻疾病症状或预防疾病的欺诈。

>示例:根据《反不正当竞争法》附录第18项,关于一个无效果的药物可以治愈癌症的陈述本身是不合法的。但是关于一个药物可以预防癌症的陈述则不被《反不正当竞争法》附录第18项所涵盖,尽管该陈述对消费者至少具有同样危险。因为消费者可能被误导而低估已知的癌症风险(例如,吸烟)。

---

[19]《不正当商业行为指令》附录 I 第 16 项的转化。
[20] Vgl. *KG* WRP 1987, 467.
[21]《不正当商业行为指令》附录 I 第 17 项的转化。

3. 关于交易情况的欺诈,《反不正当竞争法》附录第 5、7、12、15 和 19 项

(1)诱饵要约,《反不正当竞争法》附录第 5 项

《反不正当竞争法》附录第 5 项涉及"第 5a 条第 3 款所指的以特定价格促销商品或服务,如果经营者没有说明其有充分的理由不能在适当的时间内,以该价格提供或让人提供适当数量的相同或同类商品或服务(诱饵要约)。如果库存量不能满足两天的销售,则经营者有义务证明其合理性"。[22]

该禁止性构成要件规制的是在经营者知道或可预期可用库存可能不足以在合理时间内满足需求的情况下为促销所做的广告。如果经营者在这种情况下未能提供单独的提示,则存在一个始终不合法的商业行为。对《反不正当竞争法》第 5a 条第 3 款的引人误解的引用只是为了表达,《反不正当竞争法》附录第 5 项只适用于具体提供商品或服务的情况。《不正当商业行为指令》将这种情况描述为"购买请求"。

这一禁止性构成要件存在的一个问题是**众多不确定的法律概念**(Fülle unbestimmter Rechtsbegriffe)(充分的理由、适当的时间和适当的数量)。另外,德国立法者通过第 2 句在构成要件中加入了僵硬的举证责任规则,而《不正当商业行为指令》并没有这样规定。[23]

(2)有限可用性的欺诈,《反不正当竞争法》附录第 7 项

相比《反不正当竞争法》附录第 5 项旨在保护消费者免受"诱饵要约"的影响,《反不正当竞争法》附录第 7 项则针对据称仅在短时间内提供的所谓特价商品。构成该要件的是"关于特定的商品或

---

[22] 《不正当商业行为指令》附录 I 第 5 项的转化。
[23] 关于与欧盟法的一致性,见 MüKoUWG/*Alexander* § 3 Abs. 3 Nr. 5 Rn. 34。

服务通常或在特定的条件下只有在很有限的时间内可供出售的虚假说明,以促使消费者立即作出商业决定,而没有时间和机会在充分的信息基础上作出决定"。[24] 这是通过制造**时间压力**(Zeitdruck)来阻止消费者获得作出决定所需信息的商业行为,例如,对多个报价进行比较并严格审查报价的性价比。

示例:一个经营者在广告中声明"仅限今日,只需99欧元而不是199欧元",尽管广告中的商品在其他日期也以较低的价格出售。

(3)关于人身安全危险的欺诈,《反不正当竞争法》附录第12项

《反不正当竞争法》附录第12项处于**恐惧广告的边缘**(Grenzbereich zur Angstwerbung)。据此,始终不合法的是"关于消费者或其家人在不购买所提供的商品或不接受所提供的服务的情况下的人身安全风险的类型和程度的虚假说明"。[25] 由于对人身安全或家庭安全的威胁是可以触发和引导消费者作出商业决定的强烈动机,因此经营者不应就此类情况欺诈消费者。经营者不应以促销为目的为消费者设计虚假的威胁情景,以促使其购买商品或服务。

示例:汽车经销商在消费者购买车辆时向其作出与事实不符的表示,如果不购买一个额外收费的设备,就无法安全驾驶车辆。

(4)停止营业的欺诈,《反不正当竞争法》附录第15项

消费者通常将宣布停止营业与**特别优惠促销的期望**(Erwartung besonders günstiger Angebote)联系起来。因此,《反不正当竞争

---

[24]《不正当商业行为指令》附录I第7项的转化。
[25]《不正当商业行为指令》附录I第12项的转化。

法》附录第15项禁止"关于经营者即将停止营业或搬迁其营业场所的虚假说明"。[26]

> **示例**：(1)禁止虚假宣布因停业而清仓销售。(2)但是,由于破产而大甩卖的欺诈性公告不包括在内,只要不是同时给人产生停止营业的印象。

(5)市场条件和购买来源的欺诈,《反不正当竞争法》附录第19项

根据《反不正当竞争法》附录第19项,始终不合法的是"对市场条件和购买来源作虚假说明,以促使消费者在与一般市场条件相比更不利的条件下购买商品或接受服务"。[27] 该规定基于这样的考虑,即消费者经常对竞争的商品或服务进行比较。《反不正当竞争法》附录第19项旨在针对经营者通过有针对性的错误信息使**产品比较变得困难**(Produktvergleich erschwert),从而使他们自己的给付以更好的相貌出现的尝试。然而,该构成要件仅涵盖消费者被诱导以与一般市场条件相比更不利的条件购买商品的情况。作为基础的是广告产品的相关市场或经营者提到的比较市场。

4. 与促销措施有关的欺诈,《反不正当竞争法》附录第20项和第21项

(1)颁奖欺诈,《反不正当竞争法》附录第20项

《反不正当竞争法》附录第20项旨在保护消费者免受经营者欺诈而参与一个实际上不会颁发奖品的竞赛或抽奖。据此,始终不合法的是"提供既不会颁发承诺的奖品又没有适当替代物的竞赛或抽奖"。[28] 在这种情况下,经营者会让消费者对**中奖机会**(Gewinn-

---

[26] 《不正当商业行为指令》附录Ⅰ第15项的转化。
[27] 《不正当商业行为指令》附录Ⅰ第18项的转化。
[28] 《不正当商业行为指令》附录Ⅰ第19项的转化。

chancen)产生**误解**。

32 如果经营者就所谓的奖品欺诈消费者,或者奖品的发放须支付费用,则适用《反不正当竞争法》附录第 17 项的禁止性构成要件。

(2)关于免费的欺诈,《反不正当竞争法》附录第 21 项

33 如果经营者宣传一项给付是免费的,那么这个陈述必须是正确的。因此,《反不正当竞争法》附录第 21 项禁止"以'免费(gratis)''无偿(umsonst)''无费用(kostenfrei)'或类似方式提供产品或服务,但实际上仍需为此承担费用;这不适用于与接受提供的商品或服务有关或对于领取或交付商品或接受服务来说不可避免的费用"。该禁止性构成要件所涵盖的是为了给付而实际产生**额外费用**(Zusatzkosten)的情况。这些费用是可以避免的,例如,使用增值服务号码的费用。相反,不可避免的费用包括邮费或一般的电话费等。

5. 与合同和给付相关的欺诈,《反不正当竞争法》附录第 6、8、10 和 24 项

34 "黑名单"的多个构成要件涉及在合同和给付相关情况方面欺诈消费者。

(1)诱导转向行为,《反不正当竞争法》附录第 6 项

35 《反不正当竞争法》附录第 6 项针对"以特定价格提供第 5a 条第 3 款所指的商品或服务促销,随后经营者故意销售其他商品或服务以代替此特价促销,错误地展示商品或服务,或者拒绝展示所推销的对象,或者拒绝接受基于此价格的预定,或者拒绝在合理时间内履行推销的给付"。这种"**转移视线行为**(Umlenkpraktiken)"旨在诱使消费者作出另一个商业决定,从而使他选择更昂贵而不是更便宜的报价。

示例:一个在线零售商提供品牌制造商的缝纫机和熨烫

机,并宣称它们可立即发货,目的是说服客户在网上下单后购买另一种通常更昂贵的机型。[29]

(2)客户服务语言的欺诈,《反不正当竞争法》附录第8项

《反不正当竞争法》附录第8项涉及对与经营者的**沟通途径的欺诈**(Irreführung über eine Kommunikationsmöglichkeit)。提供客户服务的语言通常对消费者的商业决定非常重要。根据《反不正当竞争法》附录第8项的极为拗口的构成要件,如果"在交易订立前的谈判中采用的不是经营者营业地所在成员国的官方语言,那么以交易订立前谈判所用语言之外的另一种语言提供客户服务始终是不合法的;如果在交易订立之前已经向消费者说明客户服务将以另一种语言提供的情况除外"。[30] 简而言之,该规定保护了消费者在合同订立后能够以合同谈判时使用的语言与经营者沟通的信任。然而,这一构成要件包含两个重要的限制:

→该规定仅适用于合同谈判所采用的语言不是经营者营业地所在成员国的官方语言的情况。

→如果经营者已告知消费者无法提供原始语言的客户服务,则该规定不适用。

(3)特别之处的欺诈,《反不正当竞争法》附录第10项

《反不正当竞争法》附录第10项针对的是"将法定权利作为特别优惠的不真实说明或造成的错误印象"。[31] 不应当通过将本来就存在的法定权利作为一项特别功能来阐述进而欺诈消费者。必要但也充分的条件是,给消费者一种错误印象,即经营者因自愿赋予消费者权利而使自己在竞争中脱颖而出。[32] 为此不需要特别突

---

[29] *LG Wuppertal* WRP 2014, 756.
[30] 《不正当商业行为指令》附录I第8项的转化。
[31] 《不正当商业行为指令》附录I第10项的转化。
[32] *BGH* BeckRS 2014, 15808 Rn. 11-*Geld-Zurück-Garantie III*.

出的阐述。[33]

> **示例**：一个在线零售商强调其商店的一项特别的客户服务是所有消费者都享有撤回权。然而，由于这种权利本来就已经存在于远程销售交易之中(《民法典》第 312c 条和第 312g 条)，这实际上并不是一项特别服务。

38　如果相关消费者已经明确知晓,他没有被经营者赋予他依法无权享有的任何权利,则不符合《反不正当竞争法》附录第 10 项的构成要件。[34]

(4)客户服务可用性的欺诈,《反不正当竞争法》附录第 24 项

39　《反不正当竞争法》附录第 24 项显示出与《反不正当竞争法》附录第 8 项的某些相似之处。然而后者涉及以某种语言提供客户服务的可能性,而《反不正当竞争法》附录第 24 项涉及对一个成员国中客户服务可用性的欺诈。据此,始终不合法的是"不真实的说明或造成错误的印象,即在另一个欧盟成员国可获得在已销售商品或提供服务所在地成员国同样的客户服务"。[35]

6.有关行为准则的欺诈,《反不正当竞争法》附录第 1 项和第 3 项

40　《反不正当竞争法》附录第 1 项和第 3 项具有事实上的联系,可以防止对行为准则(Verhaltenskodizes)方面的误解。《不正当商业行为指令》认为市场行为的自律对消费者保护作出了重要贡献。此类行为准则可用于建立特别的质量或社会标准。消费者可以信任企业对行为准则的陈述。

41　因此,《反不正当竞争法》附录第 1 项禁止"经营者不真实地声

---

[33] BGH BeckRS 2014, 15808 Rn. 11-*Geld-Zurück-Garantie III*.
[34] BGH BeckRS 2014, 15808 Rn. 15-*Geld-Zurück-Garantie III*.
[35] 《不正当商业行为指令》附录 I 第 23 项的转化。

称他是行为准则的签署者之一"。[36] 经营者不应利用行为准则,在没有实际承担遵守其中规定的标准的情况下,从其广告效应中获利。

《反不正当竞争法》附录第 3 项补充了这种保护。据此,"关于行为准则已获得公共或其他机构同意的不实说明"是不合法的。[37] 通过提及所谓的同意,即得到公共或私人机构的认可,行为准则看起来就特别具有约束力和可信度,广告商会从中受益。

42

示例:一个经营者承诺遵守一个行为准则,并谎称这套规则已根据《反限制竞争法》第 24 条以下获得联邦卡特尔局的同意。

7. 危害财产的销售体系,《反不正当竞争法》附录第 14 项

《反不正当竞争法》附录第 14 项具有一定的特别地位。该条款与《**反不正当竞争法**》**第 16 条第 2 款**有事实联系,涉及非常具体的保护以防止通过滚雪球和金字塔体系造成财产损失(见下文边码 113 以下)。

43

三、商业行为的可识别性和透明度要求

1. 广告性质的隐瞒,《反不正当竞争法》第 4 条第 3 项

《反不正当竞争法》第 4 条第 3 项针对那些无法识别的商业行为。该规定旨在防止消费者在商业行为的**商业目的方面受到欺诈**(Täuschung über den kommerziellen Zweck)。[38] 在涉及隐瞒交易行为的商业目的时,该规定的目的也在于转化《不正当商业行为指令》第 7 条第 2 款的规定。禁止隐瞒商业行为的特别规定包含在

44

---

[36] 《不正当商业行为指令》附录 I 第 1 项的转化。
[37] 《不正当商业行为指令》附录 I 第 3 项的转化。
[38] *BGH GRUR* 2011, 163 Rn. 21-*Flappe*.

《反不正当竞争法》附录第 11 项和第 22 项。

(1)构成要件

45　　易被误解的《反不正当竞争法》第 4 条第 3 项的措辞不仅包括广告的隐瞒,还包括对经营行为商业性质的任何欺诈。

46　　当商业行为的外观形象使消费者无法清楚明确地识别其商业性质时,可以认定存在《反不正当竞争法》第 4 条第 3 项意义上的**隐瞒**(Verschleierung)行为。[39]

　　示例: 根据判例,如果广告对象被诱使对经营者提出的要约进行承诺,而该要约的广告性质是通过给人造成广告商品或服务已经被订购的错误印象来掩盖的,则缺乏足够清晰和明确的可识别性。[40] 在这种情况下,可能会符合《反不正当竞争法》附录第 22 项的构成要件。

(2)应用案例

47　　隐瞒行为的表现形式多种多样。以下仅提及一些特别重要的示例:

①下意识的广告

48　　下意识(或潜意识)的广告是指广告对象在意识被完全规避的情况下被诱使购买商品或服务。与之不同的是,仅非常短暂地接收到消息或消费者没有意识到影响的情况(例如,百货商店中的音乐)。

②出于广告目的的联络隐瞒

49　　根据《反不正当竞争法》第 4 条第 3 项,在联络消费者时隐瞒潜在的广告目的是不正当的。例如,联络的目的是找借口进入消费者

---

[39] *BGH GRUR 2012, 184 Rn. 18-Branchenbuch Berg.*
[40] *BGH GRUR 2012, 184 Rn. 18-Branchenbuch Berg.*

家中,以诱使他们签下订单。[41]

示例:一位代表假装在家门口进行独立的民意调查。

③销售活动的伪装

此外,诱使消费者参与销售活动而不充分明确告知其广告性质也是不正当的。[42] 这包括例如**销售旅行或咖啡旅行**(Verkaufs- oder Kaffeefahrten)的情况,宣称"观光旅行",但没有充分明确地说明参观销售活动的实际目的。民法上的一个特别规定是《民法典》第 482 条第 2 款第 2 句中的分时交易。

50

④在媒体上伪装的广告

实践中具有重要意义的是在**媒体报道**(Berichterstattung durch Medien)中隐瞒广告行为。然而,在这种情况下,除了《反不正当竞争法》第 4 条第 3 项以外,还有许多媒体法的特别规定:

51

→对于**新闻**(Presse)适用联邦各州新闻法的特别规定。

→对于**广播**(Rundfunk)适用《广播国际条约》第 7 条以下的广告规定。

→对于**远程媒体**(Telemedien)适用《广播国际条约》第 58 条的要求。

(3)显著性

违反《反不正当竞争法》第 4 条第 3 项时,必须始终单独确定《反不正当竞争法》第 3 条第 1 款意义上明显的利益损害。

52

2. 透明度要求,《反不正当竞争法》第 4 条第 4 项和第 5 项

《反不正当竞争法》第 4 条第 4 项和第 5 项旨在防止因有关促销措施的使用条件(《反不正当竞争法》第 4 条第 4 项)和参与有奖

53

---

[41] Vgl. *BGH GRUR* 1968, 648-*Farbbildangebot*.
[42] *BGH GRUR* 1962, 461(464 ff.)-*Film- Werbeveranstaltung*.

竞赛和抽奖游戏(《反不正当竞争法》第 4 条第 5 项)的信息不足而导致欺诈。经验表明,此类活动对消费者特别具有吸引力。法定**透明度要求**(Transparenzgebote)考虑到客户具有特别的信息需求。

54　　无论促销措施是在"**线下(offline)**"还是"**线上(online)**"进行,《反不正当竞争法》第 4 条第 4 项和第 5 项均适用。但是,欧盟法在《第 2000/31/EG 指令》第 6 条字母 c 和字母 d 中有专门针对电子商务的规定。这些规定在特别法《电信媒体法》第 6 条第 1 款第 3 项和第 4 项中被转化。这些规定是对《反不正当竞争法》第 4 条第 4 项和第 5 项的补充。

(1)促销措施

55　　《反不正当竞争法》第 4 条第 4 项的透明度要求适用于**折扣、附赠和礼品**(Preisnachlässe, Zugaben und Geschenke)等促销措施。法律上对促销措施的列举应理解为举例说明,因此,也可以包括其他优惠措施。[43]

　　　示例:经营者给予消费者在对产品不满意时的退款担保。[44]

56　　但是,其他促销措施必须具有可比的吸引力并像法律中提到的应用案例一样足以影响其对象。[45]

57　　使用条件(Bedingungen der Inanspruchnahme)应理解为客户获取优惠所必须满足的所有前提。[46] 应对这一概念作广义解释,不仅指使用资格,而且全面涵盖促销活动的相关方式。需要说明的既包括有关被允许的人群条件(人员上的适用范围),也包括使用的

---

[43] BGH GRUR 2009, 1183 Rn. 7-*Räumungsverkauf wegen Umbau*.
[44] BGH GRUR 2009, 1064 Rn. 23-*Geld-zurück-Garantie II*.
[45] BGH GRUR 2009, 1183 Rn. 7-*Räumungsverkauf wegen Umbau*.
[46] BGH GRUR 2010, 649 Rn. 18-*Preisnachlass für Vorratsware*.

方式(事实上的适用范围)。此外,还应当说明以下情况:

→当活动在有限的时间内举行时,活动的时间(特别是开始和结束);

→数量限制(例如,每次购买只能兑换一张优惠券);

→其他限制(例如,需达到的最低订单价值)。

(2)有奖竞赛和抽奖游戏

《反不正当竞争法》第4条第5项适用于有奖竞赛或抽奖游戏。有奖竞赛或抽奖游戏必须具有广告性质,即直接或间接用于宣传自己或其他企业的形象或销售其产品。广告性质通常已经体现在组织者正面的自我阐述中。[47] 58

参与条件(Teilnahmebedingungen)包括消费者参与抽奖游戏或有奖竞赛所必须满足的所有前提。[48] "参与条件"概念——就像《反不正当竞争法》第4条第4项中的使用条件一样——应被广义地理解,不仅包括参与资格,还包括参与方式。[49] 参与条件可以包括下列信息: 59

→授权的人群(例如,排除自己的员工或未成年人);

→抽奖游戏或有奖竞赛的组织者;

→组织者的联系方式;

→抽奖和颁奖的方式;

→参与和产品购买之间可能的搭售(在《反不正当竞争法》第4条第6项允许的范围内);

→产生的费用(在《反不正当竞争法》附录第17项允许的范围内)。

---

[47] *BGH GRUR* 2005, 1061 (1064)-*Telefonische Gewinnauskunft*.
[48] *BGH GRUR* 2011, 629 Rn. 18-*Einwilligungserklärung für Werbeanrufe*.
[49] *BGH GRUR* 2011, 629 Rn. 18-*Einwilligungserklärung für Werbeanrufe*; *BGH GRUR* 2005, 1061 (1064)-*Telefonische Gewinnauskunft*.

(3) 清楚和明确

60　　必须"清楚和明确地"说明使用条件(《反不正当竞争法》第4条第4项)和参与条件(《反不正当竞争法》第4条第5项)。这既指**形式和内容**(Form und Inhalt),也指**信息的可访问性**(Erreichbarkeit der Angaben)。信息必须足以被感知(可读、可听)和容易理解。不得让人对具体的适用条件产生疑问。清晰度还取决于通知的图形设计和上下文。

　　示例:需要在网络上点击四五个链接之后才能找到的信息或没有用德语提供的信息就不是清楚和明确的。

(4) 显著性

61　　违反《反不正当竞争法》第4条第4项或第5项时,必须始终单独审查是否存在《反不正当竞争法》第3条第1款意义上明显的利益损害。关键要看个案的具体情况。

四、欺诈和重要信息的隐瞒

62　　简而言之,《反不正当竞争法》第5条规定了防止**欺诈**(Irreführungen),《反不正当竞争法》第5a条规定了防止因**信息不足**(unzureichende Informationen)而影响作出知情的商业决定的能力。

63　　通过这两条规定,《不正当商业行为指令》第6条和第7条的规定被转化。然而,德国立法者同时保留了2004年《反不正当竞争法》的结构,因此在仔细观察时就会发现,由此发展而来的两项规定的规则体系有些不太清楚:

　　→《反不正当竞争法》第5条第1款包含防止欺诈的**基本构成要件**(Grundtatbestand)。

　　→《反不正当竞争法》第5条第2款规定了防止混淆的一项独立的构成要件(einen eigenständigen Tatbestand)。

→《反不正当竞争法》第 5 条第 3 款又通过明确将**比较广告范畴内的说明**(Angaben im Rahmen vergleichender Werbung)也涵盖在内,对上述两个构成要件进行了补充。

→《反不正当竞争法》第 5 条第 4 款是《反不正当竞争法》第 5 条第 1 款欺诈的一个特别案例,包含关于降价广告的**推定和举证责任规则**(Vermutungs- und Beweislastregelung)。

→《反不正当竞争法》第 5a 条第 1 款应从体系上被解读为对《反不正当竞争法》第 5 条的补充(Ergänzung von § 5 UWG),因为该条款并不包含不正当商业行为的独立示例规定,而是将《反不正当竞争法》第 5 条的防止欺诈扩展到事实的隐瞒。

→《反不正当竞争法》第 5a 条第 2 款至第 4 款规定了针对重要信息的隐瞒。

→《反不正当竞争法》第 5a 条第 2 款包含信息隐瞒的基本构成要件。

→《反不正当竞争法》第 5a 条第 3 款指定了在"购买请求"情况下必须提供给消费者的重要"基本信息"目录。

→《反不正当竞争法》第 5a 条第 4 款最后以基于欧盟法的信息依法被视为重要的方式明确了重要性的特征。

《反不正当竞争法》第 5 条既保护消费者,又保护其他市场参与者。根据主流观点,《反不正当竞争法》第 5a 条第 1 款也应适用于向所有市场参与者隐瞒事实的情况。但《反不正当竞争法》第 5a 条第 2 款至第 4 款明确仅适用于面向消费者隐瞒信息的情况。

1. 防止欺诈,《反不正当竞争法》第 5 条第 1 款

(1)说明

《反不正当竞争法》第 5 条的防止欺诈适用于说明,即任何类型的关于商业关系的内容上可验证的声明(inhaltlich nachprüfbare

Aussagen über geschäftliche Verhältnisse)。[50] 无论说明是以书面形式还是口头形式,以文本、图像、电影、符号、单个音调或音调序列等形式给出,都无关紧要。

>**示例:** 联邦最高法院认为可以从广播广告中播放的鸡叫声中得出广告中的面食是用新鲜鸡蛋所做的信息,但实际上它是用干鸡蛋做的。[51]

66 广告夸张不属于欺诈禁止。作出夸张声明或不应按字面理解的声明等常见且合法的广告行为不会受到公平交易法的限制(《不正当商业行为指令》第 5 条第 3 款第 2 句)。也不包括纯粹的价值判断[52],即意见的表达,因为这种主张缺乏可验证的内容。

67 《反不正当竞争法》第 5 条第 1 款第 2 句意义上的欺诈对象可以是以下情况和事实关系:

第 1 项:商品或服务的重要特征,如可用性、类型、规格、优势、风险、成分、配件、制造流程或时间、交付或供应、适用性、用途、数量、特性、客户服务和投诉程序、地理或运营来源、预期使用结果、商品或服务测试的结果或重要组成部分;

第 2 项:销售原因,如存在特别的价格优势、价格或价格计算方式或者交付货物或提供服务的条件;

第 3 项:经营者的个人、特征或权利,例如,身份,包括知识产权在内的财产、承担义务的范围、资格、地位、许可、会员资格或关系、奖励或荣誉、商业行为动机或者销售方式;

第 4 项:与直接或间接赞助有关或者与经营者或商品或服务的许可有关的陈述或标记;

---

[50] *BGH GRUR 2002, 182 (183)-Das Beste jeden Morgen.*
[51] *BGH GRUR 1961, 544-Hühnergegacker.*
[52] *BGH GRUR 2002, 182 (183)-Das Beste jeden Morgen.*

第 5 项:给付、备件、更换或维修的必要性;

第 6 项:在经营者指出某行为准则对自己有强制约束力的情况下,对该行为准则的遵守;或者

第 7 项:消费者的权利,尤其是在履行障碍时基于担保承诺的权利或瑕疵担保权利。

《反不正当竞争法》第 5 条第 3 款明确指出,说明也可以是**比较广告**(vergleichender Werbung)范畴中的陈述。

(2)不真实或足以欺诈

《反不正当竞争法》第 5 条第 1 款区分了欺诈的两种表现形式:不真实说明和其他足以欺诈的说明。在这两种情况下,应当审查经营者提供的说明的**客观内容**(objektiven Aussagegehalt)。重点既不是陈述者希望他的陈述如何被理解,也不是个别消费者如何实际理解一个陈述。出发点是建立在一个客观标准基础上的目标受众的理解。对欺诈的审查在思维上分三个步骤进行[53]:

①确定商业行为的目标受众。这涉及相关判断标准的确定。

②确定该受众对陈述的理解。这里需要审查受众如何理解该陈述。

③审查受众的理解与实际情况是否一致。当受众的理解与实际情况不一致时,就存在欺诈。

客观上不真实的说明(Objektiv unwahre Angaben)原则上具有欺诈性。

> 示例:插图并非广告中提及的扫描仪,而是一台明显可识别的价格贵两倍半的市场领先者的设备。[54]

然而,如果与正确的陈述相结合的是目标受众的错误理解,**客**

---

[53] Vgl. Köhler/*Bornkamm* UWG § 5 Rn. 2.74.
[54] *BGH* GRUR 2002, 715-*Scanner-Werbung*.

观真实的陈述(Objektiv wahre Aussagen)也可能会导致欺诈,这种情况可能在对专业术语理解错误时出现。

> 示例:一个比萨广告宣传是根据古老的意大利传统在石炉中预烤并且"具有典型石炉香气(mit dem typischen Steinbackofenaroma)",如果比萨实际上是在工业生产方法中以电加热的钢制贯通炉中预烤的,那么该广告具有欺诈性。即使从烤炉制作大师的角度来看,根据烤炉制作大师的证明,该烤箱确实被描述为"石炉(Steinbackofen)",也仍然如此。[55] 因为关键的不是炉具专家的观点,而是通常消费者的理解。

72 此外,还有大量的其他足以欺诈的说明。典型的欺诈案例尤其涉及不明确、模棱两可或易误解的说明。

(3)商业相关性和比例性

73 并非每一个欺诈都会自动构成商业行为的不正当和不合法。还应有两个无法直接从《反不正当竞争法》第5条的法律条文中得出的必备要素。第一,欺诈必须具有商业相关性;第二,在个别情况下,可能需要对比例性进行特别审查。

74 **商业相关性**(geschäftlichen Relevanz)的要件基于欧盟法关于欺诈性广告的规定。根据《不正当商业行为指令》第6条第1款,对于面向消费者的商业行为,关键在于欺诈性或足以欺诈的行为是否促使消费者"在任何情况下实际或预计作出一个他本来不会作出的商业决定"。如果欺诈不足以显著影响消费者的商业决定,则不存在商业相关性。

> 示例:如果一个烧酒(Aquavit)的制造商以"赤道成熟(Äquator-Reife)"来宣传其在陈酿过程中两次穿越赤道的"赤

---

[55] *OLG Koblenz* WRP 1989, 332 (333); vgl. auch *LG Hamburg* BeckRS 2009, 07109.

道烧酒(Linie-Aquavit)",但两次穿越赤道线的并非可饮用的产品,而是制造过程中的馏出物,则不存在相关误解。[56]

除了商业相关性之外,没有必要根据《反不正当竞争法》第 3 条第 1 款对受保护利益的明显损害进行单独审查。

不考虑失权,在例外情况下,如果公共利益没有受到重大和严重影响,从**比例性**(Verhältnismäßigkeit)的视角来看,欺诈的风险可以被容忍。[57] 当**欺诈的风险较低**(geringen Irreführungsgefahr)时,如果禁止会破坏一个珍贵的个体标识的既得权利,则应考虑对防止欺诈的这种限制。[58]

> **示例**:如果认为不正确的名称"修道院啤酒(Kloster Pilsner)"和"修道院啤酒厂(Klosterbrauerei)"具有欺诈性而禁止使用,则与比例原则不符,因为该名称已无异议地使用超过了 150 年,并且如此命名的啤酒至今基本上仍仅限于本地和区域销售,由于无异议的使用而产生了既得权利。[59]

(4)特别的欺诈构成要件

①防止混淆,《反不正当竞争法》第 5 条第 2 款

《反不正当竞争法》第 5 条第 2 款涉及因**产品或其标识混淆**(Verwechslung von Produkten oder deren Kennzeichnungen)而造成的误解。据此,如果一个商业行为在商品或服务的营销(包括比较广告)过程中,形成与其他商品或服务或者与竞争者的商标或其他标识混淆的风险,则该商业行为具有欺诈性。

---

[56] *BGH GRUR* 1991, 852 (854 ff.) - *Aquavit*.
[57] *BGH GRUR* 2003, 628 (630) - *Klosterbrauerei*.
[58] *BGH GRUR* 2003, 628 (630) - *Klosterbrauerei*.
[59] *BGH GRUR* 2003, 628 (630 f.) - *Klosterbrauerei*.

②降价,《反不正当竞争法》第 5 条第 4 款

78 　　根据《反不正当竞争法》第 5 条第 4 款第 1 句,如果只在不合理的短时间内要求某价格,随后宣传降价,则推定该行为具有欺诈性。该规定针对经营者以只在非常短的时间内要求的"**月球价格**(Mondpreisen)"做广告,目的是随后以降价来宣传。如果对是否以及在什么时间内要求(原始)价格存在争议,则根据《反不正当竞争法》第 5 条第 4 款第 2 句,举证责任由宣传降价的人承担。

③不作为的欺诈,《反不正当竞争法》第 5a 条第 1 款

79 　　《反不正当竞争法》第 5a 条第 1 款将《反不正当竞争法》第 5 条的防止欺诈扩展到**隐瞒信息**(Verschweigens von Informationen)的情形。对一个事实的隐瞒是否具有欺诈性,尤其取决于交易上隐瞒的信息对商业决定的重要性以及隐瞒对决定的影响程度。通说在面向消费者隐瞒信息时也适用此规定。[60] 但这不无疑问,因为为了转化《不正当商业行为指令》第 7 条,《反不正当竞争法》第 5a 条第 2 款至第 4 款对面向消费者隐瞒信息的情况进行了单独规定,并且《反不正当竞争法》第 5a 条第 1 款不能偏离这些规定。[61]

80 　　如果遵循通说,那么隐瞒信息的不正当取决于经营者是否负有**说明义务**(Aufklärungspflicht)。这种义务并不是绝对存在的。因为公众不会自动期待公开商品或服务的所有特性,包括那些不太有利的特性。[62] 但根据判例,如果不提供足以影响购买决定的关键信息,公众就可能被欺诈,那么就存在说明义务,除非该义务已经基于法律、合同或先前行为而产生。[63]

---

[60] Begr. zum RegE, BT-Drs. 16/10145, 25; Köhler/Bornkamm/*Bornkamm* UWG § 5a Rn. 6; Ohly/Sosnitza/*Sosnitza* UWG § 5a Rn. 3.

[61] MüKoUWG/*Alexander* § 5a Rn. 51 mwN.

[62] *BGH* GRUR 1999, 1122 (1123)-*EG-Neuwagen I.*

[63] *BGH* GRUR 1999, 1122 (1123)-*EG-Neuwagen I.*

示例：经销商在报纸上宣传从其他欧盟国家进口的全新车辆，并且由于在国外首次注册["一日注册(Tageszulassung)"]而制造商担保已经起算，根据判例，只有在广告发布时担保期限减少了两周以上时，才有义务对此进行说明。[64]

2. 重要信息的隐瞒，《反不正当竞争法》第5a条第2款至第4款

根据《反不正当竞争法》第5a条第2款，隐瞒那些在具体情况下考虑到包括通讯方式限制的所有情况时视为重要的信息，对消费者依据《反不正当竞争法》第3条第2款的决定自由造成影响的行为是不正当的。《反不正当竞争法》第5a条第2款至第4款并不包含对经营者的一般信息要求，而是建立了特定信息要求的动态体系。遗憾的是，《反不正当竞争法》第5a条第2款至第4款规定的内容只有在**考虑到《不正当商业行为指令》第7条的规定**(Berücksichtigung der Vorgaben aus Art. 7 UGP-RL)时才是完整的，因为德国立法者只是勉强并且不完整地转化了指令的规定。该规定需要一个符合指令的解释。具体而言，这意味着《不正当商业行为指令》第7条的规定必须部分作为补充，部分作为修正的"读入"《反不正当竞争法》第5a条第2款至第4款的构成要件之中。

81

(1) 重要性

根据法律评价，只有对重要信息的隐瞒才是不正当的。但是，对重要性没有进行更详细的定义。重要信息的特别情况规定在《反不正当竞争法》第5a条第3款和第4款之中。

82

除了这些法律规定之外，重要性必须基于**不同的评价标准**(verschiedener Wertungskriterien)逐案确定。关键点并不是在完成个别交易时哪些信息对于特定人是重要的信息，而是从目标受众的

83

---

[64] *BGH GRUR* 1999, 1122（1123）-*EG-Neuwagen I.*

角度看,哪些信息必须被视为重要的信息。此时,以下考虑尤为重要:

→信息涉及一个寻常的还是不寻常的情况?

→这是一个消费者可以轻松获取的信息吗?

→隐瞒信息是否会给消费者带来特别的风险?

(2)隐瞒

84 《反不正当竞争法》第 5a 条第 2 款不允许隐瞒重要信息。这不仅包括**信息的隐瞒**(Verschweigen von Informationen),即仅仅的不作为。根据《不正当商业行为指令》第 7 条第 2 款,当经营者考虑到其中描述的细节而**隐藏**(verheimlicht)重要信息,或者**以不明确、难以理解、模棱两可的方式**(auf unklare, unverständliche, zweideutige Weise)或**未及时提供**(nicht rechtzeitig bereitstellt)信息,或者当他**没有表明**(nicht kenntlich macht)商业行为的**商业目的**(kommerziellen Zweck)时,也将被认定为隐瞒,除非从情境中可以直接看出这一点。

85 在回答一个重要信息是否被隐瞒这一问题时,必须考虑哪些信息可以通过所选的通信媒介(例如,新闻广告、电视广告和主页)进行传输。如果所使用的通信媒介施加了**地域或时间上的限制**(räumliche oder zeitliche Beschränkungen),则根据《不正当商业行为指令》第 7 条第 3 款,这些限制和所有经营者采取的其他使消费者获取信息的措施都必须在决定信息是否被隐瞒时被考虑。

(3)信息的需要

86 根据《反不正当竞争法》第 5a 条第 2 款,关键的只是重要信息的隐瞒。《不正当商业行为指令》第 7 条第 1 款额外要求,通常的消费者"为了作出一个知情的商业决定,根据具体情况"需要该重要信息。这是一个**修正**(Korrektiv),适用于这一(罕见的)情况,即信息"本身"虽然重要,但在要评价的案件中,消费者在作出商业决定时例外地并不需要这些信息,例如,他们已经从之前与经营者的业务联系中知道了这些信息。

(4)"购买请求"情况下的基本信息

《反不正当竞争法》第 5a 条第 3 款包含一个信息列表,如果商品或服务以一种适合所采用的通信手段的方式被指明特征和价格,从而使一个通常消费者可以达成交易,则这些信息被视为重要信息。这一表述描述了《不正当商业行为指令》第 7 条第 4 款和第 2 条字母 i 中的**购买请求**(Aufforderung zum Kauf)的特征。根据欧盟法规定,购买请求是指"以适合所使用的商业通信的方式说明产品特性和价格,以使消费者能够进行购买的任何商业通信"。这指的是一种消费者可以作出商业决定的情况,因此**对信息的需求增加**(erhöhtes Informationsbedürfnis)了。

①"购买请求"的概念

欧洲法院将对"购买请求"的要求作了如下细化:

→消费者**被充分告知广告产品及其价格**(hinreichend über das beworbene Produkt und dessen Preis informiert)以便能够作出商业决定就足够了,而无须商业通信提供购买产品的实际可能性或与这种可能性相关的信息。[65]

→此外,说明**最低价格**(Mindestpreises)("起价")就足够了,即使宣传的产品或宣传的产品组同时有其他型号或具有其他功能,且其价格未在广告中说明。[66]

→产品特性的说明也可以通过**提及产品的文字或图片**(Bezugnahme auf das Produkt in Wort oder Bild)来给出,并且即使一个相同

---

[65] *EuGH* Slg. 2011, I-3933 = GRUR 2011, 930 = ECLI:EU:C:2011:299(1. Ls)-*Ving Sverige*.

[66] *EuGH* Slg. 2011, I-3933 = GRUR 2011, 930 = ECLI:EU:C:2011:299(2. Ls)-*Ving Sverige*.

的文字或图片提及被用于说明所供应产品的不同型号也是如此。[67]

示例:(1)"购买请求"可以是报纸、电视中的广告、列出航班和价格的航空公司网站、餐厅菜单、超市宣传特定产品降价的广告传单、关于手机铃声的电台广告或商店货架上的标价产品。[68] (2)相反,判例认为汽车经销商提及制造商的建议零售价的联合广告并非是一个请求。[69]

②基本信息目录

89 《反不正当竞争法》第 5a 条第 3 款中所列举的情况"被认为"是重要的,即**不可推翻地推定**(unwiderleglich vermutet)这些信息具有**重要性**(Wesentlichkeit)。具体来讲,重要信息包括:

第 1 项:"在与其内容以及所使用的通信方式相适应的范围内商品或服务的所有重要特征"。重要性从购买请求的通常对象的评价角度来确定。产品特征是对一个产品的质量和可用性有重要意义的情况,例如,特性、功能或成分。

示例:判例将洗衣机和干衣机的型号名称视为商品的重要特征。[70]

第 2 项:"经营者的身份和地址,或者他所代表的经营者的身份和地址"。该规定旨在确保消费者清楚地了解他的(未来)合同相对人。消费者必须知道他的合同相对人是谁,以及在法律追究等情

---

[67] *EuGH* Slg. 2011, I-3933 = GRUR 2011, 930 = ECLI:EU:C:2011:299(3. Ls)-*Ving Sverige*.

[68] Arbeitspapier der Kommissionsdienststellen: Leitlinien zur Umsetzung/Anwendung der Richtlinie 2005/29/EG über unlautere Geschäftspraktiken, SEK(2009)1666 vom 3. Dezember 2009, S. 55.

[69] *BGH* GRUR 2014, 403 Rn. 9 ff.-*DER NEUE*.

[70] *BGH* GRUR 2014, 584 Rn. 13 ff.-*Typenbezeichnung*.

况下如何在地理位置上和通过信件联系到他。[71]

示例:(1)身份信息也包括企业的法律形式信息。[72](2)某经营者提供热气球"体验"代金券,该代金券可以在一定时间内由客户或受赠人在第三方企业兑换。根据判例,该代金券的提供者没有义务早在其网站上提供该可被承诺的体验要约时,就告知承担气球飞行的企业的身份和地址。[73] 这里的决定性因素是考虑到有不同的供应商可供选择,并且第三方供应商的范围可能在代金券的有效期内发生变化。

第3项:"总价格,或者在总价格由于商品或服务的特性不能预先计算出的情况下价格的计算方式,以及可能情况下所有额外的装载、交货和寄送费用,或者在这些费用不能预先计算出的情况下可能发生这些附加费用的事实"。该规定确保消费者被告知要支付的价格。对价格标示类型和方式的更详细要求主要来自《价格标示条例》。

示例:当经营者以"代金券"为楼梯升降机的安装做广告时,联邦最高法院认为不需要说明价格表或基本价格,因为安装价格取决于个别情况,在合同订立之前通常会进行咨询谈话。[74]

第4项:"支付、供货和给付条件,以及这些条件与专业注意的要求不符时处理投诉的程序"。据此,消费者应被告知不寻常的合同条件。

---

[71] BGH GRUR 2014, 580 Rn. 21-*Alpenpanorama im Heißluftballon.*
[72] BGH GRUR 2013, 1169 Rn. 11 ff.-*Brandneu von der IFA.*
[73] BGH GRUR 2014, 580 Rn. 18 ff.-*Alpenpanorama im Heißluftballon.*
[74] BGH GRUR 2012, 402 Rn. 28 ff.-*Treppenlift.*

示例：如果经营者使用了出人意料或无效的一般交易条款（见第十九章边码 20 以下），则会出现与专业注意的要求不符的情况。

第 5 项："解除权或撤回权的存在"。该规定是对本来就有的法定信息义务的补充。但是，当经营者赋予消费者合同解除权时，该规定具有单独的意义。

示例：如果经营者赋予消费者 30 日的解除权，则他负有相关的信息义务。

(5) 欧盟法律规定的信息义务

90　　从消费者保护法的角度来看，《反不正当竞争法》第 5a 条第 4 款非常重要。根据该规定，被认为重要的是那些根据欧盟法条例或有关转化欧盟商业通信指令（包括广告和营销）的法律规定，不得向消费者隐瞒的信息。换句话说，在商业通信范围内，所有欧盟法上面向消费者的信息义务都应被视为重要信息。**《不正当商业行为指令》**附录 II 包含了一份并非详尽无遗的信息义务清单，但该清单目前已经过时。

① 与国内信息义务的界定

91　　《反不正当竞争法》第 5a 条第 4 款不适用于**纯粹的国内信息义务**（rein nationale Informationspflichten）。

② 进一步的合同法信息义务

92　　但是，合同法和公平交易法中信息义务的**覆盖范围并不一致**（keine Deckungsgleichheit）。特别是，合同法中更广泛的信息义务是被允许的。《不正当商业行为指令》的理由书中对此这样写道：

在现有共同体法律文件的最低条款允许的情况下，成员国可以维持或扩展与合同法有关或对合同法具有影响的信息要求。(……)如果成员国在最低条款基础上引入了超出共同体法律规定的信息要求,则该信息的隐瞒并不构成本指令下的欺诈性不作为。与此相反,成员国可以在共同体法律文件的最低条款允许的情况下,根据共同体法律维持或引入更严格的规定,以确保对消费者的个体合同权利提供更高水平的保护。[75]

(6)商业相关性

重要信息的隐瞒必须具有商业相关性。这一要件源于——引人误解的——对《反不正当竞争法》第 3 条第 2 款第 1 句的引用。据此,重要信息的隐瞒必须明显影响了消费者的决定能力,从而促使他作出原本不会作出的商业决定。《反不正当竞争法》第 3 条第 2 款第 1 句的其他构成要件(特别是专业注意的违反)不需要审查。

3. 比较广告中的错误信息,《反不正当竞争法》第 6 条

消费者可以从比较广告中特别受益。因为通过对特征和属性的直接比较,消费者通常可以很好地评估供应的优缺点。欧盟法将比较广告视为特别**重要的信息来源**(wichtige Informationsquelle)。据此,当比较广告"对基本的、相关的、可验证的和典型的属性加以比较并且没有欺诈时,可以构成一个可靠的向消费者告知其优势的手段"。[76] 换句话说,如果一个比较广告包含具有说服力的比较并且没有欺诈性,那么它对消费者和其他市场参与者是有益的(因此值得保护)。如果比较广告不符合这些要求,就是不合法的。

为转化《第 2006/114/EG 号指令》第 4 条,《反不正当竞争法》第 6 条规定了在哪些前提下比较广告是被允许的。《反不正当竞争法》第 6 条第 1 款首先定义了什么是比较广告,《反不正当竞争法》第 6 条第 2 款说明了比较广告在哪些情况下被视为不正当。与欧

---

[75]《不正当商业行为指令》立法理由第 15 条。
[76]《第 2006/114/EG 号指令》立法理由第 8 条第 1 句。

盟法不同,《反不正当竞争法》第 6 条第 2 款不包含任何积极的许可性标准,而是被设计为示例规定的构成要件。

(1) 比较广告的概念

96　　根据《反不正当竞争法》第 6 条第 1 款的定义,比较广告是任何可以直接或间接识别出竞争者或竞争者提供的商品或服务的广告。

①广告

97　　广告的概念应根据《第 2006/114/EG 号指令》第 2 条字母 a 以符合指令的方式进行解释(见第十六章边码 22)。

②竞争者

98　　根据《反不正当竞争法》第 2 条第 1 款第 3 项,**竞争者**(Mitbewerber)是指任何作为商品或服务的供应者或需求者而与一个或多个经营者处于具体竞争关系之中的经营者。

99　　当企业试图在相同的客户范围内销售相同或相似的商品或服务,从而导致另一个企业(竞争者)可能被异议行为所影响,在销售上被阻碍或干扰时,就存在一个这样的具体竞争关系。[77] 前提是两个企业至少部分活跃在相同的(产品、地域和时间的)相关市场上。

③可识别性

100　　在**可识别性**(Erkennbarkeit)方面,根据法律文本,应区分直接的和间接的可识别性。如果竞争者可以清晰地被识别,则他具有**直接**(unmittelbar)可识别性。这可以通过明确的命名或其他的标识来完成,例如,通过提及竞争者的品牌或标志。

101　　但是,如果一个竞争者虽然没有被明确指明,但基于广告的设计仍然可以被识别,则他具有**间接的**(mittelbar)可识别性。

---

[77] S. nur *BGH* GRUR 2005, 520 (521)-*Optimale Interessenvertretung*; *BGH* GRUR 2004, 877 (878)-*Werbeblocker*; *BGH* GRUR 2001, 260-*Vielfachabmahner*.

示例：在比较手机服务时，背景中显示了气泡，这清楚地提示了竞争者（在本案中：供应商 O_2）。[78]

102 在广告主仅提及其供应优势的一般广告情况下，不存在可识别性。如果市场上活跃着大量的竞争者，并且广告主的陈述没有更详细地说明或是针对所有竞争者的，也缺乏可识别性。

（2）比较要件

103 除了使足够具体的竞争者可识别之外，根据通说，一个比较广告以一个竞争者提供的与广告商品有足够可替换性的产品的**比较**（Vergleich）为前提。[79]

（3）比较广告的不正当

104 《反不正当竞争法》第 6 条第 2 款详细列出了 6 个可能导致比较广告不正当的原因。《反不正当竞争法》第 6 条第 2 款第 1 项至第 3 项提到的构成要件主要旨在保护市场的另一方（包括消费者）免受损害，而《反不正当竞争法》第 6 条第 2 款第 4 项至第 6 项提到的原因主要旨在保护竞争者的利益，通常只会轻微触及消费者利益。

①相同的需求和相同的目的

105 根据《反不正当竞争法》第 6 条第 2 款第 1 项，如果比较广告未涉及满足相同需求或相同目的的商品或服务，则是不正当的。如果"将苹果与梨进行比较（Äpfel mit Birnen verglichen）"，即比较完全不同的产品，那么这种比较就没有任何信息价值。这样的比较对消费者来说是无益的，因此是不正当的。

②缺乏客观性

106 根据《反不正当竞争法》第 6 条第 2 款第 2 项，如果比较没有客

---

[78] Vgl. *EuGH* Slg. 2008, I-4254 = GRUR 2008, 698 = ECLI:EU:C:2008:339-*O₂*.
[79] *BGH* GRUR 2012, 74 Rn. 18-*Coaching Newsletter*.

观的涉及商品或服务的一项或多项基本、相关、可验证和典型的属性或价格,则比较广告是不正当的。这是基于比较陈述必须具有客观陈述内容的考虑。如果比较陈述仅基于广告者的个人评价和主观意见,则这一点是缺失的。

③混淆风险

与《反不正当竞争法》第5条第2款的方向相似,《反不正当竞争法》第6条第2款第3项旨在防止混淆风险。据此,如果在商业交易中比较广告会导致广告主与竞争者之间或他们提供的商品或服务或他们使用的标识之间存在混淆的风险,则比较广告是不正当的。然而,这种情况在实践中极为罕见。因为广告者将尽可能确保其产品对于广告对象而言是可清楚识别的,并且不会与被比较的产品相混淆。因此,《反不正当竞争法》第6条第2款第3项可能只涉及一个不成功的广告比较情况。

④其他情况

此外,根据《反不正当竞争法》第6条第2款的规定,比较广告是不正当的,如果它:

→第4项:以不正当的方式利用或损害竞争者使用的标志的声誉;

→第5项:贬低或诋毁竞争者的商品、服务、活动或个人或商业关系;

→第6项:将商品或服务描述为是对某一在保护标志下销售的商品或服务的模仿或仿造。

(4)商业相关性

除了《反不正当竞争法》第6条第2款的前提以外,不需要单独审查显著性或商业相关性。这一点是通过对《第2006/114/EG号指令》第4条进行符合指令的解释得出的。从指令的考虑理由可以看出,在解释比较广告的许可性标准时,就需要回答广告是否足以损害竞争者或对消费者的决定产生不利影响这一问题。[80]

五、累进式客户获取

《反不正当竞争法》第 16 条第 2 款和《反不正当竞争法》附录第 14 项对累进式客户获取的表现形式作了规定。这两个适用范围重叠的构成要件都保护消费者免受**危害财产的欺诈行为**（vermögensgefährdenden Täuschungen）的影响。但两个构成要件在法律后果上有所不同。《反不正当竞争法》附录第 14 项宣布相关行为是不合法行为，而《反不正当竞争法》第 16 条第 2 款则是刑事犯罪的构成要件。

110

1. 可刑事处罚的累进式客户获取，《反不正当竞争法》第 16 条第 2 款

《反不正当竞争法》第 16 条第 2 款包含消费者欺诈的一个特殊且极为严重的情况。这种刑事犯罪构成要件针对的是累进式客户获取，即所谓的**滚雪球和金字塔体系**（Schneeball- und Pyramidensysteme）。据此，禁止通过向消费者承诺，如果其促使其他人达成同样的交易，可以从举办者本人或第三人那里获得特别利益，且依此广告的特性，其他人如通过相应的广告招徕更多的接受者，可获得同样利益，以此促使消费者接受商品、服务或权利。《反不正当竞争法》第 16 条第 2 款与《反不正当竞争法》附录第 14 项的禁止规定互相补充。

111

滚雪球和金字塔体系的特别危险在于，这些体系只能通过不断招募必须"买入"的新客户来维持下去。然而，传播达到一定的程度之后，这个体系不可避免地会崩溃。不在"金字塔"顶端的参与者将遭受相当大的财产损失。《反不正当竞争法》第 16 条第 2 款包含旨在保护财产的刑事犯罪构成要件。

112

---

[80] Köhler/Bornkamm/*Köhler* UWG § 3 Rn. 152.

2. 滚雪球或金字塔体系,《反不正当竞争法》附录第 14 项

113 与《反不正当竞争法》第 16 条第 2 款一样,《反不正当竞争法》附录第 14 项旨在保护消费者免受欺诈,以及与此相关的**通过自我伤害造成的财产危害**(Vermögensgefährdung durch Selbstschädigung)。根据《反不正当竞争法》附录第 14 项,始终不合法的是"引入、运营或推广一种促销体系,给人产生仅仅或主要通过将其他参与者引入体系就可以获得报酬的印象(滚雪球或金字塔体系)"。[81]

114 该规定的德文版本措辞没有明确说明,该禁止是否仅针对要求**消费者经济投入**(finanzieller Einsatz des Verbrauchers)的滚雪球或金字塔体系。应立陶宛法院的呈递,欧洲法院就《不正当商业行为指令》附录 I 第 14 项作出判定,"滚雪球体系在任何情况下都构成不正当商业行为的前提是,这种体系需要消费者提供任何数量的财务支出,以换取获得报酬的可能性,这种报酬主要通过将新消费者引入这种体系,而不是通过产品的销售或消费来获得"。[82]

---

[81] 《不正当商业行为指令》附录 I 第 14 项的转化。
[82] *EuGH* ECLI:EU:C:2014:211 = GRUR 2014, 680 Rn. 34 und Leitsatz-*4finance*.

第十九章 防止其他的影响

除了防止侵略性行为和保护知情决定以外,《反不正当竞争法》也包含其他的消费者保护规定。这些规定大多源于德国法的构成要件。尽管如此,当公平交易法规定的行为被《不正当商业行为指令》的事实适用范围所涵盖时,也必须遵守《不正当商业行为指令》的规定。此时关键在于具体需要评价的商业行为根据指令规定是被判定为欺诈性或侵略性行为,还是必须从违反职业注意的角度进行独立评价。

一、违反消费者保护规定的违法行为

> 精选文献:*Alexander*, Das Vorenthalten wesentlicher Informationen im Regelungssystem des UWG, FS Bornkamm, 2014, 297; *Beater*, Rechtsvergleichende und europarechtliche Bemerkungen zum neuen § 4 Nr. 11 UWG, FS Schricker, 2005, 629; *Glöckner*, Wettbewerbsbezogenes Verständnis der Unlauterkeit und Vorsprungserlangung durch Rechtsbruch, GRUR 2008, 960; *ders.*, Rechtsbruchtatbestand oder … The Saga Continues!, GRUR 2013, 568; *Götting*, Der Rechtsbruchtatbestand, FS Schricker, 2005, 689; *Köhler*, Der Rechtsbruchtatbestand im neuen UWG, GRUR 2004, 381; *Omsels*, Die Auswirkungen einer Verletzung richtlinienwidriger Marktverhaltensregelungen auf

1

> § 4 Nr. 11 UWG, WRP 2013, 1286; *Sack*, Gesetzwidrige Wettbewerbshandlungen nach der UWG-Novelle, WRP 2004, 1307; *Scherer*, Marktverhaltensregeln im Interesse der Marktbeteiligten-Funktionsorientierte Ausrichtung des neuen Rechtsbruchtatbestandes in § 4 Nr. 11 UWG, WRP 2006, 401; *von Walter*, Rechtsbruch als unlauteres Marktverhalten, 2007.

2　　根据《反不正当竞争法》第4条第11项,违反旨在规范市场行为以维护市场参与者利益的法律规定的行为是不正当的。此种所谓的违法行为是公平交易法中最重要的构成要件之一。违法行为构成要件的**功能**(Funktion)是利用此类规范经营者活动的特别角度——其市场行为——的法律规定作为审查公平交易法下企业商业行为的标准。

3　　从消费者保护的角度来看,《反不正当竞争法》第4条第11项使得在公平交易法上对违反(至少也)旨在保护消费者的市场行为规则的行为进行追究成为可能。但是,《反不正当竞争法》第4条第11项的适用范围并不限于消费者保护规定。

1. 与《不正当商业行为指令》的关系

4　　与德国法不同,《不正当商业行为指令》没有独立的违法行为构成要件。但针对欧盟法的信息义务,《不正当商业行为指令》第7条第5款(相当于《反不正当竞争法》第5a条第4款)是一条**遵循类似目标**(ähnliche Zielsetzung)的规定。欧盟法原则上不排除公平交易法对违法行为的规制。然而,对于面向消费者的商业行为领域,适用于《反不正当竞争法》第4条第11项的原则被《不正当商业行为指令》的要求所覆盖。这会产生如下后果:

5　　如果市场行为被《不正当商业行为指令》适用范围之外(außerhalb des Anwendungsbereiches der UGP-RL)的某一国内法规

定所规范,则该法律规定的解释和适用不受《不正当商业行为指令》规定的影响。

示例: 联邦最高法院 GOOD NEWS 案[1]中的争议涉及根据巴登-符腾堡州新闻法对付费内容进行标注的新闻法义务(presserechtlichen Verpflichtung zur Kennzeichnung entgeltlicher Inhalte)问题。《斯图加特周报》的出版商(原告)起诉免费广告报纸《GOOD NEWS》的出版商(被告),原告认为,被告的报纸上出版了两篇未按规定标注为付费内容的文章。联邦最高法院向欧洲法院询问,新闻法上标注义务的适用是否与《不正当商业行为指令》的规定相冲突。在一个值得注意的判定中,欧洲法院否认了《不正当商业行为指令》对争议案件的适用。[2]尽管商业行为的概念通常被广义地解释。但是,它不适用于争议案件中的商业行为,因为这不足以宣传新闻出版商的产品,宣传的反而是不涉及初始诉讼企业的产品和服务。[3]此外,《不正当商业行为指令》的任务不是保护那些在没有按照新闻法要求进行标注的情况下,出版足以宣传赞助商的产品或服务的出版物的新闻出版商的竞争者。[4]对于国内法,这意味着,至少两个新闻出版企业发生争端的新闻法标注义务的违反不在《不正当商业行为指令》的适用范围内。因此,对于新闻法上市场行为规则的违反,国内法的适用不会被《不正当商业行为指令》的要求所覆盖。[5]

但是,如果一个市场行为规则被《不正当商业行为指令》适用

---

[1] BGH GRUR 2014, 879-*GOOD NEWS II*; BGH GRUR 2012, 1056-*GOOD NEWS I*.
[2] *EuGH* GRUR 2013, 1245 = ECLI:EU:C:2013:669 Rn. 37-*RLvS* mwN.
[3] *EuGH* GRUR 2013, 1245 = ECLI:EU:C:2013:669 Rn. 39-*RLvS*.
[4] *EuGH* GRUR 2013, 1245 = ECLI:EU:C:2013:669 Rn. 42-*RLvS*.
[5] BGH GRUR 2014, 879 Rn. 22 ff.-*GOOD NEWS II*.

范围内(im Anwendungsbereich der UGP-RL)的经营者活动所涵盖,则法律的适用必须考虑该指令的评价。具体而言,必须审查对市场行为规则的违反在《不正当商业行为指令》的类别中是否构成欺诈性或侵略性商业行为或者构成对职业注意的违反。此外,《反不正当竞争法》第4条第11项的适用不得导致——在《不正当商业行为指令》的"黑名单"规定以外——新的本身禁止(per-se-Verbot)的设立。

2. 构成要件

(1)市场行为规则

7 　《反不正当竞争法》第4条第11项适用于为市场参与者的利益而规范市场行为的法律规定(参见《民法典施行法》第2条)。

8 　根据《反不正当竞争法》第2条第1款第2项,**市场参与者**(Marktteilnehmer)是除竞争者和消费者之外的所有作为商品或服务的供应者或需求者行事的人。据此,消费者是市场参与者,所以《反不正当竞争法》第4条第11项尤其可以涵盖所有(至少也)旨在保护消费者的法律规定,只要它们是市场行为规则。

9 　市场行为规则是规范市场经营者行为的规定。[6] 除了给付的供应和需求之外,**市场行为**(Marktverhalten)主要是合同内容的设计、产品广告,以及合同的磋商、订立和履行。[7]

10 　判例在许多案例中都将消费者保护规定视为《反不正当竞争法》第4条第11项意义上的市场行为规则。据此,市场行为规则可以是:

→《民法典》旧版第312c条第1款的信息义务(后续规定《民法

---

[6] Köhler/Bornkamm/*Köhler* UWG § 4 Rn. 11.34;详见 MüKoUWG/*Schaffert* § 4 Nr. 11 Rn. 56。

[7] Köhler/Bornkamm/*Köhler* UWG § 4 Rn. 11.34; Ohly/Sosnitza/*Ohly* UWG, § 4 Rn. 11/15.

典》第312d条结合《民法典施行法》第246a条和第246b条)[8];

→根据《民法典》旧版第312c条第1款第1句、第2款第1句、第355条第1款和第2款第1句结合《民法典信息义务条例》旧版第1条第1款有关撤回权不存在的告知义务(后续规定《民法典》第312d条结合《民法典施行法》第246a条和第246b条)[9];

→提供撤回告知的法定义务[10];

→根据《民法典》第475条第1款在消费品购买情况下不同约定的禁止[11];

→根据《民法典》第477条第1款对担保表示内容的规定。[12]

但是,《反不正当竞争法》第4条第11项不适用于虽然涉及企业的市场行为,但——像卡特尔法那样(见第十六章边码36以下)——拥有**终局制裁体系**(abschließendes Sanktionssystem)的规定。在这些情况下,不得借助公平交易法对违法行为进行额外追究。[13]

(2)违反

如果经营者违反了市场行为规则,则可以根据《反不正当竞争法》第4条第11项被判定为不正当商业行为。只有**客观的违法行为**(objektive Rechtsverstoß)才是决定性的。经营者的意图、动机、想法或错误都无关紧要。

---

[8] *BGH GRUR* 2007, 159 Rn. 30-*Anbieterkennzeichnung im Internet*.
[9] *BGH GRUR* 2010, 1142 Rn. 22-*Holzhocker*; vgl. auch *BGH GRUR* 2012, 188 Rn. 41 ff.-*Computerbild*.
[10] *BGH GRUR* 2012, 643 Rn. 15-*Überschrift zur Widerrufsbelehrung*.
[11] *BGH GRUR* 2010, 1117 Rn. 24 ff.-*Gewährleistungsausschluss im Internet*.
[12] *BGH GRUR* 2011, 638 Rn. 22-*Werbung mit Garantie*; vgl. auch BGH GRUR 2013, 851 Rn. 8 ff.-*Herstellergarantie II* und BGH GRUR 2012, 730 Rn. 42 ff.-*Bauheizgerät*.
[13] Köhler/Bornkamm/*Köhler* UWG § 4 Rn. 11.8 ff.

(3)显著性

13　　如果一个根据《反不正当竞争法》第 4 条第 11 项的不正当商业行为足以明显损害竞争者、消费者或其他市场参与者的利益,则该行为根据《反不正当竞争法》第 3 条第 1 款是不合法的。在违反消费者保护规定的情况下,必须查明消费者利益是否因违法行为而受到明显损害。

3. 特论:违反保护消费者的信息义务

14　　正如在上文边码 10 中提到的最高法院判例所证明的那样,作为消费者保护的市场行为规则主要是法定信息义务。然而,在这些情况下,可能会出现特别的法律问题,因为《反不正当竞争法》第 4 条第 11 项中的违法行为构成要件与禁止隐瞒重要信息的规定同时发生(《反不正当竞争法》第 5a 条第 2 款和第 4 款),可能会出现两种冲突情况:

→第一种是违反基于欧盟法的法定信息义务的情况。
→第二种是违反非基于欧盟法的法定信息义务的情况。[14]

(1)基于欧盟法的法定信息义务

15　　根据官方资料,《反不正当竞争法》第 5a 条第 4 款并不排除《反不正当竞争法》第 4 条第 11 项的适用。据此,规范市场行为的法定信息义务的违反也可以从根据《反不正当竞争法》第 4 条第 11 项的违法行为的角度来评价;这两个条例的适用范围有重叠,这是无害的,可以接受。[15] 最高法院的判例也认为《反不正当竞争法》第 4 条第 11 项和第 5a 条第 4 款可以并存。[16]

---

[14] 详见 Alexander, FS Bornkamm, 2014, 297 (307 ff.)。
[15] Begr. zum RegE, BT-Drs. 16/10145, 27.
[16] BGH GRUR 2012, 842 Rn. 15-*Neue Personenkraftwagen*; BGH GRUR 2010, 652 Rn. 11-*Costa del Sol*.

在法定信息义务以欧盟法为基础的情况下,根据《不正当商业行为指令》,仍然有必要考虑信息要求是由欧盟法强制规定,还是国内法可以被允许超出欧盟法的规定。在**第一种情况**下(不能超越欧盟法强制性规定),商业行为的不合法性基于《反不正当竞争法》第5a条第2款和第4款的评价。这意味着《反不正当竞争法》第4条第11项应根据《不正当商业行为指令》的评价标准,特别是考虑到《不正当商业行为指令》第7条的评价进行解释。在德国法中,对《反不正当竞争法》第5a条第2款和第4款以及《反不正当竞争法》第4条第11项的适用不得导致相互矛盾的结果。换句话说:如果根据《反不正当竞争法》第5a条第2款和第4款一个法定信息的隐瞒并非不正当,那么这一评价就不能通过适用《反不正当竞争法》第4条第11项而被规避。

16

在**第二种情况**下(允许超越欧盟法最低规定),根据《不正当商业行为指令》的立法理由,该信息不被认为是重要的。因此,它们不被《不正当商业行为指令》第7条第5款(相当于《反不正当竞争法》第5a条第4款)所涵盖:

17

> 在现有共同体法律文件的最低限度条款允许的情况下,成员国可以维持或扩展与合同法有关或具有合同法影响的信息要求。(……)由于本指令引入的完全协调,只有共同体法律所要求的信息被认为是对于本指令第7条第5款目的而言重要的。如果成员国在最低限度条款基础上引入了超出共同体法律规定的信息要求,则该信息的隐瞒并不构成本指令下的欺诈性不作为。与此相反,成员国可以在共同体法律最低限度条款允许的情况下,根据共同体法律维持或引入更严格的规定,以确保对消费者的个体合同权利提供更高水平的保护。

那么只有《反不正当竞争法》第4条第11项适用。由于案件事

18

实仍然受制于《不正当商业行为指令》的评价,因此对违反信息义务的评价取决于法定信息义务是否构成**职业注意**(beruflichen Sorgfalt)(《不正当商业行为指令》第 2 条字母 h)或**专业注意**(fachlichen Sorgfalt)(《反不正当竞争法》第 2 条第 1 款第 7 项)**的具体化**(Konkretisierung),并且对产品接触或面向的通常消费者,或当商业行为面向一个特定消费者群体时,对该群体中的通常成员的与相应产品有关的经济行为产生严重影响或足以产生严重影响(参见《不正当商业行为指令》第 5 条第 2 款)。这与《反不正当竞争法》第 3 条第 2 款第 1 句的评价相符。

(2)没有欧盟法基础的法定信息义务

19 《反不正当竞争法》第 5a 条第 2 款和第 4 款不适用于没有欧盟法依据的法定信息义务,因为这些信息不被认为是重要信息。但《反不正当竞争法》第 4 条第 11 项仍然适用。然而,在基于《不正当商业行为指令》对违法行为构成要件进行符合指令的解释时,必须审查商业行为是否与**职业(专业)注意**的要求相矛盾,并且对产品接触或面向的通常消费者,或当商业行为面向一个特定消费者群体时,对该群体中的通常成员的与相应产品有关的经济行为产生严重影响或足以产生严重影响。在这里,违法行为的构成要件也被《反不正当竞争法》第 3 条第 2 款第 1 句的标准所覆盖。

4. 特论:使用无效的一般交易条款

20 有疑问的是,使用无法通过《民法典》第 307 条以下内容审查的一般交易条款,是否可以同时视为《反不正当竞争法》第 3 条第 1 款和第 4 条第 11 项规定的违法行为,并因此具有不正当。[17] 构成这

---

[17] 来自判例:*KG* GRUR-RR 2008, 308 f.; *KG* GRUR-RR 2007, 291 f.; *OLG Düsseldorf* BeckRS 2007, 14238; *OLG Hamburg* GRUR-RR 2007, 287, 288 f.; *OLG Hamm* BeckRS 2007, 17475; *OLG Köln* GRUR-RR 2007, 285 f.。来自文献:*Köhler* NJW 2008, 177 ff.; *Mann* WRP 2007, 1035 ff.; *Sack* WRP 2004, 1307 ff.; *Woitkewitsch* GRUR-RR 2007, 257 ff.。

一问题背景的主要是是否允许借助《反不正当竞争法》对无效一般交易条款的使用人开启**额外的制裁途径**(zusätzliche Sanktionsmöglichkeiten)。因为在违反《反不正当竞争法》的情况下,除了本来根据《不作为之诉法》第 1 条可能提起的团体诉讼外,特别是竞争者也可以对竞争对手采取行动(参见《反不正当竞争法》第 8 条第 3 款第 1 项)。

最高法院判例已表示支持将违反《民法典》第 307 条以下条款的行为视为违法行为。[18] 可以有限赞同这一看法。由于德国法不能采用与《不正当商业行为指令》不同的评价标准,应当从《不正当商业行为指令》的角度考虑如何评价滥用条款的使用。据此,通常不会认为存在欺诈性或侵略性的商业行为。但是,使用滥用条款可能会违反《不正当商业行为指令》第 5 条第 2 款规定的**职业注意要求**(Erfordernissen der beruflichen Sorgfaltspflicht),并且对产品接触或面向的通常消费者,或当商业行为面向一个特定消费者群体时,对该群体中的通常成员的与相应产品有关的经济行为产生严重影响或足以产生严重影响。

《第 93/13/EWG 号指令》第 3 条第 1 款应被视为一个**将职业注意具体化的规则**(berufliche Sorgfalt konkretisierende Regelung)。该规定保护一个与经营者相比处于弱势谈判地位且掌握信息较少的消费者,使其免受因同意经营者预先拟定的、他对其内容无法施加影响的条款的损害。[19] 因此,使用滥用条款而违反这些要求的行为与职业注意的要求相矛盾。[20]

将这一结果转移到德国法可以得出,使用违反《民法典》第 307

---

[18] *BGH* GRUR 2010, 1117 Rn. 26-*Gewährleistungsausschluss im Internet*.
[19] Vgl. *EuGH* Slg. 2000, I-4941 = ECLI:EU:C:2000:346 Rn. 25-*Océano Grupo Editorial und Salvat Editores*; *EuGH* Slg. 2006, I-10421 = ECLI:EU:C:2006:675 Rn. 25-*Mostaza Claro*.
[20] *Köhler* WRP 2012, 22 (29); *ders.* NJW 2008, 177 (180).

条以下的条款应被视为对《反不正当竞争法》第 3 条第 2 款第 1 句的专业注意的违反（Verletzung der fachlichen Sorgfalt gemäß § 3 Abs. 2 Satz 1 UWG）。这意味着，并非《反不正当竞争法》第 4 条第 11 项，而是《反不正当竞争法》第 3 条第 2 款第 1 句包含相关的判断标准。[21]《反不正当竞争法》中的这一不同的联系是必要的，因为对专业注意的违反适用与对市场行为规则的违反不同的显著性门槛。《反不正当竞争法》第 3 款第 1 句要求商业行为足以"明显损害竞争者、消费者或其他市场参与者的利益"。相比之下，《反不正当竞争法》第 3 条第 2 款第 1 句——为转化《不正当商业行为指令》第 5 条第 2 款和第 2 条字母 e——要求一个商业行为足以"显著削弱消费者根据信息作出决定的能力，从而促使他作出一个原本不会作出的商业决定"。

二、不可苛求的骚扰

> 精选文献：*Burmeister*, Belästigung als Wettbewerbsverstoß, 2006; *Köhler*, Neue Regelungen zum Verbraucherschutz bei Telefonwerbung und Fernabsatzverträgen, NJW 2009, 2567; *Nippe*, Belästigung zwischen Wettbewerbshandlung und Werbung, WRP 2006, 951.

24 　　《反不正当竞争法》第 7 条包含有关不可苛求的骚扰市场参与者的行为方式的详细规定。该规定不仅保护消费者，还保护其他市场参与者。但为了保护消费者，《反不正当竞争法》第 7 条规定了部分更严格的规定和特别的制裁措施。

　　　　示例：消费者和其他市场参与者关于防止骚扰的差异化规

---

〔21〕 就此而言的不同观点 *Köhler* NJW 2008, 177（181）。

定出现在,例如,电话广告上。《反不正当竞争法》第7条第2款第1项只保护消费者免受借助远程通信方式的持续推销;《反不正当竞争法》第7条第2款第2项对于电话广告规定了不同要求:只有在消费者事先明确同意的情况下,才能为广告目的致电消费者。但对于向一个其他市场参与者拨打的广告电话,则只要有推定同意就被允许。如果存在面向消费者的违法行为,可以对违反《反不正当竞争法》第7条第2款第2项和第3项的行为处以罚款。

1. 概述

(1)与《反不正当竞争法》第3条的关系

在公平交易法中,通过《反不正当竞争法》第7条防止不可苛求的骚扰具有一定的**特别地位**。在2008年《反不正当竞争法》修正的过程中,德国立法者将《反不正当竞争法》第7条从《反不正当竞争法》第3条的一般条款中分离出来。该规定的独立性在《反不正当竞争法》第8条第1款、第9条第1句和第10条第1款中都有明确的表达。在前述条款中,《反不正当竞争法》第3条和第7条分别被并列提及。此外,根据《反不正当竞争法》第7条第1款第1句,不可苛求的骚扰不仅是不正当的,而且是不合法的。因此,《反不正当竞争法》第7条并不包含对《反不正当竞争法》第3条第1款的一般条款进行具体化的示例规定。相反,它是一个完全**独立的规定**(eigenständige Vorschrift)。因此,除了《反不正当竞争法》第7条的构成要件之外,无须审查其他的前提。将《反不正当竞争法》第7条与第3条分离的最重要结果是对商业行为的显著性或商业相关性的审查。对于《反不正当竞争法》第7条,这种审查并非必须。

尽管需要对《反不正当竞争法》第7条和第3条进行区分,但这两个规定之间还是有联系的。在适用《反不正当竞争法》第 7 条确定关键的**消费者指导形象**时,完全可以考虑《反不正当竞争法》第 3 条第 2 款第 2 句和第 3 句的评价。这也是统一适用《反不正当竞争法》规定的体系化需要。

27 《反不正当竞争法》第 7 条的独立性不会改变这样一个事实,即这一条款的禁止有可能与其他不正当构成要件同时发生。

示例:如果在一个电子消息中,发件人的身份被隐藏(《反不正当竞争法》第 7 条第 2 款第 4 项),则通常同时存在一个根据《反不正当竞争法》第 3 条第 1 款、第 4 条第 3 项或者《反不正当竞争法》第 3 条第 2 款第 1 句、第 5a 条第 2 款和第 3 款第 2 项的不正当。此外,如果存在一个特别法上的身份告知义务,则可能具备违法行为的构成要件(《反不正当竞争法》第 4 条第 11 项)。

(2)防止骚扰的规则结构

28 根据《反不正当竞争法》第 7 条第 1 款第 1 句,禁止对市场参与者进行不可苛求的骚扰。《反不正当竞争法》第 7 条第 1 款第 2 句规定了一般性的不受欢迎的广告。《反不正当竞争法》第 7 条第 2 款包含一个始终被视为不可苛求的骚扰的商业行为目录。《反不正当竞争法》第 7 条第 3 款仅包含《反不正当竞争法》第 7 条第 2 款第 3 项规定情况的例外。下表展示了《反不正当竞争法》第 7 条的体系和审查结构。

表6 根据《反不正当竞争法》第7条之商业活动的禁止性审查

《反不正当竞争法》第7条		
商业行为(《反不正当竞争法》第2条第1款第1项)		
广告		
始终不可苛求的骚扰,《反不正当竞争法》第7条第2款	被接触的市场参与者明显不欢迎的广告,《反不正当竞争法》第7条第1款第2句	不可苛求的骚扰的其他情况,《反不正当竞争法》第7条第1款第1句
持续的推销,《反不正当竞争法》第7条第2款第1项		
电话呼叫,《反不正当竞争法》第7条第2款第2项		
呼叫机、传真和电子邮件,《反不正当竞争法》第7条第2款第3项(《反不正当竞争法》第7条第3款的例外)		
消息,《反不正当竞争法》第7条第2款第4项		

(3)欧盟法的规定

在对《反不正当竞争法》第7条进行解释时,必须遵守欧盟法的各种规定。首先,重要的是《第 2002/58/EG 号指令》第 13 条。该规定涉及防止未经请求的消息的各个方面。与其他次级法律文件相比,该指令不仅保护消费者,还保护**自然人**(natürliche Personen)(《第 2002/58/EG 号指令》第 13 条第 5 款)。除了消费者之外,也包括例如,个体商人或自由职业者。用于转化《第 2002/58/EG 号指令》第 13 条规定的主要是《反不正当竞争法》第 7 条第 2 款第 3 项和第 4 项以及第 3 款。

其次,《反不正当竞争法》第 7 条应当——至少部分——根据《**不正当商业行为指令**》的规定进行解释。然而,困难来自于这样的事实,即《不正当商业行为指令》虽然包含具有骚扰性质的侵略

29

30

性商业行为的构成要件。这涉及例如《不正当商业行为指令》附录I第25、26和29项中包含的构成要件。但是,《不正当商业行为指令》恰恰不希望涵盖所有的骚扰情况。根据立法理由第7条,《不正当商业行为指令》"并不涉及在成员国之间差异很大的有关公序良俗问题的法律要求。出于文化原因,为销售目的在街上与人接触的商业行为在某些成员国可能是不受欢迎的。因此,成员国应可以根据共同体法律在其主权范围内继续基于公序良俗禁止商业行为,即使此类行为并不影响消费者的选择自由"。因此,不影响消费者经济利益的骚扰性行为方式可以继续由成员国独立规制。

31 其他特别问题源于《**不正当商业行为指令**》附录I第26项。因为在德国,这一"黑名单"构成要件并未被转化在附录中,而是被转化在《反不正当竞争法》第7条第2款第1项中。

(4)受保护的利益

32 《反不正当竞争法》第7条保护市场参与者的不同利益。部分涉及防止对决定过程的侵略性影响。当一个消费者(尽管他不希望如此)不断地被一个企业拨打电话以说服其订立合同时(参见《反不正当竞争法》第7条第2款第1项),这种利益会受到影响。在其他方面,《反不正当竞争法》第7条则涉及对市场参与者的**私人或商业领域的保护**(Schutz der Privat- oder Geschäftssphäre)。因此,对于消费者而言,这涉及对个人生活的保护,特别是关于私人领域的不受干扰,经营者不应出于广告目的而侵入这些领域。

33 因此,从教义学上来讲,《反不正当竞争法》第7条具有**双重特点**(Doppelcharakter);通过《反不正当竞争法》第7条第2款第1项,防止消费者受到**侵略性影响**(aggressiven Einflussnahme),从而保护其**经济利益**(wirtschaftlichen Interesse)。只有在这方面,骚扰的禁止也保护了消费者自由的商业决定。就该条款除此以外还保护消费者免受其他形式的骚扰而言,属于**一般人格权保护的特别表现**

(spezielle Ausprägungen des allgemeinen Persönlichkeitsschutzes)。

但是,消费者的占有和所有权不受《反不正当竞争法》第 7 条的保护[22],因为这些财产的实体保护与《反不正当竞争法》在体系上不相容。

2. 基本构成要件,《反不正当竞争法》第 7 条第 1 款第 1 句

作为基本构成要件和小一般条款(kleine Generalklausel),《反不正当竞争法》第 7 条第 1 款第 1 句包含**对不可苛求的骚扰的一般性禁止**(allgemeine Verbot der unzumutbaren Belästigung)。据此,以不可苛求的方式骚扰市场参与者的商业行为是不合法的。这一基本构成要件被《反不正当竞争法》第 7 条第 1 款第 2 句(不受欢迎的广告)和实际上涵盖了骚扰广告的特别重要表现形式的《反不正当竞争法》第 7 条第 2 款中的特别骚扰禁止所具体化。只有当一个行为不能被特别构成要件所涵盖时,《反不正当竞争法》第 7 条第 1 款第 1 句才具有独立的意义。

(1)骚扰

如果一个商业行为是强加给受领人的,并且无论其内容如何,仅因其**方式方法**(Art und Weise)就给人以干扰的感觉,那么它就是骚扰。[23] 如果商业行为面向的是消费者,则取决于经营者是否在消费者无意或违背其意愿的情况下引起消费者的注意,从而促使消费者处理行为者的请求。[24]

与通常用语相反,**广告的内容**(Inhalt der Werbung)对于骚扰问题并**不是决定性的**(nicht maßgeblich)。因此,面对不受欢迎或冒犯性的内容对《反不正当竞争法》第 7 条第 1 款第 1 句来说并非是关

---

[22] 对《反不正当竞争法》第 7 条第 1 款第 2 句的不同观点 Köhler/Bornkamm/*Köhler* UWG § 7 Rn. 36。

[23] *BGH* GRUR 2011, 747 Rn. 17-*Kreditkartenübersendung*.

[24] 类似的观点 Köhler/Bornkamm/*Köhler* UWG § 7 Rn. 19。

键性的。在这方面,可以考虑根据《反不正当竞争法》第 4 条第 1 项的不合理和不客观的影响。

(2)不可苛求性

38 商业行为往往具有某种固有的骚扰特征。但是,这不足以构成不合法性。因此,《反不正当竞争法》第 7 条第 1 款第 1 句额外要求,骚扰对相关市场参与者来说是不可苛求的。这是基于典型化的标准对经营者行为的**法律评价**(rechtliche Bewertung)。如果商业行为的影响涉及消费者,则相应地适用《反不正当竞争法》第 3 条第 2 款第 2 句和第 3 句的标准。因此,原则上以通常敏感的对象标准为基础(参见《反不正当竞争法》第 3 条第 2 款第 2 句第 1 种情况)。[25]

39 如果骚扰的**强度**(Intensität)达到一个大部分消费者**无法忍受**(als unerträglich empfunden)的程度时,那么该骚扰就是不可苛求的。[26] 不可苛求性是在对**受保护的**对象不被广告所打扰的**利益**和做广告的经营者希望通过广告来开展其商业行为的利益进行**衡量**(Abwägung der geschützten Interessen)的基础上确定的。[27]

40 根据判例,一个骚扰被判定为不可苛求,并非由于它只是广告措施的一个无意或偶尔的副作用,而是必须且经常与被异议的广告方法相关联。[28] 据此,为自己的广告利益故意和专门使用骚扰行为的广告方法通常被归类为不可苛求的骚扰。[29]

(3)应用案例

41 判例中包含大量不同骚扰行为的示例。以下是一些主要影响

---

〔25〕 BGH GRUR 2010, 1113 Rn. 15-*Grabmalwerbung*.
〔26〕 BGH GRUR 2011, 747 Rn. 17-*Kreditkartenübersendung*.
〔27〕 BGH GRUR 2011, 747 Rn. 17-*Kreditkartenübersendung*; vgl. auch BGH GRUR 2010, 1113 Rn. 15-*Grabmalwerbung*.
〔28〕 BGH GRUR 2005, 443 (445)-*Ansprechen in der Öffentlichkeit II*.
〔29〕 BGH GRUR 2005, 443 (445)-*Ansprechen in der Öffentlichkeit II*.

消费者的案例。

①公共场所的接触

根据判例,如果广告者出于广告目的**在公共场所与路人接触**(Ansprechen von Passanten in der Öffentlichkeit)时没有明确表明自己的身份,则该行为具有不可苛求性。[30] 因为在这种情况下,广告者利用了文明社会人们之间的礼貌要求,在面对一个比如要问路的陌生人时,不是从一开始就持一个排斥和拒绝的态度,这其中存在一个不正当的注意力的骗取。[31]

42

②家门口的广告

家门口的广告(Werbung an der Haustür),特别是通过没有事先联系的与客户在住宅领域接触的代表拜访,一直被德国判例视为准许。[32] 只有在因特别情况导致存在无法容忍或其他违法骚扰和扰乱私人生活领域的风险时才存在例外。[33] 判例理由主要是基于代表拜访是传统上被允许的商业活动的一部分。[34] 该判例在文献中受到批评是有道理的。[35] 事实上,由代表亲自上门拜访所带来的骚扰影响可能通常要比法律明确禁止的不受欢迎的电话呼叫严重得多。

43

③死亡情况下的广告

联邦最高法院认为在死者去世两周后以信件方式邮寄**墓碑的广告**(Werbung für Grabmale)并非不可苛求。法院认为,在死者去世后不久寄出的有关坟墓设施的广告虽然很可能伤害遗属的感

44

---

[30] *BGH* GRUR 2004, 699 (701)-*Ansprechen in der Öffentlichkeit I*; *BGH* GRUR 2005, 443 (444)-*Ansprechen in der Öffentlichkeit II*.

[31] *BGH* GRUR 2004, 699 (701)-*Ansprechen in der Öffentlichkeit I*; BGH GRUR 2005, 443 (444)-*Ansprechen in der Öffentlichkeit II*.

[32] S. nur BGHZ 54, 188 (193) = GRUR 1970, 523-*Telefonwerbung I*.

[33] S. nur BGHZ 54, 188 (193) = GRUR 1970, 523-*Telefonwerbung I*.

[34] *BGH* GRUR 1994, 380 (382)-*Lexikothek*.

[35] S. nur Köhler/Bornkamm/*Köhler* UWG § 7 Rn. 46 ff.

情,因为在失去亲人后的丧事立即成为商业努力的对象,是让人感觉不被尊敬的。[36] 但是,对遗属实行特别商业限制的要求并非无限期适用。出于对哀悼者隐私的尊重,要求墓碑广告应等到葬礼和追悼会通常举行完毕,遗属本来也要处理死后事宜之时才能邮寄;这些前提通常在死者去世两周后可以具备。[37]

④事故现场的广告

45 根据一贯的判例[38],**拖车企业**(Abschleppunternehmen)直接**在事故现场**(am Unfallort)向事故当事人做广告是不可苛求的。虽然可能存在一个在事故现场订立合同的需求。然而,根据联邦最高法院的观点,在事故发生后不久,仍处于事故冲击之下的事故当事人将面临来自拖车企业或其"拉客人"的骚扰和猛烈的广告,他们在面临诸如车辆是否应该被拖走,这是否应该由一个商业企业来做,以及如果是的话,哪家企业提供的条件最有利等问题时,存在被突然袭击的巨大风险。[39] 要消除这种危险只能一般性地禁止为获得拖车委托而与未提出请求的事故当事人进行接触。[40] 在这些情况下,通常也会存在一个根据《反不正当竞争法》第 4 条第 2 项的不正当。

⑤未订购商品的寄送

46 无论是否符合《民法典》第 241a 条第 1 款的前提,至少在寄件人试图向受领人施加压力以促使其付款时,**未订购商品的寄送**(Zusenden unbestellter Waren)或未订购服务的提供(Erbringen un-

---

[36] *BGH GRUR* 2010, 1113 Rn. 16-*Grabmalwerbung.*

[37] *BGH GRUR* 2010, 1113 Rn. 21-*Grabmalwerbung.*

[38] *BGH GRUR* 2000, 235-*Werbung am Unfallort IV*; *BGH GRUR* 1980, 790-*Werbung am Unfallort III*; *BGH GRUR* 1975, 266-*Werbung am Unfallort II*; *BGH GRUR* 1975, 264-*Werbung am Unfallort I* (jeweils zu § 1 UWG 1909).

[39] *BGH GRUR* 2000, 235 (236)-*Werbung am Unfallort IV.*

[40] *BGH GRUR* 2000, 235 (236)-*Werbung am Unfallort IV.*

bestellter Dienstleistungen)被视为不可苛求的骚扰。[41] 在这种情况下,往往会同时满足《反不正当竞争法》附录第 29 项的构成要件。如果经营者声称受领人有义务付款(尽管根据《民法典》第 241a 条第 1 款并非如此),将同时存在一个根据《反不正当竞争法》第 3 条第 1 款、第 5 条第 1 款第 2 句第 3 项的欺诈。

虽然联邦最高法院将银行向未经请求的私人客户**寄送信用卡**(Zusenden einer Kreditkarte)视为一种对受领人的骚扰。但这对受领人来说并非不可苛求。通过邮寄做广告时,骚扰的程度只是轻微的。相对于广告行业在定向个人广告中的利益,以及考虑到许多被吸引的人对此类广告材料中的信息具有合法利益的事实,该骚扰通常可以被忽略。[42] 从该广告的性质中也不会得出不同的评价。一个客户通常会从广告足够清晰的信息中认识到,随信寄送的信用卡只有在客户作出特别表示后才能投入使用。[43] 这清楚地表明该卡本身没有任何功能性价值,因此受领人如果对要约不感兴趣,就没有理由进一步关注寄送的广告信、宣传单和寄件人的申请表。[44]

47

3. 明显不受欢迎的广告,《反不正当竞争法》第 7 条第 1 款第 2 句

禁止骚扰的人格权保护方向在《反不正当竞争法》第 7 条第 1 款第 2 句中体现得特别明显。在该规定中,法律禁止任何形式的相关市场参与者明显不希望的广告。其不法性源于经营者无视广告对象明确表达的意愿。

48

该构成要件仅适用于不受欢迎的广告。在这方面,应使用该概

49

---

[41] Köhler/Bornkamm/*Köhler* UWG § 7 Rn. 84 f.
[42] *BGH* GRUR 2011, 747 Rn. 19-*Kreditkartenübersendung*.
[43] *BGH* GRUR 2011, 747 Rn. 21-*Kreditkartenübersendung*.
[44] *BGH* GRUR 2011, 747 Rn. 21-*Kreditkartenübersendung*.

念的一般定义(见第十六章边码22)。

50　　起决定性作用的是,对于做广告的经营者来说"相关市场参与者明显不希望收到这个广告"。因此,广告对象必须已经——默示或明确地——表达了他们不希望收到这个(或者一般性的所有形式的)广告的意愿。无关紧要的是,广告对象是从一开始就有这个意愿,还是在之后的某个时间表达了该意愿。[45]

　　　　示例:(1)如果消费者信箱上贴有"谢绝广告(Keine Werbung)"的贴纸,那么**投递广告**(Postwurfwerbung)就是明显不受欢迎的。这同样适用于在家门上挂有"谢绝代表(Vertreter unerwünscht)"的牌子时的代表拜访。(2)《反不正当竞争法》**附录第26项**包含明显不受欢迎的广告的特别情况(见第十七章边码7)。

4. 使用远程通信方式进行持续推销,《反不正当竞争法》第7条第2款第1项

51　　根据《反不正当竞争法》第7条第2款第1项,使用未在《反不正当竞争法》第7条第2款第2项和第3项中列出的、适合远程销售的商业通信手段,在消费者明显不希望的情况下,持续地向消费者进行宣传,则应始终认定存在不可苛求的骚扰。这一看起来相当复杂的规定来源于《不正当商业行为指令》附录Ⅰ第26项。但是,它在许多方面偏离了《不正当商业行为指令》的规定。[46] **转化**(Umsetzung)必须说是**完全失败**(völlig missglückt)的。

(1)广告

52　　根据其措辞,《反不正当竞争法》第7条第2款第1项仅适用于广告,因此尤其不包括合同订立后的任何行为方式。

---

[45] Köhler/Bornkamm/*Köhler* UWG § 7 Rn. 35.
[46] 详见 Köhler/Bornkamm/*Köhler* UWG § 7 Rn. 98 ff.

示例：订立买卖合同后，经营者持续地通过电话敦促消费者支付购买价款。

这种对构成要件的限制与《不正当商业行为指令》附录 I 第 26 项的规定相矛盾。后者只是一般地提及"**接触**（Ansprechen）"**消费者**。根据《不正当商业行为指令》的体系并考虑到根据《不正当商业行为指令》第 3 条第 1 款和第 2 条字母 d 指向商业行为的适用范围，《不正当商业行为指令》附录 I 第 26 项也适用于，但不仅仅适用于广告。因此，《反不正当竞争法》第 7 条第 2 款第 1 项在构成要件上规定得过于狭窄。

解决这个问题的方法有两种：一是符合指令地以更广泛的方式解释《反不正当竞争法》第 7 条第 2 款第 1 项中的广告概念，以便将与消费者接触的其他情况也涵盖在内。但是，这将导致与《反不正当竞争法》中其他情况下统一的广告概念的偏离。

二是《反不正当竞争法》第 7 条第 2 款第 1 项未涵盖的情况（即每个不构成广告的《不正当商业行为指令》附录 I 第 26 项意义上的接触）必须归入《反不正当竞争法》的其他构成要件。作为可能的"兜底规范"，可以考虑《反不正当竞争法》第 7 条第 1 款和第 4 条第 1 项。然而，这种做法会导致对《不正当商业行为指令》附录 I 第 26 项规定的体系性"分拆（Zergliederung）"。

（2）远程通信方式

《反不正当竞争法》第 7 条第 2 款第 1 项适用于远程通信方式，即克服距离的通信媒介。法律将此描述为"**适合远程销售的通信方式**（für den Fernabsatz geeignete Mittel der Kommunikation）"，在某种程度上具有误导性。但《反不正当竞争法》第 7 条第 2 款第 1 项仅限于那些未在《反不正当竞争法》第 7 条第 2 款第 2 项和第 3 项中提及的远程通信方式。因此，被排除在《反不正当竞争法》第 7

条第 2 款第 1 项的适用范围之外的是电话呼叫、使用自动呼叫机的广告、传真广告和通过电子信件进行的广告。对于这些广告形式,德国法设定了——再次偏离《不正当商业行为指令》附录 I 第 26 项——更严格的要求。

示例:只要在没有事先得到被叫方明确同意的情况下,出于广告目的向消费者拨打电话,就是不合法的(参见《反不正当竞争法》第 7 条第 2 款第 2 项第 1 种情况)。无关紧要的是,不受欢迎的呼叫是否具有持续性。

57 对于《反不正当竞争法》第 7 条第 2 款第 1 项来说,还包含其他所有远程通信方式,例如,**信件**、**宣传单或目录**(Briefe, Prospekte oder Kataloge)等。

(3)持续的和不受欢迎的

58 经营者对消费者的接触必须是"持续的(hartnäckig)"。在这里,一个**重复的联络**(wiederholtes Kontaktieren)就足够了。[47] 既不需要骚扰的故意,也不需要一个特定的联络强度。

59 此外,根据《反不正当竞争法》第 7 条第 2 款第 1 项,重要的是消费者是否"**明显不希望**(erkennbar nicht wünscht)"商业接触。因此,该规定与《反不正当竞争法》第 7 条第 1 款第 2 句的规定一致。与此同时,这里也存在一个与《不正当商业行为指令》附录 I 第 26 项的不同之处。因为根据欧盟法,消费者不希望被联系就足够了,可识别性恰恰不重要。由于德国法因此限制了《不正当商业行为指令》附录 I 第 26 项中"本身"不合法的适用范围,所以必须根据《不正当商业行为指令》规定对《反不正当竞争法》第 7 条第 2 款第 1 项进行修正的解释。据此,无论经营者识别与否,消费者的相反

---

[47] Köhler/Bornkamm/*Köhler* UWG § 7 Rn. 102a.

意愿即为已足。

5. 电话广告,《反不正当竞争法》第 7 条第 2 款第 2 项

根据《反不正当竞争法》第 7 条第 2 款第 2 项,在未经消费者事先明确同意的情况下通过电话呼叫向消费者做广告,或在未经其他市场参与者至少推定同意的情况下向其做广告始终是不合法的。《反不正当竞争法》第 7 条第 2 款第 2 项的两种禁止情形的共同点是,能否进行电话广告取决于被叫方的同意。因此,德国法遵循"**选择加入(opt in)**"**原则**(-Prinzip)。与此不同的是,其他国家实行"选择退出(opt out)"原则。据此,只要被叫方不反对,电话广告就是被允许的。

面向消费者的电话广告和对其他市场参与者的电话广告要求不同严格程度的合理性在于,**消费者**具有**更高的**防止电话呼叫骚扰影响的**保护需求**。

(1)电话呼叫广告

原则上,**广告的概念**遵循公平交易法的一般定义。因此,这一构成要件不适用于合同订立后的电话拨打,因为此时并非为了促进商品或服务的销售。

根据判例[48]和文献中的多数观点[49],以**需求**(Nachfrage)为目的的电话呼叫被《反不正当竞争法》第 7 条第 2 款第 2 项所涵盖。据此,旨在购买企业在市场上开展其自身业务活动所需的商品或服务的需求措施间接地促进了销售,因为购买商品是转售商销售的必要前提。[50]

---

[48] Vgl. *BGH* GRUR 2008, 923 Rn. 12-*Faxanfrage im Autohandel*; *BGH* GRUR 2008, 925 Rn. 16-*FC Troschenreuth*.

[49] Köhler/Bornkamm/*Köhler* UWG § 7 Rn. 129; Ohly/Sosnitza/*Ohly* UWG § 7 Rn. 33 mwN.

[50] *BGH* GRUR 2008, 925 Rn. 16-*FC Troschenreuth*.

示例：一位老爷车经销商在未经消费者同意的情况下致电消费者，以说服他出售一辆旧车。

64　广告电话必须由经营者拨打或在其安排下进行。由于自动呼叫机的呼叫在《反不正当竞争法》第 7 条第 2 款第 3 项中被单独规定，因此《反不正当竞争法》第 7 条第 2 款第 2 项仅涵盖**人与人之间的个别口头联络**（individuelle mündliche Kommunikation von Mensch zu Mensch）。

（2）未经消费者事先明确同意

65　根据《反不正当竞争法》第 7 条第 2 款第 2 项，电话呼叫的许可以消费者事先和明确的同意为前提。

①欧盟法上的同意概念

66　该同意与《民法典》第 183 条的同意不同。取而代之，应当从**欧盟法上的同意概念**（unionsrechtlichen Begriff der Einwilligung）出发，其基础是《第 2002/58/EG 号指令》第 13 条第 3 款和第 2 条第 2 句字母 e 结合《第 95/46/EG 号指令》第 2 条字母 h。[51] 据此，同意是指"针对具体情况并在了解事实的情况下自由作出的任何意愿表达"。同意可以通过任何适当的方式作出，通过它表达用户以具体说明表现的、以知情和自由决定的方式作出的愿望；这也包括在互联网网站上的字段标记。[52]

②同意的时间

67　必须事先，即**在电话呼叫开始之前**（vor dem Beginn des Telefonanrufs）征得消费者的同意。在通话过程中获得同意是不够的。

---

[51] *BGH* GRUR 2008, 1010 Rn. 28-*Payback*; Köhler/Bornkamm/*Köhler* UWG § 7 Rn. 149.

[52] 《第 2002/58/EG 号指令》立法理由第 17 条第 2 句。

示例：如果在通话开始时询问未经同意被呼叫的消费者是否同意继续通话，则是不够的。

③授予方式

根据立法者的愿望，明确同意的要件旨在确保作出同意表示的消费者和希望根据此同意拨打电话的企业从一开始就清楚，出于广告目的的电话在具体情况下是被允许的。[53] 通过这种方式，呼叫者和被呼叫者也应该知道，未经明确的同意表示，出于广告目的的呼叫是不被允许的。[54] 一个明确的同意以**消费者的明确表示**（eindeutige Erklärung des Verbrauchers）为前提，因此，默示的行为或者只是对电话的容忍是不够的。

示例：在电话簿中登记自己的电话号码并不包含登记人对广告电话的明确同意。

同意不需要特别的**形式**（Form）。出于证据的原因，对于经营者来说，最好将消费者的表示以比如文本形式记录下来，这样可以在发生争议时证明同意的存在。

同意的授予可以——实践中也经常是——在一般交易条款的框架内进行，例如，通过选择框。但是，此类条款受《民法典》第305条以下的一般交易条款审查约束。[55] 据此，同意条款可能是出人意料的（《民法典》第305c条第1款），或者它们可能对消费者造成不合理的不利影响（《民法典》第307条）。

示例：(1) 如果消费者没有预料到一个同意条款，例如，因为它出现在合同条款中的一个完全出乎意料的位置，那么该同意条款是**出人意料的**（überraschend）。(2) 如果对广告的同意

---

[53] Begr. zum RegE, BT-Drs.16/10734, 13.
[54] Begr. zum RegE, BT-Drs.16/10734, 13.
[55] *BGH* GRUR 2008, 1010 Rn. 27-*Payback*.

被标准化地预先规定在一般交易条款中,则存在一个**不合理的损害**(unangemessene Benachteiligung)。[56] 作为"选择加入"原则的基础,法律要求的消费者明确同意只能通过明确的表示予以考虑。相反,如果消费者不予同意时还必须通过向经营者作出个别表示来撤销预先制定的同意,则与这些要求相矛盾。

71　　**同意的范围**(Reichweite der Einwilligung)通过对消费者的表示类推《民法典》第133条和第157条进行解释来确定。特别需要审查的是,同意是仅限于特定的业务或产品广告,还是仅限于特定的呼叫者。

(3)特论:打给雇员的挖角电话

72　　对于以挖角为目的打给雇员的电话,需要确定雇员应被视为消费者还是其他市场参与者(见第三章边码50)。

73　　根据《反不正当竞争法》第2条第2款结合《民法典》第13条的定义,电话呼叫虽然会影响个人的职业领域,但缺少德国法律要求的独立性。然而,单纯从形式上紧扣规定的措辞,尤其对雇员而言,是有问题的。对劳动关系来说,必须考虑**雇员的特别利益**(besonderen Interessen des Arbeitnehmers),这就需要进行特别的法律评价。[57] 特别需要注意的是,雇员可能有兴趣通过电话了解新的职业前景,以改变自己的生活和收入状况。因此,对此类电话呼叫不应适用与消费者相同的公平交易法标准。

74　　因此,涉及挖角电话时,通过对《反不正当竞争法》第7条第2款第2项进行目的性限缩,雇员不应被视为消费者,而应被视为其他市场参与者。因此,根据《反不正当竞争法》第7条第2款第2项,至少在可以认定被呼叫人的**推定同意**(mutmaßlichen Einwilligu-

---

[56] Vgl. *BGH* GRUR 2008, 1010 Rn. 33-*Payback*.
[57] Köhler/Bornkamm/*Köhler* UWG § 7 Rn. 141; Ohly/Sosnitza/*Ohly* UWG § 7 Rn. 46.

ng)时,电话呼叫是不应被异议的。[58]

挖角电话在公平交易法上的许可性是通过衡量所有相关方受法律保护的利益从整体上进行判断的,包括受影响的企业、相关雇员、寻找员工的企业以及受其委托行事的人事顾问。[59]

6. 呼叫机、传真和电子信件,《反不正当竞争法》第 7 条第 2 款第 3 项

根据《反不正当竞争法》第 7 条第 2 款第 3 项,在未经对象事先明确同意的情况下,使用自动呼叫机、传真机或电子邮件进行广告宣传,始终存在不可苛求的骚扰。与《反不正当竞争法》第 7 条第 2 款第 2 项相比,法律在这里没有区分不同的广告对象。无论经营者联系的是消费者还是其他市场参与者,必须以被联系者的**事先明确同意**(vorherige ausdrückliche Einwilligung)为前提。

然而,《反不正当竞争法》第 7 条第 3 款又使通过**电子信件**(elektronischer Post)(电子邮件、短信、彩信和通过"WhatsApp"和"Threema"等通信应用程序发送的消息)进行广告宣传更加容易。据此,与《反不正当竞争法》第 7 条第 2 款第 3 项的规定不同,如果同时满足以下四个前提,则不应认定使用电子信件进行的广告是不可苛求的骚扰:

(1)经营者在销售商品或服务的过程中从顾客处获得电子信件地址。

(2)经营者使用该地址直接宣传自己的类似商品或服务。

(3)顾客没有反对使用电子信件地址。

(4)在获取地址及每次使用地址时,顾客均被明确告知,其可以随时对地址的使用表示反对,不产生除基本资费规定的传输费用

---

[58] Köhler/Bornkamm/*Köhler* UWG § 7 Rn. 141.
[59] *BGH GRUR* 2006, 426 Rn. 19-*Direktansprache am Arbeitsplatz*.

外的任何费用。

78 　　《反不正当竞争法》第 7 条第 3 款中的例外是基于这样的考虑，即一方面电子信件的骚扰影响相对较低，另一方面客户可能会对与现有业务关系密切相关并且涉及类似商品或服务的信息有浓厚的兴趣。

　　　　示例：一个电信运营商通过电子邮件告知其客户，可以通过一项新的技术服务延长现有的手机合同。

　　7. 消息，《反不正当竞争法》第 7 条第 2 款第 4 项

79 　　为转化《第 2002/58/EG 号指令》第 13 条第 4 款，《反不正当竞争法》第 7 条第 2 款第 4 项针对的是虽然也具有骚扰性，但主要在于不告知受领人邮件的商业性质和无视法律透明度要求的行为。该规定特别针对匿名广告消息。与《反不正当竞争法》第 7 条第 2 款第 3 项一样，该规定既适用于面向消费者的广告，也适用于面向其他市场参与者的广告。

　　据此，始终不合法的是附有以下消息的广告：

　　→委托传输消息的发送人的身份被伪装或隐瞒（字母 a）；

　　→违反《电信媒体法》第 6 条第 1 款规定或要求受领人访问违反该规定的网站（字母 b）；或者

　　→没有有效的受领人可以发送请求停止此类消息的地址，不产生除基本资费规定的传输费用外的任何费用（字母 c）。

80 　　根据《反不正当竞争法》第 2 条第 1 款第 4 项，一个该规定意义上的**消息**（Nachricht）指的是通过可公开访问的电子通信服务，在有限数量的参与者之间交换或传输的任何信息；这不包括作为广播服务的一部分通过电子通信网络向公众传输的信息，但以该信息无法与接收该信息的可识别的参与者或用户相关联为限。

8. 面向消费者的骚扰性电话广告的特别处罚

为了有效保护消费者免受骚扰性电话广告的影响,在一般的公平交易法的制裁之外,立法者通过《反不正当竞争法》第 20 条创设了一个**特别的罚款构成要件**(speziellen Bußgeldtatbestand)。

根据《反不正当竞争法》第 20 条第 1 款,故意或过失违反《反不正当竞争法》第 7 条第 1 款结合第 7 条第 2 款第 2 项通过电话呼叫或结合《反不正当竞争法》第 7 条第 2 款第 3 项使用自动呼叫机,在未经消费者事先明确同意的情况下呼叫消费者做广告的,属于行政违法行为,最高可处以 300,000 欧元的罚款。主管机构是电力、天然气、电信、邮政和铁路的**联邦网络局**。

消费者可以向当局进行投诉。为此,可在互联网上获取一个特别表格和**在线表格**(Online-Formular)。[60] 但是,消费者不享有作为请求权。相反,是否对经营者采取行动由当局自行决定。

81

82

83

三、参与抽奖游戏与产品销售的搭售禁止

> 精选文献:*Alexander,* Fachliche Sorgfalt und Gewinnspielwerbung gegenüber Kindern, WRP 2014, 1010; *Berlit,* Gewinnspiel im Einzelhandel, WRP 2009, 1188; *ders.,* Die Zukunft des Preisausschreibens im Lichte der Entscheidung „Millionen-Chance II", WRP 2011, 1225; *Ernst/Seichter,* Bestimmung des Kaufpreises durch Spiel-Glücksspielelemente im Werberecht, WRP 2013, 1437; *Köhler,* Die Kopplung von Gewinnspielen an Umsatzgeschäfte: Wende in der lauterkeitsrechtlichen Beurteilung,

---

[60] http://www. bundesnetzagentur. de/cln _ 1431/DE/Sachgebiete/Telekommunikation/Verbraucher/UnerlaubteTelefonwerbung/Beschwerdeeinreichen/beschwerdeeinreichen.html? nn=269128.

> GRUR 2011, 478; *ders.,* Kopplungsangebote neu bewertet-zugleich Besprechung der „Plus Warenhandelsgesellschaft"-Entscheidung des EuGH, GRUR 2010, 177; *ders.,* Ist der Unlauterkeitstatbestand des § 4 Nr. 6 UWG mit der Richtlinie über unlautere Geschäftspraktiken vereinbar?, GRUR 2009, 626; *Leible/Günther,* „Millionen-Chance II"-Das endgültige Aus für § 4 Nr. 6 UWG?, GRUR-Prax 2011, 209.

84　　根据《反不正当竞争法》第4条第6项,将消费者参与有奖竞赛或抽奖游戏与购买商品或接受服务挂钩的行为是不正当行为,除非有奖竞赛或抽奖游戏与商品或服务有内在联系。这一构成要件是不正当行为的**示例规定**。

1. 概述

(1) 与《不正当商业行为指令》的关系

85　　《反不正当竞争法》第4条第6项可以追溯到2004年的《反不正当竞争法》和以前将产品销售和参与抽奖游戏搭售的判例。[61] 在将《不正当商业行为指令》转化为德国法的过程中,立法者保留了这一规定。

86　　针对联邦最高法院的呈递[62],欧洲法院判定《反不正当竞争法》第4条第6项与《不正当商业行为指令》不一致。[63] 欧洲法院主要是从《不正当商业行为指令》的体系和完全协调的规制目标得出的这一结论。《不正当商业行为指令》中不包含与《反不正当竞争法》第4条第6项相当的构成要件。同时,《不正当商业行为指令》

---

[61] S. nur *BGH* GRUR 1998, 735 (736)-*Rubbelaktion* mwN.

[62] *BGH* GRUR 2008, 807-*Millionen-Chance I.*

[63] *EuGH* Slg. 2010, I-254 = GRUR 2010, 244 = ECLI:EU:C:2010:12-*Plus Warenhandelsgesellschaft.*

第 4 条规定,成员国不得维持或制定更严格的国内措施,即使此类措施旨在实现更高水平的消费者保护。[64]

尽管《反不正当竞争法》第 4 条第 6 项与欧盟法相抵触,但该规定仍然有效。但是,它需要一个**修正的解释**(korrigierenden Auslegung)。对于法律的实际适用,必须审查成文和不成文的构成要件特征。

(2)受保护的利益

该规定的目的是保护消费者免受由于**赌博兴趣和获利追求被利用**(durch Ausnutzung der Spiellust und des Gewinnstrebens)而带来的不客观的影响。轻松获利的希望可能会影响消费者对所提供商品或服务的性价比和质量的判断,并影响他的决定自由。消费者面临这样的风险,即购买商品或服务,不是根据它们的质量和性价比,也不是根据适当的产品比较,而是或多或少未加考虑地为了赢得作为诱饵提供的奖品。[65] 但是,对于《反不正当竞争法》第 4 条第 6 项的这种广泛理解不无疑问。因为这也禁止了那些只能赢得小额奖品或奖品价值或与所购买的商品或服务的价值相比并不重要的有奖竞赛和抽奖游戏。

> 示例:根据《反不正当竞争法》第 4 条第 6 项,一个只有新车购买者才能参加,奖品为价值 50 欧元的 DVD 播放器的抽奖游戏也会被禁止。然而,一个通常消费者不会因为可能赢得一台 DVD 播放器而被诱导购买汽车。在这种情况下,至少不存在《反不正当竞争法》第 3 条第 1 款意义上的对受保护利益的明显损害。

---

[64] *EuGH* Slg. 2010, I-254 = GRUR 2010, 244 = ECLI:EU:C:2010:12 Rn. 46 ff.-*Plus Warenhandelsgesellschaft*.

[65] Vgl. auch *OLG Frankfurt* GRUR-RR 2005, 388 (390).

2. 构成要件

(1) 有奖竞赛或抽奖游戏

89 对有奖竞赛和抽奖游戏的概念应当像在《反不正当竞争法》第 4 条第 5 项中一样进行理解。

(2) 分离

90 有奖竞猜或抽奖游戏必须与商品或服务的销售相分离。如果**给付**(Leistung) 或**对待给付**(Gegenleistung) 与**随机元素**(Zufallselement) 相关联，则不适用《反不正当竞争法》第 4 条第 6 项。

> **示例**：(1) 在 150% 利息奖励案这一争议案件中，被告银行向客户提供定期存款服务。除了担保的基本利率（取决于存款金额，在每年 1.30% 至 1.50% 之间）外，还可能获得额外的**利息奖励**(Zinsbonus)，金额取决于德国国家队在葡萄牙欧洲杯足球比赛中的成绩。如果他们进入四分之一决赛，投资者将获得相应基准利率 25% 的利息奖励。如果进入半决赛，该利息奖励增加到 50%，进入决赛增加到 75%，在决赛中获胜的话则增加到 150%。如果德国成为欧洲冠军，投资者将获得 3.25% 至 3.75% 的投资利息。联邦最高法院认为，《反不正当竞争法》第 4 条第 6 项在这种情况下不应适用。如果可能的奖励对合同给付或对待给付有直接影响，法院认为这不是一个与销售交易结合的抽奖游戏，而是一种特别的定价程序。[66] (2) 根据 150% 利息奖励案的原则，《反不正当竞争法》第 4 条第 6 项也不适用于"**掷骰子折扣**(Rabattwürfeln)"，即消费者可以在建材商店付款前通过掷骰子获得折扣，然后直接计算出要支付的价格。[67]
> (3) 这同样适用于家具零售商的承诺，"如果我们成为欧洲冠

---

[66] *BGH* GRUR 2007, 981 Rn. 31-*150 % Zinsbonus*.
[67] 不同观点 *OLG Köln* GRUR-RR 2007, 364。

军,8天内所有家具和厨房设备免费！我们担保:如果德国男子国家足球队在2008年欧洲杯上获得冠军,我们将全额退还在这8天内的所有购买货款。"这里也缺乏一个与销售交易分离的抽奖游戏。[68]

(3)参加

无论是从主办方还是从第三方购买商品或服务,都必须是参加抽奖游戏或有奖竞赛的前提。参加应只被理解为参与该活动的决定。[69] 如果参加是通过购买商品或服务自动实现的,则也满足参加的要求。[70] 如果经营者将获奖者和奖品的公布或奖品的交付取决于购买商品或服务,则《反不正当竞争法》第4条第6项不适用。

91

(4)商品或服务

《反不正当竞争法》第4条第6项涵盖各种商品和服务,包括印刷产品,只要不适用法定例外规则即可。只要消费者必须购买任何商品或服务才能参加抽奖游戏或有奖竞赛,就足够了。

92

> 示例:如果消费者想参加有奖竞赛或抽奖游戏,就必须拨打一个增值服务号码,即可以认定与使用服务的搭售,因为在这种情况下,需要支付超过基本资费的传输费用。

如果参与可能性取决于对消费者调查的参与,则不适用《反不正当竞争法》第4条第6项。如果参与可能性取决于消费者披露个人数据,以便经营者可以出于广告目的与他联系,也同样如此。

93

> 示例:"订阅我们的时事通讯并获胜"。

---

[68] *OLG Hamm* GRUR-RR 2009, 313 (314).
[69] *OLG Frankfurt* GRUR-RR 2005, 388 (390).
[70] Vgl. *BGH* GRUR 1973, 474 (476)-*Preisausschreiben*.

(5) 依附性

94 在**法律上**(rechtlichen)和**事实上**(tatsächlichen)依附的情况下都可以认定依附性的存在。消费者有依附的**印象**就足够了。[71]

95 如果消费者有**可替代的和对所有人开放的参与途径**(alternative und für jedermann zugängliche Teilnahmemöglichkeiten)并且广告中已说明这一点,则不存在依附性(参见《反不正当竞争法》第4条第5项)。所提供的替代方案不能只是抽象地提供给消费者,在具体情况下还必须是可苛求的。是否属于这种情况,尤其取决于为此所需的开支和费用。

> 示例:(1)如果在销售场所之外(也)陈列有足够数量的有奖竞赛和抽奖游戏的参与权限可供分发,则应肯定其可苛求性。[72] (2)相反,如果参加条件要求通过邮寄方式,则通常是不可苛求的[73],因为这会给消费者带来额外的开支(和费用)。(3)可以从互联网上提取参与权限这一事实,现在应该被视为一种可苛求的选择,即使不是所有消费者都可以访问互联网。(4)如果一个替代性参与途径是通过电话热线或短信连接提供的,只有在所涉及的费用不高于基本资费的情况下,才被认为是可苛求的。此外,电话号码必须是通常可以打通的,因此,仅将其印在商品上是不够的。

96 基于法律被排除在《反不正当竞争法》第4条第6项适用范围之外的是抽奖游戏的参与可能性"与商品或服务有内在联系"的情况。所指的尤其是杂志中的抽奖游戏,消费者只有在购买了该杂志

---

[71] *BGH GRUR* 2005, 599 (600) - *Traumcabrio*; *BGH GRUR* 1973, 474 (475 f.) - *Preisausschreiben*.

[72] *BGH GRUR* 1998, 735 (736) - *Rubbelaktion*.

[73] *BGH GRUR* 1973, 591 (593) - *Schatzjagd*; *OLG Hamburg GRUR* 1984, 825.

的情况下才能参加。

(6) 专业(职业)注意的违反

抽奖游戏与销售交易搭售的一般禁止不符合《不正当商业行为指令》(见上文边码 85 以下)。因此,必须以符合指令的方式对《反不正当竞争法》第 4 条第 6 项如此解释,即这种搭售只有在具体情况下构成指令意义上的不正当商业行为时,才能被认定为不正当的。[74] 由于对《不正当商业行为指令》附录 I 本身不合法的违反和《不正当商业行为指令》第 8 条和第 9 条意义上的侵略性商业行为都不在考虑范围内,有待审查的是被异议的行为在具体情况下是否可以被归类为**欺诈性商业行为**(irreführende Geschäftspraxis)或**职业注意的违反**(Verstoß gegen die berufliche Sorgfalt)。[75]

根据联邦最高法院的判例,对商业行为是否与职业注意相抵触的判断应与《不正当商业行为指令》的目标保持一致,以使消费者能够在知情和自由的情况下作出理性的决定。[76] 据此,如果消费者作出此类商业决定的能力明显受到影响,则抽奖游戏的搭售可能违反职业注意。此时应当特别考虑以下标准:

→广告产品的类型;

→广告产品的经济重要性;

→参加抽奖游戏造成的总经济负担;

→授予的奖项类型;

→中奖机会的清晰阐述。[77]

对一个按照之前的法律状况被理所当然禁止的商业行为,交易上可能还没有像对一个其他促销措施一样习惯,这一事实并不能证

---

[74] BGHZ 187, 231 = GRUR 2011, 532 Rn. 25-*Millionen-Chance II*.
[75] BGHZ 187, 231 = GRUR 2011, 532 Rn. 25-*Millionen-Chance II*.
[76] *BGH* GRUR 2014, 686 Rn. 23-*Goldbärenbarren*.
[77] *BGH* GRUR 2014, 686 Rn. 23-*Goldbärenbarren*.

明对《反不正当竞争法》第 4 条第 6 项采取特别判断标准具有合理性。[78]

> 示例：根据这些标准，联邦最高法院认为某糖果制造商将有偿销售商品和参与抽奖相关联的抽奖游戏的行为并非是《反不正当竞争法》第 4 条第 6 项的不正当行为。[79] 在相关争议案件中，消费者参与抽奖游戏的条件是，他们之前从制造商那里购买了五种产品，并且可以通过发送收据加以证明。

(7) 显著性

100　在违反《反不正当竞争法》第 4 条第 6 项时，必须单独审查受保护利益的明显损害（参见《反不正当竞争法》第 3 条第 1 款）。联邦最高法院认为，在密集宣传的抽奖游戏中，仅鉴于其具有的巨大**吸引力**（erhebliche Anlockwirkung），就导致不会缺少显著性。[80] 但是，如果奖品或收益只是微不足道的，或者广告商品或服务的价值大大超过奖品或收益的价值，从而使一个对购买决定合理性的影响在具体情况下被排除，则不存在显著性（见上文边码 88 中的例子）。

四、专业注意的违反

1. 消费者一般条款和专业注意

101　《反不正当竞争法》第 3 条第 2 款第 1 句包含**消费者一般条款**（Verbrauchergeneralklausel）。据此，如果一个面向消费者的商业行为不符合适用于经营者的专业注意，并且足以显著影响消费者根据信息作出决定的能力，从而促使他作出一个原本不会作出的商业决定，那么该商业行为是不合法的。借助这一规定，《不正当商业行为

---

[78] *BGH* GRUR 2014, 686 Rn. 23-*Goldbärenbarren*.
[79] *BGH* GRUR 2014, 686 Rn. 10 ff.-*Goldbärenbarren*.
[80] BGHZ 187, 231 = GRUR 2011, 532 Rn. 16-*Millionen-Chance II*.

指令》第 5 条第 2 款被转化。

《反不正当竞争法》第 3 条第 2 款第 1 句的功能是涵盖那些影响消费者利益,但既不具备"黑名单"的构成要件,也不能归类为示例规定的商业行为。

102

2.作为评价标准的专业注意

此外,在评价商业行为时,专业注意也是一个核心的**评价标准**（Wertungskriterium）。这方面的示例是使用无效的一般交易条款（见上文边码 20 以下）和参与抽奖游戏与产品销售的搭售（见上文边码 97 以下）。

103

3. 概念

根据《反不正当竞争法》第 2 条第 1 款第 7 项,专业注意包括经营者在其面向消费者的活动领域中,依照诚实信用原则,同时考虑到市场惯例,可以被合理期待遵守的专业知识和注意标准。该定义可追溯到《不正当商业行为指令》第 2 条字母 h。据此,职业注意被描述为"根据公平的市场惯例和（或）在其活动领域适用的诚实信用的一般原则,可以合理地期待经营者面对消费者时遵守的专业知识和注意标准"。定义中**许多模糊的法律概念**（Vielzahl unbestimmter Rechtbegriffe）使其解释和实际应用变得非常困难。

104

专业注意是一种纯粹客观的行为标准（objektiven Verhaltensmaßstab）。这些客观的注意要求不能与《民法典》第 276 条第 2 款意义上的交易上必要的注意问题相混淆。经营者可能违反《反不正当竞争法》第 3 条第 2 款第 1 句意义上的专业注意,但并没有过失行为。例如,可以想象的是,经营者的行为在客观上违反注意,但并没有过失行为,因为他就法律状况存在一个无法避免的禁令错误（unvermeidbaren Verbotsirrtum）。

105

第二十章 消费者保护和卡特尔法

> 精选文献: *Goll*, Verbraucherschutz im Kartellrecht, GRUR 1976, 486; *Köhler*, Zur Konkurrenz lauterkeitsrechtlicher und kartellrechtlicher Normen, WRP 2005, 645; *Shoda*, Kartellrecht und Verbraucher, FS Rittner, 1991, 651.

一、概述

1. 消费者保护与卡特尔法的竞争保护的关系

如果没有有效的竞争保护,市场经济中的消费者保护是不可想象的。由于消费者作为市场参与者主动参与市场活动,并且有效竞争也是市场经济体系中消费者保护的核心要素,因此,消费者可能与其他市场参与者一样受到限制竞争的不利影响。因而,**防止损害竞争的法律保护也包括一个消费者保护的组成部分**(rechtlicher Schutz vor Beeinträchtigungen des Wettbewerbs beinhaltet damit auch eine Komponente des Verbraucherschutzes)。[1] 在《反限制竞争法》第一个草案的官方理由中已经出现了这一思想。据此,《反限制竞争法》应"确保竞争自由并当经济权力损害竞争的有效性及其提高

---

[1] Tamm/Tonner/*Wiedemann*, Kap. 7 Rn. 1 ff.;谨慎的 *Bechtold* GWB Einf. Rn. 54;通过卡特尔法只有间接的消费者保护。

绩效的内在趋势,并对消费者的最佳供应构成威胁时,将其清除"。[2] 卡特尔法的特点是对竞争的存在和有效性的保护优先于对特定消费者利益的保护。通过保护竞争,卡特尔法确保消费者从根本上获得作出独立决定,以满足其在市场上的个人需求的可能性。

与《民法典》和《反不正当竞争法》的消费者保护条款不同,卡特尔法中**没有与消费者具体的构成要件上的关联**(keine spezielle tatbestandliche Anknüpfung an den Verbraucher)。卡特尔法更多的是一般性地确保消费者也能够从未被限制的竞争中受益。尽管在《反限制竞争法》第 2 条第 1 款、《欧盟运行条约》第 101 条第 3 款和第 102 条第 2 句字母 b,以及《合并审查条例》(FKVO)第 2 条第 1 款字母 b 中提到了消费者,但这些规定是基于一个**卡特尔法上特别的消费者概念**(spezifisch kartellrechtlicher Verbraucherbegriff),这与消费者法上的消费者概念有很大不同(见下文边码 30)。然而,卡特尔法清楚地表明,它不仅仅包含对消费者的反射式的保护。例如,在《反限制竞争法》第八次修正过程中,德国立法者将《反限制竞争法》第 33 条第 2 款中的团体诉讼请求权资格扩大到**适格的机构**(qualifizierte Einrichtungen),即目前代表集体消费者利益的团体。此外,根据《反限制竞争法》第 33 条第 1 款第 3 句,原则上所有竞争者和其他市场参与者对卡特尔法违法行为都享有民事请求权。按照通行的观点,作为**商品私人最终买主**(private Endabnehmer von Gütern)的消费者也是其他市场参与者。[3] 如果卡特尔法既给予消费者保护团体,也给予个人消费者以自己的请求权,则只能得出

2

---

[2] Begr. zum RegE, BT-Drs. II/1158, 21 = WuW 1952, 460.
[3] BGHZ 190, 145 = GRUR 2012, 291 Rn. 26-*ORWI*; Langen/Bunte/*Bornkamm* GWB § 33 Rn. 48.

卡特尔法的保护也延伸至消费者的结论。

示例：卡特尔禁止(《反限制竞争法》第 1 条和《欧盟运行条约》第 101 条)针对企业之间的所有合作,其目的或效果为对竞争产生不利影响且不能豁免。受到保护的是所有市场参与者,包括消费者。

3　　尽管卡特尔法原则上可以以保护消费者为目的,但这并不意味着卡特尔法的所有构成要件都同样地服务于消费者保护。例如,一些滥用禁止是**专门为保护企业而制定的**(speziell auf den Schutz von Unternehmen zugeschnitten)(参见《反限制竞争法》第 19 条第 2 款第 1 项、第 4 项和第 5 项以及第 21 条)。这些规定被违反时,消费者利益只会受到侧面和间接的影响。在《反限制竞争法》第 20 条第 3 款的情况下,对中型企业的卡特尔保护甚至**与消费者保护相冲突**(Spannungsverhältnis zum Verbraucherschutz)。因为禁止低于进货价销售与消费者对低价的利益需求相冲突。

4　　下文仅限于在消费者利益可能直接受到违法行为影响的范围内,通过卡特尔禁止(见下文边码 9 以下)和市场支配地位滥用的禁止(见下文边码 36 以下)对**卡特尔法上的消费者保护基础**(Grundzüge des kartellrechtlichen Schutzes der Verbraucher)进行概述。根据法律措辞,主要保护企业免受不利影响的特别滥用构成要件和滥用禁止则被排除在外。同样没有被仔细研究的是作为卡特尔法第三支柱的卡特尔法合并审查(《反限制竞争法》第 35 条以下和《合并审查条例》)。因为它形成了一个完全独立的外部企业增长的预防性审查领域,主要旨在维持运作良好的市场结构。虽然在合并审查时,负责的卡特尔当局也必须考虑消费者利益(参见《合并审查条例》第 2 条第 1 款字母 b),但在这方面不存在特别的个体或集体的消费者权利。

2. 欧盟卡特尔法与国内卡特尔法的关系

欧盟卡特尔法和德国卡特尔法**独立并存**(selbstständig nebeneinander)。他们是不同的卡特尔法律制度。然而,欧盟卡特尔法往往具有指导作用。德国卡特尔法如今在很大程度上以欧盟卡特尔法为蓝本,并与欧盟卡特尔法保持一致。在实践中,对国内法的解释往往以欧盟法的原则为基础。

企业的限制竞争行为既可以根据德国卡特尔法,也可以根据欧盟卡特尔法进行评判。如果行为可能影响成员国之间的贸易,则适用欧盟卡特尔法(《欧盟运行条约》第 101 条第 1 款和第 102 条)。**这一国家间的要求**(Zwischenstaatlichkeitserfordernis)往往被宽泛地进行解释。[4]

欧盟卡特尔法和德国卡特尔法之间的关系在《反限制竞争法》第 22 条和《第 1/2003 号条例》第 3 条中有详细的规定。对于卡特尔禁止,适用国内法的结果不得与《欧盟运行条约》第 101 条相抵触(《反限制竞争法》第 22 条第 2 款和《第 1/2003 号条例》第 3 条第 2 款第 1 句)。为防止滥用市场支配地位和其他单方面的限制竞争,成员国被允许提供比欧盟卡特尔法更严格(但不是更宽松)的国内法规定(《反限制竞争法》第 22 条第 3 款和《第 1/2003 号条例》第 3 条第 2 款第 2 句)。

3.《反限制竞争法》的适用范围

根据《反限制竞争法》第 130 条第 2 款,《反限制竞争法》适用于在法律效力范围内(即在德国市场上)**产生影响**(auswirken)的所有对竞争的限制,即使它们是在效力范围之外被引发的。原则上,企业经营的**所有经济领域**(alle Wirtschaftsbereiche)都受卡特尔法的约束,除非有明确的特别规定。

---

〔4〕 细节见 die *Kommission*, Leitlinien über den Begriff der Beeinträchtigung des zwischenstaatlichen Handels in den Artikeln 81 und 82 des Vertrags, 2004/C 101/07, ABl. C 101, 81.

二、卡特尔禁止

9　　卡特尔禁止(《反限制竞争法》第 1 条和《欧盟运行条约》第 101 条)针对的是至少两个独立企业之间的损害竞争的**合作**(Kooperationen)。这种合作限制竞争的经典例子是企业的横向价格卡特尔。

示例:在 2000 年至 2008 年期间,咖啡烘焙企业定期开会,以维持零售和促销价格中最重要的烘焙咖啡产品的价格结构。为实现这一目标,两个企业就数额、范围、公告的时间和预期涨价的生效达成一致。[5]

1. 禁止性构成要件

10　　根据《反限制竞争法》第 1 条和《欧盟运行条约》第 101 条,以阻碍、限制或扭曲竞争为目的或者造成竞争被阻碍、限制或扭曲的企业之间的协议、企业联合组织的决议以及协同行为是不合法的。

(1)企业或企业联合组织

11　　卡特尔法以及卡特尔禁止的法律对象是企业。整个卡特尔法以一个广泛而**功能性的企业概念**(funktionalen Unternehmensbegriff)为基础。[6] 据此,企业的特点是由旨在进行商品交换或商业给付,且不限于满足私人生活需求的商业交易中的独立活动所确立。[7] 资金和组织形式都不重要;相反,商业交易中的任何活动足矣。[8]

---

[5] S. dazu *BKartA*, B11-18/08, Fallbericht im Internet abrufbar unter http://www.bundeskartellamt.de/SharedDocs/Entscheidung/DE/Fallberichte/Kartellverbot/2009/B11-18-08.pdf?__blob=publicationFile&v=6.

[6] BGHZ 199, 1 = NZKart 2014, 31 Rn. 43-*VBL-Gegenwert*; Bechtold GWB § 1 Rn. 7; Langen/Bunte/*Bunte* GWB § 1 Rn. 19.

[7] BGHZ 199, 1 = NZKart 2014, 31 Rn. 43 Rn. 43-*VBL-Gegenwert*; BGHZ 175, 333 = NJW-RR 2008, 1426 Rn. 21-*Kreiskrankenhaus Bad Neustadt*.

[8] BGH NJW 1974, 2236 (2236)-*Schreibvollautomat*; BGH NJW 1976, 1941 (1942)-*Autoanalyzer*; BGH NJW-RR 1999, 1266 (1267 f.)-*Lottospielgemeinschaft*.

企业联合组织(Unternehmensvereinigungen)是本身不从事经济活动(因此不是企业),但会影响其他企业经济行为的组织。[9] 这涉及例如,协调其成员活动的协会。

(2)限制竞争的手段

企业间的协调是通过协议或协同行为进行的,企业联合组织的协调是通过决议进行的。

协议(Vereinbarungen)不仅仅是民法意义上的合同(参见《民法典》第145条以下)。[10] 协议的概念应从广义上理解。[11] 一个协议的实际约束效力和参与各方共同的意思就足够了。[12]

协同行为(abgestimmten Verhalten)是指企业之间尚未满足协议的前提,但有意以实际合作替代有风险的竞争的协调形式。[13] 从评价的视角来看,取决于在未协调行为的情况下竞争中固有的风险是否被协调所限制。[14]

当企业联合组织将自己协调其成员在特定市场上的行为的真实意思表达出来时,存在一个企业联合组织的**决议**(Beschluss)。[15]

(3)协调行为的目标

协调行为的目的必须是**阻碍**、**限制或扭曲竞争**(Verhinderung, Einschränkung oder Verfälschung des Wettbewerbs)。对企业竞争行为可能性的任何影响均为足够。[16] 竞争的限制涉及横向关系还是

---

[9] Langen/Bunte/*Krauß* GWB § 1 Rn. 60.

[10] *Bechtold* GWB § 1 Rn. 17; Langen/Bunte/*Krauß* GWB § 1 Rn. 66.

[11] Langen/Bunte/*Krauß* GWB § 1 Rn. 64.

[12] Vgl. *OLG Frankfurt a. M.* WuW/E 5020, 5024-Straßenbau Frankfurt; *Bechtold* GWB § 1 Rn. 18.

[13] *EuGH* Slg. 1972, 619 = ECLI:EU:C:1972:70 Rn. 64/67-*ICI/Kommission*.

[14] Vgl. Langen/Bunte/*Krauß* GWB § 1 Rn. 95 f.

[15] *EuGH* Slg. 1987, 405 = ECLI:EU:C:1987:34 Rn. 32-*Verband der Sachversicherer*; *BGH* NJOZ 2008, 4318 Rn. 26-*Lottoblock*.

[16] *Bechtold* GWB § 1 Rn. 33; Langen/Bunte/*Krauß* GWB § 1 Rn. 125.

纵向关系则无关紧要。

①横向关系的限制

横向关系(Horizontalverhältnis)中——即竞争的企业之间——的竞争限制主要存在于价格、客户或区域分配的情况下[所谓的"核心"卡特尔("Hard-core"-Kartellen)]。

> **示例**:在2006年和2008年,根据联邦卡特尔局的调查,各啤酒制造企业之间存在价格协议,导致瓶装啤酒和桶装啤酒的价格上涨。商定的价格上涨约为1欧元每一所谓的参考容器(24x0.33l 或 20x0.5l)。[17]

②纵向关系的限制

纵向关系(Vertikalverhältnis)中的竞争限制是在不同经济层级的企业之间达成的,比如,在产品制造商与经销商之间,后者从制造商处购买该产品,然后转售给消费者。根据《纵向群体豁免条例》(Vertikal-GVO)第1条字母 a 的定义,纵向协议是一个"由两个或更多的为协议或协同行为目的分别在不同层级的生产或销售链活动的企业达成的,涉及参与企业购买、销售或转售商品或服务的条件的协议或协同行为"。

纵向关系中的协议可能对消费者不利,特别是当价格或条件竞争在最后销售阶段被限制或排除,或者规定了特定的限制消费者决定可能性的销售方式时。对消费者决定可能性的限制通常是由于在上游经济层级阻止了商品的替代价格和条件要约,并且消除了消费者原本存在的以另一种价格或以另一种条件购买商品的选择。

纵向关系中的竞争限制包括比如纵向价格约束,制造商借此向

---

[17] BKartA, B10-105/11, Fallbericht im Internet abrufbar unter http://www.bundeskartellamt. de/SharedDocs/Entscheidung/DE/Fallberichte/Kartellverbot/2014/B10-105-11. pdf? _ blob = publicationFile&v = 1.

经销商规定其销售产品的价格。卡特尔法上禁止的是**最低和固定价格约束**(Mindest- und Festpreisbindungen),因为此类协议会阻止产品以低于确定价格的价格出售,从而损害市场相对人。但是,供应商可以设定**最高销售价格**(Höchstverkaufspreise)或提出**价格建议**(Preisempfehlungen),前提是它们并不会由于其中一个企业施加压力或者给予奖励而实际上产生与固定或最低销售价格一样的效果(《纵向群体豁免条例》第4条字母 a)。卡特尔法上的不同评价是合理的,因为在设定最高销售价格和价格建议时,仍然可能存在导致更低价格的价格竞争。

同样涉及纵向关系的是那些禁止经销商通过特定**销售渠道**(Vertriebswege)向其客户销售产品的协议。例如,在石勒苏益格地方高等法院[18]判决的一个案件中,一个数码相机制造商通过合同禁止其供应的零售商通过"互联网拍卖平台"(例如,eBay)、"互联网市场"(例如,亚马逊市场)向独立的第三方销售相机。地方高等法院认为相应的合同条款违反了卡特尔法。此类协议可能对消费者不利,因为通过廉价销售渠道的商品销售被排除。但是,由于企业排除特定销售渠道也可能有正当理由(例如,当产品需要个人建议和指导时),因此此类协议需要进行仔细的卡特尔法审查。

21

纵向关系中的竞争限制也可能以所谓的**最优价格条款**(Bestpreisklauseln)的形式出现。例如,联邦卡特尔局认为酒店门户网站 HRS 的合同条款违反卡特尔法的纵向关系中的竞争限制。[19] 这些条款使希望通过门户网站推销客房的酒店企业负担通过 HRS 提供互联网上最低的酒店房价,尽可能高的客房供应量以及最优惠的预订和取消条件的义务。联邦卡特尔局认为,这些条款既限制了

22

---

〔18〕 *OLG Schleswig* NZKart 2014, 364-*Digitalkameras.*

〔19〕 *BKartA*, B9-66/10, Fallbericht im Internet abrufbar unter http://www.bundeskartellamt.de/SharedDocs/Entscheidung/DE/Fallberichte/Kartellverbot/2013/B9-66-10.pdf?_blob=publicationFile&v=3.

酒店门户网站之间的竞争,也限制了酒店企业之间的竞争。这两者都会在结果上对酒店客户不利。

(4)目的或效果

23　　限制竞争必须是(行为的)目的或效果。这一要件涉及合作与限制竞争之间的因果关系。

24　　如果协调行为就其"本质"而言足以限制竞争,则应认定为**目的**(Bezwecken)。[20] 这是那些可能对竞争产生如此巨大的负面影响的限制,以至于对卡特尔禁止的适用而言,没有必要证明其对市场的实际影响。[21]

25　　如果不存在一个这样的目的,则应当进一步审查协同行为是否**导致**(bewirkt)竞争限制。这里应当考虑行为的实际和潜在的影响。[22] 必须存在该行为对价格、产量、创新或商品和服务的多样性或质量有足够可能产生负面影响的预期。[23]

(5)显著性

26　　此外,限制竞争的行为必须具有显著性。显著性是《反限制竞争法》第1条和《欧盟运行条约》第101条第1款的**不成文构成要件特征**(ungeschriebenes Tatbestandsmerkmal)。[24] 如果协议的外部作用或影响实际上是微不足道的,特别是如果市场相对人或其他竞争者都认为没有任何理由采取应对措施,那么对市场关系影响的显著

---

[20] *Kommission*, Leitlinien zur Anwendung von Artikel 81 Absatz 3 EG-Vertrag, ABl. C 101, 97 Tz. 21.

[21] *Kommission*, Leitlinien zur Anwendung von Artikel 81 Absatz 3 EG-Vertrag, ABl. C 101, 97 Tz. 21.

[22] *Kommission*, Leitlinien zur Anwendung von Artikel 81 Absatz 3 EG-Vertrag, ABl. C 101, 97 Tz. 24.

[23] *Kommission*, Leitlinien zur Anwendung von Artikel 81 Absatz 3 EG-Vertrag, ABl. C 101, 97 Tz. 24.

[24] *Bechtold* GWB § 1 Rn. 42; Langen/Bunte/*Krauß* GWB § 1 Rn. 163.

性就可以被否定。[25] 根据欧洲法院最近的判例,在以限制竞争为目的的情况下,具体影响及其显著性并不重要。[26] 据此,对竞争的有目的的限制总是具有显著性。

2. 豁免

企业间的协同行为在限制竞争的同时,可能会带来利大于弊的结果。可以想象的是,由于企业之间的合作,新的更高效的产品被开发出来或生产成本被降低,从而带来市场上更低的价格。考虑到这些情况,企业间的协同行为可以被卡特尔禁止所豁免(《反限制竞争法》第 2 条和《欧盟运行条约》第 101 条第 3 款)。

27

(1)前提

要使卡特尔禁止得到豁免,必须同时满足四个前提:

28

→合作必须有助于改善商品的生产或销售,或促进技术或经济进步;

→消费者必须适当地分享由此产生的收益;

→不得对企业施加对实现这些目标不必要的限制;

→不得开辟排除就相关商品的重大部分开展竞争的可能。

可以被视为可考虑的利益的是所有**客观的经济效率收益**(objektiven wirtschaftlichen Effizienzgewinne)。这尤其包括成本的节约和质量效率的提升,它们以新产品或改良产品、更大的产品多样性等形式产生附加值。[27]

29

示例:几家报纸企业在发布招聘广告方面的合作创造了一种额外的产品,有助于招聘信息的改善和推广。[28]

---

[25] Vgl. *BGH* BeckRS 1988, 31168420-*Brillenfassungen*.
[26] *EuGH* NZKart 2013, 111 = ECLI:EU:C:2012:795 Rn. 31-*Expedia*.
[27] *Kommission*, Leitlinien zur Anwendung von Artikel 81 Absatz 3 EG-Vertrag, ABl. 2004 C 101, 97 Tz. 59.
[28] BGHZ 151, 260 = GRUR 2002, 1005(1007 f.)-*Stellenmarkt für Deutschland*.

30　　　消费者必须从这些利益中受益。卡特尔法建立在一个**完全独立的消费者概念**(ganz eigenständigen Verbraucherbegriff)之上。这包括协议所涉及**产品的所有用户**(alle Nutzer der Produkte)。包括需要商品作为原材料的生产商、批发商、零售商和最终客户,即非从事商业或职业活动的自然人。[29] 消费者是合同当事人的客户和产品的后续购买者。[30] 这些客户可以是企业,例如,购买机器或初步服务用于进一步加工的企业,也可以是最终客户,例如,购买即时消费的冰淇淋或自行车的买受人。[31]

31　　　消费者能够**适当地分享**(angemessen beteiligt)效率收益的前提是,利益的转移至少抵消了限制竞争对消费者实际或可能产生的负面影响。[32] 从直接或可能受协议影响的消费者的角度来看,合作的净效果必须至少是中性的。[33] 因此,负面影响必须至少被正面影响所抵消。

32　　　限制竞争的**必要性**(Unerlässlichkeit)取决于协议及其个别限制是否能够比在其他情况下更有效地开展相关活动。[34] 决定性因素是,通过限制竞争的合作是否比不这么做更能提高效率。

33　　　最后,合作不能**排除重要部分的竞争**(wesentlicher Teil des Wettbewerbs ausgeschaltet)。借此,对竞争和竞争过程的保护优先于基

---

[29] *Kommission*, Leitlinien zur Anwendung von Artikel 81 Absatz 3 EG-Vertrag, ABl. 2004 C 101, 97 Tz. 84.

[30] *Kommission*, Leitlinien zur Anwendung von Artikel 81 Absatz 3 EG-Vertrag, ABl. 2004 C 101, 97 Tz. 84.

[31] *Kommission*, Leitlinien zur Anwendung von Artikel 81 Absatz 3 EG-Vertrag, ABl. 2004 C 101, 97 Tz. 84.

[32] *Kommission*, Leitlinien zur Anwendung von Artikel 81 Absatz 3 EG-Vertrag, ABl. 2004 C 101, 97 Tz. 85.

[33] *Kommission*, Leitlinien zur Anwendung von Artikel 81 Absatz 3 EG-Vertrag, ABl. 2004 C 101, 97 Tz. 85.

[34] *Kommission*, Leitlinien zur Anwendung von Artikel 81 Absatz 3 EG-Vertrag, ABl. 2004 C 101, 97 Tz. 74.

于限制竞争的协议可能带来的潜在的有利于竞争的效率收益。[35]

(2) 群体豁免

在实践中,企业之间存在横向和纵向关系的多种**典型合作形式**（typische Formen der Kooperation）。为了将这些情况下的豁免前提具体化,欧洲层面制定了群体豁免条例。通过《反限制竞争法》第2条第2款,这些群体豁免条例在德国法的适用范围内也产生影响。

实践中具有特别重要意义的是《**纵向群体豁免条例**》。[36] 它的适用范围延伸到包含纵向限制（《纵向群体豁免条例》第1条字母b）的纵向协议（《纵向群体豁免条例》第1条字母a）。豁免范围规定在《纵向群体豁免条例》第2条。但是,仅当供货人在其提供合同商品或服务的相关市场的份额和购买人在其购买合同商品或服务的相关市场的份额均不超过30%时,才适用豁免（《纵向群体豁免条例》第3条第1款）。超过这个市场份额门槛,就不能再认为纵向协议总是带来客观的收益,其从性质和规模足以抵消其对竞争带来的不利影响。[37] 如果协议包含根据《纵向群体豁免条例》第4条的所谓核心限制,则根据《纵向群体豁免条例》的豁免整体上不适用。这些核心限制应与协议中不可豁免的个别义务区分开来（参见《纵向群体豁免条例》第5条）。

三、滥用行为的禁止

限制竞争不仅可以通过合作行为实现,也可以通过**企业的单方行为**（einseitiges Verhalten von Unternehmen）实现。如果一个企业拥

---

[35] *Kommission*, Leitlinien zur Anwendung von Artikel 81 Absatz 3 EG-Vertrag, ABl. 2004 C 101, 97 Tz. 105.

[36] VO 330/2010 der Kommission vom 20. April 2010 über die Anwendung von Artikel 101 Absatz 3 des Vertrages über die Arbeitsweise der Europäischen Union auf Gruppen von vertikalen Vereinbarungen und aufeinander abgestimmten Verhaltensweisen, ABl. 2010 L 102, 1.

[37] 《纵向群体豁免条例》立法理由第9条。

有强大的市场支配力(甚至可能是独占者),就会存在特别的滥用风险,因为它只在有限范围内受到竞争压力或根本不受竞争压力的影响。

1.《欧盟运行条约》第 102 条

37　　《欧盟运行条约》第 102 条禁止欧洲企业滥用市场支配地位。

(1)具有市场支配地位的企业

38　　该规定针对的是具有市场支配地位的企业。确定一个企业是否具有市场支配地位的前提是,需要确认该企业在哪个市场上进行活动。

①市场界定

39　　相关市场主要从产品和地域的角度来界定。

40　　**产品相关市场**(sachlich relevante Markt)包括市场相对人认为在其属性、价格和预期用途方面可互换或可替代的所有产品和(或)服务。[38] 根据一贯的判例,对于产品市场的确定具有决定性意义的是所谓的需求市场方案(即功能互换性方案)。据此,(供应)市场包括从需求者的角度来看可根据其特性、用途和价格范围互换以满足特定需求的所有产品。[39] 在确定产品相关市场时,必须以客观标准为依据。[40] 据此,一个产品相关市场包括所有在属性、经济用途和价格范围方面非常相似,以至于理智的消费者认为它们可以互换以满足特定需求的所有产品。[41]

41　　**地域**(或地理)**相关市场**[räumlich (oder geographisch) rele-

---

〔38〕 Vgl. *Kommission*, Bekanntmachung über die Definition des relevanten Marktes im Sinne des Wettbewerbsrechts der Gemeinschaft, ABl. 1997 C 372, 5 Tz. 7.

〔39〕 *EuGH* Slg. 1983, 3461 = BeckEuRS 1983, 105243 = ECLI:EU:C:1983:313 Rn. 37-*Michelin/Kommission*; *BGH* GRUR 2009, 514 Rn. 7-*Stadtwerke Uelzen*; *BGH* GRUR 2004, 1045 (1046)-*Staubsaugerbeutelmarkt*; *BGH* GRUR 1996, 808 (810)-*Pay-TV-Durchleitung* mwN.

〔40〕 *BGH* GRUR 2004, 1045, 1046-*Staubsaugerbeutelmarkt*.

〔41〕 BGHZ 178, 285 = NJW-RR 2009, 264 Rn. 15-*E.ON und Stadtwerke Eschwege*; BGHZ 170, 299 = GRUR 2007, 520 Rn. 14-*National Geographic II*.

vante Markt]包括参与企业提供相关产品或服务的地区,该地区的竞争条件足够同质,并且与相邻地区的不同之处在于它们具有明显不同的竞争条件。[42]

②市场支配地位

当一个企业拥有能够使其在面对竞争者、客户和最终消费者时在很大程度上可以**独立行动**(unabhängig zu verhalten),从而能够阻止在相关市场上维持有效竞争的经济力量地位时,该企业即具有市场支配地位。[43] 这种独立性与施加在具有市场支配地位的企业身上的竞争压力的强度有直接的关系,并表明这些竞争压力并不足够有效,以至于具有市场支配地位的企业在一段时间内拥有显著的市场支配力。[44] 一个重要指标是相关企业在相关市场上的**市场份额**(Marktanteil)。在欧洲的卡特尔法实践中,如果一个企业的相关市场份额低于**40%**,则通常认为不太可能具有市场支配地位。[45]

(2)滥用

《欧盟运行条约》第 102 条禁止滥用市场支配地位。这是一个**客观的概念**(objektiven Begriff),它反映了一个企业可以影响市场结构的行为,而市场上的竞争正是由于相关企业的存在而已经被削弱,并且通过使用与基于市场公民给付的正常产品或服务竞争手段

---

[42] Vgl. *Kommission,* Bekanntmachung über die Definition des relevanten Marktes im Sinne des Wettbewerbsrechts der Gemeinschaft, ABl. 1997 C 372, 5 Tz. 8.

[43] *Kommission,* Erläuterungen zu den Prioritäten der Kommission bei der Anwendung von Artikel 82 des EG-Vertrags auf Fälle von Behinderungsmissbrauch durch marktbeherrschende Unternehmen, ABl. 2009 C 45, 7 Tz. 10.

[44] *Kommission,* Erläuterungen zu den Prioritäten der Kommission bei der Anwendung von Artikel 82 des EG-Vertrags auf Fälle von Behinderungsmissbrauch durch marktbeherrschende Unternehmen, ABl. 2009 C 45, 7 Tz. 10.

[45] *Kommission,* Erläuterungen zu den Prioritäten der Kommission bei der Anwendung von Artikel 82 des EG-Vertrags auf Fälle von Behinderungsmissbrauch durch marktbeherrschende Unternehmen, ABl. 2009 C 45, 7 Tz. 14.

不同的手段,阻碍市场上尚存竞争的维持或其发展。[46]

44 《欧盟运行条约》第 102 条第 2 句以非详尽无遗的方式列举了以下滥用的**示例规定**:

→直接或间接强制规定不合理的购买或销售价格或其他交易条件;

→限制生产、销售或技术发展,从而损害消费者利益;

→对贸易伙伴的相同给付适用不同的条件,使其在竞争中处于劣势;

→将合同相对人接受额外给付作为订立合同的条件,这些条件在本质上或根据商业惯例均与合同标的无关。

2.《反限制竞争法》第 19 条第 1 款

45 德国法规定了防止滥用行为的各种构成要件。与欧盟卡特尔法相比,该法的对象不仅包括具有市场支配地位的企业(《反限制竞争法》第 19 条),还包括具有强大市场地位的企业(《反限制竞争法》第 20 条)。在《反限制竞争法》第 21 条的情况下,与行为企业的市场地位根本没有关系。这些一般性的滥用禁止被行业相关的特别构成要件加以补充(参见《反限制竞争法》第 29 条、第 30 条第 3 款或第 31 条第 3 款至第 5 款)。

46 《反限制竞争法》第 19 条第 1 款包含禁止滥用的**基本构成要件**,它被《反限制竞争法》第 19 条第 2 款中的**示例规定**具体化。这些示例规定可以进一步进行区分:根据措辞,《反限制竞争法》第 19 条第 2 款第 1 项、第 4 项和第 5 项保护企业免受不利影响,因此最多表现出一种间接的消费者保护。这些规定在下文中仍不予考虑。但是,《反限制竞争法》第 19 条第 2 款第 2 项和第 3 项中的示例规定针对的是既可以影响其他企业,也可以直接影响其他市场参与者

---

[46] *EuGH* Slg. 1979, 461 = ECLI:EU:C:1979:36 Rn. 91-*Hoffmann-La Roche*.

的行为。

(1)具有市场支配地位的企业

《反限制竞争法》第 19 条第 1 款的**法律对象**(Rechtsadressat)是具有市场支配地位的企业。相关市场的确定遵循上文(见边码 39 以下)所述的原则。对于相关地域市场,《反限制竞争法》第 18 条第 2 款规定,这不限于德国市场。 47

确定市场支配地位的类型和标准在《反限制竞争法》第 18 条中有更详细的规定。德国法区分一个企业的市场支配地位(《反限制竞争法》第 18 条第 1 款)和多个企业的市场支配地位(《反限制竞争法》第 18 条第 5 款至第 7 款)。 48

根据《反限制竞争法》第 18 条第 1 款,如果**一个企业**(Ein Unternehmen)作为某种商品或商业服务的供应者或需求者,在产品和相关地域市场上没有竞争者(独占者),没有面临实质上的竞争或相对于其竞争者拥有突出的市场地位,则其具有市场支配地位。 49

在确定市场支配地位时,可以考虑一系列**因素**(Faktoren)。作为重要的标准,《反限制竞争法》第 18 条第 3 款举例列举了企业的市场份额、财务实力、采购或销售市场的可入性、与其他企业的联系、其他企业进入市场的法律或实际障碍、来自本法效力范围以内或以外的企业的实际或潜在竞争、企业将其供应或需求转换为其他商品或商业服务的能力,以及市场相对人转换为其他企业的可能性。根据《反限制竞争法》第 18 条第 4 款,如果一个企业拥有**至少 40% 的市场份额**(Marktanteil von mindestens 40 Prozent),推定其具有市场支配地位。 50

根据《反限制竞争法》第 18 条第 5 款,如果**两个或两个以上企业**(Zwei oder mehr Unternehmen)在某种商品或商业服务方面不存在实质竞争,并且整体上满足《反限制竞争法》第 18 条第 1 款的前提,则它们具有市场支配地位。 51

52　　根据《反限制竞争法》第18条第6款,**企业的整体**(Gesamtheit von Unternehmen)具有市场支配地位,如果

→由三个或更少的企业组成,合计达到**50%的市场份额**(Marktanteil von 50 Prozent);或

→由五个或更少的企业组成,合计达到三分之二的**市场份额**(Marktanteil von zwei Dritteln)。

(2)滥用

53　　与《欧盟运行条约》第102条一样,《反限制竞争法》第19条第1款禁止滥用市场支配地位。损害市场相对人的行为构成滥用的前提是,有关企业使用了一种利用其强势地位的方式,这种方式之所以对它成为可能,是因为其市场支配地位使其不必考虑客户的利益,主要是**没有受到由竞争者造成的任何合理化压力**(keinem durch Wettbewerber verursachten Rationalisierungsdruck)。[47]

54　　大多数滥用情况可归入《反限制竞争法》第19条第2款列举的示例规定。然而,关于消费者保护(在消费者保护法的意义上),应该注意一部分示例规定仅保护企业。这涉及《反限制竞争法》第19条第2款第1项(防止不公平的阻碍和不客观的歧视)、《反限制竞争法》第19条第2款第4项(防止拒绝访问网络和基础设施)和《反限制竞争法》第19条第2款第5项(防止被动歧视)。

①价格和条件滥用

55　　与之相反,也适用于面向消费者行为的滥用构成要件则规定在《反限制竞争法》第19条第2款第2项和第3项。根据《反限制竞争法》第19条第2款第2项,如果企业要求的报酬或其他交易条件背离了在有效竞争条件下最有可能的费用或交易条件,则将被视为滥用。在此,应当特别考虑企业在具有有效竞争的同类市场中的行

---

[47] BGHZ 142, 239 = GRUR 2000, 163 (165) - *Flugpreisspaltung*.

为方式。这种所谓的**价格和条件滥用**(Preis- und Konditionenmissbrauch)体现在,具有市场支配地位的企业试图强制实施非竞争性的价格或条件。在这方面具有决定性意义的是一个需要"总给付的整体观察(Gesamtbetrachtung des Leistungsbündels)"的参考市场概念。[48] 基准是假设的竞争(Als-ob-Wettbewerb)。[49] 如果企业要求的价格或条件在有效竞争的情况下无法实施,则应认定为滥用。[50]

②结构滥用

根据《反限制竞争法》第19条第2款第3项,如果一个具有市场支配地位的企业要求的报酬或其他交易条件不利于具有市场支配地位的企业自身在同类市场上向同类购买人要求的报酬或其他交易条件,则属于滥用,除非这种差异是客观合理的。与《反限制竞争法》第19条第2款第2项不同,这种所谓的**结构滥用**(Strukturmissbrauchs)情况的卡特尔法评价是基于企业自身在同类市场上的行为。禁止滥用特别针对矛盾的,随意的或其他不客观合理的价格或条件差异。[51]

> **示例**:航班价格分割案[52] 这一争议案件涉及一家航空公司在——结构上可比的——柏林至法兰克福航线和柏林至慕尼黑航线的不同定价。根据判例,价格分割会导致推定具有市场支配地位的企业滥用其地位。但这一案例的特别之处在于,尽管柏林至法兰克福航线的价格较高,航空公司仍无法覆盖客观成本。联邦最高法院认为,单独的价格分割并不足以证

---

[48] *BGH GRUR* 1985, 318 (319)-*Favorit*.
[49] *Bechtold* GWB § 19 Rn. 55.
[50] *Bechtold* GWB § 19 Rn. 55.
[51] *Bechtold* GWB § 19 Rn. 63; vgl. auch BGHZ 142, 239 = GRUR 2000, 163 (164 f.)-*Flugpreisspaltung*.
[52] BGHZ 142, 239 = GRUR 2000, 163-*Flugpreisspaltung*.

明滥用。[53]

四、法律后果

57　卡特尔禁止的违反或卡特尔法禁止的企业市场支配地位的滥用既可能引发卡特尔机构的法律后果,也可能引发私法上的法律后果。

1. 卡特尔机构的制裁

58　在卡特尔法实践中,卡特尔机构的制裁是非常重要的。主管的卡特尔机构(在欧盟层面:委员会;在德国层面:联邦卡特尔局和州卡特尔机构)一方面可以在**卡特尔行政程序**(Kartellverwaltungsverfahren)中对违反卡特尔禁止的行为采取行动。为此,根据《反限制竞争法》第32条以下和《第1/2003号条例》第7条以下的规定,卡特尔机构拥有一系列可以使用的工具。特别是,卡特尔机构可以使企业负担停止违法行为的义务(《反限制竞争法》第32条第1款和《第1/2003号条例》第7条第1款)。另一方面,可以对违反卡特尔法规定的企业启动**罚款程序**(Bußgeldverfahren)(《反限制竞争法》第81条以下和《第1/2003号条例》第23条)。

2. 私法制裁

59　此外,违反卡特尔法可能引发私法上的请求权。随着《反限制竞争法》的第七次[54]和第八次修订[55],"私人执法(private enforcement)"的途径再次显著增加。尽管如此,与公平交易法形成鲜明对比的是,卡特尔法中的私人执法迄今为止只发挥了相对较小的作用。

---

[53] BGHZ 142, 239 = GRUR 2000, 163 (165)-*Flugpreisspaltung*.
[54] Siebtes Gesetz zur Änderung des Gesetzes gegen Wettbewerbsbeschränkungen, BGBl. I 2005, 1954.
[55] Achtes Gesetz zur Änderung des Gesetzes gegen Wettbewerbsbeschränkungen, BGBl. I 2013, 1738.

(1)受影响者的个人请求权

根据《反限制竞争法》第33条第1款,受违反卡特尔法行为影响的人可以主张**防御性请求权**(即不作为和排除妨害请求权)。此外,受影响的人可以根据《反限制竞争法》第33条第3款第1句要求**损害赔偿**。受影响的是任何作为竞争者或其他市场参与者受到违反卡特尔法行为影响的人(《反限制竞争法》第33条第1款第3句)。

60

处于销售链末端的**消费者**是否在违反卡特尔法的情况下也享有请求权的问题,涉及一个仍有争议的问题领域。然而,这只是关于市场参与者对卡特尔法违法行为请求权资格一般范围的讨论的一部分。由于欧洲法院的判例,之前德国判例和文献所持的谨慎态度[56]必须被抛弃。基础判例是**欧洲法院**2001年的Courage和Crehan[57]以及2006年的Manfredi案。[58]根据欧洲法院的观点,如果不是"每个人"都可以要求赔偿他因为一个限制或扭曲竞争的合同所遭受的或者因为一个相应的行为产生的损害,那么欧盟竞争规则的全部效力和实际有效性就会受到损害。[59]这种损害赔偿请求权提高了竞争规则的执行力,适合防止——通常是变相地——损害竞争的协议或行为。在国内法院提起的损害赔偿诉讼可以为维持有效竞争作出重大贡献。[60]

61

在欧洲法院的判例基础上,一个非常有争议的问题是,是否只

62

---

[56] 详见 Alexander, Schadensersatz und Abschöpfung, 2010, S. 351 ff.。

[57] *EuGH* Slg 2001, I-6297 = GRUR Int. 2002, 54 = ECLI:EU:C:2001:465-*Courage und Crehan*.

[58] *EuGH* Slg 2006, I-6619 = EuZW 2006, 529 = ECLI:EU:C:2006:461-*Manfredi*.

[59] *EuGH* Slg. 2001, I-6297 = GRUR Int. 2002, 54 = ECLI:EU:C:2001:465 Rn. 27-*Courage und Crehan*; *EuGH* Slg. 2006, I-6619 = EuZW 2006, 529 = ECLI:EU:C:2006:461 Rn. 60-*Manfredi*.

[60] *EuGH* Slg. 2001, I-6297 = GRUR Int. 2002, 54 = ECLI:EU:C:2001:465 Rn. 27-*Courage und Crehan*.

有直接受到卡特尔违法行为影响的市场参与者才享有私法上的请求权(即主要是卡特尔违法者的商业伙伴),还是处于较远市场层级的市场参与者一直到销售链末端的消费者(间接受影响的人)也可以享有私法上的请求权。[61] **联邦最高法院**令人信服地支持第二种观点,并赋予那些**间接受影响的人**(mittelbar Betroffenen)以请求权资格。[62] 这包括消费者。[63] 联邦最高法院正确地指出,被禁止行为的有害影响通常不仅限于直接的市场相对人,根据下游市场的情况,抑或甚至主要影响到后续市场层级的购买者乃至消费者。[64] 当然,对消费者来说,对其进行法律追究往往是非常困难的,尤其是在具体案件中造成的损害很小,法律追究的成本和收益不成比例的情况下。

示例:在上文(边码9)提到的咖啡烘焙卡特尔的案例中,根据联邦卡特尔局的说明,价格协议导致500克一包咖啡的平均价格因卡特尔而上涨了0.5欧元。[65] 尽管价格上涨构成损害,但这种轻微损害在具体案件中不会由受害方主张。有意义的也许只有合并的权利行使,但这在现行法下是困难的。在这些案例中,利益的收缴(《反限制竞争法》第34条和第34a条)目前也没有意义。

63　此外,在违反卡特尔法的情况下,还存在许多与损害赔偿诉讼相关的问题。因此,经过长期的准备,欧洲立法者提交了一项指令,对欧盟范围内行使损害赔偿请求权的各个方面进行了规范。关

---

[61] 争议情况详见 Alexander, Schadensersatz und Abschöpfung, 2010, S. 381 ff.。
[62] BGHZ 190, 145 = GRUR 2012, 291 Rn. 23 ff.-*ORWI*.
[63] BGHZ 190, 145 = GRUR 2012, 291 Rn. 26-*ORWI*.
[64] BGHZ 190, 145 = GRUR 2012, 291 Rn. 26-*ORWI*.
[65] *BKartA*, Fallbericht, B11-18/08, im Internet abrufbar unter http://www.bundeskartellamt.de/SharedDocs/Entscheidung/DE/Fallberichte/Kartellverbot/2009/B11-18-08. pdf?＿blob=publicationFile&v=6.

于因违反欧盟和成员国竞争法规定而根据国内法提起损害赔偿诉讼相关规定的《第 2014/104/EU 号指令》[66]旨在确保,因违反卡特尔规定而遭受损失的任何人均有权要求损害赔偿且可以在国内法院有效地主张该请求权(《第 2014/104/EU 号指令》第 1 条第 1 款第 1 句)。该指令最晚应在 2016 年 12 月 27 日之前转化为国内法(《第 2014/104/EU 号指令》第 21 条第 1 款)。

(2)团体诉讼

《反限制竞争法》第 33 条第 2 款开启了在违反卡特尔法的情况下提起团体诉讼的途径。自《反限制竞争法》第八次修订以来,除经济团体(《反限制竞争法》第 33 条第 2 款第 1 项)外,**消费者保护团体**(Verbraucherschutzverbände)也有权提出请求(详见第二十一章)。代表集体消费者利益的机构对私人卡特尔执法的参与,早在《反限制竞争法》第七次修正案的政府草案中就被规定了[67],但当时在调解委员会中又被取消了。[68] 在欧洲层面讨论加强私人卡特尔执法的背景下,立法者认为有必要迈出这一步,并与久经考验的反不正当竞争法律保护体系相结合。[69]

---

[66] ABl. 2014 L 349, 10.
[67] Begr. zum RegE, BT-Drs. 15/3640, 11 und 53.
[68] Begr. zum RegE, BT-Drs. 17/9852, 27.
[69] Begr. zum RegE, BT-Drs. 17/9852, 27.

第六部分

权利的行使

第二十一章　团体诉讼

> 精选文献：*Alexander*, Schadensersatz und Abschöpfung im Lauterkeits- und Kartellrecht-Privatrechtliche Sanktionsinstrumente zum Schutz individueller und überindividueller Interessen im Wettbewerb, 2010; *ders.*, Kollektiver Rechtsschutz im Zivilrecht und Zivilprozessrecht, JuS 2009, 590; *Brönneke*, Kollektiver Rechtsschutz im Zivilprozessrecht, 2001; *Greger*, Neue Regeln für die Verbandsklage im Verbraucherschutz- und Wettbewerbsrecht, NJW 2000, 2457; *ders.*, Verbandsklage und Prozessrechtsdogmatik, ZZP 113（2000）, 399; *Halfmeier*, Popularklagen im Privatrecht, 2006; *Micklitz/Stadler*, Das Verbandsklagerecht in der Informations- und Dienstleistungsgesellschaft, 2005; *dies.*, Unrechtsgewinnabschöpfung, Möglichkeiten und Perspektiven eines kollektiven Schadenersatzanspruches im UWG, 2003; *Stadler*, Bündelung der Interessen im Zivilprozess, 2004; *van Raay*, Gewinnabschöpfung als Präventionsinstrument im Lauterkeitsrecht-Möglichkeiten und Grenzen effektiver Verhaltenssteuerung durch den Verbandsanspruch nach § 10 UWG, 2012.

在对违反消费者保护规定的行为进行追究时,团体的行为具有重要的现实意义。同时,团体诉讼的途径是消费者保护法的一个深

1

刻和典型的要素。

一、概述

1. 发展

2　　尽管团体诉讼与消费者保护法的形成密切相关,但其历史可以追溯到更久远之前。[1] 1896年的《反不正当竞争法》已经规定,可以针对违法行为采取行动的不仅是受到不正当行为损害的竞争者,还包括利益团体。[2] 但在当时,这些团体只能主张不作为请求权。此外,只有商业利益团体享有请求权。

3　　当时,立法者引入团体诉讼的理由更多是出于实际考虑,即与不正当行为的斗争不应仅仅依赖于个别竞争者的决定。[3] 团体诉讼的引入可能是数百年来行会思想的延续。[4]

4　　帝国法院通过强调团体诉讼是为了保护公共利益进而对抗过度竞争,强化了团体诉讼在**公平交易法**中的重要性。[5] 这体现了集体利益保护与制裁之间的密切联系。

5　　消费者保护逐渐被认为是公平交易法中一个独立的保护目的。这在1965年立法中得到了体现,通过1965年7月21日的《关于修改反不正当竞争法、商标法和实用新型法的法律》,**团体的诉权扩大到了消费者保护团体**(Ausweitung der Verbandsklagebefugnis auf Verbraucherschutzverbände)。[6]

6　　除公平交易法以外,团体诉讼还在一般交易条款法中被确立下

---

[1] *Greger* ZZP 113 (2000), 399, 401.
[2] *Beater* Rn. 291.
[3] Begr. zum RegE, Stenographische Berichte über die Verhandlungen des Reichstages, IV. Session 1895/97, IX. Legislaturperiode, I. Anlagenband, Nr. 35, S. 104.
[4] *Beater* Rn. 291.
[5] RGZ 120, 47 (49)-*Markenverband*.
[6] BGBl. I 1965, 625.

来。它最初规定在《一般交易条款法》中。随后，它的适用范围一般性地扩大到包括违反消费者保护法规定的行为。由于一般交易条款审查的规定被《民法典》第 305 条以下所吸收，《一般交易条款法》就转变成为如今《不作为之诉法》的形式。从那时起，《不作为之诉法》就包含了团体诉讼的基本规定。特别是当使用无效的一般交易条款(《不作为之诉法》第 1 条)和违反消费者保护法规定(《不作为之诉法》第 2 条)时，它提供了团体诉讼的途径。

德国**卡特尔法**(Kartellrecht)从一开始就规定了团体诉讼。但长期以来，有请求权资格的主体仅限于经济团体。直至第八次《反限制竞争法》修正案[7]，消费者保护团体的请求权资格才在《反限制竞争法》第 33 条第 2 款中被固定下来。立法者特意参照了《反不正当竞争法》关于团体诉讼的规定。[8]

在**欧盟法**中，《第 98/27/EG 号指令》制定了关于团体诉讼的全面规定。该指令后被《第 2009/22/EG 号指令》所取代。此外，在一些次级法律文件中也有个别有关团体诉讼的规定，例如，《第 2006/114/EG 号指令》第 5 条和《不正当商业行为指令》第 11 条。

2. 界定

消费者保护法中的团体诉讼构成**集体权利保护**(kollektiven Rechtsschutzes)的一部分。它旨在维护消费者的集体利益。这指的并非是那些违法行为受害人的利益累积。[9] 相反，团体诉讼所维护的是那些通过个别受影响者的个人诉讼无法完全或根本无法实现的利益。消费者集体利益的实现并不排除出于其他原因(例如，为了竞争者、其他市场参与者的利益或保护公众)而采取的行动。

﹝7﹞ Achtes Gesetz zur Änderung des Gesetzes gegen Wettbewerbsbeschränkungen vom 26. 6.2013, BGBl. I 2013, 1738.

﹝8﹞ Begr. zum RegE, BT-Drs. 17/9852, 27.

﹝9﹞ 《第 2009/22/EG 号指令》立法理由第 3 条第 2 句。

10　　　团体诉讼不同于一群人(例如,重大事故的众多受害者)以合并的方式实施个人请求权的**群体诉讼**(Gruppenklage),也有必要与美国法的**集团诉讼**(Class Action)明确区分。在美国法中,受害群体的个体成员可以根据共同的要件事实和统一的法律依据主张民事请求权。[10]

11　　　应与团体诉讼相区分的还有为权利行使的目的而将个人债权转让给团体或专业第三方的方式。通过这种方式,可以在民事诉讼前将多项债权通过实体法的**债权合并**(Forderungsbündelung)集中在一起。与团体诉讼的不同之处在于,合并只是旨在简化个人请求权的行使。就此而言,缺少团体诉讼的集体法成分。

> **示例**:这种债权合并对于卡特尔法违法行为造成的损害赔偿请求权的行使具有实际意义。然而,对于通过这样一种合并受害方的请求权然后起诉的"商业模式",判例持非常谨慎的态度。杜塞尔多夫地方法院认为这违反了之前的《法律咨询法》,并认为相应的协议根据《民法典》第138条第1款可能是违背善良风俗的。[11]

二、有资格的团体

1. 概览

12　　　下表显示了哪些团体或机构对违法行为可能具有请求权资格。

表7　请求权资格

具有请求权资格的机构	《不作为之诉法》	《反不正当竞争法》	《反限制竞争法》
根据《不作为之诉法》第4条和《第2008/122/EG号指令》第4条,适格的机构	第3条第1款第1句第1项	第8条第2款第3项	第33条第2款第2项

---

[10] S. nur *Mann* NJW 1994, 1187 ff.
[11] *LG Düsseldorf* NZKart 2014, 75 ff.

(续表)

具有请求权资格的机构	《不作为之诉法》	《反不正当竞争法》	《反限制竞争法》
促进商业或独立职业利益的团体	第3条第1款第1句第2项	第8条第2款第2项	第33条第2款第1项
工商业协会;手工业协会	第3条第1款第1句第3项	第8条第2款第4项	—

2. 适格的机构

(1)前提和注册

所谓适格的机构可以采取团体诉讼的方式对违法行为采取行动,这是指那些可以证明自己已登记在《不作为之诉法》第4条的适格机构名单或根据当前有效版本的《第2009/22/EG号指令》第4条第3款的委员会目录中的组织。

在德国,**适格机构名单**(Liste qualifizierter Einrichtungen)由联邦司法部维护(《不作为之诉法》第4条第1款第1句)。每年在联邦公报上公布一次;其内容可随时在联邦部委网站上查询。[12]

在**委员会的适格机构目录**(Verzeichnis der qualifizierten Einrichtungen bei der Kommission)中的登记使来自其他成员国的组织可以对违法行为进行追究。该目录发布在欧盟官方公报上,并可以在互联网上进行查询。[13]

根据《不作为之诉法》第4条第2款第1句,有权利能力的团体可以登记在适格机构名单中的前提是,其章程规定的职责包括非商业性和非临时性地通过说明和咨询维护消费者利益,在该职责范围内活动的社团或至少有75名自然人作为成员,已存在至少一年,并根据他们以前的活动可以保证适当地履行职责。对于由公共资金

13

14

15

16

---

[12] https://www.bundesjustizamt.de

[13] http://ec.europa.eu/consumers/enforcement/injunctions/index_en.htm

资助的**消费者中心**（Verbraucherzentralen）和**消费者团体**（Verbraucherverbänden），可以不可推翻地推定已满足登记前提。登记程序的细节规定在《不作为之诉法》第 4 条第 2 款至第 5 款中。

17   是否满足登记在适格机构名单的前提，并非由受理团体诉讼（例如，不作为请求）的法院决定。如果该法院对登记的资格有疑问，它可以要求联邦司法部对登记进行审查，并在决定作出前中止审理（《不作为之诉法》第 4 条第 4 款）。

(2) 请求权资格和诉权

18   根据《反不正当竞争法》第 8 条第 3 款第 3 项的判例，该规定不仅规定了团体**实体法上的请求权资格**（sachlich-rechtlichen Anspruchsberechtigung），还规定了团体**程序上的诉权**（prozessuale Klagebefugnis）（见下文边码 24 以下）。[14] 因此，在具体个案中的诉权不仅仅基于团体在适格机构名单中的登记。此外，还要求在具体个案中，团体的诉讼行为应当符合起诉的团体章程的目的。[15] 这由审理法院负责审查。

> 示例：在联邦最高法院关于跨地区的诉权争议案件中，问题涉及是否应当阻止**北莱茵-威斯特法伦州消费者中心**（Verbraucherzentrale Nordrhein-Westfalen）在北莱茵-威斯特法伦州以外的地区追究不正当商业行为。联邦最高法院对此没有疑虑，因为无论从章程还是从其他情况中都不能得出消费者中心的活动应受区域性限制的这一结论。[16]

19   这一判例也相应地适用于《不作为之诉法》第 3 条第 1 款第 1 句第 1 项和《反限制竞争法》第 33 条第 2 款第 2 项。

---

[14] BGH GRUR 2012, 415 Rn. 10-Überregionale Klagebefugnis mwN.
[15] BGH GRUR 2012, 415 Rn. 11 ff.-Überregionale Klagebefugnis.
[16] BGH GRUR 2012, 415 Rn. 15 ff.-Überregionale Klagebefugnis.

3. 经济团体

(1) 前提

经济团体也同样可以通过团体诉讼途径**集体性地保护成员的利益**(kollektiven Wahrnehmung von Mitgliederinteressen)。[17] 它们还可以对违反"并非保护竞争者,而是旨在保护消费者的保护性法律"规定的行为采取行动。[18] 在这种情况下,只要违法行为影响团体成员的利益即为已足。

与适格机构不同,经济团体**没有专门的目录**(kein besonderes Verzeichnis)可供登记。因此,审理法院必须审查起诉的团体是否符合相应的法定前提。值得注意的是,对经济团体的实体法要求在《反不正当竞争法》第3条第1款第1句第2项、第8条第3款第2项和《反限制竞争法》第33条第2款第1项部分有所不同,就像以下条文措辞的对比所显示的那样。

表8 经济团体

《不作为之诉法》第3条第1款第1句第2项	《反不正当竞争法》第8条第3款第2项	《反限制竞争法》第33条第2款第1项
为促进商业或独立职业利益的有权利能力的团体,只要它们以其人力、物力和财力有能力在事实上承担章程规定的追求商业或独立职业利益的职责,并且在根据第2条的诉讼中,只要它们由在同一市场上销售相同或相关类型的商品或服务的大量企业组成,并且请求权涉及影响其成员利益的行为并且足以并非微不足道地扭曲竞争。	为促进商业或独立职业利益的有权利能力的团体,只要它们由在同一市场上销售相同或相关类型的商品或服务的大量企业组成,并且特别是以其人力、物力和财力有能力在事实上承担章程规定的追求商业或独立职业利益的职责,并且违法行为影响其成员的利益。	为促进商业或独立职业利益的有权利能力的团体,如果它们由第1款第3句意义上的大量相关企业组成,并且特别是以其人力、物力和财力有能力在事实上承担章程规定的追求商业或独立职业利益的职责。

---

[17] *BGH GRUR* 1995, 604 (605)-*Vergoldete Visitenkarten*.
[18] *BGH GRUR* 1994, 304-*Zigarettenwerbung in Jugendzeitschriften*.

22   在任何情况下,团体都应当基于其**人力、物力和财力**(personellen, sachlichen und finanziellen Ausstattung)有能力在事实上承担**章程规定的**追求商业或独立职业利益的**职责**(satzungsgemäßen Aufgaben)。这里的决定性因素是,团体是否能够真正对竞争行为进行观察和评价,以便识别和追究通常难以追究的典型违反竞争的行为。[19] 人力特别包括合格的员工或成员。[20] 物力主要包括布置好工位的办公室。[21] 财力方面,主要是指该团体是否有能力覆盖其生存和基本设备或活动产生的费用的问题。[22]

23   《反不正当竞争法》《不作为之诉法》和《反限制竞争法》在对团体成员企业的要求方面存在差异。《反不正当竞争法》和《不作为之诉法》(但仅针对基于《不作为之诉法》第2条的诉讼)要求该团体包括"**在同一市场上销售相同或相关类型的商品或服务**(die Waren oder Dienstleistungen gleicher oder verwandter Art auf demselben Markt vertreiben)"的企业。据此,团体成员与违法者必须在同一相关市场上[23]经营。这导致了通过经济团体对违法行为进行法律追究时的一个重要限制,只涉及市场相对人。与此相反,作为对科隆地方法院判决[24]的回应,卡特尔法不再包含相应的限制。[25] 因此,在违反卡特尔法的情况下,市场相对人的经济团体也有权提起诉讼。《不作为之诉法》《反不正当竞争法》和《反限制竞争法》之间的这种区分实际上并不令人信服和恰当。

---

[19]   *BGH* GRUR 1986, 676 (677) - *Bekleidungswerk.*
[20]   *BGH* GRUR 2000, 1093 (1094) - *Fachverband.*
[21]   *BGH* GRUR 1998, 489 (490) - *Unbestimmter Unterlassungsantrag III.*
[22]   *BGH* GRUR 1990, 282 (285) - *Wettbewerbsverein IV.*
[23]   Vgl. *BGH* GRUR 2000, 1084 (1085) - *Unternehmenskennzeichnung.*
[24]   *LG Köln* GRUR-RR 2010, 124 zu § 33 Abs. 2 GWB aF.
[25]   Begr. zum RegE, BT-Drs. 17/9852, 27.

(2)请求权资格和诉权

团体诉权的法律归类和对团体提出的特别要求是有争议的。判例[26]和部分文献[27]认为,法律规定既涉及团体**实体法上的请求权资格**,也涉及**团体程序上的诉权**。这种"双重性质理论"有多个程序上的后果:据此,对团体提出的特别要求将在程序的每个阶段依职权进行审查,即使在上诉审中也是如此。[28] 产生诉权的事实必须最迟在事实审的最后一次口头辩论时提交。[29] 这里适用自由证明的规则。[30] 如果不满足团体的特别要求,则该诉将因不合法(unzulässig)而不是无理由(unbegründet)被驳回。[31]

示例:在联邦最高法院的匿名成员名单争议案件[32]中,一个团体对一个企业的不正当行为采取了行动。被告企业怀疑原告团体不满足《反不正当竞争法》第8条第3款第2项的前提,因为不清楚该团体是否包括大量在同一市场上销售相同或相关类型的商品或服务的企业。原告随后仅提供了一份匿名的成员名单。联邦最高法院认为,由于**该团体缺乏诉权**(fehlender Prozessführungsbefugnis des Verbandes),该诉不合法。对于一个怀疑团体关于其会员结构信息的阐述具有不可核实性的被告来说,不能苛求其在原告团体成员姓名未被披露的情况下就认为原告的阐述是准确的。[33]

24

---

[26] *BGH* GRUR 2007, 610 Rn. 14-*Sammelmitgliedschaft V*; *BGH* GRUR 2005, 689 (690)-*Sammelmitgliedschaft III* mwN.

[27] Ahrens/*Jestaedt* Kap. 18 Rn. 4; *Teplitzky* Kap. 13 Rn. 25 ff. jeweils mwN.

[28] *BGH* GRUR 2007, 610 Rn. 14-*Sammelmitgliedschaft V*.

[29] *BGH* GRUR 2007, 610 Rn. 14-*Sammelmitgliedschaft V*.

[30] *BGH* GRUR 2001, 846 (847)-*Metro V*.

[31] *BGH* GRUR 1996, 217-*Anonymisierte Mitgliederliste*.

[32] *BGH* GRUR 1996, 217-*Anonymisierte Mitgliederliste*.

[33] *BGH* GRUR 1996, 217 (218)-*Anonymisierte Mitgliederliste*.

25 部分观点认为,决定性因素应该是实体法的视角。[34] 据此,如果团体符合法律的特别要求,则该团体是实体法的请求权人。所有相关问题将仅在**理由性**(Begründetheit)的框架内进行审查。

4. 协会

26 工商业协会和手工业协会有权根据《不作为之诉法》第 3 条第 1 款第 1 句第 3 项和《反不正当竞争法》第 8 条第 3 款第 4 项,而不是根据《反限制竞争法》第 33 条第 2 款提出请求和起诉。不过,与适格机构和经济团体相比,协会在对违法行为的私法追究中并没有发挥重要作用。但要注意工商业协会的专门**调解机构**(Einigungsstellen)(参见《反不正当竞争法》第 15 条和《不作为之诉法》第 12 条)。

三、团体的请求权

1. 概览

27 团体诉讼主要在行使不作为请求权方面得到法律的认可,在某些情况下,它们也在主张有关排除妨害请求权时得到承认。此外,在公平交易法和卡特尔法中,旨在收缴不法利益的团体诉讼也得到了认可。在违反消费者法规定的情况下,有关团体诉讼的更详细的规定参见《不作为之诉法》第 1 条、第 2 条第 1 款和第 4a 条,《反不正当竞争法》第 8 条和第 10 条以及《反限制竞争法》第 32 条和第 34a 条。以下概览显示了在发生特定违法行为的情况下可以考虑哪些请求权。

---

[34] *Greger* NJW 2000, 2457 (2462); *ders.* ZZP 113 (2000), 399 (403 ff.).

表9 团体的请求权

请求权目标	《不作为之诉法》	《反不正当竞争法》	《反限制竞争法》
不作为	第1条,(第1a条),第2条第1款和第4a条第1款	第8条第1款	第33条第1款
排除妨害	第1条:一般交易条款推荐的撤回	第8条第1款	第33条第1款
收缴	—	第10条第1款	第34a条第1款

不存在一个一般性的团体单独的**损害赔偿请求权**。 28

2. 不作为请求权

在对违反消费者保护规定的行为进行追究时,具有最重要实践意义的是不作为请求权。 29

(1)违法行为

任何不作为请求权的前提是存在违法行为。基于《不作为之诉法》、《反不正当竞争法》和《反限制竞争法》的不作为请求权的共同点是不取决于行为人的过错。 30

①《不作为之诉法》

在《**不作为之诉法**》的适用范围内,必须区分使用或推荐无法通过内容审查的一般交易条款(《不作为之诉法》第1条)、违反消费者保护法的行为(《不作为之诉法》第2条第1款)和共同体内部违反消费者利益保护法的行为(《不作为之诉法》第4a条第1款)。《不作为之诉法》第1a条具有特别地位。 31

《不作为之诉法》第1条适用于因《民法典》第307条至第309条而无效的一般交易条款。《**不作为之诉法**》新增加的第1a条规定涵盖违反《民法典》第271a条第1款至第3款、第286条第5款或第288条第6款的行为,主要适用于商业交易。在违反消费者保护法时适用《**不作为之诉法**》第2条第1款。《不作为之诉法》第2条 32

第 2 款包含一个关于**国内消费者保护规范**(nationalen Verbraucherschutznormen)的不完全目录。根据《不作为之诉法》第 2 条第 1 款,不作为请求权的前提是,对违法者的请求是"为消费者保护的利益"提出的。这指的是消费者的集体利益。

33 　《不作为之诉法》第 4a 条第 1 款包括针对**共同体内部违反消费者保护法**(innergemeinschaftliche Verstöße gegen Gesetze zum Schutz der Verbraucher)的特别规定。该规定与旨在改善对违反消费者保护规定的跨境追究的《第 2006/2004 号条例》相关(见第二十三章)。根据《第 2006/2004 号条例》第 3 条字母 b 的规定,共同体内部违反消费者保护法的行为是指任何违反保护消费者利益的法律并且损害或可能损害消费者集体利益的作为或不作为,该消费者在与作为或不作为的起源地或发生地,或者承担责任的出卖人或服务提供人的住所地,或者存在与该作为或不作为有关的证据或财产的成员国不同的其他一个或多个成员国有住所。具体情况下哪些法律被涵盖,源于《第 2006/2004 号条例》第 3 条字母 a 结合该条例的附录。

　　②《反不正当竞争法》

34 　　根据《反不正当竞争法》第 8 条第 1 款,公平交易法上不作为请求权的前提是进行了一个根据《反不正当竞争法》第 3 条或第 7 条不合法的商业行为。

　　③《反限制竞争法》

35 　　如果经营者违反了《反限制竞争法》的规定、《欧盟运行条约》第 101 条或第 102 条或卡特尔机构的禁令,则会产生一个《**反限制竞争法**》第 33 条第 1 款第 1 句的卡特尔法请求权。

　　(2)违法风险

36 　　所有不作为请求权都以违法风险作为前提,即对于将来会违反特定的不作为义务的严重担忧。[35] 如果存在第一次违法的风险（首次违法风险）或存在重复相同违法的风险,那就可能构成这种对未来即将发生的违法行为的严重担忧。[36]

表 10 违法风险

违法风险	
预防性的不作为请求权	违法行为不作为请求权
首次违法风险	重复违法风险
请求权人承担释明和举证责任	事实上可被推翻的推定

①首次违法风险

预防性的不作为请求权(vorbeugende Unterlassungsanspruch)(在《反不正当竞争法》第8条第1款第2句和《反限制竞争法》第33条第1款第2句中明确规定)以**首次违法风险**(Erstbegehungsgefahr)为前提。只要有严重且切实的迹象表明该经营者将在不久的将来实施违法行为,就应肯定这一点。[37] 例如,当经营者声称有权从事某些行为时,首次违法风险便可能成立。[38] 这种声称也可能源于在法庭诉讼中作为法律辩护的一部分所作的陈述。然而,仅仅凭借被告在诉讼中为自己辩护并认为他有权从事被异议的行为这一事实本身并不构成首次违法风险。[39]

根据判例,对**排除首次违法风险**(Beseitigung der Erstbegehungsgefahr)的要求没有对消除因违法行为产生的将来重复发生的风险的要求严格。[40]

---

[35] Vgl. BGHZ 117, 264 = NJW 1992, 2292 (2294)-*Nicola*.
[36] Vgl. BGHZ 117, 264 = NJW 1992, 2292 (2294)-*Nicola*.
[37] BGH GRUR 1999, 1097 (1099)-*Preissturz ohne Ende*.
[38] BGH GRUR 1999, 1097 (1099)-*Preissturz ohne Ende*.
[39] BGH GRUR 2001, 1174 (1175)-*Berühmungsaufgabe*.
[40] BGH GRUR 2001, 1174 (1176)-*Berühmungsaufgabe*.

②重复违法风险

39 **违法行为不作为请求权**(Verletzungsunterlassungsanspruch)要求一个**重复违法风险**(Wiederholungsgefahr)。如果已经发生过一次违法行为,则存在一个事实上可推翻的**推定**,即经营者将在未来继续或重复他过去从事过的行为。[41]

40 原则上,这一推定只能通过提交一个无限制、无条件和不可撤回的在违法时承担适当违约金的**不作为表示**(Unterwerfungserklärung)[42],或者一个**具有既判力的不作为执行名义**(rechtskräftigen Unterlassungstitel)来推翻。[43] 随着不作为表示(以及相对人的接受)产生的不作为合同包含以抽象的债务承诺或债务确认形式的更新。[44] 合同上的不作为义务取代了(随着重复违法风险的消除而消灭的)法定不作为请求权。

(3)法律后果

41 不作为请求权的目的是使债务人负担在未来不实施被异议的行为的义务。这里的不作为请求权不仅适用于具体的违法行为,还适用于"**本质相同**(kerngleiche)"的违法行为。[45] 这是那些虽然与被异议的具体行为并不完全相同,但"本质上(im Kern)"具有相同不法内容的违法行为。

3. 排除妨害请求权

42 排除妨害请求权使请求权人有办法对由一个违法行为导致的非法的**干扰状态**(Störungszustände)采取行动。《反不正当竞争法》第8条第1款第1句第1种情况和《反限制竞争法》第33条第1款

---

[41] Vgl. *BGH* GRUR 2002, 717 (719)-*Vertretung der Anwalts-GmbH*.

[42] *BGH* GRUR 1997, 379 (380)-*Wegfall der Wiederholungsgefahr II*.

[43] *BGH* GRUR 2003, 450 (452)-*Begrenzte Preissenkung*; *BGH* GRUR 2008, 1108 Rn. 23-*Haus & Grund III*.

[44] *BGH* GRUR 1995, 678 (679)-*Kurze Verjährungsfrist*.

[45] Vgl. *BGH* GRUR 1999, 509 (511)-*Vorratslücken*.

第1句第1种情况明确规定了排除妨害请求权。《不作为之诉法》仅在第1条中规定了一种特别的排除妨害情况。

(1)违法行为

与不作为请求权一样,排除妨害请求权也要求一个**客观的违法行为**(objektive Rechtsverletzung)。在这一方面,对于《**反不正当竞争法**》和《**反限制竞争法**》适用同样的要求(见上文边码34和边码35)。

在违反《**不作为之诉法**》时应当加以区分:《不作为之诉法》第1条包含在推荐无效的一般交易条款情况下的一个以撤回推荐形式出现的特别的排除妨害方法。这一特别规定并不排除在使用无效的一般交易条款时的其他排除妨害请求权。但此类请求权并非基于《不作为之诉法》第1条。一个一般的排除妨害请求权尤其可能源于《反不正当竞争法》第8条第1款第1句第1种情况。

在违反消费者保护规定时,《不作为之诉法》第2条第1款明确只规定了一个不作为请求权。但这并不意味着不能请求排除一个持续的干扰。因为如果经营者必须停止一个违反消费者保护的行为,但却没有义务排除持续的干扰,那将是难以理解的。在这种情况下,排除妨害请求权也同样可以源于《反不正当竞争法》第8条第1款第1句第1种情况。

(2)违法干扰状态的持续

除了违法行为之外,还要求出现一个由违法行为造成的干扰状态并且该状态仍然存在。[46] 根据违法行为的不同形式,违法的干扰状态可以表现为完全不同的类型。可能是**有形或无形的干扰状态**(körperliche oder unkörperliche Störungszustände)。

43

44

45

46

---

[46] *BGH GRUR* 1995, 424 (426)-*Abnehmerverwarnung*; *BGH GRUR* 1998, 415 (417)-*Wirtschaftsregister*.

47 　　实践中特别常见的是由**持续的错误信息**(fortwirkende Fehlinformationen)引起的干扰,即不正确或不完整的陈述。即使没有被经营者所重复,这些信息也保留在场,因为它们"在精神上继续存在"。在这种情况下,关键要看经营者的陈述是否构成错误信息的"持续来源"。[47]

　　示例:如果一个经营者和其客户之间的合同关系是通过有计划的和系统性的欺诈来建立的(例如,通过发送类似账单的商业登记簿上的登记要约),那么就存在这些合同是在欺诈被有意利用的情况下而订立的风险。[48] 这里就存在必须排除的违法干扰状态。

　　(3)可苛求性和比例性

48 　　与不作为请求权不同,排除妨害请求权的目的是履行积极地排除干扰状态的义务。因此,请求权的内容是积极作为的义务。排除妨害请求权应当使所需手段与追求结果符合**比例原则**。因此,总是有必要审查旨在排除妨害的措施是否为必要,即一个影响较小的措施是否不足以排除干扰。[49]

49 　　如果请求权人作为排除措施请求**撤回**(Widerruf)或**更正**(Richtigstellung)一个不正确的主张,则对于排除或至少减轻这种干扰状态而言,补救措施必须是必要且适当的。[50]

　　示例:联邦最高法院的商业登记簿案[51] 涉及发送欺诈性

---

[47] Vgl. *BGH* GRUR 1970, 254 (256)-*Remington*.
[48] *BGH* GRUR 1998, 415 (417)-*Wirtschaftsregister*.
[49] Vgl. *BGH* GRUR 1977, 159 (161)-*Ostfriesische Tee Gesellschaft*; *BGH* GRUR 1994, 630 (633)-*Cartier-Armreif*; *BGH* GRUR 1995, 424 (426)-*Abnehmerverwarnung*; *BGH* GRUR 1998, 415 (417)-*Wirtschaftsregister*.
[50] *BGH* GRUR 1970, 254 (256)-*Remington*.
[51] *BGH* GRUR 1998, 415-*Wirtschaftsregister*.

的、类似账单的行业目录登记要约。起诉的团体请求,作为一种排除妨害措施,发件人应告知已经付款的其格式信函的受领人,这只是一个要约,而不是一个具有相应付款义务的账单。但是,联邦最高法院从比例性的角度驳回了这一请求。通过提交一个违约金保障的不作为表示,干扰状态已在很大程度上被排除了。此外,发件人在确认信中指明了法律状况。最后,应考虑到在行使排除妨害请求权之前,客户已经有机会结束不希望的合同关系。[52]

此外应该注意的是,只有在**不真实的事实陈述**(unwahren Tatsachenbehauptungen)的情况下才可以考虑陈述的撤回。[53] 不能请求撤回意见的表达。这将有悖于言论自由的保护(参见《基本法》第5条第1款、《欧盟基本权利宪章》第11条和《欧洲人权公约》第10条第1款)。

50

(4)法律后果

排除妨害请求权的目的是排除仍然存在的干扰后果。区别于损害赔偿情况下的恢复原状(《民法典》第249条第1款),这里不是要建立假定的无损害状态,而是要**排除仍然存在的干扰后果**(Beseitigung von noch vorhandenen Störungsfolgen)。也就是说,在损害赔偿情况下,需要探查受害方在假定没有发生损害事件情况下会如何,而在排除妨害请求权情况下需要审查的是违法行为造成的具体干扰。

51

如果请求权人请求排除一个**不正确的陈述**(fehlerhaften Äußerung),法律后果取决于陈述中的具体错误。如果陈述完全不

52

---

[52] *BGH* GRUR 1998, 415 (417) - *Wirtschaftsregister*.
[53] *BGH* GRUR 1976, 268 (272) - *Warentest II*.

真实,则可以考虑撤回不真实的陈述。[54] 如果一个陈述只是部分不真实,则可以请求对该部分陈述进行更正(即改正或修正)作为排除措施。[55] 如果不正确源于陈述的不完整性,则排除妨害请求权应指向对有争议陈述的补充。

4. 收缴不法利益

(1)意旨与目的

53　　除了在公平交易法和卡特尔法中的防御性请求权外,团体还存在一个根据《反不正当竞争法》第10条和《反限制竞争法》第34a条的私法上的收缴不法利益的途径。这两个收缴请求权都基于一个从根本上非常合理的考虑,即违法者不应从违法行为中获利。只要存在进行违法行为的**经济诱惑**(ökonomischer Anreiz),就不能有效地阻止经营者这样做。

54　　在创设收缴请求权时,立法者主要考虑的是那些虽然会导致大规模损害,但受害者(通常是消费者)个体仅受到很小程度影响的违法行为。这些情况也被称为所谓的**分散和轻微损害**(Streu- und Bagatellschäden)(见第二十章边码62中的示例)。

55　　由于损害程度低,受害者通常对主张这种损害**合乎理性地不感兴趣**(rationales Desinteresse)。此外,现行法缺乏有效主张此类轻微损害的程序法工具。为了消除这些缺陷,立法者首次在《反不正当竞争法》第10条中规定了收缴请求权。不久之后,在《反限制竞争法》第34a条规定了类似的请求权。

(2)《反不正当竞争法》第10条

56　　根据《反不正当竞争法》第10条第1款,有权根据《反不正当竞争法》第8条第3款第2项至第4项主张不作为请求权的人可以要求

---

[54] BGH GRUR 1976, 268 (272) - Warentest II.
[55] BGH GRUR 1987, 397 (399) - Insiderwissen.

一个故意实施根据《反不正当竞争法》第3条或第7条不合法的商业行为并因此以牺牲大量购买者利益为代价而赚取利润的经营者将该利润交给联邦财政。该请求权针对的是**广泛有效且有利可图的违法行为**(breitenwirksame und gewinnträchtige Rechtsverletzungen)。为防止权利行使给第三人(例如,个体受害者)带来不利,《反不正当竞争法》第10条第2款规定了经营者向第三人提供服务的抵充。

目前为止,这项规定**几乎没有产生实际意义**(kaum praktische Bedeutung)。这是由多个原因造成的。首先,法律仅限于故意行为。但按照通说,民法上的故意要求一个行为人的不法意识[56],所以故意行为通常难以证明。特别是经营者经常会(保护性地)声称他对法律状况认识错误。其次,起诉的团体通常很难准确量化违法所获得的收益。因此,通常首先需要提起告知诉讼(Auskunftsklage)。最后,起诉的团体承担所有权利行使的风险。但是,它无权保留哪怕是成功收缴利润的一部分,而必须将其全额交给联邦财政。这种经济风险尤其对于消费者团体而言是一个难以克服的障碍。

57

(3)《反限制竞争法》第34a条

根据《反限制竞争法》第34a条,企业故意违反《反限制竞争法》第34条第1款规定并以牺牲大量供应者或购买者的利益为代价获取利益,依《反限制竞争法》第33条第2款享有不作为请求权的人可以主张将此经济利益上交到国家财政,只要卡特尔机构没有通过罚款、没收、返还或根据《反限制竞争法》第34条第1款收缴此经济利益。法律于此也规定了一种抵充途径,以避免对第三人造成不利影响(参见《反限制竞争法》第34a条第2款)。

58

---

[56] Vgl. BGHZ 177, 150 = GRUR 2008, 810 Rn. 15-*Kommunalversicherer*, *BGH* GRUR 2009, 597 Rn. 14-*Halzband*.

59 　　该规定目前——在已知范围内——**尚未有适用案例**（in keinem Fall zur Anwendung）。缺乏实践相关性的原因在《反不正当竞争法》第 10 条已经提及。此外,卡特尔法在《反限制竞争法》第 34a 条之外还规定了许多收缴不法利益的途径（例如,通过考虑罚款金额,根据《反限制竞争法》第 32 条第 2a 款要求利益返还的命令或根据《反限制竞争法》第 34 条通过卡特尔机构的收缴）,因此实际上没有《反限制竞争法》第 34a 条的适用空间了。

四、请求权义务

60 　　不作为、排除妨害和收缴请求权针对**违法者**（Verletzer）[**行为人**（Täter）]或违法行为**参与人**（Teilnehmer）。尽管不作为和排除妨害请求权的教义学根源在《民法典》第 1004 条中,但该条中的妨害人概念并不适用。联邦最高法院已经明确**放弃**了（aufgegeben）对可归类为实现行为不法的违法行为的**妨害人责任**（Störerhaftung）。[57]

1. 违法者

61 　　违法行为人是指通过其行为,以充分的因果关系独自、通过他人或与他人共同实现违法行为客观构成要件的任何人。[58] 在这方面,可以援引**一般侵权法的原则**（Grundsätze des allgemeinen Deliktsrechts）（参见《民法典》第 830 条）。

62 　　公平交易法的一个特别之处是**因违反注意义务而导致违法**（Täterschaft aufgrund einer Verkehrspflichtverletzung）。这是一个对第三人行为的责任。通过其在商业交易中的行为,导致第三人对公平交易法保护的市场参与者利益造成损害的严重风险的人,有义务

---

[57] *BGH* GRUR 2011, 152 Rn. 48-*Kinderhochstühle im Internet*.
[58] *BGH* GRUR 2011, 340 Rn. 27-*Irische Butter*.

在可能和可苛求的限度内限制这种风险。[59]

示例：在 eBay 在线平台上对青少年有害的媒体争议案件中，联邦最高法院认为在线平台运营商 eBay 应对用户的违法行为承担责任。具体来说，是出卖人在该平台上销售电影和电脑游戏时无视青少年保护规定。联邦最高法院这样论证了责任的可能性，该企业出于自身的商业利益创建了一个普遍可访问的交易平台，而该平台的使用显然可能会产生影响需保护的消费者利益的风险。[60] 在线平台运营商 eBay 也知道，拍卖人使用他们的交易平台提供的具体供应违反了青少年保护法。[61] 如果在线平台运营商 eBay 未能对其已知的违法行为采取可苛求的预防措施，以尽可能防止未来发生此类违法行为，并且由于这种不作为导致继续出现或严重担心出现出卖人违反青少年保护法的此类违法行为，则该行为是反竞争的。[62]

2. 参与人

可以对作为参与人的**教唆人**（Anstifter）和**辅助人**（Gehilfen）提出请求。这里也可以从侵权法的一般原则出发（参见《民法典》第 830 条第 2 款）。但不同的是，只要故意参与一个他人客观上的违法行为就足够了。

63

3. 特论：企业负责人

如果违法行为是由一个公司形式的企业实施的，那么可能会出现是否也可以请求负责人承担责任的问题。之前的判例认为，基于

64

---

[59] BGHZ 173, 188 = GRUR 2007, 890（2. Leitsatz）-*Jugendgefährdende Medien bei eBay*.
[60] BGHZ 173, 188 = GRUR 2007, 890 Rn. 22-*Jugendgefährdende Medien bei eBay*.
[61] BGHZ 173, 188 = GRUR 2007, 890 Rn. 22-*Jugendgefährdende Medien bei eBay*.
[62] BGHZ 173, 188 = GRUR 2007, 890 Rn. 22-*Jugendgefährdende Medien bei eBay*.

妨害人责任,当公司的负责人对公司的违法行为知情并且没有阻止时,他就需要对此承担责任。[63] 然而,由于对妨害人责任的放弃(见上文边码 60),判例在公平交易法中不再坚持这一点。[64] 只有当负责人通过积极的作为参与到公司的违法商业行为之中,或者他基于侵权法的一般原则而设立的保证人身份而本应阻止违法行为时,才需要对其所代表的公司的违法商业行为**承担个人责任**(persönliche Haftung des Geschäftsführers)。[65]

> **示例**:联邦最高法院的负责人责任案涉及天然气供应合同的家门口广告。被告是一个有限责任公司,受一个与原告竞争的企业委托,推销供气合同。原告认为,被告使用的广告公司试图通过提供不正确和欺诈性的说明来说服消费者终止与原告的供气合同,并与原告的竞争对手订立新的合同。除了推销公司以外,原告还提出了其负责人个人的不作为请求。联邦最高法院认为,只有当负责人通过积极的作为参与到公司的违法商业行为之中,或者他基于侵权法的一般原则而设立的保证人身份而本应阻止违法行为时,才需要对其所代表的公司的违法商业行为承担个人责任。[66] 相反,仅凭负责人的**机关地位**(Organstellung)和**对商业运营的一般责任**(allgemeine Verantwortlichkeit für den Geschäftsbetrieb)并不能使其对外部第三人负有防止公司违反竞争法的义务。[67] 但是,如果负责人自己建立了旨在违反法律的商业模式,那么他个人就应当承担违反

---

[63] Vgl. nur *BGH GRUR* 1986, 248 (251)-*Sporthosen*; *BGH GRUR* 2005, 1061 (1064)-*Telefonische Gewinnauskunft*.

[64] *BGH GRUR* 2014, 883 Rn. 15 ff.-*Geschäftsführerhaftung*.

[65] *BGH GRUR* 2014, 883 Rn. 17-*Geschäftsführerhaftung*.

[66] *BGH GRUR* 2014, 883 (1. Leitsatz)-*Geschäftsführerhaftung*.

[67] *BGH GRUR* 2014, 883 (2. Leitsatz)-*Geschäftsführerhaftung*.

竞争法规定的注意义务的责任。[68] 由于本争议案件未满足这些前提,联邦最高法院否认了被告有限责任公司的负责人的个人责任。

五、请求权界限

1. 时效

(1)源自《不作为之诉法》和《反限制竞争法》的请求权

团体的请求权受不同时效期限的限制。对于基于《不作为之诉法》第1条、第2条第1款和《反限制竞争法》第33条第1款的请求权适用三年(drei Jahren)的**常规时效期限**(regelmäßige Verjährungsfrist)(《民法典》第195条和第199条)。

(2)源自《反不正当竞争法》的请求权

根据《反不正当竞争法》第11条第1款,公平交易法上的不作为和排除妨害请求权受六个月(sechs Monaten)**短期时效期限**(kurzen Verjährungsfrist)的限制。根据《反不正当竞争法》第11条第2款,当请求权产生并且债权人知道或者在没有重大过失情况下应当知道请求权产生的情况和债务人身份时,时效期限起算。但对于收缴请求权则适用《反不正当竞争法》第11条第4款。据此,不考虑知道或应当知道,请求权自成立之日起三年后即罹于时效。

2. 权利滥用

随着公平交易法中团体诉权的扩大,经营者对团体的滥用行为的投诉日益增多。尤其被投诉的是一种"**乱催告**(Abmahnunwesen)"。这表现在创建所谓的"收费社团(Gebührenvereinen)"。针对这一不良状况,立法者于1986年出台了法律规定,以"促进在判例

---

[68] *BGH* GRUR 2014, 883 (3. Leitsatz)-*Geschäftsführerhaftung*.

中日渐明显的趋势,即通过在特定情况下否定诉权和由此带来的催告权限的方式,防止团体和竞争者在主张不作为请求权中的滥用行为"。[69]

68 　　为了遏制权利滥用的各种表现形式,公平交易法上《反不正当竞争法》第 8 条第 4 款第 1 句规定,如果考虑到整体情况,《反不正当竞争法》第 8 条第 1 款中提到的请求权的主张有滥用的表现,特别是如果它主要用于创建对违法行为人的法律追究支出或费用的补偿请求权,那么应予禁止。一个针对来自《不作为之诉法》第 2 条第 1 款请求权的措辞几乎相同的规则是《不作为之诉法》第 2 条第 3 款。

　　　　示例:如果提出了几份几乎相同的不作为申请,而这些申请与在本质上相同的违法行为有关,并在请求的禁止范围方面没有内容扩展的情况下导致争议价值的倍增,则可能是滥用的迹象。[70]

69 　　此外,在滥用情况下,请求权相对人可以根据《反不正当竞争法》第 8 条第 4 款第 2 句请求偿还其法律辩护所需的费用并主张进一步的请求权(例如,损害赔偿)。如果这些特别规定不相关,则适用《民法典》第 242 条的防止权利滥用的一般规定。

六、程序法上的特别规定

1. 管辖

70 　　团体诉讼在管辖方面有一些特别规定需要注意。对基于《不作为之诉法》《反不正当竞争法》和《反限制竞争法》的民事纠纷,**地方法院**(Landgerichte)拥有专属管辖权(《不作为之诉法》第 6 条第 1

---

[69] Beschlussempfehlung und Bericht des Rechtsausschusses, BT-Drs. 10/5771, 22.
[70] BGH GRUR 2013, 307 Rn. 18 ff.-*Unbedenkliche Mehrfachabmahnung*.

款、《反不正当竞争法》第 13 条第 1 款和《反限制竞争法》第 87 条)。

基于《不作为之诉法》诉讼的地域管辖源于《不作为之诉法》第 6 条第 1 条。据此,有管辖权的是被告设有商业分支机构或(在没有这样的机构时)其住所地的地方法院。如果被告在国内既没有分支机构,也没有住所,则有管辖权的是被告使用无效的一般交易条款(《不作为之诉法》第 6 条第 1 款第 2 句第 1 项)或违反消费者保护规定(《不作为之诉法》第 6 条第 1 款第 2 句第 2 项)的所在地法院。

对于基于《反不正当竞争法》的诉讼,地域管辖依据《反不正当竞争法》第 14 条。根据《反不正当竞争法》第 14 条第 1 款,法院的地域管辖由被告的分支机构、住所或惯常居所所在地决定。此外,行为发生地法院的管辖权源于《反不正当竞争法》第 14 条第 2 款第 1 句。但是,该规定通过第 2 句又对团体诉讼施加了重大限制。只有当被告在国内既没有商业或独立分支机构,也没有住所时,根据《反不正当竞争法》第 8 条第 3 款第 2 项至第 4 项有请求权的机构提起的诉讼才由行为发生地的法院管辖。

2. 事前催告

为了快速和有效地追究违法行为,《反不正当竞争法》第 12 条第 1 款第 1 句规定,在向法院主张不作为请求权之前,应催告债务人。

催告是请求权人向违法者发出的通知,告知他已通过明确描述的行为实施了违反竞争的行为,并请求他在未来停止该行为,并且在一定期限内提交一份违约金保障的不作为表示。[71] 这种催告既不是后来诉讼或者申请签发临时禁令的许可性前提,也不是请求权

---

[71] Begr. zum RegE, BT-Drs. 14/1487, 25.

人的法律义务。如果催告是正当的,催告人有权根据《反不正当竞争法》第 12 条第 1 款第 2 句要求**偿还必要的费用**(Erstattung der erforderlichen Aufwendungen)。

75 根据《不作为之诉法》第 5 条,这些规定相应地适用于基于《不作为之诉法》的不作为请求权。

3. 临时禁令

76 如果申请签发临时禁令,则申请人必须根据《民事诉讼法》第 935 条和第 940 条使**禁令理由**(Verfügungsgrund)具备可信性。这涉及申请人事务的客观紧迫性(急迫性)。《反不正当竞争法》第 12 条第 2 款创设了一个可推翻的紧迫性推定,从而使申请人免于释明和证明禁令理由。[72] 该规定相应地适用于基于《不作为之诉法》的不作为请求权的临时禁令程序(《不作为之诉法》第 5 条)。

4. 公开授权

77 特别是在通过违反消费者保护规定而侵害消费者集体利益的情况下,公开不作为判决对消费者获取信息可能会比较有效。《反不正当竞争法》第 12 条第 4 款和《不作为之诉法》第 7 条允许基于申请进行公开,但在具体情况下有不同的前提。

5. 费用调整

78 为避免因高额的争议价值而产生的重大负担,根据《反不正当竞争法》第 12 条第 4 款和第 5 款的规定,法院可以应负担方的请求,对该方支付诉讼费用的义务根据争议价值与其经济状况相适应的部分进行调整。该规定基于工业产权保护法律的例子。[73] 它相应地适用于基于《不作为之诉法》的法律纠纷(《不作为之诉法》第 5 条)。

---

[72] BGH GRUR 2000, 151 (152) - *Späte Urteilsbegründung*.
[73] Begr. zum RegE, BT-Drs. 17/13057, 25 f.

6.《不作为之诉法》的其他特别规定

对于基于《不作为之诉法》第 1 条（无效一般交易条款的不作为和撤回）的诉讼，《不作为之诉法》第 8 条至第 11 条规定了一些程序法上的特别规则。作为对不作为诉讼的准备，团体有权根据《**不作为之诉法**》第 13 条请求告知。

第二十二章　民事诉讼和庭外争议解决

1　　与实体法上的消费者保护规定对应的是程序法上的消费者保护规定。它们旨在保护消费者在个人诉讼中免受程序上的不利影响。此外,特别是在消费者事务争议中,通过替代性争议解决程序进行的庭外维权变得越来越重要。

一、国际管辖

> 精选文献:*Behr,* Internationale Tatortzuständigkeit für vorbeugende Unterlassungsklagen bei Wettbewerbsverstößen, GRUR Int. 1992, 604; *Ganssauge,* Internationale Zuständigkeit und anwendbares Recht bei Verbraucherverträgen im Internet, 2004; *Grohmann,* Gerichtsstand bei grenzüberschreitenden Verbraucherverträgen im Internet: der Begriff des „Ausrichtens" der gewerblichen Tätigkeit auf den Wohnsitzstaat des Verbrauchers, DRiZ 2011, 361; *Kleinknecht,* Die verbraucherschützenden Gerichtsstände im deutschen und europäischen Zivilprozessrecht, 2007; *Leible/Müller,* Die Bedeutung von Websites für die internationale Zuständigkeit in Verbrauchersachen, NJW 2011, 495; *Mankowski,* Neues zum „Ausrichten" unternehmerischer Tätigkeit unter Art. 15 Abs. 1 lit. c EuGVO, IPRax 2009, 238; *S. Lorenz,* Kollisionsrecht des Verbraucherschutzes: Anwendbares Recht und internationale Zuständigkeit, IPRax 1994, 429.

民事和商事的国际管辖规定在《第 1215/2012 号条例》(《布鲁塞尔 Ia 号条例》)中。该条例自 2015 年 1 月 10 日起生效。它取代了之前适用的 第 44/2001 号条例(《布鲁塞尔 I 号条例》)。该条例旨在为管辖权以及判决的承认和执行建立一个统一的在整个欧盟强制和直接适用的法律框架。[1] 在其适用范围内(《布鲁塞尔 Ia 号条例》第 1 条),该条例取代了《民事诉讼法》的规定。[2]

第二章第四节(《布鲁塞尔 Ia 号条例》第 17 条至第 19 条)包含有关消费者事务国际管辖的详细规定。这些规定相当于之前的《布鲁塞尔 I 号条例》第 15 条至第 17 条中的规定。

关于消费者事务的国际管辖的特别规定主要是争取对作为经济上较弱和法律上缺乏经验的合同相对人的消费者加以保护。[3] 消费者在决定通过法院行使其权利时,不应因必须向其合同相对人的分支机构所在国家的法院提起诉讼而变得困难。[4]

1. 消费者事务

《布鲁塞尔 Ia 号条例》第 17 条第 1 款对消费者事务这一概念作了更详细的描述。据此,消费者事务必须满足三个前提。**第一**,诉讼的对象为**合同**(Vertrag)或因合同产生的**请求权**(Anspruch aus Vertrag)。不包括在内的是侵权请求权和缔约过失请求权。[5]

第二,该合同是由一个人(**消费者**)出于不能归因于其职业或商业行为的目的而订立的。这里的消费者概念应该被自主地解

---

[1] 《第 1215/2012 号条例》立法理由第 6 条。
[2] Gebauer/Wiedmann/*Gebauer* Kap. 27 Rn. 11.
[3] 《第 1215/2012 号条例》立法理由第 18 条;参见 *EuGH* Slg. 1993, I-139 = NJW 1993, 1251 = ECLI:EU:C:1993:15 Rn. 18-*Shearson Lehman Hutton*。
[4] *EuGH* Slg. 1993, I-139 = NJW 1993, 1251 = ECLI:EU:C:1993:15 Rn. 18-*Shearson Lehman Hutton*。
[5] Gebauer/Wiedmann/*Gebauer* Kap. 27 Rn. 84; MüKoZPO/*Gottwald* EuGVO Art. 15 Rn. 5.

释。[6] 与《民法典》第 13 条消费者概念的不同尤其可能在"双重目的"情况下出现(见第三章边码 51 以下)。不被该规定所涵盖的是一个作为私人最终消费者权利的受让人,而自身没有参与到经营者与私人合同之中的法人。[7] 如果消费者保护社团为了消费者利益提起团体诉讼,同样如此。[8]

7　　第三,必须存在《布鲁塞尔 Ia 号条例》第 17 条第 1 款中提到的交易之一。可以是**分期支付的动产买卖**(Kauf beweglicher Sachen auf Teilzahlung)(字母 a)、分期偿还的为购买此类财产提供资金的**贷款或其他贷款交易**(Darlehen oder ein anderes Kreditgeschäft)(字母 b),或者一种其他的情况,即合同相对人在消费者住所地所在的成员国境内从事**职业或商业活动**(berufliche oder gewerbliche Tätigkeit ausübt)或以任何方式**针对**(ausrichtet)该成员国或包括该成员国在内的多个国家从事此类活动,并且该合同属于这些活动范围之内(字母 c)。

8　　不包括在内的是运输合同,但以全包价格提供联合运输和住宿服务的旅行合同除外(《布鲁塞尔 Ia 号条例》第 17 条第 3 款)。

9　　对于在成员国主权领土内没有住所的被告,适用《布鲁塞尔 Ia 号条例》第 6 条和第 17 条第 2 款。此外,《布鲁塞尔 Ia 号条例》第 7 条第 5 项的特别规定不受影响。

2. 管辖

10　　对于消费者对合同相对人**提起的诉讼**(Klage des Verbrauchers),适用《布鲁塞尔 Ia 号条例》第 18 条第 1 款的管辖规定。据此,诉讼

---

[6] MüKoZPO/*Gottwald* EuGVO Art. 15 Rn. 2.

[7] *EuGH* Slg. 1993, I-139 = NJW 1993, 1251 = ECLI:EU:C:1993:15 Rn. 11 ff.-*Shearson Lehman Hutton*.

[8] *EuGH* Slg. 2002, I-8111 = NJW 2002, 3617 = ECLI:EU:C:2002:555 Rn. 33-*Verein für Konsumenteninformation*.

可以在**合同相对人住所地**(Vertragspartner seinen Wohnsitz)所在成员国的法院提起,也可以不考虑合同相对人的住所地,而在**消费者住所地**(Verbraucher seinen Wohnsitz)的法院提起。

根据《布鲁塞尔Ia号条例》第18条第2款,**合同相对人对消费者的诉讼**(Klage des anderen Vertragspartners)只能在**消费者住所地**(Verbraucher seinen Wohnsitz)所在成员国的法院提起。

不受这些规定影响的是根据本节规定在原诉讼受理法院提起**反诉**(Widerklage)的权利(参见《布鲁塞尔Ia号条例》第8条第3项)。

3. 管辖协议

《布鲁塞尔Ia号条例》第19条旨在保护消费者免受对他不利的**不同管辖协议**(abweichenden Gerichtsstandsvereinbarungen)的影响。因此,此类协议只有在如下情况下才被允许,当:

第1项:协议是在争议产生后达成的;

第2项:它授予消费者向除《布鲁塞尔Ia号条例》本节规定的法院以外的法院提起诉讼的权限;或者

第3项:它是合同订立时在同一成员国拥有住所或惯常居所的消费者及其合同相对人之间达成并且确立了该成员国法院的管辖权,除非这样的一份协议根据该成员国的法律应予禁止。

这些要求可以相互替代。[9] 管辖协议的**形式**根据《布鲁塞尔Ia号条例》第25条第1款第3句确定。[10]

4. 无异议的应诉

除了《布鲁塞尔Ia号条例》第19条中规定的前提以外,也可以通过消费者无异议的应诉(rügelose Einlassung)而确立管辖权(《布

11

12

13

14

15

---

[9] Gebauer/Wiedmann/*Gebauer* Kap. 27 Rn. 91.

[10] Gebauer/Wiedmann/*Gebauer* Kap. 27 Rn. 90.

鲁塞尔 Ia 号条例》第 26 条第 1 款)。[11] 根据欧洲法院的看法,被告的应诉应被视为对受理法院**管辖权的默示承认**(stillschweigende Anerkennung der Zuständigkeit),在此基础上成立管辖权协议。[12] 应诉的要求不宜设置过高。[13] 但是,如果被告对国际管辖提出异议,同时又辅助性地对本案应诉,则不足以确立管辖权。[14]

16 通过无异议的应诉来确立管辖的途径对消费者来说是有风险的。因为它为经营者提供了这样的可能,即寄希望于消费者缺乏法律经验,并试图在其所在地法院提起诉讼,从而最终导致条例所不希望的管辖地。对于这一问题,欧洲立法者已通过《布鲁塞尔 Ia 号条例》第 26 条第 2 款作出回应,规定了法院在宣布管辖权之前特别的**提示义务**(Hinweispflicht der Gerichte)。

二、《民事诉讼法》中的消费者保护规定

17 《民事诉讼法》仅包含一些与消费者有关的个别规定。

1. 在营业场所外订立合同之诉的特别管辖,《民事诉讼法》第 29c 条

18 《民事诉讼法》第 29c 条为**在营业场所外订立的合同引起的诉讼**(Klagen aus außerhalb von Geschäftsräumen geschlossenen Verträgen)规定了一个特别的管辖。以前的《家门口交易及类似交易撤回法》第 7 条的家门口交易中已经有一个类似的规定。随着《家门口交易及类似交易撤回法》的规定被综合到《民法典》中,这一纯粹的

---

[11] Vgl. *EuGH* Slg. 2010, I-4547 = EuZW 2010, 678 = ECLI:EU:C:2010:290 Rn. 19 ff.-ČPP Vienna Insurance Group.

[12] *EuGH* Slg. 2010, I-4547 = EuZW 2010, 670 = ECLI:EU:C:2010:290 Rn. 21-ČPP Vienna Insurance Group.

[13] 详见 Gebauer/Wiedmann/*Gebauer* Kap. 27 Rn. 132。

[14] Vgl. *EuGH* Slg. 1981, 1671 = ECLI:EU:C:1981:148 Rn. 14 ff.-*Elefanten Schuh GmbH/Jacqmain*; BGH NJW 1999, 2442.

程序法规定被整合到《民事诉讼法》之中。[15] 这项新规定还同时结合了内容上的变化,即专属管辖权仅适用于针对消费者的诉讼。[16]

根据《民事诉讼法》第29c条第1款,对于在营业场所外订立的合同所引起的诉讼,由提起诉讼时消费者住所地的法院管辖,辅助性地取决于消费者的经常居住地。该法院对针对消费者的诉讼具有专属管辖权。该条款的目的是避免消费者在发生诉讼时必须到可能很远的法院主张他的权利,尽管当时是合同相对人(经营者)在消费者家门口发起了合同的订立。[17]

19

与之前的版本一样,"在营业场所外订立合同之诉"的表述涵盖所有主张以《民法典》第312b条的交易为基础的请求权的诉讼,无论请求权基础为何。[18]《民事诉讼法》第29c条不仅适用于直接由合同引起的请求权,还适用于与交易相关的所有后续请求权。[19]

20

> 示例:《民事诉讼法》第29c条第1款也适用于消费者的先合同过错责任请求权;即使请求权是针对经营者的代理人主张的,这也适用。[20]

根据《民事诉讼法》第29c条第2款,对**反诉**(Widerklagen)的限制不适用。这是基于这样的考虑,即当消费者尽管有本地诉讼可能,却仍然在其一般管辖地或履行地向另一方合同当事人提起诉讼时,而对于反诉却要求另一方合同当事人根据《民事诉讼法》第29c条第1款第2句的专属管辖(参见《民事诉讼法》第33条第2款结

21

---

[15] Begr. zum SchuldModG, BT-Drs. 14/6040, 278.
[16] Begr. zum SchuldModG, BT-Drs. 14/6040, 278.
[17] Vgl. *BGH* NJW 2003, 1190.
[18] Vgl. *BGH* NJW 2003, 1190.
[19] Vgl. *BGH* NJW 2003, 1190.
[20] Vgl. *BGH* NJW 2003, 1190 (1191).

合《民事诉讼法》第 40 条第 2 款),这是不公平的。[21]

22　　当消费者在合同订立后将其住所或经常居所迁移到法律的效力范围之外,或者在提起诉讼时其住所或经常居所不明确时,《民事诉讼法》第 29c 条第 3 款允许**协议管辖**(Gerichtsstandsvereinbarung)。借此使经营者受到保护,避免当消费者将其住所或经常居所迁至国外时,他要去国外进行法律追究的困难。[22]

　　2. 通过消费者团体的代理,《民事诉讼法》第 79 条第 2 款第 1 句第 3 项

23　　根据《民事诉讼法》第 79 条第 2 款第 1 句第 3 项,**消费者中心和其他公共资助的消费者团体**(mit öffentlichen Mitteln geförderte Verbraucherverbände)在集合消费者的债权时,有权在其职责范围内作为诉讼代理人代理诉讼。该规定与《庭外法律服务法》(RDG)第 8 条第 1 款第 4 项有关。[23]

24　　代理权限仅适用于**消费者的支付之诉**(Zahlungsklagen von Verbrauchern),但不适用于例如,主张不作为请求权或确认之诉。[24]其他的前提是,消费者中心或消费者团体的代理行为是在其职责范围内实施的。[25]

　　3. 仲裁协议的形式,《民事诉讼法》第 1031 条第 5 款

25　　《民事诉讼法》第 1031 条第 5 款为消费者参与的仲裁协议规定了特别的形式要求。根据《民事诉讼法》第 1029 条第 1 款,仲裁协议是当事人之间就已发生或将发生的合同或非合同性质的特定法律关系的所有或个别争议提交仲裁庭裁决的协议。

---

[21] Begr. zum SchuldModG, BT-Drs. 14/6040, 278.
[22] Musielak/*Heinrich* ZPO § 29c Rn. 13; MüKoZPO/*Patzina* § 29c Rn. 23.
[23] Begr. zum RegE, BT-Drs. 16/3655, 88.
[24] Musielak/*Weth* ZPO § 79 Rn. 13.
[25] Begr. zum RegE, BT-Drs. 16/3655, 88.

在消费者参与的情况下,该协议必须包含在当事人**亲自签署的文件**(eigenhändig unterzeichneten Urkunde)之中。允许以**电子形式**代替书面形式(《民法典》第 126a 条)。文件或电子文档中不得包含其他与仲裁程序无关的协议。经过公证的除外。 26

特别的格式要求旨在向消费者明确提示"他放弃由国家法院对可能发生的法律纠纷进行判决"。[26] 该规定用于警示消费者并防止经济或社会优势。[27] 27

仲裁协议可以使用**格式条款**(formularmäßig)订立。这样的一份协议本身并不构成《民法典》第 307 条意义上的对合同相对人的不合理损害。[28] 不需要存在一个使用人方面的指定仲裁庭的特别需求。[29] 28

对《民事诉讼法》第 1031 条第 5 款的形式要求的**违反**(Verstoß)应当依职权审查,如果消费者援引仲裁协议,而其合同相对人(经营者)提出其无效,也应当进行审查。[30] 因为立法者恰恰没有将《民事诉讼法》第 1031 条第 5 款规定设计为消费者的抗辩权。 29

三、替代性争议解决

> 精选文献:*Eidenmüller/Engel,* Die Schlichtungsfalle: Verbraucherrechtsdurchsetzung nach der ADR-Richtlinie und der ODR-Verordnung der EU, ZIP 2013, 1704; *Engel/Hornuf,* Mediation als Verbraucherschutz-oder Verbraucherschutz vor Mediation?, SchiedsVZ 2012, 26; *Risse,* Das Mediationsgesetz-eine

---

[26] Begr. zum RegE, BT-Drs. 13/5274, 37; *BGH* NJW 2011, 2976 Rn. 6.
[27] BGHZ 162, 9 = NJW 2005, 1125 (1126).
[28] BGHZ 162, 9 = NJW 2005, 1125 (1126).
[29] BGHZ 162, 9 = NJW 2005, 1125 (1126).
[30] *BGH* NJW 2011, 2976 Rn. 7.

> Kommentierung, SchiedsVZ 2012, 244; *G. Rühl*, Die Richtlinie über alternative Streitbeilegung: Handlungsperspektiven und Handlungsoptionen, ZZP 127（2014），61; *dies.*, Alternative und Online-Streitbeilegung in Verbrauchersachen-Neues aus Brüssel, ZRP 2014, 8.

1. 调解

30 除了"传统的"通过法院诉讼解决冲突的方式之外,越来越多的替代性争议解决途径开始出现。调解尤其具有越来越重要的实际意义。

(1)欧洲的规定和《调解法》

31 在欧洲层面,《第 2008/52/EG 号指令》对民商事调解作出了更详细的规定。像指令明确表示的那样,欧盟法对庭外争议解决持非常开放的态度,即使是在涉及消费者争议的情况下也是如此。从欧洲立法者的角度来看,调解通过依各方需求设计的程序提供了一种经济和快速的庭外争议解决方案。[31] 此外,通过调解达成的协议更有可能被自愿遵守,也更有可能在当事人之间维持一种善意和可持续的关系。[32]

32 自 2012 年以来,《**调解法**》(MediationsG)对调解作出了更详细的规定,同时将《第 2008/52/EG 号指令》转化为德国法。《调解法》第 1 条第 1 款将调解定义为当事人在一个或多个调解员的帮助下,自愿和独立地争取友好解决其冲突的一种保密和结构化的程序。根据《调解法》第 1 条第 2 款,调解员是一个指导当事人进行调解但没有决定权的独立和中立的人。

---

[31]《第 2008/52/EG 号指令》立法理由第 6 条第 1 句。
[32]《第 2008/52/EG 号指令》立法理由第 6 条第 2 句。

(2)消费者保护和调解

迄今为止,关于消费者保护与调解之间关系问题的讨论相对较少。[33]《调解法》本身并没有保护消费者的详细规定。但法律的官方材料中提及了消费者保护的不同方面。[34] 此外,《调解法》还要求在法律评估的框架内,出于质量保证和消费者保护的原因,审查和判断是否有必要在调解员培训和进修领域采取进一步的立法措施(《调解法》第8条第1款)。

2001年,委员会发布了《关于庭外机构参与协商解决消费者争议的原则建议书》(Empfehlung über die Grundsätze für an der einvernehmlichen Beilegung von Verbraucherrechtsstreitigkeiten beteiligte außergerichtliche Einrichtungen)。[35] 为了提供高水平的消费者保护和增强消费者信心,该建议规定了在友好解决消费者争议时应当遵守的原则。总结来说,就是要确保替代性争议解决程序的公正、透明、高效和公平。

2. 替代性争议解决

(1)欧盟的规制目标

根据欧洲立法者的判断,替代性争议解决("AS")是一种在庭外解决消费者和经营者之间争议的**简单、快速和经济的途径**(einfache, schnelle und kostengünstige Möglichkeit)。[36] 但替代性争议解决——尽管委员会提出了各种建议[37]——目前尚未在成员国中得

---

[33] 对此更详细的思考见 *Engel/Hornuf* SchiedsVZ 2012, 26。
[34] Begr. zum RegE, BT-Drs. 17/5335, 18 und Stellungnahme BR S. 28 ff.
[35] ABl. 2001 L 109, 56.
[36]《第2013/11/EU号指令》立法理由第5条第1句。
[37] *Kommission*, Empfehlung 98/257/EG vom 30. März 1998 betreffend die Grundsätze für Einrichtungen, die für die außergerichtliche Beilegung von Verbraucherrechtsstreitigkeiten zuständig sind (ABl. 1998 L 115, 31); *Kommission*, Empfehlung 2001/310/EG vom 4. April 2001 über die Grundsätze für an der einvernehmlichen Beilegung von Verbraucherrechtsstreitigkeiten beteiligte außergerichtliche Einrichtungen (ABl. 2001 L 109, 56)。

到充分和一致的发展。[38] 欧盟立法者认为,成员国在覆盖范围、质量和认识方面存在的差异是内部市场的障碍,也是许多消费者不跨境购物,不相信与经营者可能出现的争议可以通过简单、快速和经济的方式被解决的一个重要原因。[39]

36　　欧盟立法者认为,应当采取**四项措施**(vier Maßnahmen)来消除现有的缺点[40]:

→替代性争议解决应适用于指令涵盖的所有类型的国内和跨境争议;

→替代性争议解决程序应符合适用于整个欧盟的统一质量要求;

→消费者和经营者应当了解这些程序;

→由于跨境贸易和人员流动的增加,替代性争议解决机构应当有效处理跨境争议。

37　　关于消费者争议替代解决的《第 2013/11/EU 号指令》有助于实现这些目标。这一指令自 2013 年 7 月 8 日起生效。它应当在 2015 年 7 月 9 日之前被转化为国内法。它追求**最低协调**的目标,即成员国可以维持或引入超出指令规定的规定,以保证更高水平的消费者保护(《第 2013/11/EU 号指令》第 2 条第 3 款第 2 句)。

(2)《第 2013/11/EU 号指令》的适用范围

38　　该指令适用于由在欧盟有分支机构的经营者与在欧盟有住所的消费者之间的买卖合同或服务合同引起的国内和跨境合同纠纷的庭外解决程序,通过一个替代性争议解决机构建议或提出解决方案,或者为促使达成友好解决的目的而将当事人召集在一起(《第

---

[38]《第 2013/11/EU 号指令》立法理由第 5 条第 2 句。
[39]《第 2013/11/EU 号指令》立法理由第 6 条第 1 句。
[40]《第 2013/11/EU 号指令》立法理由第 7 条。

应当自主地对**买卖合同**(Kaufvertrag)和**服务合同**(Dienstleis-turgsvertrag)的概念进行解释。指令意义上的买卖合同是任何经营者将商品的所有权转让或承诺转让给消费者且消费者为此支付或承诺支付价款的合同,包括既有商品也有服务作为对象的合同(《第 2013/11/EU 号指令》第 4 条第 1 款字母 c)。服务合同是任何并非买卖合同的、经营者向消费者提供或承诺提供服务且消费者支付或承诺支付价款的合同(《第 2013/11/EU 号指令》第 4 条第 1 款字母 d)。

39

《第 2013/11/EU 号指令》的规定仅适用于因买卖合同或服务合同引起的**合同纠纷**(vertragliche Streitigkeiten),前提是消费者在订购商品或服务时居住在一个与经营者所在国不同的成员国(《第 2013/11/EU 号指令》第 4 条第 1 款字母 f)。

40

(3)基本内容

《第 2013/11/EU 号指令》规定的核心内容主要是替代性争议解决机构的准入和要求,以及替代性争议解决程序(《第 2013/11/EU 号指令》第 5 条至第 12 条)。此外,它还对信息和合作作出了更详细的规定(《第 2013/11/EU 号指令》第 13 条至第 17 条)。

41

《第 2013/11/EU 号指令》第 5 条包含对替代性争议解决机构和替代性争议解决程序的详细要求。对于替代性争议解决机构和替代性争议解决程序的基本要求和基本原则规定在其他条款中。具体而言,这涉及受委托进行替代性争议解决的人员和机构的**专业**(Fachwissen)、**独立**(Unabhängigkeit)和**公正**(Unparteilichkeit)(《第 2013/11/EU 号指令》第 6 条),以及适用于替代性争议解决程序的**透明**(Transparenz)(《第 2013/11/EU 号指令》第 7 条)、**有效**(Effektivität)(《第 2013/11/EU 号指令》第 8 条)和**公平**(Fairness)原则(《第 2013/11/EU 号指令》第 9 条)。

42

43　　《第 2013/11/EU 号指令》第 10 条旨在保护消费者在替代性争议解决程序方面的行为自由。《第 2013/11/EU 号指令》第 11 条旨在确保消费者不会因替代性争议解决程序而处于不利地位。此外,《第 2013/11/EU 号指令》第 12 条确保替代性争议解决程序不会导致请求权因时效而丧失。

44　　根据《第 2013/11/EU 号指令》第 13 条,经营者对消费者负有信息义务。此外,成员国必须确保对消费者的支持(《第 2013/11/EU 号指令》第 14 条)和关于替代性争议解决机构的一般信息(《第 2013/11/EU 号指令》第 15 条)。《第 2013/11/EU 号指令》第 16 条和第 17 条对替代性争议解决机构之间的合作以及其与消费者保护机构的合作作出了更详细的规定。

3. 在线争议解决

45　　在线争议解决(OS)涉及消费者事务中庭外争议解决的一个特别方面。

(1)欧盟的规制目标

46　　为了适应在线贸易日益增长的重要性,欧洲立法者认为有必要发展特别的机制来促进在线争议解决。如果存在一个简单和经济的解决争议的途径,将使**消费者和经营者对数字内部市场的信心**(Vertrauen der Verbraucher und Unternehmer in den digitalen Binnenmarkt)得到增强。[41] 为此出台了关于在线解决消费者争议的《**第 524/2013 号条例**》。通过在线争议解决,该条例旨在为在线法律交易引起的争议提供一种简单、高效、快速和经济的庭外解决方案。[42] 首先,通过一个欧盟范围的在线平台消除对市场参与者的限制和其他障碍。同时,替代性争议解决程序的运行应以对用户友

---

[41]《第 524/2013 号条例》立法理由第 7 条第 1 句。
[42]《第 524/2013 号条例》立法理由第 8 条第 1 句。

好的方式予以设计。《第 524/2013 号条例》补充了《第 2013/11/EU 号指令》的规定。该条例自 2016 年 1 月 9 日起生效,但部分提前生效的规定除外。

(2)《第 524/2013 号条例》的适用范围

《第 524/2013 号条例》第 2 条第 1 款适用于在欧盟有住所的消费者与在欧盟有分支机构的经营者之间有关**在线买卖合同**(Online-Kaufverträgen)或**在线服务合同**(Online-Dienstleistungsverträgen)的**合同义务**(vertragliche Verpflichtungen)争议的庭外解决,通过《第 2013/11/EU 号指令》第 20 条第 2 款列出的替代性争议解决机构的介入并使用在线争议解决平台实现。

应自主地对买卖合同和服务合同的概念进行解释并且与在《第 2013/11/EU 号指令》的适用范围中作相同的解释(见上文边码 39)。当经营者或者经营者的中间人通过网站或者其他电子方式提供商品或者服务,并且消费者通过该网站或者其他电子方式订购这些商品或者服务时,可以认定存在一个在线买卖合同或者在线服务合同(《第 2013/11/EU 号指令》第 4 条字母 e)。

(3)基本内容

《第 524/2013 号条例》的核心内容是有关一个在线争议解决平台的设立和在该平台上进行的争议解决程序的规定(《第 524/2013 号条例》第 5 条至第 15 条)。该在线争议解决平台是一个希望在庭外解决该条例适用范围内发生争议的消费者和经营者的**中央联络点**(zentrale Anlaufstelle)。它被设计为一个可以使用欧盟机构的所有官方语言进行电子访问的**交互式网站**(interaktive Webseite)。该在线争议解决平台的使用对于用户而言是**免费**(kostenlos)的。该平台主要旨在促进和简化对替代性争议解决程序的使用。有关在线争议解决平台的设立和测试的细节规定在《第 524/2013 号条例》第 5 条和第 6 条。

50 　　《第524/2013号条例》第8条至第10条规定了在线争议解决平台从消费者提交投诉,到投诉的处理和其至替代性争议解决机构的传送,再到争议解决的**流程**(Verfahrens)。

51 　　《第524/2013号条例》第11条至第13条对**数据库**(Datenbank)的建立和**数据保护问题**(datenschutzrechtlichen Fragen)作了更详细的规定。《第524/2013号条例》第14条规定了有利于消费者的信息义务。《第524/2013号条例》第15条包含机构审查的规定。

4.《消费者争议解决法》草案

52 　　为了《第2013/11/EU号指令》规定的转化和《第524/2013号条例》的实施,出台了《消费者事务替代性争议解决指令转化和消费者事务在线争议解决条例实施法》的草案。[43] 据此,替代性争议解决和在线争议解决的相关法律问题未来将在一部单独的法律《**消费者争议解决法**》(Verbraucherstreitbeilegungsgesetz)(VSBG)* 中被集中规定。

---

〔43〕 互联网上可通过下列地址访问：http://www.bmjv.de/SharedDocs/Downloads/DE/pdfs/Gesetze/RefE%20zum%20Verbraucherstreitbeilegungsgesetz.pdf?__blob=publicationFile。

* 该法的正式版本已于2015年12月3日在联邦议院通过,2016年2月19日在《联邦法律公报》上公布,参见BGBI.I S.254,1039。——译者注

第二十三章　跨境合作

在跨境情况下,对违反消费者保护规定的行为进行追究往往会遇到实际困难。由于管辖和程序规定不同,成员国负责消费者保护的机构之间缺乏合作和协调,因此,对一个住所在国外的经营者的违法行为往往只能进行不充分的追究或根本不能追究。为了减少由此产生的执法上的不足,在欧洲层面发布了关于负责实施消费者保护法的各成员国国家机构之间合作的《第 2006/2004 号条例》。为了实施这一条例,德国立法者制定了《消费者保护实施法》。

一、《第 2006/2004 号条例》

1. 欧盟的规制目标

《第 2006/2004 号条例》遵循的目标是"在共同体内部发生违法行为时,促进负责实施保护消费者利益法律的主管机构之间的合作,并推动内部市场的顺利运行,保护消费者利益法律实施的质量和一致性以及对消费者经济利益保护的监督"。[1] 该条例旨在建立一个**欧盟范围内的执法机构网络**(unionsweiten Netzes von Durchsetzungsbehörden),同时要求**最低限度的共同调查和执法权限**(Mindestmaß gemeinsamer Ermittlungs- und Durchsetzungsbefugnisse),以便有效地适用该条例并遏制销

---

[1] 《第 2006/2004 号条例》立法理由第 3 条。

售者和服务提供者违反欧盟法的行为。[2]

3　　　为此,该条例规定了被指定负责实施保护消费者利益法律的成员国主管机构相互合作并与委员会合作的条件,以确保法律的遵守和内部市场的顺利运行,进而保护消费者的经济利益(《第2006/2004号条例》第1条)。

2.《第2006/2004号条例》的适用范围

4　　　该条例适用于**共同体内部的违法行为**(innergemeinschaftlichen Verstößen)(《第2006/2004号条例》第2条第1款)。根据《第2006/2004号条例》第3条字母b,这指的是违反《第2006/2004号条例》第3条字母a中提到的保护消费者利益的法律,并损害或可能损害消费者集体利益的任何作为或不作为,该消费者在位于与作为或不作为起源地或发生地,或者负责的销售者或服务提供者住所地,或者与该作为或不作为有关的证据或财产所在地成员国不同的另外一个或多个成员国拥有住所。

5　　　《第2006/2004号条例》第3条字母a中提到的保护消费者利益的法律指的是《第2006/2004号条例》附录中列出的转化为成员国国内法律制度的指令和条例。该附录目前包含20个次级法律文件的目录。从2016年9月1日起,该清单将扩大到21个指令和条例。

3.基本内容

6　　　该条例主要规范欧盟内部的**官方协助**(Amtshilfe)。为此,每个成员国指定了负责实施该条例的**主管机构**(zuständigen Behörden)和**中央联络处**(zentrale Verbindungsstelle)(《第2006/2004号条例》第4条第1款)。

7　　　《第2006/2004号条例》第6条至第10条规定了官方协助的类型和内容。除了信息交换(《第2006/2004号条例》第6条和第7

---

[2]《第2006/2004号条例》立法理由第6条。

条),还包括执行请求(《第 2006/2004 号条例》第 8 条)、协调活动(《第 2006/2004 号条例》第 9 条)和数据库的建立(《第 2006/2004 号条例》第 10 条)。

《第 2006/2004 号条例》第 11 条至第 15 条对官方协助的条件作了更详细的规定,特别是职责、程序、数据处理和数据保护、与第三国的信息交换,以及一般框架条件和决定途径。

《第 2006/2004 号条例》第 16 条至第 18 条涉及执法活动的协调、行政合作,以及与第三国和国际组织的关系等方面。

二、《消费者保护实施法》

作为一个条例,《第 2006/2004 号条例》对所有成员国都有直接的效力。不需要进行特别的转化。然而,德国法通过《消费者保护实施法》创设了《第 2006/2004 号条例》能够实际适用的前提。[3] 在一定程度上,《消费者保护实施法》具有连接欧盟法和国内法的**枢纽功能**(Scharnierfunktion)。

《第 2006/2004 号条例》与国内消费者保护机构的相互作用在细节上非常复杂。因为德国法上没有一个普遍的消费者保护主管机构。此外,对违反消费者保护规定行为的追究主要由团体进行(见第二十一章)。

1. 主管机构和中央联络处

《消费者保护实施法》第 2 条指定了负责实施《第 2006/2004 号条例》的**主管机构**。具体来说包含以下机构:

→联邦消费者保护和食品安全部;

→联邦金融监管局;

→联邦航空局;

---

[3] Begr. zum RegE, BT-Drs. 16/2930, 15.

→联邦铁路局;

→各州法律规定的主管机构。

13　　各机构的**管辖**取决于所追究的具体违法行为。

14　　根据《第 2006/2004 号条例》第 3 条字母 d 的规定,中央联络处是各成员国负责协调该条例在各成员国适用的机构。在德国,《消费者保护实施法》第 3 条第 1 款将联邦消费者保护和食品安全部指定为中央联络处。

2. 权利行使

15　　《消费者保护实施法》第 4 条规定了主管机构的**职责范围**(Aufgabenbereich)。这里应当区分两种情况:根据《**消费者保护实施法》第 4 条第 1 项**,主管机构应另一个成员国主管机构的请求根据《第 2006/2004 号条例》第 6 条或第 8 条采取行动。根据《**消费者保护实施法》第 4 条第 2 项**,主管机构依职权而履行《第 2006/2004 号条例》第 7 条和第 9 条的职责。

16　　《消费者保护实施法》第 5 条对主管机构的权限作了更详细的规定。该条款具体化了《第 2006/2004 号条例》第 4 条第 6 款规定的联邦或州主管机构在有理由怀疑一个共同体内部违反保护消费者利益的法律时至少应当具有的调查和执法权限。[4] 其核心是共同体内部违法行为的**确定**、**消除或预防**(Feststellung, Beseitigung oder Verhütung)。此外,作为补充,《消费者保护实施法》第 6 条还规定了销售者和服务提供者的**容忍和协助义务**(Duldungs- und Mitwirkungspflichten)。

17　　根据《第 2006/2004 号条例》第 4 条第 2 款和第 8 条第 3 款,主管机构可以在实施该条例时在特定前提下让合适的**第三方**(Dritter)参与。该规定基于这种情况,即在德国和其他成员国,消

---

〔4〕 Begr. zum RegE, BT-Drs. 16/2930, 20.

费者权利是由团体和其他组织通过私法途径行使的。[5] 这一开放性条款使得由成员国国内的合法机构通过私法途径制止违法行为成为可能。[6]

从《消费者保护实施法》第 7 条第 1 款可以得出,**私法上的权利行使优先**(Vorrang der privaten Rechtsdurchsetzung)的结论。因为在采取自己的措施之前,主管机构"应该"致力于对违法行为进行私法上的追究。该规定确保了经过考验的私法上的权利行使在很大程度上被保留。[7] 机构必须合理审查,是否可以将待决案件移交给合适的第三方,而无须机构采取进一步行动。 18

《消费者保护实施法》第 7 条没有为受委托的第三方创设任何其他权利。相反,第三方只能在《不作为之诉法》允许的范围内接受委托。[8] 在委托的情况下,受委托的第三方也以其自己的名义行事。[9] 在委托中,第三方的行为类似于**行政助手**(Verwaltungshelfer)。[10] 通过第三方的权利行使方式为根据一般规则进行的庭外和庭上的权利行使。 19

3. 其他规定

《消费者保护实施法》第 9 条至第 11 条包含**罚款构成要件**(Bußgeldtatbestände)以及更详细的**执行**(Vollstreckung)和**费用**(Kosten)规定。 20

《消费者保护实施法》第 13 条以下规定了针对主管机构根据第 5 条第 1 款第 2 句第 1 项、第 4 款和第 5 款以及第 10 条和第 11 条作出决定的**法律保护**(Rechtsschutz)。 21

---

[5] Begr. zum RegE, BT-Drs. 16/2930, 21.
[6] Begr. zum RegE, BT-Drs. 16/2930, 21.
[7] Begr. zum RegE, BT-Drs. 16/2930, 22.
[8] Begr. zum RegE, BT-Drs. 16/2930, 22.
[9] Begr. zum RegE, BT-Drs. 16/2930, 22.
[10] Begr. zum RegE, BT-Drs. 16/2930, 22.

缩略语表

aA	anderer Ansicht 其他观点
aF	alte Fassung 旧版
ABl.	Amtsblatt der Europäischen Gemeinschaften bzw. der Europäischen Union 欧共体或欧盟公报
Abs.	Absatz（法律条文的）款
AbzG	Gesetz betreffend die Abzahlungsgeschäfte（Abzahlungsgesetz）《关于分期付款交易的法律》(《分期付款法》)
AcP	Archiv für die civilistische Praxis（Zeitschrift）《民法实务档案》(期刊)
AEUV	Vertrag über die Arbeitsweise der Europäischen Union《欧盟运行条约》
AG	Amtsgericht; Aktiengesellschaft; Die Aktiengesellschaft（Zeitschrift）基层法院;股份公司;《股份公司》(期刊)
AGB	Allgemeine Geschäftsbedingungen 一般交易条款
AGBG	Gesetz über die Allgemeinen Geschäftsbedingungen《一般交易条款法》
AktG	Aktiengesetz《股份法》
Alt.	Alternative（法律条文的）情形
Anh.	Anhang 附录
Anm.	Anmerkung 注解
Art.	Artikel（法律条文的）条

AS	Alternative Streitbeilegung 替代性争议解决
AT	Allgemeiner Teil 总则
Aufl.	Auflage 版
BAG	Bundesarbeitsgericht 联邦劳动法院
BAGE	Entscheidungen des Bundesarbeitsgerichtes（amtliche Sammlung）《联邦劳动法院裁判集》（官方汇编）
BB	Betrie-Bsberater（Zeitschrift）《企业顾问》（期刊）
Bd.	Band 卷
BeckEuRS	Beck-Europäische Rechtsprechung 贝克-欧洲判例
BeckRS	Beck-Rechtsprechung 贝克-判例
BeckOK	Beck'scher Online-Kommentar 贝克在线法律评注
Begr.	Begründung 理由
BGB	Bürgerliches Gesetzbuch《民法典》
BGB-InfoV	Verordnung über Informationspflichten nach bürgerlichem Recht《民法典信息义务条例》
BGBl.I	Bundesgesetzblatt, Teil I《联邦法律公报》（第一部分）
BGH	Bundesgerichtshof 联邦最高法院
BGHSt	Entscheidungen des Bundesgerichtshofes in Strafsachen（amtliche Sammlung）《联邦最高法院刑事裁判集》（官方汇编）
BGHZ	Entscheidungen des Bundesgerichtshofes in Zivilsachen（amtliche Sammlung）《联邦最高法院民事裁判集》（官方汇编）
BKartA	Bundeskartellamt 联邦卡特尔局
BR	Bundesrat 联邦参议院
Brüssel I-VO	Verordnung（EG）Nr. 44/2001 vom 22. Dezember 2000 über die gerichtliche Zuständigkeit und die Anerkennung und Vollstreckung von Entscheidungen in Zivil- und Handelssachen 2000年12月22日欧共体《关于民商事诉讼管辖与判决的承认与执行的第44/2001号条例》（《布鲁塞尔I号条例》）

Brüssel Ia-VO	Verordnung (EU) Nr. 1215/2012 vom 12. Dezember 2012 über die gerichtliche Zuständigkeit und die Anerkennung und Vollstreckung von Entscheidungen in Zivil- und Handelssachen 2012年12月12日欧盟《关于民商事诉讼管辖与判决的承认与执行的第1215/2012号条例》(《布鲁塞尔Ia号条例》)
BT	Bundestag 联邦议院
BVerfG	Bundesverfassungsgericht 联邦宪法法院
BVerfGE	Entscheidungen des Bundesverfassungsgerichts (amtliche Sammlung)《联邦宪法法院裁判集》(官方汇编)
BVerwG	Bundesverwaltungsgericht 联邦行政法院
BVerwGE	Entscheidungen des Bundesverwaltungsgerichts (amtliche Sammlung)《联邦行政法院裁判集》(官方汇编)
bzw.	beziehungsweise 或者
c.i.c.	culpa in contrahendo 缔约过失
CML Rev	German Market Law Review (Zeitschrift)《德国市场法评论》(期刊)
CISG	Wiener UN-Übereinkommen über Verträge über den internationalen Warenkauf《联合国国际货物买卖合同公约》
CR	Computer und Recht (Zeitschrift)《计算机与法》(期刊)
DB	Der Betrieb (Zeitschrift)《企业》(期刊)
ders.	derselbe 同样的
dies.	dieselbe(n) 同样的
dh	das heißt 也就是说,即
DRiZ	Deutsche Richterzeitung (Zeitschrift)《德国法官杂志》(期刊)
Drs.	Drucksache 出版物
DStR	Deutsches Steuerrecht (Zeitschrift)《德国税法》(期刊)

DZWIR	Deutsche Zeitschrift für Wirtschafts- und Insolvenzrecht (Zeitschrift)《德国经济和破产法杂志》(期刊)	
ECLI	European Case Law Identifier 欧洲判例法识别码	
EG	Europäische Gemeinschaft(en) 欧共体	
EGBGB	Einführungsgesetz zum Bürgerlichen Gesetzbuch《民法典施行法》	
EGMR	Europäischer Gerichtshof für Menschenrechte 欧洲人权法院	
EMRK	Europäische Menschenrechtskonvention《欧洲人权公约》	
Erw.	Erwägungsgrund; Erwägungsgründe 立法理由; 立法理由 (复数)	
EU	Europäische Union 欧盟	
EU-GRCharta	Charta der Grundrechte der Europäischen Union《欧盟基本权利宪章》	
EuG	Gericht der Europäischen Union 欧盟法院	
EuGH	Europäischer Gerichtshof 欧洲法院	
EUV	Vertrag über die Europäische Union《欧盟条约》	
EuZW	Europäische Zeitschrift für Wirtschaftsrecht (Zeitschrift)《欧洲经济法杂志》(期刊)	
EWiR	Entscheidungen zum Wirtschaftsrecht《经济法判例》	
EWS	Europäisches Wirtschafts- und Steuerrecht (Zeitschrift)《欧洲经济法和税法》(期刊)	
f., ff.	folgende; folgende (Mehrzahl) 以下; 以下(多个)	
FernAbsG	Fernabsatzgesetz《远程销售法》	
FernUSG	Fernunterrichtsgesetz《远程课程参与人保护法》	
Fn.	Fußnote 脚注	
FS	Festschrift 祝贺文集	
GA	Generalanwalt/Generalanwältin 总法律顾问/总法律顾问(女)	

GbR	Gesellschaft bürgerlichen Rechts 民法上的合伙	
GG	Grundgesetz für die Bundesrepublik Deutschland《德意志联邦共和国基本法》	
ggf.	gegebenenfalls 必要时	
GmbH	Gesellschaft mit beschränkter Haftung 有限责任公司	
GmbHG	Gesetz betreffend die Gesellschaften mit beschränkter Haftung《有限责任公司法》	
GPR	Zeitschrift für Gemeinschaftsprivatrecht（Zeitschrift）《共同体私法杂志》（期刊）	
GRUR	Gewerblicher Rechtsschutz und Urheberrecht（Zeitschrift）《工商业权利保护与著作权法》（期刊）	
GRUR-RR	Gewerblicher Rechtsschutz und Urheberrecht–Rechtsprechungsreport（Zeitschrift）《工商业权利保护与著作权法－判例报告》（期刊）	
GRUR Int.	Gewerblicher Rechtsschutz und Urheberrecht–Internationaler Teil（Zeitschrift）《工商业权利保护与著作权法－国际部分》（期刊）	
GS	Gedächtnisschrift 纪念文集	
GVG	Gerichtsverfassungsgesetz《法院组织法》	
GVO	Gruppenfreistellungsverordnung《群体豁免条例》	
GWB	Gesetz gegen Wettbewerbsbeschränkungen《反限制竞争法》	
hM	herrschende Meinung 通说，主流观点	
HGB	Handelsgesetzbuch《商法典》	
Hrsg.	Herausgeber 出版人	
Hs.	Halbsatz（法律条文的）半句	
HWiG	Haustürwiderrufsgesetz《家门口交易及类似交易撤回法》	
iSv	im Sinne von 在……意义上	
iVm	in Verbindung mit 结合	
InsO	Insolvenzordnung《破产法》	

IPRax	Praxis des Internationalen Privat- und Verfahrensrechts（Zeitschrift）《国际私法与程序法实务》（期刊）	
ITRB	IT-Rechts-Berater（Zeitschrift）《信息技术法顾问》（期刊）	
JA	Juristische Arbeitsblätter（Zeitschrift）《法学工作报》（期刊）	
JM	Juris Die Monatszeitschrift《Juris 月报》	
JR	Juristische Rundschau（Zeitschrift）《法学评论》（期刊）	
JuS	Juristische Schulung（Zeitschrift）《法学教育》（期刊）	
JZ	Juristenzeitung（Zeitschrift）《法学家报》（期刊）	
K&R	Kommunikation & Recht（Zeitschrift）《通讯与法》（期刊）	
KAGB	Kapitalanlagegesetzbuch《资本投资法典》	
Kap.	Kapitel 目	
KG	Kommanditgesellschaft; Kammergericht 两合公司；皇家最高法院	
LG	Landgericht 地方法院	
lit.	litera（法律条文的）字母	
Ls.	Leitsootz（判决的）主旨	
MDR	Monatsschrift für Deutsches Recht（Zeitschrift）《德国法月刊》（期刊）	
MittBayNot	Mitteilungen des Bayerischen Notarvereins, der Notarkasse und der Landesnotarkammer Bayern（Zeitschrift）《巴伐利亚公证员社团、公证银行和巴伐利亚州公证员协会通讯》（期刊）	
MMR	MultiMedia und Recht（Zeitschrift）《多媒体与法》（期刊）	
MüKo	Münchener Kommentar 慕尼黑法律评注	
mwN	mit weiteren Nachweisen 附其他引注	
nF	neue Fassung 新版	
NJ	Neue Justiz（Zeitschrift）《新司法》（期刊）	
NJOZ	Neue Juristische Online Zeitschrift（Zeitschrift）《新法学在线杂志》（期刊）	

NJW	Neue Juristische Wochenschrift（Zeitschrift）《新法学周刊》（期刊）
NJW-RR	Neue Juristische Wochenschrift - Rechtsprechungsreport Zivilrecht（Zeitschrift）《新法学周刊-民法判例报告》（期刊）
Nr.	Nummer（法律条文的）项
NotBZ	Zeitschrift für die notarielle Beratungs- und Beurkundungspraxis（Zeitschrift）《公证咨询和认证实践杂志》（期刊）
NVwZ	Neue Zeitschrift für Verwaltungsrecht（Zeitschrift）《新行政法杂志》（期刊）
NZG	Neue Zeitschrift für Gesellschaftsrecht（Zeitschrift）《新公司法杂志》（期刊）
NZKart	Neue Zeitschrift für Kartellrecht（Zeitschrift）《新卡特尔法杂志》（期刊）
NZM	Neue Zeitschrift für Mietrecht（Zeitschrift）《新租赁法杂志》（期刊）
PAngV	Preisangabenverordnung《价格标示条例》
OHG	Offene Handelsgesellschaft 无限公司
OLG	Oberlandesgericht 地方高等法院
OS	Online-Streitbeilegung 在线争议解决
ProdHaftG	Produkthaftungsgesetz《产品责任法》
RabelsZ	Rabels Zeitschrift für ausländisches und europäisches Privatrecht（Zeitschrift）《拉贝尔外国和欧洲私法杂志》（期刊）
RefE	Referentenentwurf 专家草案
RegE	Regierungsentwurf 政府草案
RG	Reichsgericht 帝国法院
RGZ	Entscheidungen des Reichsgerichts in Zivilsachen（amtliche Sammlung）《帝国法院民事裁判集》（官方汇编）
RIW	Recht der internationalen Wirtschaft（Zeitschrift）《国际经济法》（期刊）

RL	Richtlinie 指令	
Rn.	Randnummer 边码	
RNotZ	Rheinische Notarzeitschrift（Zeitschrift）《莱茵公证员杂志》（期刊）	
Rom I-VO	Verordnung（EG）Nr. 593/2008 über das auf vertragliche Schuldverhältnisse anzuwendende Recht 欧共体《关于合同之债准据法的第 593/2008 号条例》(《罗马 I 号条例》)	
Rom II-VO	Verordnung（EG）Nr. 864/2007 über das auf außervertragliche Schuldverhältnisse anzuwendende Recht 欧共体《关于非合同之债准据法的第 864/2007 号条例》(《罗马 II 号条例》)	
Rspr.	Rechtsprechung 判例	
RStV	Staatsvertrag für Rundfunk und Telemedien（Rundfunk-Staatsvertrag）《关于广播和远程媒体的国际条约》(《广播国际条约》)	
S.	Seite(n); Satz 页;(法律条文的)句	
s.	siehe 见,参见	
ScheckG	Scheckgesetz《支票法》	
SchiedsVZ	Zeitschrift für Schiedsverfahren（Zeitschrift）《仲裁杂志》（期刊）	
SchuldModG	Schuldrechtsmodernisierungsgesetz《债法现代化法》	
Slg.	Sammlung der Rechtsprechung des Gerichtshofes und des Gerichts der Europäischen Union（amtliche Sammlung）《欧盟法院和法庭判例集》(官方汇编)	
SpuRt	Sport und Recht（Zeitschrift）《体育与法》（期刊）	
st.	ständig(e) 一贯的	
str.	streitig 有争议的	
StGB	Strafgesetzbuch《刑法典》	
SVR	Straßenverkehrsrecht《道路交通法》	
Tz.	Textziffer 边码	

TzWRG	Teilzeit-Wohnrechtegesetz《分时居住权法》
ua	unter anderem 此外,另外
UGP-RL	Richtlinie 2005/29/EG über unlautere Geschäftspraktiken《关于不正当商业行为的第 2005/29/EG 号指令》(《不正当商业行为指令》)
UKlaG	Gesetz über Unterlassungsklagen bei Verbraucherrechts- und anderen Verstößen (Unterlassungsklagengesetz)《关于消费者权利及其他权利侵害的不作为之诉法》(《不作为之诉法》)
UrhG	Urheberrechtsgesetz《著作权法》
UWG	Gesetz gegen den unlauteren Wettbewerb《反不正当竞争法》
VerbrKrG	Verbraucherkreditgesetz《消费者贷款法》
VersR	Versicherungsrecht (Zeitschrift)《保险法》(期刊)
Vertikal-GVO	Verordnung (EU) Nr. 330/2010 über die Anwendung von Art. 101 Abs. 3 des Vertrags über die Arbeitsweise der Europäischen Union auf Gruppen von vertikalen Vereinbarungen und abgestimmten Verhaltensweisen《关于对各类纵向协议和协同行为适用〈欧盟运行条约〉第 101 条第 3 款的欧盟第 330/2010 号条例》(《纵向群体豁免条例》)
vgl.	vergleiche 比较,参见
VRRL	Richtlinie 2011/83/EU über die Rechte der Verbraucher《关于消费者权利的第 2011/83/EU 号指令》(《消费者权利指令》)
VSchDG	EG-Verbraucherschutzdurchsetzungsgesetz 欧共体《消费者保护实施法》
VO	Verordnung 条例
VuR	Verbraucher und Recht (Zeitschrift)《消费者与法》(期刊)
WG	Wechselgesetz《票据法》
WM	Wertpapiermitteilungen (Zeitschrift)《有价证券通讯》(期刊)
WRP	Wettbewerb in Recht und Praxis (Zeitschrift)《法与实务中的竞争》(期刊)

WuW	Wirtschaft und Wettbewerb（Zeitschrift）《经济与竞争》（期刊）
WuW/E	Wirtschaft und Wettbewerb-Entscheidungssammlung zum Kartellrecht（Zeitschrift）《经济与竞争-卡特尔法判例汇编》（期刊）
zB	zum Beispiel 例如
ZEuP	Zeitschrift für Europäisches Privatrecht（Zeitschrift）《欧洲私法杂志》（期刊）
ZfRV	Zeitschrift für Europarecht, Internationales Privatrecht und Rechtsvergleichung（Zeitschrift）《欧洲法、国际私法和法律比较杂志》（期刊）
ZGS	Zeitschrift für das gesamte Schuldrecht《债法综合杂志》（期刊）
ZHR	Zeitschrift für das gesamte Handels- und Wirtschaftsrecht（Zeitschrift）《商法与经济法综合杂志》（期刊）
ZMR	Zeitschrift für Miet- und Raumrecht《租赁与空间法杂志》（期刊）
ZIP	Zeitschrift für Wirtschaftsrecht（Zeitschrift）《经济法杂志》（期刊）
ZPO	Zivilprozessordnung《民事诉讼法》
ZRP	Zeitschrift für Rechtspolitik（Zeitschrift）《法政策杂志》（期刊）
ZZP	Zeitschrift für Zivilprozess（Zeitschrift）《民事诉讼杂志》（期刊）

缩略文献表

缩略名称	被缩略文献
Ahrens/*Bearbeiter*	Ahrens, Der Wettbewerbsprozess. Ein Praxishandbuch, 7. Aufl. 2013
Beater	Beater, Unlauterer Wettbewerb, 2011
Bechtold	Bechtold, GWB-Kartellgesetz, Gesetz gegen Wettbewerbsbeschränkungen, 7. Aufl. 2013
BeckOK BGB/*Bearbeiter*	Bamberger/Roth, Bech'scher Online-Kommentar BGB, E-dition: 33, stand: 1. 11. 2014
Bork	Bork, Allgemeiner Teil des Bürgerlichen Gesetzbuchs, 3. Aufl. 2011
Bülow/Artz	*Bülow/Artz*, Verbraucherprivatrecht, 4. Aufl. 2014
Bülow/Artz/*Bearbeiter*	*Bülow/Artz*, Handbuch Verbraucherprivatrecht, 2005
Callies/Ruffert	Callies/Ruffert, EUV/AEUV, 4. Aufl. 2011
Canaris	Canaris, Handelsrecht, 24. Aufl. 2006
Drexl	Drexl, Die wirtschaftliche Selbstbestimmung des Verbrauchers. Eine Studie zum Privat- und Wirtschaftsrecht unter Berücksichtigung gemeinschaftsrechtlicher Bezüge, 1998
Erman/*Bearbeiter*	Erman, Bürgerliches Gesetzbuch, Handkommentar, 14. Aufl. 2014

Gebauer/Wiedmann/*Bearbeiter*	*Gebauer/Wiedmann*, Zivilrecht unter europäischem Einfluss, 2. Aufl. 2010
Grunewald/Peifer	*Grunewald/Peifer*, Verbraucherschutz im Zivilrecht, 2010
Harte/Henning/*Bearbeiter*	*Harte – Bavendamm/Henning – Bodewig*, UWG, 3. Aufl. 2013
Köhler/Bornkamm/*Bearbeiter*	*Köhler/Bornkamm*, UWG, 32. Aufl. 2014
Langen/Bunte/*Bearbeiter*	*Langen/Bunte*, Kartellrecht, 12. Aufl. 2014
Larenz	*Larenz*, Lehrbuch des Schuldrechts, Bd. II, Halbbd. 1, Besonderer Teil, 13. Aufl. 1986
Larenz/Canaris	*Larenz/Canaris*, Lehrbuch des Schuldrechts, Besonderer Teil, 2. Bd., 2. Halbbd., 13. Aufl. 1994
MüKoBGB/*Bearbeiter*	*Säcker/Rixecker*, Münchener Kommentar zum BGB, 6. Aufl. 2012 ff.
MüKoUWG/*Bearbeiter*	*Heermann/Schlingloff*, Münchener Kommentar zum Lauterkeitsrecht, 2. Aufl. 2014
MüKoZPO/*Bearbeiter*	*Krüger/Rauscher*, Münchener Kommentar zur ZPO, 4. Aufl. 2012f.
Musielak/*Bearbeiter*	*Musielak*, ZPO, 11. Aufl. 2014
Ohly/Sosnitza/*Bearbeiter*	*Ohly/Sosnitza*, UWG, 6. Aufl. 2014
Palandt/*Bearbeiter*	*Palandt*, BGB, 73. Aufl. 2014
Soergel/*Bearbeiter*	*Soergel*, Bürgerliches Gesetzbuch, 13. Aufl. 1999 ff.
Staudinger/*Bearbeiter*	*Staudinger*, BGB, Neubearbeitung 2013
Tamm	*Tamm*, Verbraucherschutzrecht, 2011
Tamm/Tonner/*Bearbeiter*	*Tamm/Tonner*, Verbraucherrecht, 2012

Teplitzky	*Teplitzky*, Wettbewerbsrechtliche Ansprüche und Verfahren, 10. Aufl. 2011
v. Hippel	*von Hippel*, Eike Verbraucherschutz, 3. Aufl. 1986
Wolf/Neuner	*Wolf/Neuner*, Allgemeiner Teil des Bürgerlichen Rechts, 10. Aufl. 2012

关键词索引[*]

注:**本索引加粗**的数字指本书章节,其后不加粗的数字为边码。

Abmahnung 催告 **21** 73 ff.

Abmahnunwesen s. Rechtsmissbrauch 乱催告(见:权利滥用)

Abo-Falle s. Button-Lösung 订阅陷阱(见:按键解决方案)

Abschöpfungsanspruch 收缴请求权 **21** 53 ff.

    –Kartellrecht 卡特尔法 **21** 58 f.

    –Lauterkeitsrecht 公平交易法 **21** 56 f.

    –Zweck 目的 **21** 53 ff.

Abschrift s. Dokumentationspflicht 副本(见:文档义务)

Abzahlungsgeschäft 分期付款交易 **1** 47; **14** 3

Abzahlungsgesetz(AbzG)《分期付款法》**1** 47; **14** 3 ff.

Agenturgeschäft 代理行为 **12** 28

Aggressive Geschäftspraktiken 侵略性商业行为 **17** 1 ff.

    –aleatorische Anreize 随机激励 **17** 42

    –Ansprechen von Emotionen 诉诸情感 **17** 40

    –Ausnutzen besonders schutzbedürftiger Verbraucher 对特别需要保护的消费者的利用 **17** 50 ff., 59 ff.

---

[*] 在本书正文中,个别词语因翻译表述的需要,与本索引译法略有差异。——译者注

- Ausnutzen sozialer Hilfsbereitschaft 社会性帮助意愿的利用 17 19 f.
- Beeinträchtigung der Entscheidungsfreiheit 对决定自由的影响 17 27 ff.
- Drohung 威胁 17 33
- Druck 压力 17 32
- Einschüchterungspraktiken 恐吓行为 17 6 ff.
- Gewalt 暴力 17 2 f.
- Gewinnwerbung 中奖广告 17 21 ff.
- Gruppenzwang 群体压力 17 44
- Kaufappelle an Kinder 对儿童的购买号召 17 11 ff.
- Kopplungsangebot 搭售要约 17 45 f.
- menschenverachtende Weise 不人道的方式 17 35 ff.
- Nötigung 胁迫 17 2 f.
- Preisnachlass 价格折扣 17 47 f.
- unangemessene Einflussnahme 不合理的影响 17 37 ff.
- unzulässige Beeinflussung 不合法的影响 17 4
- Verweigerung von Versicherungsleistungen 保险给付的拒绝 17 9 f.

Aleatorische Werbung s. Aggressive Geschäftspraktiken 随机广告（见：侵略性商业行为）

Aliud-Lieferung 异类物交付 7 9

Allgemeine Geschäftsbedingungen（AGB）一般交易条款
- AGBG《一般交易条款法》1 50, 52
- Auslegung 解释 6 27 ff.
- Begriff 概念 6 16 f.
- Berücksichtigung begleitender Umstände 附随情况的考虑 6 37 ff.
- einmalige Verwendung 一次性使用 6 34 ff.

-Kontrolle 审查 6 6, 13 ff.

-Rechtsbruch 违法行为 19 20 ff.

-Rechtsfolgen bei Unwirksamkeit 无效的法律后果 6 40 ff.

-Vermutung des Stellens von AGB 一般交易条款提出的推定 6 32

Allgemeines Persönlichkeitsrecht 一般人格权 7 18; 16 45

Allgemeininteresse s. Kollektivinteresse 一般利益（见：集体利益）

Als Information getarnte Werbung 伪装成信息的广告 18 5 ff.

Alternative Streitbeilegung 替代性争议解决 22 30 ff.

-Anwendungsbereich 适用范围 22 38 ff.

-Grundsätze 原则 22 41 ff.

-Mediation 调解 22 30 ff.

-Verbraucherstreitbeilegungsgesetz（VSBG）《消费者争议解决法》22 52

Altersbedingte Einschränkungen 与年龄相关的限制 17 53

Angabe s. Irreführung 说明（见：欺诈）

Angst 恐惧 17 56 f.

Ansprechen in der Öffentlichkeit s. Belästigung 公共场所的接触（见：骚扰）

Anspruchsverpflichtung 请求权义务 21 60 ff.

-Geschäftsführer 负责人 21 64

-Teilnehmer 参与人 21 63

-Verkehrspflichtverletzung 违反注意义务 21 62

-Verletzer 违法者 21 61 f.

Anwendbares Recht 适用法

-außervertragliche Schuldverhältnisse 非合同之债 2 37 ff.

-Gewinnzusagen 中奖承诺 15 14

关键词索引 467

-Kartellrechtsverstöße 卡特尔违法行为 2 43 f.

　　　-Verbraucherverträge 消费者合同 2 26 ff.

　　　-Wettbewerbsverstöße 违反竞争行为 2 37 ff.

Arbeitnehmer 雇员

　　　-Abwerbung 挖角 19 72 ff.

　　　-Verbrauchereigenschaft 消费者身份 3 50

Aufforderung zum Kauf 购买请求 18 88

Aufwendungsersatz 费用补偿 12 52

Auktion s. Versteigerung 拍卖［见：拍卖（Versteigerung）］

Auskunftsanspruch 告知请求权 7 18; 21 79

Auslegung 解释

　　　-Allgemeine Geschäftsbedingungen 一般交易条款 6 27 ff.

　　　-kundenfreundlichste und Kundenfeindlichste 最有利于客户的和最不利于客户的 6 29

　　　-richtlinienkonforme s. Richtlinienkonforme Auslegung 符合指令的（见：符合指令的解释）

　　　-schutzzweckbezogene s. Schutzzweckbezogene Auslegung 与保护目的相关的（见：与保护目的相关的解释）

Außerhalb von Geschäftsräumen geschlossene Verträge s. auch Besondere Vertriebsformen 在营业场所外订立的合同（见：特别的销售形式）

　　　-Begriff und Voraussetzungen 概念和前提 9 6 ff.

　　　-geschützte Interessen 保护的利益 9 4

　　　-Handeln im Namen oder im Auftrag des Unternehmers 以经营者的名义或受经营者委托行事 9 15

Bait-and-switch-Praktik s. Umlenkpraktiken 诱导转向行为（见：转移

行为)

Basisinformationen s. Vorenthalten wesentlicher Informationen 基本信息(见:重要信息的隐瞒)

Begehungsgefahr s. Unterlassungsanspruch 违法风险(见:不作为请求权)

Belästigung s. auch Aggressive Geschäftspraktiken 骚扰(见:侵略性商业行为)

- Anrufmaschine 呼叫机 19 76
- Ansprechen in der Öffentlichkeit 公共场所的接触 19 42
- Begriff 概念 19 36 f.
- Bußgeld bei Telefonwerbung 电话广告时的罚款 19 81 ff.
- Elektronische Post 电子信件 19 77 f.
- Fax 传真 19 76
- hartnäckige Ansprache mit Fernkommunikationsmitteln 使用远程通信方式进行持续推销 19 51 ff.
- Haustürwerbung 家门口的广告 19 43
- Nachrichten 消息 19 79 f.
- Regelungsstruktur 规则结构 19 28 ff.
- Schutzzweck 保护目的 19 32 ff.
- Telefonwerbung 电话广告 19 60 ff.
- Todesfall 死亡 19 44
- unzumutbare 不可苛求的 19 24 ff., 38 ff.
- Verhältnis zu § 3 UWG 与《反不正当竞争法》第 3 条的关系 19 25 ff.

Berufliche Sorgfalt s. Fachliche Sorgfalt 职业注意(见:专业注意)

Beruflicher Zweck s. Selbstständiger beruflicher Zweck 职业目的(见:独立的职业目的)

Beseitigungsanspruch 排除妨害请求权 21 42 ff.

- Anspruchsinhalt 请求权内容 21 51 f.
- Störungszustand 干扰状态 21 46 f.
- Voraussetzungen 前提 21 43 ff.
- Zumutbarkeit 可期待性 21 48 ff.

Besitzrecht 占有权 7 16

Besondere Vertriebsformen 特别的销售形式 9 1 ff.
- außerhalb von Geschäftsräumen geschlossene Verträge 在营业场所外订立的合同 9 6 ff.
- Fernabsatzverträge 远程销售合同 9 16 ff.
- Informationspflichten 信息义务 9 20 ff.
- Widerrufsrecht 撤回权 9 35 ff.

Bestätigung s. auch Dokumentationspflicht 认证 18 17（见：文档义务）

Betroffener 受影响者 20 60 ff.

Bewegliche Sache s. Sache 动产（见：物）

Bezugsquelle s. Marktbedingungen 购买来源（见：市场条件）

BGB-Gesellschaft s. Gesellschaft bürgerlichen Rechts 民法典合伙（见：民法上的合伙）

Billigung s. Bestätigung 批准（见：确认书）

Binnenmarkt 内部市场 1 2

Branchenfremde Geschäfte 行业以外的交易 3 64

Bundesnetzagentur 联邦网络局 19 82

Bürgschaft 保证 14 84 ff.
- Abgrenzung zum Schuldbeitritt 与债务加入的区分 14 91
- Form 形式 14 95
- Sittenwidrigkeit 违背善良风俗 14 98 ff.
- Widerruf 撤回 14 104, 106 ff.

Button-Lösung 按键解决方案 9 86 ff.

Class Action s. Verbandsklage 集团诉讼（见：团体诉讼）

Dauerschuldverhältnis 继续性债务关系 9 67 ff.
Dereliktion s. Eigentumsaufgabe 所有权的抛弃（见：所有权的放弃）
Dienstleistung 服务 8 9；12 7；19 92；22 39
Digitaler Inhalt 数字内容 7 5；9 47, 63
Dokumentationspflicht 文档义务 9 29 ff.；13 23
Doppelzweck 双重目的 3 51 ff., 65
Drohung s. Aggressive Geschäftspraktiken 威胁（见：侵略性商业行为）
Druck s. Aggressive Geschäftspraktiken 压力（见：侵略性商业行为）
Dual-use s. Doppelzweck 双重目的[见：双重目的（Doppelzeck）]

E-Commerce s. Elektronischer Geschäftsverkehr 电子商务[见：电子商务（Elektronischer Geschäftsverkehr）]
Eigentumsaufgabe 所有权的放弃 7 17
Einbeziehungskontrolle（AGB）s. auch Allgemeine Geschäftsbedingungen（一般交易条款的）纳入审查 6 19（见：一般交易条款）
Einheitliche Europäische Akte《单一欧洲法》2 3
Einseitige Leistungspflicht 单方给付义务 8 12
Einstweilige Verfügung 临时禁令 21 76
Einwilligung 同意 19 65 ff., 76 ff.
　　–Art und Weise 方式 19 68
　　–Begriff 概念 19 66
　　–mutmaßliche 推定的 19 74
　　–Reichweite 范围 18 71
　　–Zeitpunkt 时间 19 67
Elektronischer Geschäftsverkehr 电子商务 9 71 ff.

−Abgrenzung zum Fernabsatz 与远程销售的区分 9 76

　　−allgemeine Pflichten 一般义务 9 77

　　−Begriff und Voraussetzungen 概念和前提 9 72 ff.

　　−Pflichten gegenüber Verbrauchern 面向消费者的义务 9 79 ff.

Entgeltliche Leistung 有偿给付 8 10

Entscheidungsfreiheit s. auch Freie Entscheidung 决定自由（见：自由决定）

　　−Begriff 概念 17 29

　　−Beeinträchtigung 影响 17 30 ff.

Erstbegehungsgefahr s. Unterlassungsanspruch 首次违法风险（见：不作为请求权）

EU-GRCharta s. Grundrechte-Charta《欧盟基本权利宪章》（见：《基本权利宪章》）

Existenzgründerdarlehen s. Verbraucherdarlehen 创业者贷款（见：消费者贷款）

Fachliche Sorgfalt 专业注意 19 21 ff., 97 ff., 101 ff., 104

Fernabsatzgesetz（FernAbsG）《远程销售法》1 53

Fernabsatzvertrag s. auch Besondere Vertriebsformen 远程销售合同 9 5（见：特别的销售形式）

Fernkommunikationsmittel 远程通信方式 9 17; 19 56 f.

Fernunterrichtsschutzgesetz（FernUSG）《远程课程参与人保护法》1 50

Finanzdienstleistungen 金融服务 8 20 f.

Finanzierungshilfe 融资援助 14 65 ff.

Forderungsbündelung 债权合并 21 11

Frachtkosten s. Versandkosten 运费（见：寄送费用）

Freie Entscheidung 自由决定 1 21 f., 28; 17 27 ff.

Garantie s. Verbrauchsgüterkauf 担保(见:消费品买卖)
GbR s. Gesellschaft bürgerlichen Rechts 民法上的合伙[见:民法上的合伙(Gesellschaft bürgelichen Rechts)]
Gebrechen 缺陷 17 52
Gegenleistung s. auch Entgeltliche Leistung 对待给付 8 11(见:有偿给付)
Geltungserhaltende Reduktion (AGB) (一般交易条款)保持效力的限缩 6 43
Genehmigung s. Billigung 许可(见:批准)
Gerichtsstand s. Zuständigkeit 管辖[见:管辖(Zuständigkeit)]
Gerichtsstandsvereinbarung s. Zuständigkeit 管辖协议(见:管辖)
Gesamtschuld 连带债务 14 90
Geschäfte des täglichen Lebens 日常生活行为 8 27
Geschäftliche Handlung 商业行为 16 18 ff.
Geschäftliche Relevanz s. Spürbarkeit 商业相关性(见:显著性)
Geschäftliche Unerfahrenheit 商业经验的缺乏 17 54
Geschäftsaufgabe 停止营业 18 29
Geschäftsführer s. Anspruchsverpflichtung 负责人(见:请求权义务)
Gesellschaft bürgerlichen Rechts 民法上的合伙 3 39 f.
Gesetzliche Verbraucherrechte 法定消费者权利 18 37 f.
Gewährleistung s. Verbrauchsgüterkauf 瑕疵担保(见:消费品买卖)
Gewalt s. Aggressive Geschäftspraktiken 暴力(见:侵略性商业行为)
Gewerbefreiheit 营业自由 1 46
Gewerblicher Zweck 营业目的 3 46 f., 63 ff.
Gewinnabschöpfung s. Abschöpfungsanspruch 利润收缴(见:收缴请

求权)

Gewinnchance 中奖机会 18 21

Gewinnspielkopplung s. Kopplung von Gewinnspielteilnahme und Produktabsatz 抽奖游戏的搭售(见:参与抽奖游戏与产品销售的搭售)

Gewinnzusage s. auch Aggressive Geschäftspraktiken 中奖承诺 15 1 ff.(见:侵略性商业行为)

 -Mitteilung 通知 15 6 ff.

 -Rechtsfolgen 法律后果 15 10 ff.

Grenzüberschreitende Zusammenarbeit 跨境合作 23 1 ff.

 -Aufgaben und Befugnisse 职责和权限 23 15 ff.

 -Innergemeinschaftliche Verstöße 共同体内部的违法行为 23 4 f.

 -Verbraucherschutzdurchsetzungsgesetz（VSchDG）《消费者保护实施法》23 10 ff.

 -Verordnung über Zusammenarbeit 合作条例 23 2 ff.

 -Zentrale Verbindungsstelle 中央联络处 23 14

Grundrechte-Charta《基本权利宪章》2 8 f.

Gründungsgeschäft 创设行为 3 61

Gruppenfreistellung s. Kartellverbot 群体豁免(见:卡特尔禁止)

Gruppenklage s. Verbandsklage 群体诉讼(见:团体诉讼)

Gruppenzwang s. Aggressive Geschäftspraktiken 群体强制(见:侵略性商业行为)

Günstigkeitsvergleich 有利程度比较 2 33

Gütezeichen 质量标志 18 16

Haftungsrisiken 责任风险 1 31

Haustürgeschäft s. Außerhalb von Geschäftsräumen geschlossene

Verträge 家门口交易(见:在营业场所外订立的合同)

Haustürwerbung s. Belästigung 家门口广告(见:骚扰)

Haustürwiderrufsgesetz（HWiG）《家门口交易及类似交易撤回法》1 52 f.

Heilungswirkung 治疗效果 18 22

Herausgabeanspruch 返还请求权 7 13

Herkunftstäuschung 来源的欺诈 18 19 f.

Hinsendekosten 送货费用 9 54

Höchstverkaufspreis s. Kartellverbot 最高销售价格(见:卡特尔禁止)

Hotline 热线 8 38 ff.

Immobiliendarlehen s. Verbraucherdarlehen 不动产贷款(见:消费者贷款)

Individualinteressen 个体利益 1 5, 32 ff., 45; 16 42 ff.; 20 60 ff.

Informationspflichten 信息义务 4 1 ff.

    –besondere Vertriebsformen 特别的销售形式 9 20 ff.

    –Form 形式 4 12 ff.

    –hervorgehobene Informationen 突出显示的信息 9 83 ff.

    –Inhalt 内容 4 6 ff.

    –nationale 国内的 18 91; 19 19

    –Rechtsbruch 违法行为 19 14 ff.

    –Rechtsfolgen bei Verletzungen 违反的法律后果 4 30 ff.

    –Richtigkeit 准确性 4 25 ff.

    –Teilzeit-Wohnrechteverträge 分时居住权合同 13 16 ff.

    –unionsrechtliche 欧盟法 18 90 ff.; 19 15 ff.

    –Verbraucherdarlehen 消费者贷款 14 24 ff.

    –Zeitpunkt 时间 4 20 ff.

Informierte Entscheidung 知情决定 1 21 f.; 18 1 ff.

Inhaltskontrolle（AGB）s. auch Allgemeine Geschäftsbedingungen（一般交易条款的）内容审查 6 21 ff.,（见：一般交易条款）

Innergemeinschaftliche Verstöße s. Grenzüberschreitende Zusammenarbeit 共同体内部的违法行为（见：跨境合作）

Internationale Zuständigkeit s. Zuständigkeit 国际管辖（见：管辖）

Irreführung 欺诈 18 65 ff.

 —Angabe 说明 18 65 ff.

 —geschäftliche Relevanz 商业相关性 18 73 f.

 —objektiv unwahre Angabe 客观不真实的说明 18 70

 —objektiv wahre Angabe 客观真实的说明 18 71

 —Preisherabsetzung 降价 18 78

 —Unterlassen s. auch Vorenthalten wesentlicher Informationen 不作为 18 79 f.（见：重要信息的隐瞒）

 —Verhältnismäßigkeit 比例性 18 76

 —Verwechslungsschutz 防止混淆 18 77

Juristische Person 法人 3 59 ff.

 —des öffentlichen Rechts 公法上的 3 60

 —Gründung s. Gründungsgeschäft 创设（见：创设行为）

Kartellbehördliche Sanktionen 卡特尔机构的制裁 20 58

Kartellverbot 卡特尔禁止 2 7; 20 9 ff.

 —abgestimmtes Verhalten 协同行为 20 14

 —Bestpreisklausel 最优价格条款 20 22

 —Bezwecken oder Bewirken 目的或效果 20 23 ff.

 —Freistellungsvoraussetzungen 豁免前提 20 27 ff.

- Gruppenfreistellung 群体豁免 20 34 f.
- Höchstverkaufspreis 最高销售价格 20 20
- Horizontalverhältnis 横向关系 20 17
- Mindestverkaufspreis 最低销售价格 20 20
- Preisempfehlung 价格建议 20 20
- Rechtsfolgen 法律后果 20 57 ff.
- Vereinbarung 协议 20 13
- Vertikalverhältnis 纵向关系 20 18 ff.
- Wettbewerbsbeschränkung 限制竞争 20 16 ff.

Kaufappell an Kinder s. Aggressive Geschäftspraktiken 对儿童的购买号召(见:侵略性商业行为)

Kinder 儿童 17 12

Klagebefugnis s. Anspruchsberechtigung 诉权(见:请求权资格)

Klauselverbote s. auch Allgemeine Geschäftsbedingungen 禁止条款(见:一般交易条款)
- mit Wertungsmöglichkeit 有评价可能性的 6 25
- ohne Wertungsmöglichkeit 无评价可能性的 6 24

Kollektiver Rechtsschutz s. Verbandsklage 集体权利保护(见:团体诉讼)

Kollektivinteressen 集体利益 1 5, 32 ff., 45; 21 20

Kollisionsrecht s. Anwendbares Recht 冲突法(见:适用法)

Komplexe Geschäfte 复杂的交易 1 29

Konkretes Geschäftsangebot s. Aufforderung zum Kauf 具体的交易要约(见:购买请求)

Konkretes Wettbewerbsverhältnis 具体的竞争关系 18 99

Kopplung von Gewinnspielteilnahme und Produktabsatz 参与抽奖游戏与产品销售的搭售 19 84 ff.

-Abhängigkeit 依附性 19 94 ff.

-Schutzzweck 保护目的 19 88

-Tatbestand 构成要件 19 89 ff.

-Unvereinbarkeit mit UGP-RL 不符合《不正当商业行为指令》 19 85 ff.

Kopplungsangebot s. Aggressive Geschäftspraktiken 搭售要约(见:侵略性商业行为)

Kostenfalle s. Button-Lösung 费用陷阱(见:按键解决方案)

Kostenfreiheit 免费 18 33

Krasse finanzielle Überforderung 财务上严重不堪重负 14 100 ff.

Kreditkarte 信用卡 17 39; 19 47

Kreditwürdigkeit 信用 14 71

Kundendienst 客户服务

 -Täuschung über Sprache einer Kundendienstleistung 关于客户服务语言的欺诈 18 36

 -Täuschung über Verfügbarkeit 关于可用性的欺诈 18 39

Kundenfeindlichste Auslegung s. Auslegung 最不利于客户的解释(见:解释)

Kundenfreundlichste Auslegung s. Auslegung 最有利于客户的解释(见:解释)

Lauterkeitsrecht 公平交易法 16 1 ff.; 17 1 ff.; 18 1 ff.; 19 1 ff.

 -Abgrenzung zum BGB 与《民法典》的区分 16 32 f.

 -Abgrenzung zum GWB 与《反限制竞争法》的区分 16 37 ff.

 -Abgrenzung zum UKlaG 与《不作为之诉法》的区分 16 34 ff.

 -Regelungssystematik 规则体系 16 12 ff.

 -Schutzzwecke 保护目的 16 3 f.

-verbraucherschützende Regelungen 消费者保护规定 16 6 ff

Leichtgläubigkeit 轻信 17 55

Leistungsstörungen 履行障碍 5 22, 31

Lieferbeschränkungen 交付限制 9 81

Lieferkosten s. Versandkosten 运送费用（见：寄送费用）

Lockangebot 诱饵要约 18 24 ff.

Loyalitätsgrundsatz 忠诚原则 2 20

Mahnung s. Schuldnerverzug 催告（见：债务人迟延）

Marktbedingungen 市场条件 18 30

Marktbeherrschende Stellung s. Missbrauch einer marktbeherrschenden Stellung 市场支配地位（见：滥用市场支配地位）

Marktverhaltensregelung s. Rechtsbruch 市场行为规则（见：违法行为）

Mediation s. Alternative Streitbeilegung 调解（见：替代性争议解决）

Menschenwürde 人的尊严 17 35

Mindestharmonisierung 最低协调 2 22; 22 37

Mindestschutz 最低保护 1 30; 6 5

Mindestverkaufspreis s. Kartellverbot 最低销售价格（见：卡特尔禁止）

Missbrauch einer marktbeherrschenden Stellung 滥用市场支配地位 20 36 ff.

　　-Marktabgrenzung 市场界定 20 39 ff.

　　-marktbeherrschende Stellung 市场支配地位 20 38 ff., 47 ff.

　　-Missbrauch 滥用 20 43 f., 53 ff.

　　-Preis- und Konditionenmissbrauch 价格和条件滥用 20 55

　　-Rechtsfolgen 法律后果 20 57 ff.

关键词索引　479

-Strukturmissbrauch 结构滥用 20 56

Mitbewerber 竞争者 18 98 f.

　　-Erkennbarkeit 可识别性 18 100 ff.

　　-Individualanspruch 个体请求权 16 47 ff.

Nacherfüllung s. Verbrauchsgüterkauf 后续履行（见：消费品买卖）

Natürliche Person 自然人 3 29 ff., 59 ff.

Nötigung s. Aggressive Geschäftspraktiken 胁迫（见：侵略性商业行为）

Online-Streitbeilegung s. auch Alternative Streitbeilegung 在线争议解决 22 45 ff.（见：替代性争议解决）

Partnerschaftsvermittlung 同性伴侣介绍 9 11

Person 人

　　-juristische s. Juristische Person 法律的（见：法人）

　　-natürliche s. Natürliche Person 自然的（见：自然人）

Personengesellschaft s. Rechtsfähige Personengesellschaft 合伙（见：有权利能力的合伙）

Personenmehrheit 多人 3 37

Persönliche Sicherheit 人身安全 18 28

Persönliches Näheverhältnis 个人亲密关系 14 99

Preisbindung s. Kartellverbot 价格约束（见：卡特尔禁止）

Preisempfehlung s. Kartellverbot 价格建议（见：卡特尔禁止）

Preisherabsetzung s. Irreführung 降价（见：欺诈）

Preisnebenabrede 价格约定 6 22

Preisvergabe 颁奖 18 31 f.

Primärrecht（EU）（欧盟）基本法 2 3 ff., 10
Prinzip der begrenzten Einzelermächtigung 有限的单独授权原则 3 27
Privatautonomie 私法自治 1 7; 6 1 ff.
Progressive Kundenwerbung 累进式客户获取 18 110 ff.
Pyramidensystem s. Progressive Kundenwerbung 金字塔体系（见：累进式客户获取）

Qualifizierte Einrichtung s. auch Verbandsklage 适格的机构 21 13 ff.（见：团体诉讼）

Radarwarngerät 雷达报警设备 5 11
Ratenlieferungsvertrag 分期交付合同 14 79 ff.
Rechnung 账单 11 6
Recht zum Besitz s. Besitzrecht 占有的权利（见：占有权）
Rechtsbruch 违法行为 19 1 ff., 7 ff.
Rechtsfähige Personengesellschaft 有权利能力的合伙 3 62
Rechtsgemeinschaft 法律共同体 3 38
Rechtsgeschäft 法律行为 3 42 ff.; 5 11 f.; 6 4; 9 93
Rechtsmissbrauch 权利滥用 5 24; 21 67 ff.
Rechtswahlfreiheit 法律选择自由 2 27 ff.
Reisevertrag 旅游合同 1 50, 52
Relevanter Markt s. Konkretes Wettbewerbsverhältnis und Missbrauch einer marktbeherrschenden Stellung 相关市场（见：具体的竞争关系和滥用市场支配地位）
Richtigkeit von Informationen 信息的准确性 1 26
Richtlinie（EU）（欧盟）指令 1 52; 2 12 ff., 17 ff.
　-Geltung 效力 2 17 ff.

–Harmonisierungsansatz 协调方式 2 21 ff.

–Umsetzung 转化 2 17 ff.

Richtlinie über unlautere Geschäftspraktiken《不正当商业行为指令》1 60; 16 5; 19 4 ff., 85 ff.

Richtlinienkonforme Auslegung 符合指令的解释 2 25; 16 22

Rückabwicklung 清算 5 26 ff.

Rückgriff innerhalb Lieferkette s. Verbrauchsgüterkauf 供应链内的追偿(见：消费品买卖)

Rücksendung 退回 9 57

Rücktrittsrecht（UWG）(《反不正当竞争法》)解除权 1 14

Rügelose Einlassung s. Zuständigkeit 无异议的应诉(见：管辖)

Sache 物

  –bewegliche 动产 12 5

  –gebrauchte 二手 12 6, 11

Schaltfläche s. Button-Lösung 按键(见：按键解决方案)

Schiedsvereinbarung 仲裁协议 22 25 ff.

Schneeballsystem s. Progressive Kundenwerbung 滚雪球体系(见：累进式客户获取)

Schuldbeitritt s. auch Bürgschaft 债务加入 14 84 ff.（见：保证)

  –Form 形式 14 96

  –Sittenwidrigkeit 违背善良风俗 14 98 ff.

  –Widerruf 撤回 14 105, 111

Schuldnerverzug s. auch Leistungsstörungen 债务人迟延 11 1 ff.; 14 53 ff.（见：履行障碍)

  –automatischer Eintritt 自动发生 11 10 ff.

  –Entgeltforderungen 报酬债权 11 8 ff.

–Mahnung 催告 11 3 ff.

–rechtsgeschäftliche Vereinbarungen 法律行为约定 11 16 ff.

–Verzugspauschale 迟延包干 11 21 f.

–Voraussetzungen 前提 11 2

–Zinsen 利息 11 14 ff.

Schuldrechtsreform 债法改革 1 53

Schutzinstrumente 保护工具 1 14

Schutzzweckbezogene Auslegung 与保护目的相关的解释 3 15 f.

Sekundärrecht（EU）（欧盟）次级法 2 11 ff.

Selbstständiger beruflicher Zweck 独立的职业目的 3 48 ff.

Sicherungsvereinbarung 担保协议 14 87

Sonderprivatrecht 特别私法 1 43 f.

Sonstige unangemessene Einflussnahme s. Aggressive Geschäftspraktiken 其他不合理的影响（见：侵略性商业行为）

Sorgfalt s. Fachliche Sorgfalt 注意（见：专业注意）

Soziale Dienstleistungen 社会服务 8 16 f.

Spürbarkeit 显著性 16 23 ff.; 17 49, 62; 18 52, 61, 73 ff., 93, 109; 19 13, 100; 20 26

Stellvertretung 代理 3 34 ff.

Störer s. Anspruchsverpflichtung 妨害人（见：请求权义务）

Streitwertanpassung 争议价值调整 21 78

Subliminale Werbung s. Verschleierung des Werbecharakters 潜意识广告（见：广告特征的隐瞒）

Synallagmatische Gegenleistung s. Gegenleistung 牵连的对待给付（见：对待给付）

Tauschsystemvertrag s. Teilzeit-Wohnrechtevertrag 互易系统合同（见：

分时居住权合同）

Täuschung s. Irreführung 欺诈［见：欺诈（Irreführung）］

Teilzahlungsgeschäft 分期支付交易 14 72 ff.

Teilzeit-Wohnrechtegesetz（TzWrG）《分时居住权法》1 52 f.

Teilzeit-Wohnrechtevertrag 分时居住权合同 13 1 ff.

　　−Anzahlungsverbot 预付款的禁止 13 30 f.

　　−Begriff und Voraussetzungen 概念和前提 13 6 ff.

　　−Entwicklung 发展 13 2 f.

　　−Form 形式 13 20 ff.

　　−Informationspflichten 信息义务 13 16 ff.

　　−Schutzzweck 保护目的 13 4 ff.

　　−Ratenzahlungen 分期付款 13 32 ff.

　　−Tauschsystemvertrag 互易系统合同 13 14 f.

　　−Vermittlungsvertrag 中介合同 13 11 ff.

　　−Vertrag über langfristiges Urlaubsprodukt 长期度假产品合同 13 9 f.

　　−Werbung 广告 13 18 f.

　　−Widerruf 撤回 13 24 ff.

Telefonanruf 电话呼叫 8 24 f.

Telefonwerbung s. Belästigung 电话广告（见：骚扰）

Telemedien 远程媒体 9 73 f.

Tiere 动物 12 12

Time-Sharing s. Teilzeit-Wohnrechtevertrag 分时（见：分时居住权合同）

Transparenzgebot 透明度要求 4 25 ff.; 6 26; 8 24 ff.; 18 53 ff.

　　−Preisausschreiben und Gewinnspiele 有奖竞赛和抽奖游戏 18 58 ff.

　　−Verkaufsförderungsmaßnahmen 促销措施 18 55 ff.

Überindividuelles Interesse s. Kollektivinteresse 超越个体的利益（见：集体利益）

Überraschende Klausel（AGB）s. auch Allgemeine Geschäftsbedingungen（一般交易条款）出人意料的条款 6 20（见：一般交易条款）

Überziehungskredit s. Verbraucherdarlehen 透支性贷款（见：消费者贷款）

UGP-RL s. Richtlinie über unlautere Geschäftspraktiken《不正当商业行为指令》[见：《不正当商业行为指令》（Richtlinie über unlautere Geschäftspraktiken）]

Umgehungsverbot 规避禁止 6 7 ff.; 8 42; 12 26 ff., 55 f.; 13 35; 14 63
　　－Rechtsfolge 法律后果 6 12
　　－Voraussetzungen 前提 6 11

Umgekehrte Versteigerung 逆向拍卖 17 48

Umlenkpraktiken 转移行为 18 35

Unangemessene Benachteiligung s. auch Allgemeine Geschäftsbedingungen 不合理的损害 6 26（见：一般交易条款）

Unangemessene Einflussnahme s. Aggressive Geschäftspraktiken 不合理的影响（见：侵略性商业行为）

Unberechtigte Zahlungsaufforderung 无权的支付请求 18 10 ff.

Unbestellt 未订购 7 6 ff.

Unbestellte Waren oder Dienstleistungen s. Zusenden unbestellter Waren 未订购的商品或服务（见：未订购商品的寄送）

Unfallort 事故现场 17 58; 19 45

Unrechtsgewinnabschöpfung s. Abschöpfungsanspruch 不法利润收缴（见：收缴请求权）

Unterlassungsanspruch 不作为请求权 21 29 ff.
　　－Begehungsgefahr 违法风险 21 36 ff.

-Erstbegehungsgefahr 首次违法风险 21 37 f.

-kerngleiche Verletzungshandlung 本质相同的违法行为 21 41

-Voraussetzungen 前提 21 30 ff.

-Wiederholungsgefahr 重复违法风险 21 39 f.

Unterlassungsanspruch 不作为请求权 7 18

Unternehmen 企业 20 11

Unternehmensvereinigung 企业联合组织 20 12

Unternehmer 经营者

-allgemeiner Begriff 一般概念 3 1 ff., 55 ff.

-Begriff im Lauterkeitsrecht 在公平交易法中的定义 3 66 ff.

-Täuschung über Unternehmereigenschaft 关于经营者身份的欺诈 3 18

Unternehmerleitbild 经营者指导形象 3 82 ff.

Unterschwellige Werbung s. Verschleierung des Werbecharakters 下意识的广告(见:广告特征的隐瞒)

Unzulässige Beeinflussung s. Aggressive Geschäftspraktiken 不合法的影响(见:侵略性商业行为)

Unzumutbare Belästigung s. Belästigung 不可苛求的骚扰(见:骚扰)

Unzumutbare Härte 不可苛求的困难 6 41 f.

Verbandsklage 团体诉讼 1 34; 6 44; 16 51; 20 64; 21 1 ff

-Ansprüche der Verbände 团体的请求权 21 27 ff.

-Anspruchsberechtigung 请求权资格 21 12 ff.

-Class Action 集团诉讼 21 10

-Entwicklung 发展 21 2 ff.

-Gruppenklage 群体诉讼 21 10

Verbot abweichender Vereinbarungen s. Umgehungsverbot 不同约定的

禁止(见:规避禁止)

Verbraucher 消费者
- Begriff 概念 3 1 ff., 21 ff.
- Kartellrecht 卡特尔法 20 2, 30
- Kritik am Verbraucherbegriff 对消费者概念的评价 3 22 ff.
- Marktakteure 市场参与者 1 10
- Merkmale 特征 3 28 ff.
- Täuschung über Verbrauchereigenschaft 关于消费者身份的欺诈 3 19; 18 13 f.

Verbraucherbotschaft《消费者权利宣言》1 48

Verbraucherdarlehen 消费者贷款 6 39; 10 8, 14, 19; 14 1 ff.
- Begriff und Voraussetzungen 概念和前提 14 17 ff.
- Einwendungsverzicht 抗辩的放弃 14 49 f.
- Erläuterungspflicht 说明义务 14 30 f.
- Existenzgründerdarlehen 创业者贷款 14 22 f.
- Form 形式 14 35 ff.
- Immobiliendarlehen 不动产贷款 14 20
- Informationspflichten 信息义务 14 24 ff., 32 f.
- Kündigung 通知终止 14 58, 61 f.
- Leistungsverweigerungsrecht 拒绝履行权 14 59
- Schuldnerverzug 债务人迟延 14 53 ff.
- Schutzzweck 保护目的 14 13 ff.
- Teilleistung 部分履行 14 55
- Teilzahlungsdarlehen 分期支付贷款 14 57
- Überziehungskredit 透支性贷款 14 16, 21
- Vertragsentwurf 合同草案 14 27 ff.
- Wechsel- und Scheckverbot 汇票和支票的禁止 14 51 f.

-Widerruf 撤回 14 42 ff.

Verbraucherinteressen 消费者利益 1 11 ff., 15 ff.

    -Bürgerliches Recht 民法 1 23 ff.

    -Lauterkeitsrecht 公平交易法 1 19 ff.

    -Unionsrecht 欧盟法 2 2

Verbraucherkreditgesetz（VerbrKrG）《消费者贷款法》1 52 f.; 14 6 ff.

Verbraucherleitbild 消费者指导形象 3 70 ff.

Verbraucherpolitik 消费者政策 1 15 ff.

Verbrauchersache 消费者事务 22 5 ff.

Verbraucherschutz 消费者保护

    -Kartellrecht 卡特尔法 20 1 ff.

    -Lauterkeitsrecht 公平交易法 16 1 ff.

    -Schutzinstrumente des BGB《民法典》的保护工具 4 1 ff.; 5 1 ff.; 6 1 ff.

    -Schutzzweck des UWG《反不正当竞争法》的保护目的 1 55 ff.

Verbraucherschutzbehörden 消费者保护机构 23 12

Verbraucherschutzdiskussion 消费者保护讨论 1 6 ff.

Verbraucherschutzdurchsetzungsgesetz（VSchDG）s. Grenzüberschreitende Zusammenarbeit《消费者保护实施法》（见：跨境合作）

Verbraucherschutzrecht 消费者保护法

    -Begriff 概念 1 37 ff.

    -Charakteristik 特征 1 1 ff, 40 ff.

    -Entwicklung 发展 1 46 ff.

Verbraucherschutzverband s. auch Qualifizierte Einrichtung 消费者保护团体 1 58；20 2；22 23 f.（见：适格的机构）

Verbraucherstreitbeilegungsgesetz（VSBG）s. Alternative Streitbeilegung《消费者争议解决法》（见：替代性争议解决）

Verbraucherverträge 消费者合同 8 1 ff.
 -Allgemeine Geschäftsbedingungen 一般交易条款 6 30 ff.
 -allgemeine Pflichten und Grundsätze 一般义务和原则 8 23 ff.
 -anwendbares Recht 适用法 2 30 ff.
 -Ausnahmebereiche 例外领域 8 15 ff.
 -Beweislast 举证责任 8 43 f.
 -Informationspflichten 信息义务 8 26 ff.
 -Vertragsgegenstand 合同标的物 8 7 ff.
 -Vertragsparteien 合同当事人 8 6
 -Wirksamkeit 效力 8 41
Verbrauchsgütergarantie s. Verbrauchsgüterkauf 消费品担保（见：消费品买卖）
Verbrauchsgüterkauf 消费品买卖 12 1 ff.
 -Begriff und Voraussetzungen 概念和前提 12 5 ff.
 -Beweislast bei Mängeln 瑕疵的举证责任 12 32 ff., 54
 -Ein- und Ausbaukosten 安装和拆除费用 12 22 f.
 -Entwicklung 发展 12 2 f.
 -Garantie 担保 12 35 ff.
 -Leistungszeit 履行时间 12 14 f.
 -Nacherfüllung 后续履行 12 19 ff.
 -Rückgriff innerhalb Lieferkette 供应链内的追偿 12 46 ff.
 -Schadensersatz 损害赔偿 12 30 f.
 -Schutzzweck 保护目的 12 4
 -Verjährung 时效 12 29, 57 f.
 -Versendungskauf 寄送买卖 12 16 f.
 -Wertersatz 价值补偿 12 25
Verbundener Vertrag 相结合的合同 10 2 ff.

－Begriff und Voraussetzungen 概念和前提 10 4 ff.

　　　－Einwendungsdurchgriff 抗辩之穿透 10 11 ff.

　　　－Widerrufsdurchgriff s. Widerruf 撤回之穿透（见：撤回）

Verfügbarkeit 可用性 18 27

Vergleichende Werbung 比较广告 18 94 ff.

　　　－fehlende Objektivität 缺乏客观性 18 106

　　　－gleicher Bedarf und gleiche Zweckbestimmung 相同的需求和相同的目的 18 105

　　　－Vergleichserfordernis 比较要件 18 103

　　　－Verwechslungsgefahr 混淆风险 18 107

Verhaltenskodex 行为准则

　　　－Täuschung über Billigung 关于批准的欺诈 18 42

　　　－Täuschung über Verpflichtung 关于义务的欺诈 18 41

Verjährung 时效

　　　－Ansprüche aus UKlaG und GWB 源自《不作为之诉法》和《反限制竞争法》的请求权 21 65

　　　－Ansprüche aus UWG 源自《反不正当竞争法》的请求权 21 66

Verkehrsfähigkeit 流通性 18 18

Verkehrspflichtverletzung s. Anspruchsverpflichtung 注意义务违反（见：请求权义务）

Verletzer s. Anspruchsverpflichtung 违法者（见：请求权义务）

Verletzungsunterlassungsanspruch s. Unterlassungsanspruch 违法行为不作为请求权（见：不作为请求权）

Vermittlungsvertrag s. Teilzeit-Wohnrechtevertrag 中介合同（见：分时居住权合同）

Veröffentlichungsbefugnis 公开授权 21 77

Verordnung（EU）（欧盟）条例 2 12 ff., 16

Versandkosten 寄送费用 8 29 f.

Verschleierung des Werbecharakters 广告特征的隐瞒 18 6, 44 ff.

　　−Kontaktaufnahme zu Werbezwecken 出于广告目的的联络 18 49

　　−unterschwellige Werbung 下意识的广告 18 48

　　−Verkaufsveranstaltungen 销售活动 18 50

　　−Voraussetzungen 前提 18 45 f.

Versendungskauf s. Verbrauchsgüterkauf 寄送买卖（见：消费品买卖）

Versicherungsverträge 保险合同 8 22

Versteigerung 拍卖 12 10

Vertikal-GVO s. Kartellverbot《纵向群体豁免条例》（见：卡特尔禁止）

Vertrag über langfristiges Urlaubsprodukt s. Teilzeit-Wohnrechtevertrag 长期度假产品合同（见：分时居住权合同）

Vertrag von Amsterdam《阿姆斯特丹条约》2 5

Vertrag von Lissabon《里斯本条约》2 6

Vertrag von Maastricht《马斯特里赫特条约》2 4

Vertragsfreiheit s. Privatautonomie 合同自由（见：私法自治）

Vertreter ohne Vertretungsmacht 无权代理人 3 36

Vertreter s. Stellvertretung 代理人（见：代理）

Verwaltungshelfer 行政助手 23 19

Verwechslung s. Irreführung 混淆（见：欺诈）

Verwirkung 失权 5 23

Verzug s. Schuldnerverzug 迟延（见：债务人迟延）

Verzugspauschale s. Schuldnerverzug 迟延包干（见：债务人迟延）

Vollharmonisierung 完全协调 2 23 f.

Vorenthalten wesentlicher Informationen 重要信息的隐瞒 18 81 ff.

关键词索引 491

－Basisinformationen 基本信息 18 87 ff.

　　－Benötigen einer Information 信息的需要 18 86

　　－Vorenthalten 隐瞒 18 84 f.

　　－Wesentlichkeit 重要性 18 82 f.

Vorteilsabschöpfung s. Abschöpfungsanspruch 利益收缴（见：收缴请求权）

Ware 商品 7 3 ff.; 8 8; 19 92

Warteschleife 等待队列 8 40

Wasserbett 水床 9 58

Werbung 广告 16 22; 18 97; 19 49, 52 ff., 62 ff.

Wertersatz 价值补偿 7 13; 9 58 ff.; 12 25

Wertungskohärenz 评价的一致性 1 3, 5

Wettbewerbsfreiheit 竞争自由 1 46

Widerklage 反诉 22 12, 21

Widerruf 撤回 2 19; 5 1 ff.; 13 24 ff.; 14 42 ff.

　　－Abgrenzung zu anderen Gestaltungsrechten 与其他形成权的区分 5 9 ff.

　　－Ausübung 行使 5 13 ff.

　　－Ausübungsgrenzen 行使界限 5 21 ff.

　　－besondere Vertriebsformen 特别的销售形式 9 35 ff.

　　－Durchgriff 穿透 10 8 ff.; 14 47

　　－Erlöschen des Widerrufsrechts 撤回权的消灭 5 34 f.; 9 47 ff.; 13 25 f.

　　－Frist 期限 5 19 f.; 9 43 ff.; 14 43 ff.

　　－Rechtsfolgen 法律后果 5 26 ff.; 9 52 ff.; 13 27 ff.; 14 46 f.

　　－Rechtsnatur 法律性质 5 7 ff.

—Schutzzweck 保护目的 5 4 ff.

—unwirksamer Vertrag 无效合同 5 11 f.

—zeitliche Grenze 时间界限 9 46

Widerrufsformular 撤回表格 9 41 f.

Widerrufsfrist s. Widerruf 撤回期限（见：撤回）

Wiederholungsgefahr s. Unterlassungsanspruch 重复违法风险（见：不作为请求权）

Wirtschaftliche Verbraucherinteressen 经济上的消费者利益 1 20

Wirtschaftsverbände s. auch Verbandsklage 经济团体 21 20 ff.（见：团体诉讼）

Wohnraummietverträge 住宅租赁合同 8 18 f.

Zahlungsaufforderung s. Unberechtigte Zahlungsaufforderung 支付请求（见：无权的支付请求）

Zahlungsaufschub 延期付款 14 65 ff.

Zahlungsmittel 支付方式 8 35 ff.; 9 55

Zusammenhängender Vertrag 相关联的合同 10 16 ff.

Zusatzkosten 额外费用 8 31 ff.; 9 27 f., 82

Zusenden unbestellter Waren 未订购商品的寄送 1 4; 7 1 ff.; 17 14 ff.; 19 46 f.

—Auskunftsanspruch 告知请求权 7 18

—irrtümliche Lieferung 错误的交付 7 8 ff.

—Rechtsfolgen 法律后果 7 10 ff.

—Unterlassungsanspruch 不作为请求权 7 18

Zuständigkeit 管辖

—außerhalb von Geschäftsräumen geschlossene Verträge 在营业场所外订立的合同 22 18 ff.

-Gerichtsstandsvereinbarung 管辖协议 **22** 13

-internationale 国际 **15** 13; **22** 2 ff.

-örtliche 地域 **21** 72

-rügelose Einlassung 无异议的应诉 **22** 15 f.

-sachliche 事实上的 **21** 70 f.

Zuviellieferung 超量交付 **7** 9

Zwischenstaatlichkeit 国家间 **20** 6

法律人进阶译丛

⊙ 法学启蒙

《法律研习的方法：作业、考试和论文写作（第10版）》，〔德〕托马斯·M. J. 默勒斯 著，2024年出版

《如何高效学习法律（第8版）》，〔德〕芭芭拉·朗格 著，2020年出版

《如何解答法律题：解题三段论、正确的表达和格式（第11版增补本）》，〔德〕罗兰德·史梅尔 著，2019年出版

《法律职业成长：训练机构、机遇与申请（第2版增补本）》，〔德〕托尔斯滕·维斯拉格 等著，2021年出版

《法学之门：学会思考与说理（第4版）》，〔日〕道垣内正人 著，2021年出版

⊙ 法学基础

《法律解释（第6版）》，〔德〕罗尔夫·旺克 著，2020年出版

《法理学：主题与概念（第3版）》，〔英〕斯科特·维奇 等著，2023年出版

《基本权利（第8版）》，〔德〕福尔克尔·埃平 等著，2023年出版

《德国刑法基础课（第7版）》，〔德〕乌韦·穆尔曼 著，2023年出版

《刑法分则Ⅰ：针对财产的犯罪（第21版）》，〔德〕伦吉尔 著

《刑法分则Ⅱ：针对人身与国家的犯罪（第20版）》，〔德〕伦吉尔 著

《民法学入门：民法总则讲义·序论（第2版增订本）》，〔日〕河上正二 著，2019年出版

《民法的基本概念（第2版）》，〔德〕汉斯·哈腾豪尔 著

《民法总论》，〔意〕弗朗切斯科·桑多罗·帕萨雷里 著

《德国民法总论（第44版）》，〔德〕赫尔穆特·科勒 著，2022年出版

《德国物权法（第32版）》，〔德〕曼弗雷德·沃尔夫 等著

《德国债法各论（第16版）》，〔德〕迪尔克·罗歇尔德斯 著，2024年出版

⊙ 法学拓展

《奥地利民法概论：与德国法相比较》，〔奥〕伽布里菈·库齐奥 等著，2019年出版

《所有权的终结：数字时代的财产保护》，〔美〕亚伦·普赞诺斯基 等著，2022年出版

《合同设计方法与实务（第3版）》，〔德〕阿德霍尔德 等著，2022年出版

《合同的完美设计（第5版）》，〔德〕苏达贝·卡玛纳布罗 著，2022年出版

《民事诉讼法（第4版）》，〔德〕彼得拉·波尔曼 著
《德国消费者保护法》，〔德〕克里斯蒂安·亚历山大 著，2024年出版
《日本典型担保法》，〔日〕道垣内弘人 著，2022年出版
《日本非典型担保法》，〔日〕道垣内弘人 著，2022年出版
《担保物权法（第4版）》，〔日〕道垣内弘人 著，2023年出版
《日本信托法（第2版）》，〔日〕道垣内弘人 著，2024年出版
《公司法的精神：欧陆公司法的核心原则》，〔德〕根特·H. 罗斯 等 著，2024年出版

⊙ **案例研习**

《德国大学刑法案例辅导（新生卷·第三版）》，〔德〕埃里克·希尔根多夫著，2019年出版
《德国大学刑法案例辅导（进阶卷·第二版）》，〔德〕埃里克·希尔根多夫著，2019年出版
《德国大学刑法案例辅导（司法考试备考卷·第二版）》，〔德〕埃里克·希尔根多夫著，2019年出版
《德国民法总则案例研习（第5版）》，〔德〕尤科·弗里茨舍 著，2022年出版
《德国债法案例研习I：合同之债（第6版）》，〔德〕尤科·弗里茨舍 著，2023年出版
《德国债法案例研习II：法定之债（第3版）》，〔德〕尤科·弗里茨舍 著
《德国物权法案例研习（第4版）》，〔德〕延斯·科赫、马丁·洛尼希 著，2020年出版
《德国家庭法案例研习（第13版）》，〔德〕施瓦布 著
《德国劳动法案例研习（第4版）》，〔德〕阿博·容克尔 著
《德国商法案例研习（第3版）》，〔德〕托比亚斯·勒特 著，2021年出版

⊙ **经典阅读**

《法学方法论（第4版）》，〔德〕托马斯·M. J. 默勒斯 著，2022年出版
《法学中的体系思维与体系概念（第2版）》，〔德〕克劳斯-威廉·卡纳里斯 著，2024年出版
《法律漏洞的确定（第2版）》，〔德〕克劳斯-威廉·卡纳里斯 著，2023年出版
《欧洲民法的一般原则》，〔德〕诺伯特·赖希 著
《欧洲合同法（第2版）》，〔德〕海因·克茨 著，2024年出版
《民法总论（第4版）》，〔德〕莱因哈德·博克 著，2024年出版
《合同法基础原理》，〔美〕麦尔文·A. 艾森伯格 著，2023年出版
《日本新债法总论（上下卷）》，〔日〕潮见佳男 著
《法政策学（第2版）》，〔日〕平井宜雄 著